CINCO ANOS EM LYON

BILL BUFORD

Cinco anos em Lyon
Uma aventura na cozinha francesa

Tradução
Guilherme Miranda

Copyright © 2020 by Bill Buford

Companhia de Mesa é um selo da Editora Schwarcz S.A.

Grafia atualizada segundo o Acordo Ortográfico da Língua Portuguesa de 1990, que entrou em vigor no Brasil em 2009.

Título original
Dirt: Adventures in Lyon as a Chef in Training, Father, and Sleuth Looking for the Secret of French Cooking

Capa
Elisa von Randow

Foto de capa
Natasha Breen/ Alamy/ Fotoarena

Preparação
Ciça Caropreso

Revisão
Angela das Neves
Marise Leal

Dados Internacionais de Catalogação na Publicação (CIP)
(Câmara Brasileira do Livro, SP, Brasil)

Buford, Bill
    Cinco anos em Lyon : Uma aventura na cozinha francesa / Bill Buford ; tradução Guilherme Miranda. — 1ª ed. — São Paulo : Companhia de Mesa, 2021.

    Título original: Dirt: Adventures in Lyon as a Chef in Training, Father, and Sleuth Looking for the Secret of French Cooking
    ISBN 978-65-86384-09-3

    1. Culinária 2. Culinária francesa 3. Receitas culinárias I. Título.

21-74601   CDD-641.5944

Índice para catálogo sistemático:
1. Culinária francesa   641.5944

Aline Graziele Benitez – Bibliotecária – CRB-1/3129

[2021]
Todos os direitos desta edição reservados à
EDITORA SCHWARCZ S.A.
Rua Bandeira Paulista, 702, cj. 32
04532-002 — São Paulo — SP
Telefone: (11) 3707-3500
www.companhiadasletras.com.br
instagram.com/companhiademesa

Para Jessica,
sans qui rien ne serait possible

Sumário

I. Nada de francês 9
II. Lyon com gêmeos pequenos 91
III. Formação de Paul Bocuse 155
IV. Em uma cozinha histórica 195
V. *Stagiaire* 231
VI. Jantar 357
VII. Itália (obviamente) 403
VIII. França (finalmente) 419
IX. A capital gastronômica do mundo 467
X. A maior aventura na vida de nossa família 477
Epílogo: Quase todo mundo morre 521

Agradecimentos 539

1. Nada de francês

Dans la vie, on fait ce qu'on peut. À table, on se force.

Na vida, a gente faz o que pode. À mesa, nossa, aí é que a gente se empanturra!

Ditado popular lionês
Traduzido (livremente) pelo autor

Em uma tarde fria e ensolarada do outono de 2007, conheci o chef Michel Richard, um homem que mudaria minha vida — e a vida da minha mulher, Jessica Green, e de nossos filhos gêmeos de dois anos — sem que eu soubesse direito quem era; eu estava certo apenas de que, quem quer que fosse, era alguém que eu jamais veria outra vez.

Minha mulher e eu tínhamos acabado de comemorar nosso aniversário de cinco anos de casados e éramos os primeiros de uma fila na estação ferroviária Union Station de Washington, à espera de embarcar de volta para Nova York. No último minuto, o homem que eu não sabia ser Michel Richard surgiu pela lateral. Ele vinha ofegante, era de um tamanho considerável, não alto, mas rechonchudo, e impossível de passar despercebido. Tinha uma barba branca discreta e usava uma camisa preta volumosa para fora da calça preta folgada. (Uma calça folgada de chef, reconheço agora.) Dei uma olhada nele e pensei: esse homem não me é estranho...

Claro que não me era estranho! Que algoritmo da memória e da inteligência me havia feito *não* reconhecê-lo? Ele tinha escrito um livro, *Happy in the Kitchen*, que, por coincidência, eu havia ganhado de presente de amigos *duas vezes*, e seis meses antes ele tinha recebido, em Nova York, a "dobradinha" do prêmio James Beard Foundation nas categorias Melhor serviço de vinhos e Melhor chef dos Estados Unidos — comigo na plateia. Além do mais, bem naquele momento minha cabeça pensava em chefs franceses (por motivos que eu estava prestes a explicar para a minha mulher), e de repente surge um deles, considerado por muitos uma das mentes culinárias mais encantadoramente inventivas do hemisfério norte. Para ser justo, ele não tinha uma aparência nem encantadora nem inventiva e, indiscutivelmente, cheirava a vinho tinto, a suor também, e desconfiei que a camisa preta esconde-manchas dele, se alguém olhasse de perto, revelaria um impressionante resumo da história bacteriana. Então, por esses e outros motivos, concluí que, não, aquele homem não podia ser alguém de quem eu me lembrasse e, quem quer que ele fosse, estava definitivamente querendo furar a fila e, em busca de uma brecha, havia se postado à frente da minha mulher. O portão se abriria a qualquer momento. Esperei, me perguntando se eu devia me aborrecer. Quanto mais eu esperava, mais incomodado me sentia, até que finalmente o portão se abriu e eu fiz uma coisa feia.

 Quando o homem se precipitou para a frente, passei por ele rápido e, *bam*, trombamos um contra o outro. Trombamos com tanta força que perdi o equilíbrio e desmoronei desajeitadamente sobre a barriga dele, que de alguma forma me impediu de cair, até que, sem nem sequer perceber como, fui parar em seus braços. Nós nos encaramos. Estávamos tão perto um do outro que poderíamos nos beijar. Seus olhos se alternavam entre meu nariz e meus lábios. Então ele deu uma risada. Um riso leve e desinibido. Foi mais uma risadinha do que uma gargalhada. Poderia ter sido o som de um menino sentindo cócegas. Eu aprenderia a reconhecer esse riso, agudo e às vezes incontrolável, e a amá-lo. A fila avançou. Ele sumiu. Eu o avistei ao longe, descendo uma plataforma.

Seguimos em frente devagar, minha mulher e eu, e, no que me diz respeito, eu estava um tanto boquiaberto. No último vagão, eu e ela encontramos lugares de frente um para o outro, com uma mesa no meio. Coloquei nossas malas no bagageiro e parei. A janela, a luz oblíqua de outubro... eu já havia estado ali antes, no mesmo dia do calendário.

Cinco anos antes, depois de celebrarmos nossa condição de recém-casados com uma improvisada lua de mel de duas noites em Little Washington, uma vila no interior da Virgínia, embarcamos nesse mesmo trem, de volta para Nova York. Naquele momento, eu estava prestes a sugerir à minha mulher, com quem eu estava casado havia 48 horas, que comemorássemos o casamento pedindo demissão de nossos empregos. Nós dois trabalhávamos como editores. Eu na *The New Yorker*. Ela na *Harper's Bazaar*. Eu havia preparado um discurso sobre nos mudarmos para a Itália, o primeiro passo em direção ao resto de nossa vida. Eu queria aprender com os italianos a fazer a comida deles e escrever sobre isso. Poderíamos ir juntos? Não era exatamente uma pergunta. Jessica vivia em busca de uma chance de fazer as malas e tinha um dom para línguas que, convenientemente, incluía aquela falada na Itália, da qual, por acaso, eu não falava uma palavra.

Nunca mais voltamos a ser editores.

Moramos na Toscana por um ano e, não sei como, meio que virei um nativo. Para meu espanto contínuo, quando abria a boca e expressava um pensamento, ele saía (mais ou menos) em italiano. Na sequência, eu queria "fazer" a França. Não que fosse o próximo na lista (no sentido de "Depois a gente 'faz' o Japão!").

Era secretamente o lugar onde eu queria passar o resto da minha vida adulta: numa cozinha francesa, conseguindo me virar, tendo sido "treinado na França" (a magia eterna dessa expressão). Mas eu não conseguia nem imaginar como isso poderia acontecer. Nosso período na Itália, no entanto, tinha me mostrado que não era preciso de muita imaginação — era só conseguir ir até lá e depois você daria um jeito. Além disso, o dom para línguas de Jessica incluía, convenientemente, a falada na França, que, por outra coincidência, eu também não falava.

Jessica, tendo abandonado seu trabalho em redação, também havia seguido um velho anseio relacionado a vinhos, cuja história é tão antiga quanto a dos alimentos, e ela parecia ter um talento, comparável à sua habilidade de aprender línguas estrangeiras, para traduzir o que havia em sua taça. Dei de presente a ela uma degustação às cegas organizada por Jean-Luc Le Dû, celebrado sommelier e comerciante de vinhos de Nova York, com direito a provar doze grandes vinhos de sua adega particular. Participavam quinze pessoas, entre elas o gerente de Jean-Luc, que havia conquistado prêmios internacionais em competições de degustações às cegas. Jessica foi a única que identificou os doze vinhos. Jean-Luc ficou perplexo, os vinhos eram *dele*. ("Onde você trabalha?", ele perguntou.) Jessica criou um clube de degustação em casa, dez mulheres escolhidas por ela, profissionais qualificadas de Nova York que diziam "amar vinhos, mas não entender nada deles". Ela se matriculou num curso da escola britânica Wine & Spirit Education Trust, a famosa WSET, com vários níveis de progresso, que culminaria em um notoriamente desafiador "Diploma". Na segunda aula, descobriu que estava grávida.

Foi um momento maravilhoso. Prometemos a nós mesmos que nossas vidas não iriam mudar.

Vamos ser ciganos, ela disse. Imaginamos um bebê que conheceria o mundo suspenso em um *sling*.

Quatro semanas depois, ela descobriu que estava grávida de gêmeos, dois meninos, os futuros George e Frederick. Esse também foi um momento maravilhoso, duplamente maravilhoso, mas desistimos da ideia de que nossas vidas não mudariam nada. Na verdade, entramos em pânico (só um pouco).

O trem partiu. Baltimore, a primeira parada, estava a uma hora de distância. O assunto que pretendíamos discutir, que *Jessica* queria discutir, era por que, depois de três anos, meu plano francês não tinha se concretizado.

Não era nenhum mistério, certo? O nome dele não era George e Frederick?

Também não havia nada de tão complicado — eu precisava de uma cozinha e ainda não tinha encontrado uma. Depois que estivesse numa cozinha, eu conquistaria as habilidades necessárias.

Eu havia conhecido Dorothy Hamilton em outro evento da James Beard, uma festa e um leilão beneficentes. Hamilton administrava o então chamado French Culinary Institute. Era uma mulher loira, magra e jovial de sessenta e poucos anos, incansável, cheia de positividade, a executiva em quem os chefs norte-americanos confiavam. Quando a James Beard Foundation enfrentou um pequeno e embaraçoso problema contábil (isto é, quando seu diretor-executivo estava fraudando sistematicamente as bolsas concedidas a jovens cozinheiros e foi parar na cadeia), ela interveio para restabelecer a integridade da instituição. E não foi paga para isso. Apenas implementou a solução em seu tempo livre.

Expliquei a ela minha ideia: a fantasia de "aprender na prática" etc.

"A França não é a Itália", Hamilton disse. "Seria bom", acrescentou em tom diplomático, "você frequentar uma escola de culinária." Ela foi tão diplomática que não deu a sugestão óbvia, ou seja, a escola de culinária *dela*, embora fosse a única nos Estados Unidos dedicada à *la cuisine française*. E ainda era pertinho de casa.

Descrevi o que havia feito na Itália: isto é, ir até lá e dar um jeito. Depois, numa ênfase intelectual, acrescentei: "As escolas de culinária são uma invenção moderna, não acha? Historicamente, os chefs sempre aprenderam na prática".

Minha estratégia, expliquei à diretora-executiva do French Culinary Institute, era encontrar um lugar, cometer erros, ser motivo de chacota e humilhação e, depois, vencer ou me dar por vencido. Meu plano era começar em uma boa cozinha francesa ali nos Estados Unidos ("Mas qual?", ponderei) e depois passar três meses em Paris.

"Três meses?", ela perguntou.

"Três meses."

Ela não disse nada, fingindo refletir sobre meu plano. Depois perguntou: "Você conhece Daniel Boulud?".

"Sim." Boulud é o mais bem-sucedido dos chefs franceses sérios nos Estados Unidos. Ele administra catorze restaurantes, a maioria batizada ou de Daniel ou de Boulud ou de uma variação de suas iniciais.

"Ele cresceu perto de Lyon", Hamilton disse.

"Sim, ouvi falar." Eu já tinha ido a Lyon uma vez, para pegar um ônibus às seis da manhã. Não fazia muita ideia de como era o lugar, sabia apenas que parecia longe.

"Alguns dizem que é a 'capital gastronômica do mundo'."

"Sim, também já ouvi dizer isso." Parecia que ela estava falando com meus filhos pequenos.

"O treinamento, a disciplina, o *rigor*." Hamilton prolongou a última palavra, devagar, como um arranhão. "Por dois anos, Daniel cortou cenouras."

Concordei com a cabeça. "Cenouras, eu disse, "são muito importantes."

Hamilton suspirou. "Você diz que quer trabalhar na França por *três meses*." Ela ilustrou o número com os dedos. "O que acha que vai aprender?"

Eu não estava pronto para responder.

"Vou te dizer o que você vai aprender. Nada."

O leilão começou e os lances tiveram início. Em um dos lotes havia uma trufa branca enorme (quer dizer, uma trufa branca *italiana* enorme), apenas um pouco menor do que a cabeça extraordinariamente grande do jovem Frederick, que Hamilton adquiriu com um lance extravagante de quem diz "Ah, vamos acabar logo com essa palhaçada" no valor de 10 mil dólares. Depois, todos à mesa mais alguns amigos encontrados no caminho para a saída foram convidados para ir ao apartamento dela almoçar no domingo.

"Andei pensando sobre seu plano", Hamilton me disse quando cheguei, "e tenho um presente para você." Ela me deu uma cópia do livro didático da escola dela, *The Fundamental Techniques of Classic Cuisine* [As técnicas fundamentais da culinária tradicional].

Encontrei uma poltrona a um canto. O livro era incrivelmente pesado, 496 páginas grandes em formato paisagem com colunas duplas de texto e imagens de passo a passo. Abri e parei em "Teoria: Informações gerais sobre a Musselina de Peixe". Folheei. Havia dez páginas dedicadas a fazer um molho de ovo. A filosofia de um fricassê ocupava três páginas. Até então, minha vida tinha sido feliz sem que eu soubesse ao certo o que era um fricassê. Que pessoa eu teria de me tornar para dominar metade daquilo?

Hamilton enviou um de seus convidados, Dan Barber, para perto de mim. Barber dirigia dois restaurantes, ambos chamados Blue Hill, um em Manhattan e outro em uma fazenda. Eu o conhecia e gostava de sua culinária. Era fortemente local e incondicionalmente voltada ao sabor. Certa vez, comi uma cenoura em um restaurante de Barber: solitária, tirada da terra trinta minutos antes, lavada com suavidade, mas não descascada, suspensa em um pedestal de madeira entalhado e servida com vários grãos de um bom sal e com uma gota de um azeite de oliva italiano perfeito. Barber é magro, com o peitoral ansioso de um corredor de longa distância, e rijo, como seu cabelo, além de estudioso e bem articulado. Ele me perguntou sobre "meu projeto francês", mas me interrompeu antes que eu pudesse responder.

"Treinamento francês", declarou. "Nada mais importante."

A declaração era inequívoca. Também era revigorante. Na época, o carisma da França andava em baixa. As pessoas não estavam indo lá para aprender a cozinhar. Elas iam a lugares distantes da Península Ibérica ou a vales isolados na Suécia durante o inverno.

"Os americanos pensam que conseguem sem a formação francesa", Barber disse, "mas não sabem o que estão perdendo. Reconheço rapidamente cozinheiros que não foram à França. A comida deles sempre fica", ele hesitou, procurando a palavra certa, "bom… comprometida." Ele fez uma pausa para que eu entendesse as implicações.

"Você devia trabalhar com o Rostang. Michel Rostang", disse. O tom era imperioso. Tratava-se de uma instrução.

"Rostang?". Eu conhecia o nome. Paris, um dos caras chiques — toalhas de mesa de linho, quadros nas paredes.

"Aprender os clássicos. Rostang."

Fiz que sim com a cabeça, peguei um caderninho e escrevi: "*Rostang*". "Mas por que Rostang?"

"Porque", Barber se aproximou, "foi com ele que eu aprendi."

"Você trabalhou em Paris!" Falei alto demais sem perceber. Barber olhou por cima do ombro, como se estivesse envergonhado. Eu não tive a intenção de falar tão alto. Apenas fiquei surpreso.

"Sim, trabalhei em Paris. E na Provença. E..." O tom era: dã? "Sou formado na França."

Barber era extremamente alto, o que só então percebi, talvez por ele ser tão magro e ocupar menos espaço do que uma pessoa alta normal. Eu também não havia notado que ele estava usando uma boina.

"Você fala francês?", perguntei. Blue Hill tinha sido o nome da fazenda da avó de Barber e era importante para a maneira como ele se apresentava: a cozinha da vovó aos sábados, um ar americano e pé no chão. Barber participa de painéis de especialistas em Washington e conhece a constituição cromossômica da erva-alheira de Hudson Valley. A coisa toda francesa me deixava confuso. "As pessoas sabem isso sobre você?"

Ele se aproximou um passo. "Não dá para aprender em outro lugar."

Chegamos a Chesapeake, com seu mar salobro, o maior estuário dos Estados Unidos.

A França estaria seis horas à frente, era uma tarde de sábado, o serviço do jantar prestes a começar. Tentei imaginar um bistrô em Paris, um restaurante com banquinhos, um salão com pé-direito baixo e uma lareira, uma cidade, uma vila, e não consegui. Eu tinha morado na Inglaterra por vinte anos. Lá era fácil imaginar a França. Ficava a uma balsa de distância. Dava para ir de carro. Era um voo de uma hora.

Nosso trem afugentava os patos, suas cores azuis e laranja, quando vi, no vidro da minha janela, o reflexo de uma tela de computador, um movimento luminoso. Parecia uma apresentação de slides de comida francesa.

Por que achei que fosse francesa? Porque os pratos pareciam pinturas? Porque tinham molho? Eles apareceram um depois do outro, quando um saía surgia uma nova imagem, ao estilo de Ken Burns.

Eu me virei para olhar melhor e me deparei com um cara por volta dos trinta anos. Eu o examinei: cabelo curto, corte militar, magrelo, ombros estreitos. Francês? Não dava para saber. Ele não falava. Grunhia. Parecia europeu. Parecia um brutamontes de futebol americano. Tinha um ar malvado.

Eu me voltei para minha mulher. "O que você acha?" Apontei com a cabeça para o computador.

Ela se contorceu no banco, olhou e voltou a se recostar. "É Deus falando com você."

"Deus não fala comigo."

Ela deu mais uma olhada, por um bom tempo, se recompôs, cruzou as mãos e respirou fundo. "Confie em mim."

Espiei sobre o ombro dela. Outro cara olhava para a tela, de costas para mim. Era o fura-fila.

Perguntei à minha mulher: "Será que falo com ele?".

"Você tem que falar."

"Ele não me é estranho."

"Vai lá e fala com ele."

"A menos que eu esteja enganado."

"Vai lá e fala com ele."

Eu me levantei e fui lá falar com ele.

"Oi. Desculpa interromper." O fura-fila estava com dois jarros de vinho tinto e lia um livro de receitas francês (*La Cuisine du soleil*, uma capa gasta de aparência antiquada). Ele ergueu os olhos. Ah. Eu *conhecia* aquele homem. Aquele rosto: ele havia me *parecido* familiar antes porque me *era* familiar, a cerimônia do prêmio James Beard, a foto na orelha do livro do qual eu tinha dois exemplares.

Mas o nome? Começava com "M".

Michelin?

Mirepoix?

Os dois me encararam, o cara do James Beard que agora parecia famoso e seu capanga.

Pensei: Uau. É o homem com quem eu acabei de trombar.

Eu disse: "Você é um chef?".

Não tive coragem de dizer: você é um chef francês cujo nome começa com "M", o qual não consigo lembrar porque não consigo me lembrar de nomes franceses?

Acrescentei: "Na verdade, você é... por acaso você é um chef francês muito famoso?".

O homem não se mexeu. Talvez não falasse inglês.

Ele respirou fundo. "Sim", disse, "sou um chef famoso. Sim! Sou *muito* famoso." Ele era imponente — um pouco ridículo, mas pessoas imponentes costumam ser ridículas. "Permita-me me apresentar." Ele estendeu a mão como se eu devesse dar um beijo nela (Pânico! É o que eu devia fazer?) e declarou: "Sou Paul Bocuse".

Paul Bocuse! Eu entendi errado! Eu havia trombado com Paul Bocuse? Bocuse é o chef francês *mais* celebrado no mundo! Eu estava diante de Bocuse? Eu me sentia confuso. Além disso, Bocuse não tinha uns 115 anos? E não morava em Lyon?

"Não, não, não, não", o homem disse. "Estou brincando."

(Ah, brincando, certo, engraçadinho.)

"Não sou Paul Bocuse."

(Ufa!)

"Paul Bocuse já morreu."

(Quê?! Estou sendo ridicularizado e Paul Bocuse já morreu!)

"Ou talvez não tenha morrido."

(Não tinha.)

"Não sei direito. Sou Michel Richard. Chef e *patrono* do Citronelle, o melhor restaurante de Washington. Repito. Michel." Ele fez uma pausa para dar todo o ar operístico ao sobrenome: "*Riiiiiiiiiiiiiiiii-CHARD!*".

* * *

    Eu passaria a maior parte dos oito meses seguintes na companhia de Richard, entre idas e vindas, nem tanto a princípio, mas então, perto da primavera, praticamente em tempo integral, quando encontrei um lugar na cozinha para trabalhar na estação de peixe. Nosso encontro seguinte foi em um jantar no Citronelle, na mesa do chef na cozinha com vista para seu funcionamento, que, além de nós dois, incluiu Jessica e a esposa de Richard, Laurence, uma norte-americana filha de franceses que ele conheceu quando morava na Califórnia. ("Ela nunca come no restaurante, não gosta da minha comida", ele disse com uma bem-humorada ironia, "mas vai querer conhecer Jessica, e elas vão falar em francês." E elas falaram.)

    O primeiro prato foram ovos mexidos com salmão, que claramente não eram ovos mexidos (eram vieiras cruas batidas em liquidificador com creme de leite e açafrão, e feitas como se fossem ovos mexidos, no estilo francês, evidentemente, ou seja, devagar, mas que continuavam sendo o que eram: mariscos). Em seguida veio um cappuccino. (Idem.) Na verdade se tratava de uma sopa de cogumelos, só que não, não exatamente, porque tinha sido feita sem água, caldo ou qualquer outro líquido. Também não havia cogumelos. (Os cogumelos suam quando aquecidos; a "sopa" — que exige cinquenta quilos de fungos variados — era, na verdade, nada menos que o suor dos cogumelos. Era genial, sem precedentes, e muito concentrada. Tempos depois eu tentaria fazê-la em casa e passaria horas tentando reaproveitar montes escuros e monstruosos de restos de gosma de cogumelo, até desistir — ela começou a endurecer e a ganhar a forma de uma crosta preta, e joguei tudo no lixo.)

    Richard fez uma salada inspirada nos nenúfares de Claude Monet.

Pensei: sério mesmo? Há séculos de pinturas inspiradas em comidas. Quantas comidas se inspiraram em pinturas? Passeei pela cozinha para ver tudo sendo montado. Em volta de um prato branco, círculos moles de "comidas em tubo" estavam sendo arranjados — eles haviam sido fatiados finamente em um cortador de carne — e incluíam (me disseram) atum, peixe-espada, pimentões vermelhos e amarelos, carne bovina, carne de veado e enguia. O prato foi decorado — com ervas de aparência frondosa e um azeite de oliva exageradamente verde, aromatizado com manjericão — e transformado em uma obra-prima musguenta e pantanosa. Era uma preparação muito zen de se olhar, embora fosse tão desafiador pensar nela — juro, o primeiro pensamento que me ocorreu quando comi um disco branco e fino não foi algo como: "Ah, isso é enguia!" —, que me fez perceber que reconhecer a comida, o que fazemos o tempo todo, é uma pré-condição para nossa capacidade de sentir seu sabor. (E ainda estou tentando descobrir o que eu deveria aprender com *isso*.)

Antes de dormir naquela noite, me peguei lembrando, com um carinho inesperado, do *Techniques of Classic Cuisine*, de Dorothy Hamilton.

Em janeiro, comecei a aprender as preparações de Richard de verdade, iniciando justamente por um dos tubos que ele havia usado na salada de Monet — no caso, o de pimentão vermelho.

"Os tubos são muito importantes na cozinha de Michel", disse David Deshaies. David era o capanga no trem. Ele era o chef executivo.

A essa altura, eu conhecia o suficiente para saber que "tubos" provavelmente não figuravam entre as técnicas clássicas.

Assamos cinco dezenas de pimentões vermelhos, os descascamos e os dispusemos ainda quentes sobre uma camada comprida de filme plástico, que depois David bombeou com nuvens agressivas de gelatina Knox, rapidamente, antes que os pimentões esfriassem. Dispostos dessa forma, pareciam um tapete vermelho grosso e ondulante, que ele então tentou enrolar, enquanto os pimentões escapavam pelas laterais do filme, parecendo burritos esponjosos de um metro de comprimento. Não havia, é claro, como fazer aquilo sem sujeira. A todo momento, ele precisava empurrar a lavagem de pimentão vermelho de volta para dentro, até que por fim conseguiu amarrar uma das pontas com barbante. Depois de prender a outra ponta, ele ergueu sua gigantesca obra tubular e a girou no ar feito um laço — a imagem, bastante inquietante, era a de um caubói girando um pastrami muito comprido. Mas ficava bonito quando terminado: muito vermelho, muito simétrico, muito reluzente, como uma linguiça de cor primária recheada até um pouquinho antes de estourar.

"Certo", ele disse. "Sua vez."

"Nós" fizemos dez — David fez nove e eu um (leva um tempo para laçar com confiança) —, depois do que me mandaram pendurá-los no "armário dos tubos".

Era um freezer. Tubos pendiam de ganchos no teto como se estivessem em um açougue, com a diferença de que tinham cores como verde-pastel, amarelo-páscoa, branco, rosa, alguns eram de um vermelho robusto, outros eram roxos. Poderiam ser balões de festa congelados. O mais comprido tinha um metro e meio. O branco, de um metro, era a enguia.

Você nunca viu nada parecido. Ninguém nunca viu nada parecido porque, fora das cozinhas de Richard, não dá para encontrar aquilo em lugar nenhum. Havia tubos de massa de *blinis*, bacon cru, coco, beterraba, diversos peixes e uma massa de *club sandwiches*. Havia realmente muitos tubos.

Por estranho que pareça, não passou pela minha cabeça em momento algum que Richard não fazia sentido, que eu deveria partir para outra. Ele estava em Washington. Eu estava em Nova York, um pai de primeira viagem de gêmeos pequenos. O que fazer? Abandonar a família? Além disso, eu queria o básico. Richard era obviamente antibásico. Também era antióbvio e subversivo sempre que podia. Sua estratégia (mais precisamente descrita como "antiestratégia") era surpreender o cliente a cada oportunidade. Ele era um artista. Sua promessa: deixar você encantado e satisfeito. Não, não era isso que eu tinha em mente, mas não consegui resistir a ele.

Richard era formado nos clássicos, e muitas manhãs o encontrei à mesa do chef lendo um deles, principalmente o *Gastronomie Pratique*, de Ali Bab, obra praticamente desconhecida no mundo anglófono, mas uma bíblia para muitos chefs franceses do início do século XX, publicada em 1907, com 637 páginas de explicações detalhadas e práticas dos pratos do repertório francês. Mas Richard nunca fez nada daquilo. Absolutamente nada.

"Por que você lê isso?", perguntei.

"Para ser provocado. As pessoas acham que tenho ideias muito originais, mas na verdade não, não tenho, elas vêm de alguma coisa que li."

Não, Richard não era o chef óbvio para ensinar culinária francesa a um novato. Mas deixar essa chance de lado? De jeito nenhum.

Além disso, ele conhecia todo mundo. Ele encontraria um lugar para mim na França.

O Citronelle ficava no porão de um hotel antigo, o Latham, uma propriedade de 140 quartos não muito caros em Georgetown que, apesar de seu estado (exibia uma tendência preocupante a se inclinar), já tinha visto dias piores. (Cinéfilos podem reconhecer o lugar como o esconderijo decadente que abriga a jovem Julia Roberts em *O dossiê pelicano*.) Depois que Mel Davis, o relações-públicas e agente de Richard, conseguiu um quarto por um valor semanal "para amigos da família", eu me decidi: eu viria a Washington, se as prioridades domésticas permitissem, nos domingos à noite e voltaria toda sexta-feira. (As prioridades domésticas nem sempre permitiam, afinal nem todo acordo que fizesse de Jessica uma mãe desprotegida de gêmeos pequenos se revelaria feliz.)

RATATOUILLE. Foi a preparação seguinte que aprendi, e adorei fazê-la. Era servido frio, com um caranguejo de casca mole ligeiramente frito e quente ao toque. Parecia radicalmente básico e... bem, não era.

Segundo David, meu instrutor, é o sabor de um verão francês, porque é feito com ingredientes que toda casa francesa cultiva em sua horta: berinjela, pimentão, abobrinha, cebola e tomate (além de alho), todos mais ou menos na mesma quantidade (com exceção do alho). Cada ingrediente é cortado de um jeito mais grosseiro. "Uma vez fizemos uma versão de nouvelle cuisine, com cubos pequenos e perfeitos", Richard disse, observando-nos da mesa do chef, "mas ficou chique demais. É um prato rústico e sempre deve ser assim."

A lição mais importante: cada ingrediente deve ser cozido separado. As cebolas são salteadas no azeite de oliva. Depois é a vez da abobrinha (ligeiramente); e por fim, as berinjelas, mas rápido e em uma frigideira antiaderente (sem azeite, porque a berinjela é uma esponja de azeite de oliva). Os pimentões são assados no forno; depois, os tomates, mas seguindo a insistência bastante francesa de retirar a casca primeiro. ("Os franceses nunca a comem, porque a casca sai no cocô", Richard me disse, convicto. "Sério?", perguntei, cético. "Sério", ele respondeu.)

A casca é removida colocando-se cada tomate em uma tigela de água recém-fervida, transferindo-o logo para a água gelada e descascando-o enquanto ele está em estado de choque. Em seguida, você corta os tomates pelados em quartos, retira o líquido e as sementes úmidas e gelatinosas com uma colher, e os coloca em uma peneira sobre uma tigela. (Isso vai ser para depois — para a água de tomate. No final da sessão, deve haver um gotejar formidavelmente pegajoso, criando uma poça vermelho-viva.) Em seguida, você distribui os quartos de tomate — que parecem pétalas vermelhas — em uma assadeira, pincela com azeite de oliva, tempera com sal e açúcar, e cozinha em fogo baixo por noventa minutos, até eles estarem inflados e rechonchudos. É o sabor mais envolvente dos sabores envolventes.

Só então Richard mistura os ingredientes — numa panela, com doses de vinagre de vinho tinto (uma adição peculiar, uma acidez fulgurante, um pouco picante para equilibrar a doçura de verão do prato) — e os aquece delicadamente por pouco tempo. Acredita-se que a prática de cozinhar cada legume separadamente produz uma mistura de sabores mais vívida do que se tudo tivesse sido cozido junto. Não pensei muito sobre isso, apenas reconheci que fazia muito tempo que eu não preparava um ratatouille e que gostei tanto desse que, a partir de então, passaria a fazê-lo todos os verões, sem falta. ("Compota de legumes" é como David descreve o ratatouille: "Minha mãe fazia todo domingo e servia com frango assado, e a gente comia frio no resto da semana".) Foi apenas servindo o prato para amigos (que ficaram empolgados com o resultado) que descobri: a maioria das pessoas não se dava ao trabalho de cozinhar os ingredientes separadamente, muitas nem sabiam dessa possibilidade. Mesmo a edição mais recente, e em geral bastante impressionante, de *Joy of Cooking* [O prazer de cozinhar] diz para jogar todos os legumes em uma panela, dar uma mexida, tampar e deixar cozinhando, o que me lembrou do último ratatouille que eu tinha feito dez anos antes, inspirado pela prosa languidamente preguiçosa e timidamente pseudoliterária de M.F.K. Fisher, que havia aprendido a receita na França com "uma mulher grande e forte" que vinha de "uma ilha na Espanha". Esse também era um preparo em que se jogava tudo numa panela, mexendo um pouco, e então se cozinhava por cinco a seis horas. Tinha gosto de mingau. (O ratatouille de Julia Child é mais ou menos certeiro e honra a prática básica — "cada elemento é cozido separadamente" —, ela diz, mas daí, curiosamente, vai lá e cozinha alguns ingredientes juntos.)

A abordagem de cozinhar as coisas em separado foi a minha primeira lição de fato francesa. Os vinicultores, ao engarrafar um vinho composto de diferentes variedades de uva, fazem algo semelhante: ou atiram todas em um tonel e fermentam tudo (como um *field blend*) ou vinificam cada uma separadamente e as misturam no final, um trabalho mais controlado em que se costuma sentir o gosto de cada uva. Muitos cozidos franceses famosos, ao menos em suas receitas tradicionais, na verdade são muito pouco cozidos. Como o *Navarin d'agneau*, o prato de verão de cordeiro e legumes batizado em homenagem ao *navet*, o nabo, que era o acompanhamento tradicional até o advento e a aceitação da batata (por volta de 1789): os legumes são cozidos enquanto a carne assa — os nabos (se você é tradicionalista), as batatas (se não é) ou os nabos *e* as batatas (se for ambos), cenourinhas, cebolas pequenas e ervilhas — e só então são combinados no final.

A prática não parece ter um nome, o que é curioso em uma cultura que, como eu estava prestes a descobrir, dá nome a todo e qualquer preparo ou instrumento, por menor e mais ridículo que seja; ou, se houver um nome, ainda não o encontrei, embora eu talvez tenha me deparado com a primeira vez em que ele foi descrito: em *La Cuisinière bourgeoise*, de Menon (*A cozinha de casa* — o *bourgeoise* no título tem o sentido oitocentista "de casa"). Existem muitos livros de "*cuisine bourgeoise*" na França, quase todos os chefs consumados escreveram um desses para leigos, mas o de Menon foi o primeiro. (Menon, provavelmente um pseudônimo, também escreveu o primeiro "nouvelle cuisine". Há ainda muitos nouvelle cuisines.) O *Cuisinière bourgeoise* de Menon descreve duas formas de fazer pato com nabos: a técnica do chef, segundo a qual os nabos e demais ingredientes são cozidos separadamente enquanto o pato assa, e a outra, mais informal, em que mais uma vez tudo é jogado ao mesmo tempo na panela, que depois é tampada, e lá fica até a comida estar pronta. "*Voilà la façon de faire le canard aux navets à la Bourgeoise* [Eis o modo de fazer o pato com nabos à moda de casa]." (A receita não está na primeira edição do livro, publicada em 1746, mas na segunda, em 1759.)

Alerta de spoiler: surpreendentemente, ainda que a duras penas, eu viria a aprender a ler e até a falar francês.

Aprendi a fazer farinha de rosca no estilo de Richard, a qual não era uniforme nem poeirenta (o pó, ele extraía com ajuda de uma peneira), mas sim desigual e irregular e de aparência áspera, que então assava no forno até ficar deliciosamente crocante. Com uma pitada de musse, ela aderia aos "nuggets de frango" de Richard. Quando fritos em temperatura máxima, eles saíam altamente texturizados por fora (se quebravam quando você mordia), macios por dentro, com uma pitada de creme de frango no recheio, e surpreendentes na boca. (Tentei fazer os nuggets para os meus filhos. Eles gostaram. Mas também gostavam da versão congelada de supermercado. Eles não discriminavam uns dos outros. Na verdade, gostavam era do ketchup.)

Fiz hambúrguer de atum no estilo de Richard (hambúrguer de atum num restaurante de alto padrão? Por que não? Era delicioso). Você começa com um pedação vermelho e grosso de peixe, corta o atum em cubos e, em seguida, esmaga os cubos vigorosamente com o dorso de uma colher de pau nas laterais de uma tigela. À medida que vão se partindo, é como se você estivesse batendo um creme. Acrescente um fio de azeite de oliva. Continue a bater. A essa altura, você deve estar começando a suar (a menos que, como eu, o seu suor já esteja na ponta do nariz). No meio do processo, acrescente uma colher de um molho mais ou menos japonês que você já deixou preparado (gengibre, chalotas e cebolinhas francesas emulsificados em um liquidificador com shoyu) e bata um pouco mais. O objetivo é decompor o tecido de maneira tão completa, amassando tudo, que as gorduras naturais do peixe acabam derretendo. Elas são o aglutinante que manterá o formato do hambúrguer. Em seguida, ele é grelhado até um ponto malpassado, e fica com um frescor pungente, com um quê contumaz da crueza do gengibre que lembra um sushi. É servido num pão com azeite de oliva e levedura selvagem, algo como uma versão mediterrânea de um brioche.

Eu gostava tanto do hambúrguer que sempre fazia um extra pouco antes de fecharmos a cozinha e o mantinha quente na chapa para comer no bar do andar de cima com a minha habitual taça de Pinot Noir.

Aprendi a fazer um suflê do Richard que nunca falha (leva três merengues diferentes, o italiano, o suíço e o francês). Preparei *tuiles* de batata tão crocantes quanto uma Pringles, mas sem gordura (eram postas dentro dos hambúrgueres do Richard para dar crocância). Ambos estavam entre os segredos da casa, mantidos em uma bíblia de receitas muito bem protegida, e o fato de

Richard se dispor a revelá-los para mim era a prova de que, a seus olhos, eu era totalmente inofensivo. Durante minha permanência ali, a cozinha não estava fazendo o "salmão mosaico", considerado por muitos o prato mais requintado de Richard, uma obra-prima que desafiava a gravidade, sustentada discretamente por transglutaminase (isto é, cola de carne), e que conheço porque figurou na história de um ex-*sous-chef*, Arnaud Vantourout, um belga que me confessou que, depois de deixar o Citronelle para aceitar um cargo aparentemente grandioso em um famoso restaurante de Bruxelas cujo nome ele me pediu para não mencionar, percebeu que tinha sido contratado apenas por causa das receitas de Richard. "Eles me fizeram contar tudo" — a tecnologia dos tubos, o suflê, o hambúrguer de atum, as maçãs perfeitamente descascadas e o "salmão mosaico". ("Eles queriam muito o salmão mosaico.") Então, depois que o famoso restaurante de Bruxelas, cujo nome Arnaud pediu para eu não dizer, tinha esgotado todas as ideias boas que ele havia aprendido com Michel, eles não precisavam mais de Arnaud. "Eles me dispensaram." (Para ser sincero, não entendo por que o escrupuloso Arnaud teve tanto cuidado em proteger um estabelecimento cretino, e, embora o finado e grande crítico gastronômico R. W. Apple Jr. o tenha mencionado entre as dez maiores experiências alimentares do mundo, eu, ao menos, prometi nunca ir lá.)

Em uma quinta-feira à tarde, pouco antes do serviço de jantar, descobri que ninguém menos que Michel Rostang e sua *brigade* haviam chegado da França e passariam pela cozinha na manhã seguinte. Eles assumiriam o Citronelle durante um fim de semana para preparar refeições elaboradas, era um evento anual, algo como um festival "Paris em Washington". Eu não tinha como saber disso antes — ainda estava encontrando meu caminho. A notícia me pegou de surpresa: Michel Rostang — *o* Michel Rostang, a pessoa para quem Dan Barber havia trabalhado e com quem, segundo ele, eu devia aprender também — estaria ali, com seu chef executivo, seu *sous-chef*, seus cozinheiros, todo o pessoal. Era a minha chance. Eu estava empolgadíssimo. E assustadíssimo.

Precisava ligar para Jessica.

Por um lado, o momento era definitivamente oportuno. Não fazia muito tempo eu admitira que nossos filhos precisavam frequentar algum tipo de pré-escola no outono. Para ser sincero, até então eu não havia considerado, de nenhuma forma específica, que eles precisariam estudar. É claro, eu sabia que, em algum momento, os dois teriam que estudar, mas eu ainda não tinha refletido sobre a logística. Era a primeira semana de março. Eu havia começado a acompanhar a estação de peixe (seguindo um cozinheiro que conhece a estação, para aprender a rotina). Além disso, só então eu começava a me dar conta de que não sobrava muito tempo para encontrar um restaurante na França. Eu tinha me comprometido a aprender, entre março e setembro, todos os princípios básicos que havia para conhecer na cozinha de Richard (se é que havia algum) *e* depois a passar um período em qualquer lugar, em um restaurante indeterminado, em Paris: seis meses. E de repente lá estava Rostang: minha oportunidade, minha passagem, meu futuro, meu lugar.

Por outro lado, porém, o momento não era nada oportuno. No acordo que Jessica e eu tínhamos feito, eu precisaria estar em casa nas sextas-feiras à noite para assumir o cuidado das crianças: custasse o que custasse. Quando chegava a sexta à noite, ela já estava naquele ponto em que não aguentava mais um segundo sequer. Será que eu ligo e pergunto: então, na verdade você se importaria em passar mais alguns dias — talvez o fim de semana todo e, bom, a semana seguinte — sozinha?

Richard estava à mesa do chef, trabalhando em uma receita. Hesitei em interrompê-lo. Além disso, eu não tinha perguntado explicitamente para ele, não ainda, se poderia contar com sua ajuda para me arranjar uma cozinha em Paris. Então desapareceu antes que eu tivesse a chance de falar com ele e não voltou naquela noite. (Provavelmente estava jantando com seu querido amigo Michel — os dois Michels em uma mesa em algum lugar.)

Na sexta-feira de manhã, David recebeu uma mensagem. "Eles estão chegando!".

Além disso, como eu poderia ser minimamente qualificado? Eu sabia enlaçar linguiças de pimentão vermelho. Sabia fazer farinha de rosca e sanduíche de atum. Não sabia falar francês.

"Eles chegaram!"

Eu os ouvi antes de aparecerem: estavam cantando? Eles irromperam pela porta — tive que pular para sair do caminho — e foram direto para suas posições. Pareciam um exército de ocupação. Era a primeira vez que eu presenciava o que aprenderia a descrever como "foco de cozinha". Cada membro da equipe olhava direto para a frente. Sem conversa fiada, com um olá mecânico e um aperto de mão firme, cada um assumiu sua estação. Era algo emocionante de assistir. Intimidador. Eles eram bem diferentes dos americanos do Citronelle. Nós parecíamos mimados, pouco sérios, molengas. Aqueles pareciam homens briguentos de rua. Eram — não existe outra palavra — aterrorizantes.

Rostang tem duas estrelas Michelin. Eu nunca tinha visto uma *brigade* de cozinha Michelin.

Eles não falavam inglês ou, se falavam, guardavam para si. Isso não importava, porque, de qualquer forma, eles não estavam dispostos a falar com um americano. Durante um intervalo, se misturaram com os membros franceses da equipe do Citronelle, os "executivos" — David, Mark Courseille (o chef de confeitaria), Cedric Maupillier (um ex-*sous-chef* que agora ficava no Central de Richard, seu bistrô "americano"), além de um chef da embaixada francesa, ex-funcionário de Richard.

Os americanos se retraíram, continuaram suas tarefas, quase nunca erguiam os olhos e deixavam claro, de maneira inequívoca, que eram fracos, frágeis e catastroficamente inadequados.

Refleti: o que tenho a mais comparado com os cozinheiros americanos, todos treinados e experientes, que agora pareciam subqualificados e intimidados? Eu não conseguia me imaginar como membro de uma equipe Michelin. Duas estrelas? Sem chance.

Onde estava Richard? Os dois Michels também estavam almoçando agora? À tarde, eu precisava pegar um trem. Jessica e eu tínhamos um acordo. E eu não estava tão descontente com ele. Mas fiquei pensando: será que eu tinha acabado de perder a chance de trabalhar em Paris?

Três semanas depois, houve outra oportunidade. Uma noite eu estava trabalhando na parte dos peixes, finalmente pegando o jeito da estação, quando David disse no corredor: "Michel quer você lá em cima. Ele quer que você conheça umas pessoas".

Não me mexi.

"Michel é meu chefe. Você precisa sair da estação."

Richard não dava a mínima se eu cozinhava ou não — eu queria ficar cozinhando, e ele me deixava —, e como eu estava ali basicamente graças à vontade dele, Richard tinha todo o direito de me convocar para ficar a seu lado quando bem entendesse. Isso era um grande prazer, apesar de suas interrupções costumarem ser muito mais demoradas do que o tempo que eu passava na estação, e eu ainda acreditava que aprenderia a ser um cozinheiro francês lá. (Alerta de spoiler número dois: isso eu não aprenderia, mas aprenderia a ser um cozinheiro na cozinha de Richard, o que não era pouca coisa.)

Os amigos eram Antoine Westermann, um aclamado chef alsaciano, e sua esposa, Patricia. Eles estavam do lado de fora em uma noite quente — mesas e bancos de madeira, como um café improvisado. Eu me juntei a eles. Uma travessa de ostras foi trazida, uma garrafa de Chablis. Richard estava contando histórias de sua infância, de sua "mãe" e da comida horrível dela. Mais comidas foram surgindo, embutidos em uma bandeja de casca de árvore; minha taça voltou a ser enchida, outra garrafa foi posta no gelo. Relaxei. Por que não? Não era um sofrimento tão grande não estar na cozinha.

(Enquanto isso, admito, pensei na minha mulher, sem dúvida nenhuma, ainda que por um breve momento, e me perguntei que versão de inferno ela estaria aturando com os gêmeos naquele instante.)

O primeiro restaurante de Westermann, quando ele tinha 23 anos, havia sido um celeiro adaptado, no centro de Estrasburgo, que combinava alta técnica com receitas de sua avó e que, ao longo de 25 anos, lhe garantiu três estrelas Michelin. Até que Westermann desistiu delas por amor ("pela linda Patricia", Richard esclareceu). Deixou a antiga esposa e transferiu o restaurante para seu filho de 32 anos; Westermann e Patricia se mudaram para Paris, onde ele comprou o Drouant, fundado em 1880, um dos estabelecimentos mais conceituados da cidade.

Westermann vinha a Washington com frequência — ele tinha um acordo de consultoria com o Sofitel Hotel — e sempre via Richard. Para muitos chefs franceses (como Westermann, Alain Ducasse ou Joël Robuchon, ou seja, alguns dos maiores talentos da geração deles), encontrar Richard nos Estados Unidos era algo semelhante a descobrir um tesouro nacional não reconhecido. Como alguém tão talentoso poderia ser tão desconhecido na França? Eles "o sacavam" na hora, vinham venerá-lo e se tornavam membros vitalícios do fã-clube de Michel Richard.

O afeto de Westermann por Richard era efusivo. Os dois chefs tinham mais ou menos a mesma idade. Westermann era um homem alto e em boa forma — praticava *mountain biking* —, com uma postura perfeita, óculos redondos de intelectual e um ar de retidão vigilante. Trajando um casaco de chef — ele parecia estar sempre com um casaco de chef —, tinha um ar de cientista, um jeito rígido e um tanto formal que desaparecia quando sorria, e na companhia de Richard ele sorria com facilidade. Até aquela noite, as únicas pessoas que eu tinha visto com Richard eram funcionários dele.

"Sabe, Michel, você precisa mesmo se exercitar."

"Sim, eu vou, Antoine, prometo."

"Não é preciso muito, só um pouquinho, mas todos os dias." Ele estava preocupado com a saúde de Richard, e havia ternura em sua preocupação.

Richard já tinha sido um homem de ombros largos. Nas fotos de seus tempos de Los Angeles, ele exibia poder. Mas agora aqueles ombros largos e robustos haviam perdido robustez, e a massa do que restou parecia ter descido para a barriga. Ainda era um homem bonito — sua beleza estava na alegria que emanava sempre que você tinha a sorte de estar em sua companhia —, mas seu corpo passava por apuros. Três anos antes, ele havia sofrido um derrame. "Foi aqui no restaurante", me disse. "Eu não falava coisa com coisa. Dizia palavras sem sentido."

"É o seu peso, Michel. Você precisa emagrecer." Westermann queria ajudar.

"Sim, Antoine, *ma petite* Laurence me fala o mesmo. Vou começar amanhã."

Richard adorava seus prazeres sem moderação e só conseguia moderá-los quando os evitava. Seus almoços de domingo em Los Angeles eram completamente bêbados e lhe ensinaram a não ter vinhos em casa. Comida era mais difícil. Não dá para viver sem comida. ("Uma vez, Laurence me deu queijo cottage. Já comeram? Eu experimentei no almoço. Queria deixar Laurence feliz. Mas não consegui. É horrível.")

"Olhe esses queijos", ele disse certa noite, quando estávamos sentados à mesa do chef. "Tão cremosos, gordos e voluptuosos." Os queijos eram para o serviço do jantar. "Laurence me falou: chega de queijo, por favor, Michel, me prometa, chega. Prometi. *Mais regarde!*" Ele tomou um copo d'água. Tomou outro. Depois sucumbiu, um grande prato preparado para ele, sem pão, apenas queijo, e seus olhos se reviraram em um prolongado "*hummmmmmmmm*" de êxtase. "É a expressão máxima da manteiga."

No fim da noite, voltei à cozinha para ajudar na limpeza. Perguntei a David: "E o Westermann? Ele tem um bom coração, conhecimento, e seus talentos são famosos".

David franziu a testa. "Um alsaciano em Paris? É uma cozinha desconectada de um lugar. Paris pode ser em qualquer lugar. Paris pode ser em Nova York. Vamos encontrar alguma coisa para você."

Michel Richard nasceu em Pabu, uma vila agrícola da Bretanha, a parte esquecida do extremo noroeste da França, a meia hora do mar. Seus pais — André, membro da Resistência, e Muguette, uma jovem camareira que morava em um castelo — haviam se conhecido de maneira breve perto do fim da Segunda Guerra Mundial, quando o exército nazista estava em retirada. Meses depois, com a guerra recém-terminada, o país transformado num cruzamento enlameado de carroças e veículos de dois cilindros, Muguette, agora muito grávida, partiu para a vila de onde lembrava que vinham os pais de seu amante da Resistência. Ela chegou até Rennes, capital da Bretanha, onde o irmão mais velho de Richard, Alain, nasceu em maio de 1945. Ela retomou sua caminhada e, em Pabu, batendo de porta em porta, encontrou o pai de seu bebê. Richard nasceu três anos depois.

A jovem família morou com os pais de André. As lembranças de Richard vinham em imagens, sobretudo dentro de casa, a maioria durante o inverno, na escuridão de uma lareira bruxuleante. A eletricidade era economizada como a água tirada do poço — nada de luz depois das oito da noite. Os avós não falavam francês. Falavam bretão, queimavam turfa, tinham chão de terra batida e não usavam pratos, serviam o jantar em entalhes que lembravam tigelas, esculpidos em uma mesa de madeira grossa. O pai de Richard era o padeiro do vilarejo. Richard, que futuramente me ensinaria a criar aqueles pãezinhos perfeitamente esféricos para os hambúrgueres de atum (era preciso sovar com o polegar enquanto os enrola), lembrava de como o pai os fazia rapidamente, dois por vez, em um avental sujo no qual ele esmagava a cara do menino em abraços desajeitados antes do amanhecer. Ele cheirava a cigarros sem filtro e vinho — o pai era alcóolatra — e ficava eriçado e suado sob a luz de um fogão a lenha.

Havia empregos em Ardenas, no leste do país, perto da Bélgica, onde as fábricas estavam sendo revitalizadas. Quando Richard fez seis anos, e sua mãe estava grávida do quarto filho, a família se mudou, trocando um dos lugares mais retrógrados da França por um dos menos desenvolvidos. Passado um ano, o casamento terminou, depois de um ato de brutalidade cometido pelo pai embriagado contra Muguette, grávida novamente, do quinto filho. Na manhã seguinte, ela e os filhos embarcaram em um ônibus e partiram.

A mãe é a mais importante e improvável primeira influência sobre a vocação culinária de Richard, porque ela o estimulou a cozinhar. Ela vivia ocupada demais para cozinhar sem estresse, trabalhava numa fábrica, e Richard, com nove anos, entrou em cena para fazer isso. Ele também entrou em cena porque o que ela cozinhava, quando cozinhava, era intragável. Ele se lembra de muitos pratos, mas o meu favorito é o coelho cozido em uma panela por tanto tempo e com tanta desatenção que, quando foi levado à mesa e a tampa, levantada, ele e os irmãos tiveram que se levantar e espiar sobre a borda para ver se havia alguma coisa lá dentro: o coelho tinha encolhido e se transformado em uma coisa dura e preta do tamanho de um pardal. Esses mesmos irmãos ficaram felizes quando Richard assumiu a cozinha — uma das primeiras lições sobre o amor feliz de jantares felizes.

A mãe também introduziu Richard na confeitaria, igualmente de maneira indireta, mas inequívoca. Quando ele fez treze anos, idade em que ela ou expulsava os filhos de casa, ou os fazia trabalhar (já tinha despachado o irmão mais velho para aprender escrituração em uma escola técnica onde ele recebia casa e comida), sua mãe arranjou um trabalho para Richard em uma fundição de bronze na cidade. Ele se queimou, as mãos incharam e ele não pôde continuar. Ela falou com amigos, seu filho precisava fazer alguma coisa, e arrumou um trabalho para ele como aprendiz em uma confeitaria, com direito a casa, comida e cinquenta francos por mês (cerca de dez dólares), em Carignan, a cem quilômetros de distância. Não havia trens nem ônibus entre as cidades. Um fornecedor de farinha foi buscar o menino em uma madrugada de verão — uma van Renault azul, um céu rosado, o cheiro das flores de agosto. Richard não voltou por três anos, nem uma vez.

"Recentemente", Richard me disse, "me dei conta de que não tenho nenhuma lembrança da minha mãe me beijando."

Perguntei sobre seu pai: ele foi uma influência? Um chef de confeitaria não é um padeiro, mas não são coisas tão diferentes.

"De maneira alguma", ele disse. "Confeitaria é uma profissão grandiosa." Ele ficou em silêncio e pareceu refletir. "Bom, talvez."

O pai que ele nunca teve, disse, foi Gaston Lenôtre, o chef de confeitaria francês mais famoso do século XX. Richard foi contratado pouco depois de seu aniversário de 23 anos, em 1971, e um pouco antes de a revista especializada em restaurantes *Gault & Millau* publicar sua famosa edição de outubro de 1973 proclamando a chegada da nouvelle cuisine e citando Lenôtre entre os voluntariosos membros do movimento.

Lenôtre, o famoso Lenôtre, via Richard como um artista — para Richard, foi um olhar encorajador e libertador — e viria a depender dele como sua arma secreta. (Muito tempo depois, David Bouley, o chef nova-iorquino, fez seu treinamento com Lenôtre. "As pessoas ainda estavam dizendo que Michel havia criado isso e criado aquilo, e várias outras coisas também." Isso anos *depois* de Richard ter saído. "Ele foi muito importante no mundo de Lenôtre, não à toa continuava exercendo esse tipo de influência.") Graças a Lenôtre, Richard descobriu seu próprio talento. Graças a Lenôtre, foi parar nos Estados Unidos: ele o acompanhou para abrir a primeira confeitaria francesa Lenôtre em Nova York. Graças a Lenôtre (ainda que indiretamente), descobriu a Califórnia, porque Richard foi para lá depois que a operação em Nova York fracassou. Em Los Angeles, Richard abriu uma confeitaria quase inexplicavelmente bem-sucedida em 1976 (o chef Wolfgang Puck se lembra de como ficou espantado com as filas do lado de fora — "Eu nunca tinha visto filas tão compridas") e depois foi a vez do Citrus, seu primeiro restaurante.

Qual a façanha de Lenôtre? Eu tinha comprado o primeiro livro de Lenôtre, *Faites votre pâtisserie comme Lenôtre* [*Faça suas sobremesas como Lenôtre*], um clássico de trezentas páginas, agora fora de circulação, com receitas de tortas e éclairs e babá ao rum. Como isso podia ser a nouvelle cuisine?

"Lenôtre não inventava pratos novos", Richard disse. "Inventava novas formas de fazer os antigos. Ele tinha uma regra simples. Você pode mudar qualquer coisa desde que o resultado seja melhor do que o original."

A regra, que está entre as descrições mais sucintas que já encontrei sobre a nouvelle cuisine, comandava tudo que Richard fazia, ainda que as aplicações dele fossem mais anárquicas do que as de Lenôtre. Richard inventou um caviar falso. Nós o fazíamos na estação de peixe. Tinha cara e cheiro de caviar e era servido em uma lata de caviar de mentira com um rótulo em que havia "Begula" [sic] impresso na tampa. Era uma pasta cor de pérola embebida em um caldo de peixe aromático e tingido com tinta de lula. Claro, não se trata estritamente de um substituto do caviar, mas, em virtude da precisão do preparo e dos pequenos tesouros encontrados ali (um ovo poché líquido impecável feito no *sous--vide*, uma articulação de lagosta cozida na manteiga), é, *sim*, "melhor" do que o original; ao menos se "melhor", no caso, significar uma "experiência alimentar mais agradável". (Sempre travesso, Richard serve caviar de verdade em uma "tigela de atmosfera", como se estivesse flutuando, um truque de apresentação possibilitado por uma sala escura, à luz de velas, onde o caviar flutuante jaz sobre um pedaço de filme plástico estendido em uma tigela.)

Certa noite, Jessica foi acordada pelo som dos risos dos meninos. Ela os tinha posto em seus berços duas horas antes. Jessica espiou pela porta do quarto e os viu na sala tirando livros das prateleiras. Eles haviam aprendido a sair do berço, um marco inquietante de crescimento. Ela me ligou em Washington. Não ouvi tocar.

Sem demonstrar irritação (é o que especialistas dizem para fazer), ela pegou cada menino cuidadosamente, como se fosse um gatinho, sem contato visual, sem um comentário, devolveu cada um a seu berço e, pronto, voltou para a cama. Eles saíram. Ela os levou de volta ao berço. Eles saíram. Ela os pôs de novo no berço. Depois de a sequência ter se repetido cinquenta vezes, ela me ligou. Não atendi.

Após outros cinquenta episódios (o que parece improvável, mas ela jura que os pôs de volta no berço mais de cem vezes), Jessica tentou me ligar de novo, desistiu e foi dormir. Mais tarde encontrou os meninos sentados de pernas cruzadas, com as portas da geladeira e do freezer abertas, e marcas brancas de mão por toda parte. No chão havia manteiga, leite, suco de laranja, ovos quebrados e sorvete, que eles estavam comendo do pote com as mãos. Frederick tinha cobertura de chocolate no cabelo.

Cheguei na sexta-feira à noite. Jessica e eu conversamos na manhã seguinte. "Não está dando certo", ela disse.

"Eu entendo", eu falei, mas na segunda-feira acabei voltando a Washington.

Na estação de peixe, fiz proteínas. Ninguém na cozinha — e éramos todos americanos — jamais pensou: "Ei, eu sou um cozinheiro francês". O *skate* exigia mais ou menos o mesmo conjunto de habilidades necessárias para preparar uma xícara de chá: ou seja, acrescentar água quente.

O *skate* é como uma minirraia com ossos supergrandes que, na França, é servida com um molho amarronzado de manteiga e alcaparras: nada complicado de fazer, mas David não acreditava que nenhum de seus cozinheiros soubesse reproduzir ou reconhecer seu sabor. "Suas bocas foram destruídas pelo açúcar." Por isso, David preparava o molho — sempre. Também desossava o peixe, em seguida o colocava em um saco, derramava o molho dentro, selava a vácuo e congelava. Quando um pedido era feito, o peixe ia para o banho-maria por vinte minutos (temperatura controlada, não era preciso pensar muito) e, na hora de mandar para a mesa, era só tirar do saco. Você não precisava saber o que estava fazendo. Não precisava nem saber que era um peixe.

O robalo-riscado: grelhado com a pele para baixo até ficar crocante, por cinco minutos, e depois finalizado com um minuto no lado da carne. O exoticamente gorduroso peixe-espada: quatro minutos em um forno a 260 graus, desossado com um alicate de peixe, pincelado com uma calda de shoyu e saquê e, em seguida (na hora de mandar para a mesa), tostado no forninho até borbulhar em um tom escuro.

Os caranguejos de casca mole eram a exceção, chegando diariamente em uma caixa, vivos, com olhos, alinhados em fileiras sob uma cama de palha, do tamanho do punho de uma criança, úmidos pelo oceano, mexendo-se ligeiramente e cheirando a cracas e âncoras. Eram divertidos de comer, crustáceos que dava para enfiar na boca e mastigar inteiros, com garras, casca, tudo.

Eles são uma especialidade da baía de Chesapeake, mas não são uma espécie única. O que é único é a forma como são criados. Os caranguejos trocam de casca e desenvolvem novas. Eles se remodelam. Os nativos americanos de Chesapeake descobriram que, se você tira um caranguejo no meio do processo de troca, a casca nunca endurece. Ela fica, portanto, deliciosamente crocante quando salteada. Os de Richard ficavam especialmente crocantes, porque eram fritos em imersão depois de ter sido recheados com uma mistura de maionese e carne de caranguejo, um toque pouco convencional, rechear um bebê com a carne do adulto — em suma, com o que os pequenos cascas-moles viriam a se tornar caso sua adolescência não tivesse sido abreviada.

"A maionese é por causa da acidez", David me disse durante uma aula sobre o preparo do caranguejo. Ele buscou um exemplo que eu pudesse entender. "Pense em peixe com batata frita. Os ingleses enchem de vinagre. Gordura ama acidez." (David, devo comentar com todo o carinho, tinha um jeito indescritivelmente encantador e doce de expressar seu total espanto diante da minha estupidez culinária.)

Para fazer caranguejos, você precisa de uma pinça resistente e de uma tigela de metal. Com a mão esquerda, segure o bicho logo abaixo das garras; com a direita, quebre a cabeça dele logo atrás dos olhos, o que causa um barulhinho quando ele cai na tigela. A carcaça agora escancarada é impressionantemente espaçosa, ainda mais depois de uma leve compressão. Quando se pensa nisso, faz todo sentido. Afinal, a nova casca do caranguejo é como comprar um casaco para uma criança que cresce rápido: você quer algum espaço, para que o rapazinho possa crescer à vontade. Claro, Richard fazia um bom uso desse espaço! A singularidade da casca mole era um atrativo tanto quanto sua carcaça finíssima. Um caranguejo recheado de maionese? Era como um sanduíche frito de frutos do mar. Por que outros restaurantes não roubaram essa ideia?

Para fritar, mergulhe os caranguejos em uma massa de duas partes de farinha de pastelaria (baixo teor de proteína, bem fofa), uma parte de farinha de milho (para garantir a sensação na boca), uma garrafa de água com gás (cuja efervescência misteriosamente sobrevive à fritura) e um ingrediente secreto chamado "amor de curry". O termo foi usado por um dos cozinheiros, Gervais Achstetter, que gritou: "Chef, os caranguejos precisam de um pouco mais de amor de curry".

"Gervais, tenha cuidado, por favor", David disse. "Há um jornalista na casa."

O amor de curry, depois que finalmente se aceitou que o jornalista não iria embora tão cedo, acabou se revelando um corante alimentar. Seu uso em pratos condimentados é universalmente proibido, embora por nenhum motivo que faça sentido, visto que é tolerado na cozinha de confeitaria, a qual, de maneira essencialmente filosófica, Richard nunca abandonou. Muitos pratos de

Richard tinham um amorzinho extra. O verde-vivo do "azeite de manjericão", o ratatouille e seu vermelho-açafrão vibrante ou o vermelho-roxo muito, muito escuro do "molho de vinho" que acompanhava o filé.

Mais tarde, perguntei a Richard diretamente: "Você usa corantes alimentares?". Estávamos almoçando. Foi malandragem minha. Ele não sabia que eu sabia. Ele fez uma pausa, tentando me decifrar.

"Não", respondeu. "Nunca. Suco de beterraba, claro. Mas não corante alimentar."

Anos depois, reproduzi essa conversa para Daniel Boulud — que audácia a minha — e ele disse: "Hum".

Quando me vi depois na cozinha de Boulud, sozinho no andar de baixo, em meio aos cozinheiros, comecei a admirar os tortellinis de uma profunda cor de gema de ovo que o rapaz das massas fazia e, depois de perguntar se eu podia ver a receita, descobri que, oh não, ela incluía corante alimentar amarelo.

Alerta de spoiler número três: eu acabaria cozinhando com Daniel Boulud.

Em um fim de semana, folheando uma revista, Richard havia se deparado com o retrato de uma planta florida em um vaso de vidro. O vaso chamou sua atenção. Ele fechou os olhos e visualizou a possibilidade de uma salada que parecesse o presente de um florista, com "camadas de solo" por baixo e folhas e flores comestíveis em cima. Quando chegou ao restaurante na segunda-feira, mal podia esperar para começar. Ele já havia pegado uma folha de papel e estava desenhando como seria: embaixo, a "terra" (berinjela, salteada com chalotas no azeite de oliva e finalizada no forno com uma pasta doce); em cima, água de tomate gelificada; no meio, um iogurte fofinho — "Não doce, os americanos sempre querem doce, mas condimentado, temperado com cominho" (uma picância discreta, norte-africana, terrosa) — batido com uma técnica que ele havia aprendido com Lenôtre.

"Que era?"

Basicamente iogurte com gelatina, Richard disse.

Fiquei perplexo. Até eu sabia que não dava para acrescentar gelatina em um iogurte refrigerado e achar que vingaria. A lição número 1 da gelatina é que é preciso dissolvê-la em um líquido quente e depois resfriar.

"Ah, *mon ami*, não dissolvemos a gelatina no iogurte. Nós a dissolvemos em um copo de creme de leite quente e *depois* o incorporamos."

E para bater?

Você põe uma tigela dentro de uma tigela maior de gelo. O efeito é aquecer e resfriar ao mesmo tempo, porém mais resfriar do que aquecer. O resultado fica mais gorduroso do que o iogurte normal, graças ao creme de leite, e mais distintamente condimentado, graças ao cominho, e maravilhosamente texturizado, cremoso e expansivo, como um sorvete de sorveteria. Ao mesmo tempo é rígido. Dá para espetar folhas de salada nele.

Mas havia um problema com a terra. "*Merde!*", Richard disse. A berinjela estava com cara de bosta. A comida nunca deveria ficar com cara de *merde*.

Ele encontrou uma solução na manhã seguinte. Assaria a berinjela como antes, mas colocaria cebola (vermelha) no lugar da chalota e acrescentaria beterraba (vermelha), tomate (vermelho) e vinagre (vermelho) — além de alho, para dar intensidade. Pôs tudo em um liquidificador e passou por uma peneira, o que gerou uma textura corpulenta, quase seca, como papinha de bebê. Também tinha um tom marrom-avermelhado atrativamente escuro. (Não pude deixar de me perguntar: será que Richard havia acrescentado um corante alimentar quando eu não estava olhando?) Parecia uma sobremesa ao pôr do sol. Era bonito demais para ficar embaixo da terra. Essa seria a terra de cima. O estranho e trêmulo tomate ficaria embaixo e seria uma surpresa de verão quando a colher chegasse ali.

O estranho e trêmulo tomate, aliás, era basicamente água de tomate reforçada, o que sobrava depois de pelar os tomates e depositar as sementes e a casca em uma peneira. Richard adorava água de tomate. Não era algo de todo novo para mim, mas eu achava bastante trabalhoso. Agora, movido pelo entusiasmo de Richard, vejo isso como uma característica rara e essencial do verão que merece seu próprio descritor molecular: H_2OT_4, por exemplo. Se você colocar H_2OT_4 em uma panela, reduzir lentamente e provar com o dedo, vai encontrar um líquido tão intenso que, por motivos incompreensíveis, fará você se lembrar de tardes quentes e lânguidas de verão. Se resfriar com gelatina, obterá um belo tremular. Richard adora um belo tremular.

A salada era um milagre de se olhar, com o apelo sedutor de uma sobremesa, mas inteiramente saborosa. Era como um ratatouille transformado em flor. Vinha coberta por um vinagrete.

Estávamos prestes a experimentar o prato, Richard e eu à mesa do chef, quando Tyler Florence apareceu sem ter feito reserva, estava na cidade e viera na esperança de encontrar algo para petiscar. Florence é dono de restaurante e apresentador da Food Network. Comemos a salada juntos. Florence comeu a sua com colher.

"Uau, Michel. O que é esse manjar branco? É incrível."

"Iogurte", Richard disse.

Florence experimentou de novo. "Não é iogurte."

"É, sim. Experimente de novo."

"Michel. Eu conheço o gosto de iogurte."

"Não, você só não conhece iogurte bom." Richard prolongou a palavra "bom". "Isso é um booooooom iogurte integral."

Florence deu outra colherada e deixou bem claro que sabia que estava sendo enganado e que Richard era um babaca.

Depois perguntei a Richard por que ele não disse a verdade. "Para vê-lo levando crédito por isso no programa de televisão dele, no site dele e no próximo livro dele? De jeito nenhum."

Chefs não inventam pratos todos os dias. Jean Anthelme Brillat-Savarin, autor de *A fisiologia do gosto* (1825), a *famosa* reflexão sobre alimentação, compara uma nova receita à descoberta de uma estrela. Mas ali na cozinha de Richard praticamente todos os itens do cardápio eram novos. E outros novos surgiam o tempo todo, uma ideia brilhante numa segunda-feira de manhã, um experimento prolongado (como sua tentativa de reinventar o *pâté en croûte* — "Você não acha que as crostas estão sempre encharcadas?") ou uma inovação improvisada feita no melhor espírito de "por que não?".

Certa tarde, ouvi Courseille, o chef de confeitaria, mencionar Marc Veyrat. Eu ouvira falar de Veyrat, o "chef da montanha" nos Alpes. Nunca havia comido em seu restaurante, embora tivesse tentado uma vez, quando fui visitar um amigo em Genebra, mas estava fechado.

Na descrição de Courseille, Veyrat tinha a pele transparente de um fantasma, usava, mesmo dentro de casa, um chapéu de camponês saboiano preto com abas, uma camisa preta que mais parecia uma capa, óculos coloridos e redondos como os de *Sgt. Pepper*, se portava como um vidente e era simplesmente péssimo, horrível, trabalhar com ele. "Grosseiro. Presunçoso. Tratava os cozinheiros como escravos", Courseille disse. "A equipe começa ao nascer do sol, recebe cestas de palha e cortadores, e ouve quais trilhas subir e o que procurar, depois todos vão para as montanhas — as montanhas dos Alpes, o monte Branco — e só voltam com as cestas cheias. Eles limpam o que colheram. Preparam. *Só então* estão prontos para o serviço de jantar."

Pensei: ele parece maluco. Pensei: ele parece perfeito.

Também pensei: essa era a virtude de estar na cozinha de Richard. Por causa das fofocas, das conversas, das visitas. Era assim que eu encontraria onde trabalhar na França. Na verdade, talvez tivesse acabado de encontrar.

"Quase ninguém nos Estados Unidos o conhece", Courseille continuou, "a não ser Jean-Georges" — Jean-Georges Vongerichten, em Nova York. "Veyrat vem vê-lo em Nova York. Eles saem atrás de coisas para colher no Central Park."

Telefonei para Jean-Georges.

"Adoro Marc", ele disse. "É meu primo espiritual."

Mas podia me ajudar a entrar em contato com Marc Veyrat?

Jean-Georges escreveu uma apresentação e me deu um endereço de e-mail e um número de telefone. Fiquei surpreso com a aparente facilidade: você fica sabendo de alguém e consegue ser apresentado a ele. Jessica, minha ventríloqua francesa, escreveu uma obra-prima em forma de carta (eu nunca conseguiria escrever tão bem), expressando respeitosamente a esperança de eu poder trabalhar com ele, e enviou.

Nenhuma resposta.

Ela enviou o e-mail três vezes. Telefonamos. Nada. Pedi um conselho a Jean-Georges.

"Marc não é um homem comum."

No dia seguinte, recebemos um e-mail de um assistente dele. (Será que Jean-Georges tinha intervindo?) Marc Veyrat e sua *brigade* estavam ansiosos para me receber. *Nous vous accueillerons.* O verbo, Jessica disse, *accueillir*, é importante. Não é usado à toa. Significa receber alguém em casa. Fiquei olhando para o verbo. Não tentei pronunciá-lo. Aquilo significava que eu tinha um plano?

Comentei com David.

"Que ideia horrível." David uma vez se candidatou a uma vaga lá e passou um fim de semana aprendendo na cozinha. "O chef executivo dele rouba no futebol." Aqui David fez uma pausa, me dando a chance de absorver a gravidade da acusação.

"Uau", eu disse.

"Exatamente."

"Vamos pensar em alguma coisa", David disse. "Vou falar com Michel."

Não descartei a possibilidade.

Uma proposta chegou em pouco tempo.

Cedric, o chef no Central de Richard, e David formavam uma dupla diferente. Era comum terminarem a noite juntos na cozinha do Citronelle, tomando uma garrafa de vinho, às vezes até as duas da manhã (a essa altura, eu era o cara babando de sono com a cabeça na mesa do chef). Cedric era vigoroso, forte, tinha o pescoço grande, o peito largo, parecia um jogador de rúgbi se comparado ao jeito ágil e futebolístico de hooligan de David. E ambos também divergiam nas relações com Richard: David trabalhava para atender os desejos de Richard; Cedric se opunha a eles. ("Cedric não entende que eu sou o dono do restaurante?", Richard me perguntou certa vez. "Michel não entende que essas são as receitas da minha *avó*?", Cedric perguntou.) Uma noite, Cedric e David estavam me contando como se conheceram. Os dois haviam trabalhado juntos no norte da Borgonha, no La Côte Saint-Jacques, um restaurante com duas estrelas Michelin em Yonne. Pela descrição deles, era um restaurante familiar, em sua segunda geração, situado em um rio famoso com peixes de sobra, e à beira de uma floresta com muitos animais de caça, e perto de vinhedos lendários.

Eu não conseguia imaginar onde era, e eles tentaram situar o lugar para mim, no norte da França, não muito longe de Lyon.
"Uma hora", Cedric disse.
"Não, não é uma hora. Dá umas três horas", David retrucou. Eles pararam. Tiveram o mesmo pensamento.
"Lyon", David disse.
"Lyon", Cedric disse. "Os americanos não entendem."
"É a capital gastronômica. Vou falar com Michel. Aposto que ele tem um amigo lá, alguém."

Lyon. Eu só tinha estado lá naquele único translado de ônibus de madrugada, e fazia muito tempo que eu queria saber mais sobre a cidade. Em Chianti, quando eu estava no açougue, era citada com frequência. Tinha sido uma cidade da qual os toscanos, no auge do Renascimento italiano, tinham praticamente se apropriado: lá se estabeleceram, vendendo mercadorias italianas nas famosas feiras da cidade (*les foires*), construindo mansões para si mesmos. Era também a cidade onde os italianos, ao menos segundo eles, ensinaram os franceses a cozinhar.

A primeira vez em que ouvi isso — que a culinária francesa tinha se originado nas cozinhas do Renascimento italiano —, eu estava no açougue, e não foi a provocação de uma pessoa ao acaso, mas um coro alto de toscanos, declamatório e teatral. Cometi o erro de pedir que repetissem — era ridículo demais. Eles repetiram ainda mais alto, com ainda mais gestos.

Na prática, a ideia tinha lá seu mérito: isto é, na Itália (ou na península que agora chamamos de Itália), do final do século XIV ao começo do XVII, as refeições grandiosas eram tratadas como obras de arte, produções orquestradas, com vários pratos e muita ostentação por parte da cozinha: era uma *festa*. Na época, os franceses não comiam dessa forma. Mas, em sua narrativa, a ideia pode parecer bastante caricatural: que as mudanças no que agora vemos como a culinária francesa foram obra da princesinha da famosa família florentina Médici, Catarina, que, em 1533, com catorze anos, viajou da Toscana para se casar com um príncipe que se tornaria o rei da França, a partir do que apresentou a seus súditos os ingredientes e segredos da culinária italiana. Hoje as pessoas se referem a isso como o "mito de Catarina de Médici", que citam com sarcasmo.

Pesquisei sobre esse conceito. Pouco foi escrito que apoie essa tese. Muito mais, porém, foi escrito contra ela. Mas nem sempre era convincente. Alguns críticos pareciam não ler italiano. Alguns raramente (ou nunca) aludiam ao Renascimento italiano. Muitos, na minha humilde opinião, soavam mais franco-chauvinistas do que acadêmicos. Em todo caso, as implicações eram intrigantes: que em certo ponto a culinária francesa *não* existia ou, pelo menos, não da forma que reconheceríamos hoje; e que então, em algum momento, *passou* a existir, e que os italianos podem ter representado um papel em seu nascimento.

Enfim, não sei, talvez fosse disparatado mesmo, e além do mais eu não sabia se tinha preparo acadêmico — certamente não tinha o francês —, e abandonei minha pesquisa. Enfim, lá estava eu agora: imaginando Lyon.

Telefonei para Jean-Georges.

"Lyon é uma cidade maravilhosa. Eu cozinhei lá." Ele tinha sido um *saucier* — a pessoa que faz os molhos — de Paul Bocuse.

"Lyon é a Ville des Mères, a cidade das mães, das chefs *mères*", ele disse. "Você não sabia? Desde não sei quando, há muito tempo, elas cozinham. Foi onde tudo começou", ele disse. "Você realmente deveria ir a Lyon."

Quando vi Richard de novo, ele estava esperando por mim à mesa do chef.

"Lyon é perfeita", ele disse.

Richard ia a Lyon com frequência e tinha um amigo próximo, Jean-Paul Lacombe, outro chef que tinha feito a peregrinação aos Estados Unidos e via Richard como uma deidade não reconhecida. "Jean-Paul dirige o Léon de Lyon. É uma instituição lionesa. Vou pedir que a Mel escreva uma carta para ele. Você encontrou seu restaurante."

Em meio a tudo isso, Jessica, uma alma solidária, que acreditava no que seu marido lhe dizia, vinha planejando o futuro da família com base em dois pressupostos — que passaríamos o verão em Paris e que nossos filhos voltariam no outono, matriculados em algum tipo de instituição de ensino: ou seja, numa creche.

Colocar seus filhos nova-iorquinos em uma creche se revelou um esporte urbano competitivo, e minha mulher era uma competidora consumada. Ela participou de doze reuniões de admissão. Uma delas foi realizada em um ginásio cujas arquibancadas não eram grandes o bastante para acomodar os candidatos, que se sentaram no chão da quadra de basquete; a multidão, estimada em oitocentas pessoas, ouviu que havia 52 vagas. Ela não apenas conseguiu matricular nossos meninos naquela escola, mas em todas as outras a que se candidatou (era uma briga e tanto), até por fim se decidir por uma chamada Jack & Jill, sua primeira opção. Ela me mandou uma mensagem: poderia seguir em frente e pagar a matrícula?

Sim, eu disse. Eu entendia as implicações. Estava comprometido a terminar minha formação francesa até o outono.

Na manhã seguinte, Jessica telefonou. "As aulas da Jack & Jill começam em 16 de setembro. Mas os professores querem conhecer os meninos primeiro, na *nossa* casa, às nove horas no dia dez. Você estará de volta?"

"Sim", eu disse.

Jessica vinha monitorando os voos. Já era junho. Os preços, que antes estavam razoáveis, agora tinham aumentado bastante. "Posso comprar as passagens?"

Falei para ela esperar. Eu tinha um novo plano.

Naquele fim de semana, nos sentamos em um banco encostado a uma parede.

Meu plano, eu disse, é irmos à França "em família", ficarmos até setembro e depois eu continuar lá "sozinho".

Houve um longo silêncio: quer dizer, um longo, longuíssimo silêncio.

"Você vai ficar em Paris sozinho?", ela quis se certificar finalmente.

"Não."

"Não?"

"Eu não disse Paris."

"Ou onde quer que seja, você vai à França..."

"Lyon. Eu estava pensando que deveria ir a Lyon..."

"Não estou nem aí para onde você quer ir. Você não vai ficar lá sozinho enquanto eu passo o primeiro semestre da escola dos meninos sozinha."

"Não vou?" Eu me preparei para o pior. Ela havia passado por maus bocados com as crianças.

"Não." Ela fez uma pausa. "Nós vamos juntos."

"Sério?"

"Vamos nos mudar para a França."

"Vamos?"

"Toda a família."

"Mas como?"

"Ainda não sei. Volte ao trabalho. Vou dar um jeito."

Essa conversa foi uma das mais profundas e importantes do nosso casamento.

***

Um problema imediato era a duração. Os americanos podem "visitar" a França como turistas, ficar lá por até três meses. Uma estadia maior exige um visto, o que preocupava Jessica.

Eu sabia disso, mas não tinha levado a questão a sério. Havíamos passado mais de três meses na Itália e nunca nos falaram que precisávamos de visto. Dan Barber não tinha um quando estagiou na França. ("Eu nem sabia que precisava de um.") Tampouco Thomas Keller. ("Eram outros tempos.") Os americanos conseguiam sua formação francesa muito discretamente.

"Eles não tinham filhos."

Verdade, eu disse. Também era verdade que duas pessoas da cozinha do Citronelle tinham ido à França para trabalhar, foram descobertas pela polícia e tiveram 24 horas para deixar o país.

Nossos filhos, ela disse, precisam ir para a cama todas as noites sem medo de ser exilados a qualquer momento. "Não podemos ficar na França sem um visto adequado. Volte ao trabalho. Vou dar um jeito."

Então Jessica entrou em contato com a embaixada francesa, e me apavorou que ela tivesse se adiantado e contatado uma *autoridade* em uma *instituição*. Parecia muito público e irreversível.

Na manhã seguinte, ela me mandou os formulários por e-mail.

Ela telefonou. "Está sentado?"

"Tarde demais."

"Fica calmo. Me liga amanhã."

Era um documento incrivelmente fastidioso, confirmando todos os medos e as caricaturas do francês burocrático. Olhei para os requisitos: declarações fiscais, comprovação de renda, patrimônio líquido, conta bancária francesa (conta bancária *francesa*?), comprovante de residência francesa e uma declaração de objetivo, explicando (em francês) por que você precisava estar na França.

Três noites depois, por coincidência, o embaixador da França estava no restaurante e pediu caranguejos de casca mole. A cozinha inteira sabia dos meus planos.

"Não vá fazer merda", David disse. "É o seu futuro."

No dia seguinte, escrevi: "Caro embaixador, sou escritor e estudante de culinária francesa. O caranguejo de casca mole que o senhor comeu ontem à noite no Citronelle foi preparado por mim. Gostaria de saber se o senhor poderia me ajudar...".

Para garantir que a carta chegasse ao destinatário, telefonei para Victor Obadia. Monsieur Obadia, representante de vendas da Silver Spoon, empresa fornecedora de utensílios para restaurantes gastronômicos (cascos de árvore, tigelas que pareciam apartamentos de Gaudí e designs pós-modernos imperscrutáveis cobiçados pelo pessoal em ascensão da gastronomia molecular), participava de um grupo informal de apreciadores de comida que podia ser encontrado, durante a semana, tomando um drinque à noite no café improvisado na calçada do Citronelle. O embaixador da França era cliente de Obadia. A sala de jantar da embaixada era conhecida como uma das melhores, e menos acessíveis, mesas de Washington.

O embaixador da França nunca me respondeu.

Mas recebi o telefonema de um oficial do alto escalão da embaixada, uma figura de voz imponente e com um inglês impecável de quem estudou nas universidades públicas de Oxbridge. Ele não havia entendido, admitiu, o que exatamente eu gostaria que o embaixador fizesse.

Que nos desse, a mim e à minha família, um visto para morarmos na França, respondi.

"Entendi", disse o sotaque. O embaixador não dava vistos, disse o sotaque, mas ele me passou um nome, Marc Selosse, e um número de telefone de Manhattan, do consulado francês de Nova York, na Quinta Avenida.

Selosse era simpático e culto, falava vários idiomas, queria ajudar, mas desde que eu entendesse que ele não poderia fazer nada.

"*D'accord?*"

"*D'accord.*"

Ele morava em Nova York, explicou, há tempo suficiente para entender que a maioria dos nova-iorquinos não fazia ideia de que na França as pessoas realmente acreditavam em regras, de verdade, que todos precisavam se sujeitar a elas de maneira igual e que não havia muito a ser feito, porque não existiam exceções: nunca.

Mas Selosse se dispôs a ser meu orientador e me ajudar a passar pelo processo para obtenção do visto em tempo recorde.

Era uma notícia maravilhosa. Eu agradeci e perguntei quanto tempo poderia levar.

"Se você tiver muita sorte, três meses."

Junho. Então, vistos, se déssemos sorte, em setembro.

"Mas só se", monsieur Selosse acrescentou, "e é um grande *se*, seu requerimento estiver perfeito."

Selosse marcou uma reunião, para dez dias depois, a fim de apresentarmos nosso requerimento e os documentos comprobatórios para a aprovação do consulado. Reclamei da espera, tínhamos pressa, mas ele me garantiu que eu precisaria desse tempo. "E não se esqueça de que os demonstrativos financeiros devem ser em quatro vias, uma para cada criança."

"Claro", eu disse. Declarações financeiras para nossos filhos que não tinham nem três anos?

"E seus filhos", ele acrescentou, "você precisa trazê-los também."

"Porque eles serão entrevistados?"

"Não, não, eles não. Só precisamos da impressão digital deles. É você quem vai ser entrevistado. Em francês."

"Não falo francês."

"Vai ser uma entrevista curta."

Fui à luta. Era tudo perfeitamente, ainda que excessivamente, simples, exceto por um requisito: precisávamos provar nossa residência na França. Eu havia lido essa condição no requerimento e a ignorado: como nós, que estamos nos candidatando a residir lá, podemos comprovar que já somos residentes? Eu tinha amigos em Paris. Será que conseguiria que algum deles nos emprestasse um endereço?

Telefonei para monsieur Selosse.

"O comprovante de residência é muito importante. E você precisa comprová-la na cidade onde vai residir." Ele mencionou um caso recente, de uma mulher que tinha comprovado residência em Paris, mas pretendia morar em Toulouse. "Quando ela chegou ao município de Toulouse" — uma exigência é que você se registre na autoridade local menos de dois meses depois de chegar —, "fomos notificados imediatamente. 'Isso não está correto', dissemos, e pedimos que ela deixasse o país."

Voltei às instruções. Era preciso apresentar um contrato ou a escritura de uma propriedade, respaldado por contas de água, gás e eletricidade com seu nome e endereço. Não havia espaço para improvisação.

Era sexta-feira. Uma semana havia transcorrido. Nosso encontro seria na segunda. Telefonei para Selosse, mas ele não atendeu. Deixei uma mensagem de voz e fiquei andando de um lado para outro. Eram cinco da tarde quando ele me ligou.

Em que fui me meter? "Tenho mesmo que arranjar esses documentos? Nós não *moramos* na França."

"Sim, você só precisa nos dar uma cópia do documento de propriedade", ele disse, animado. "Mas lembre-se de trazer o original."

Ele não tinha me ouvido? "Mas não temos um documento desses. Não tenho nenhuma propriedade na França."

"Ah, então nesse caso você vai precisar do seu contrato. Mas lembre-se de trazer o original."

"Mas não tenho um contrato."

"Ah."

"Não somos residentes."

"Ah."

Houve uma pausa longa. Pensei: isso significa que eles desistiram?

"Se uma família lionesa estiver pronta para acomodar a sua família", Selosse disse, "peça que eles apresentem todas as documentações normais. Eles também precisam citar, por escrito, o nome de todos os membros da sua família, inclusive o dos seus filhos."

Eu não tinha mencionado uma família lionesa. "Todos os nomes?", perguntei, entrando na dele.

"Todos os nomes."

Monsieur Selosse, diplomata profissional, estava diplomaticamente sugerindo uma solução?

Mas para quem telefonar? Era uma sexta-feira de verão, já tarde. Eu deveria reagendar nossa reunião da segunda-feira? Selosse havia me avisado que só haveria outro horário em agosto, o que também não adiantava nada, porque a França inteira estaria de férias, de modo que, na prática, não haveria nada até setembro.

Eu me concentrei: será que conheço alguém *em* Lyon?

Não. Eu nunca tinha ido a Lyon.

Conheço alguém *de* Lyon?
Talvez eu conhecesse alguém, embora mal o conhecesse. O chef francês Daniel Boulud. Ele é famoso por ser de Lyon.
Eu o havia conhecido. Ele se lembraria de mim? Liguei para o restaurante.
Não, ele não estava lá.
Insisti.
Ele estava fora do país.
Insisti.
Estava em Xangai.
(Xangai? Merda.)
Lembrei de um press release que recebi por e-mail da agente de marketing de Daniel, Georgette Farkas. Valia a pena tentar. Liguei, ela não atendeu (será que também estava em Xangai?), deixei uma mensagem, depois escrevi um e-mail desesperado, falando do que precisava, dos diversos "comprovantes" — residência, propriedade, o nome dos nossos filhos ("Frederi*ck* é com '*ck*', não à francesa com '*c*', porque não pode haver nenhum erro de ortografia") —, e perguntei: ela poderia entrar em contato com Daniel em Xangai?

De manhã, um fax de três páginas me esperava no suporte do meu aparelho, vindo não de Xangai, mas de Lyon.

Chamei Jessica. "Ei, dá uma lida nisso."

O fax descrevia uma residência antiga, com muitos quartos, grande o suficiente para acomodar George, Frederick, Jessica e eu no *arrondissement* mais antigo de Lyon. A propriedade era da família havia tanto tempo que, infelizmente, ninguém tinha conseguido achar os documentos originais de propriedade. Essa declaração bastava? Estava assinado por Julien Boulud.

"Quem é Julien?", Jessica perguntou.

"Não faço ideia. O pai de Daniel? Mas olhe a descrição. Você acha que poderíamos morar lá?"

"Claro que não. Ela não existe. É de mentira." Ela me lançou um olhar intrigado de: "Como você conseguiu sobreviver neste planeta até agora?". "O pai de Daniel não escreveu isto. Você acha que essa é a assinatura dele? (Boulud depois confirmou que ele e a irmã redigiram o documento, mas continuei acreditando que a casa era onde deveríamos estar morando hoje.)

Chegamos à reunião com nossa pilha de documentos comprobatórios em quatro vias acomodada em um carrinho vermelho da Radio Flyer que eu puxava, presente de Natal do ano anterior.

Fotografias como as de passaporte foram tiradas, um pagamento feito (99 euros vezes quatro, na época, cerca de 575 dólares) e os documentos examinados pelo monsieur Selosse. Ele ergueu a cabeça. "Parabéns", disse, "está perfeito."

Deu certo. Estaríamos na França em setembro. Provavelmente. Talvez.

Três semanas depois, Selosse telefonou. Um administrador havia encontrado um erro, cometido por um caixa (que havia escrito "Frédéric" em vez de "Frederick"). Os requerimentos estavam sendo enviados de volta a Nova York. Poderíamos ir ao consulado na quinta-feira? "E, por favor, tragam seus filhos. Eles precisam ser fotografados." De novo? Sério? "Eles são crianças. Podem ter mudado. E os demonstrativos financeiros mais recentes."

Encerramos nossa segunda rodada de requerimentos. Obviamente não estaríamos na França em setembro.

Mas então, com uma eficiência inesperada (no meio das *vacances* de agosto), nossos vistos chegaram. Demos pulos de alegria e gratidão, pegamos o metrô para casa, subimos a escada, pegamos nossos passaportes e ficamos olhando, maravilhados, para o carimbo do adornado visto francês ocupando uma página inteira. Conseguimos!

E de repente senti que ia vomitar.

Eu tinha ficado tão tomado pelo frenesi dos requerimentos que não havia considerado o que poderia acontecer se tudo desse certo. Para ser sincero, eu tinha tanta certeza de que seria necessário entrar às escondidas no país, usando subterfúgios para passar pelas autoridades de imigração, que agora me via intimidado pela total ortodoxia de nosso plano, por estarmos nos mudando para Lyon de maneira legítima.

E que ideia: Lyon! Afinal de contas, eu ainda não vira a cidade. Meu conhecimento sobre Lyon era o mesmo de quando David a mencionara para mim pela primeira vez, exceto pelo fato de que (agora) eu tinha ouvido a cidade ser difamada por amigos ingleses ("cidade feia") e lido frases de desprezo a respeito dela, escritas por autores de gastronomia (como Waverley Root, que a odiava, ou Roy Andries de Groot, que a odiava ainda mais). Jessica, sempre otimista, me mostrou uma foto aérea que ilustrava como a cidade tinha sido criada pela junção de dois grandes rios, o Saône (que corria de Beaujolais em direção ao sul) e o Ródano (que corria dos Alpes para o oeste), e que o centro da cidade era quase como uma ilha, "por isso é chamado de Presqu'île, que significa 'quase uma ilha', e se parece um pouco com uma mini-Manhattan, não acha?"

Olhei. Não. Não parece Manhattan. Nem de longe.

Sem se deixar abater, Jessica planejou um fim de semana prolongado de reconhecimento daquela que, ela confiava, seria a nossa nova residência, contando aos meninos apenas no último minuto, a três semanas do aniversário deles de três anos e a uma do começo das aulas, que seus pais iriam para a França, mas não o porquê (a desorientação inocente das crianças pequenas é tamanha que em nenhum momento elas perguntaram sobre as muitas visitas a um lugar chamado "consulado"). Na quinta-feira à tarde, antes de nossa partida à noite, levei os dois a um parque, para Jessica poder fazer as malas sem interrupções, e o jovem George correu para o playground, enquanto Frederick foi se sentar sozinho em um banco. Deu para sentir a agitação dele: Frederick se recusou a sair do banco, examinava meu rosto em busca de pistas, estava inquieto, carente e sensível, sua tristeza reprimida me comoveu e, de repente, senti a responsabilidade, como quem caminha sempre com uma mochila pesada, de ter uma família, e a desventura de que o destino dela muitas vezes estivesse sob o controle descontrolado do meu errático eu. (Enquanto isso, o jovem George descia de cabeça para baixo em um escorregador, gritando com um alheamento histérico.)

Jessica reservou um quarto para nós no Le Royale, hotel que parecia ser frequentado por empresários, e ela gostou da ideia: estávamos lá a negócios, não de férias, e ela queria que as pessoas que encontrássemos soubessem que estávamos lá. Tínhamos compromissos: um corretor (para um apartamento), um banco, uma agência, "Only Lyon", recomendada por Georgette Farkas e que ajuda empresas estrangeiras a se instalar; e encontrar Marc Veyrat, o que significava passarmos uma noite fora, ao pé dos Alpes, no lago de Annecy, nos quartos acima do restaurante.

Chegamos em uma sexta-feira de manhã, no Aéroport de Lyon-Saint-Exupéry, batizado assim em homenagem a Antoine de Saint-Exupéry, famoso pelo *Pequeno príncipe* (que é um livro infantil, ou um livro adulto de que as crianças gostam, ou um livro adulto sobre infância e, seja como for, um livro muito bom). Eu me peguei tentando me lembrar de outros aeroportos batizados em homenagem a escritores, e não consegui pensar em nenhum (até o Chile viria a rejeitar a tentativa de batizar o seu em homenagem ao poeta Pablo Neruda), e gostei do fato de o aeroporto da nossa nova cidade ser literário.

Enquanto esperava pelas malas, e em um estado de alerta intensificado, eu analisava os rostos com o olhar minucioso de um antropólogo que tinha acabado de pousar em um posto avançado potencialmente hostil. As mulheres eram bonitas, como era de esperar — estávamos na França. Os homens é que surpreendiam, por sua aparência quase uniforme: pareciam rudes, com cabelo curto e barba por fazer, alguns tinham uma cicatriz na bochecha e cara de delinquente — eram feios, para falar a verdade. Não eram rostos nova-iorquinos. Não eram rostos parisienses. Eram mais ingleses do que franceses, com jeito de rapazes envelhecidos. Pensei: conheço essas pessoas. Não têm um ar chique nem metido a besta, me deixam surpreendentemente à vontade. Talvez eu consiga me sentir em casa neste lugar.

Em um ponto de táxi, avistamos os Alpes ao longe, um horizonte escarpado a leste. Na outra direção ficava a cidade e, no meio, fazendas, inclusive aquela na qual Daniel Boulud havia crescido e de onde, em uma visita a seus pais, ele escreveu sua declaração fraudulenta. Voltei a sentir toda uma gratidão por ele.

O hotel ficava na perturbadoramente larga Place Bellecour. Nós nos aventuramos no meio dela, tentando absorver a extensão da *place*, a maior praça a céu aberto da Europa: argila vermelha sem adornos, um perímetro distante de árvores verdes, um céu azul imenso. Parecia um deserto que tivesse sido despejado sobre um local onde as pessoas normalmente construiriam casas. Napoleão desfilava suas tropas ali. E eis que de repente surge uma placa celebrando o lugar de nascimento do autor de *O pequeno príncipe*, a poucas casas de onde estávamos hospedados.

Telefonamos para nossos filhos (e Frederick disse, estranhamente: "Sonhei que vocês estavam em um lugar vermelho e verde"). Olhei para o leste e me deparei com o vasto rio Ródano. Olhei para o oeste e, *voilà*, ali estava o Saône; do outro lado, havia uma subida íngreme e montanhosa de construções do século XVI que lembravam Arno, na Florença. Eu descobriria depois que essas construções ficavam na "Vieux Lyon", a Velha Lyon. Elas datavam do Renascimento italiano (um século antes da versão francesa) e lembravam Florença porque tinham sido construídas por florentinos. Perto do topo da montanha havia uma réplica diminuta da Torre Eiffel, construída em um momento de insegurança cívica no fim do século XIX, uma imitação descarada da verdadeira Torre Eiffel, na esperança de que a de Lyon também atraísse turistas. (A tensão entre Paris e Lyon é histórica e, em alguns momentos, letal.) A torre de Lyon, infelizmente, é insignificante comparada à Eiffel, ninguém veio vê-la e agora ela abriga uma antena de emissora de rádio e de telefonia celular.

No almoço, comemos no L'Espace Brasserie por nenhum outro motivo além de que ele estava lá e tinha mesas do lado de fora. Pedi uma *andouillette*, recebendo um estalo de aprovação da garçonete. Eu me enganei, pensando que tinha a ver com uma *andouille*, a linguiça picante encontrada no *gumbo* de Nova Orleans. Uma *andouillete* não é uma *andouille*. Também não é uma linguiça. *Parece* linguiça porque é apresentada como uma, em um grande invólucro amarrado com firmeza por barbantes em cada ponta, mas no qual se enfiam tantos tubos intestinais finos moídos que é preciso separá-los para confirmar que se está olhando para o que se pensa que se está olhando: basicamente, o interior de uma barriga macilenta. Eram tripas. Para mim não se tratava de algo novo. No açougue na Toscana, eu tinha até feito uma preparação com elas e sabia que existem dois tipos de preparo: a variedade sutil, em que os aromáticos digestórios básicos do animal acabam dispersos num sabor levemente putrefato; e a não tão sutil, em que você sente que foi convidado a habitar o ventre de um animal. Este era o não tão sutil. Foi uma introdução e tanto.

À noite, fomos ao La Machonnerie, um *bouchon* na Vieux Lyon. Jessica falou com o dono (Lucas, setenta e poucos anos, circunferência larga, barba desgrenhada e com uma jovialidade treinada) em um francês tão seguro que ele nos guiou pelo bar da frente (arejado, com janelas e grupos de turistas britânicos ansiosos) até uma sala de pé-direito baixo nos fundos, sem janelas, com mesas cobertas por toalhas de xadrez vermelho e branco, barulhenta, exclusivamente povoada por franceses, com a diferença de que não pareciam franceses, ao menos não as versões comedidas que eu tinha visto até então. Eles transpiravam, o suor formando gotas na testa e deixando manchas escuras nas camisas. Eles falavam, falavam, falavam, para ninguém, para todos, enfiando a cara nos pratos uns dos outros, rindo alto e bebendo copiosamente do *pot* (um recipiente sem rótulo cuja pronúncia rima com "capô", um pouco menor do que uma garrafa, o que tornava aceitável que duas pessoas bebessem dois deles numa refeição — e, em ocasiões festivas, pedissem um terceiro ou um quinto).

Nossos aperitivos foram *grattons*, bolinhos marrons e curvos de gordura de porco frita em imersão (gordura com gordura). Comemos um *pâté en croûte* local, porco com foie gras envoltos em uma massa amanteigada (gordura com gordura com gordura). Meu coração batia acelerado, em pânico pela minha saúde, então pedi peixe: um peixe de água doce, um *brochet* (lúcio), conhecido por ter espinhos, e preparado (sem espinhos) como um suflê que mais lembra um bolinho flutuando em um molho feito de lagostim local e creme de leite. Foi meu primeiro *quenelle* lionês. O confuso é que era servido com a versão lionesa de mac--and-cheese, macarrão com creme de leite fresco. (Gordura com gordura com gordura com gordura...) *Bouchon*, a palavra, tem muitos significados (engarrafamento, plugue, rolha), mas seu sentido como "lugar em que você entra para beber e comer, ficar suado e se levantar da mesa e começar a cantar no meio da refeição" parece datar do século xvi, e descrevia "as vinhas colocadas acima da porta de um estabelecimento de comer e beber". A mensagem na época, assim como agora, tinha origem em Baco: "Entre e encha a cara".

Nosso anfitrião, fazendo as rondas pelo salão barulhento, chegou à nossa mesa e percebeu que éramos americanos. Sua atitude mudou na hora e, parecendo não confiar em nós, começou a fazer palhaçadas turísticas, inclusive a piada dos três rios que deságuam em Lyon (o Ródano, o Saône e o Beaujolais), e pediu desculpas por nos servir San Pellegrino. ("Foi engarrafada na Itália como água sem gás, mas ficou tão empolgada por entrar na França que começou a borbulhar.")

Depois, voltamos ao hotel, passando pela Pont Bonaparte, a ponte que atravessa o Saône (Lyon e Napoleão sempre se gostaram) — havia um vento frio, uma tempestade estava a caminho — e contemplamos a cidade: escadas romanas, uma muralha medieval, um convento abandonado, igrejas de pedra, luzes por toda parte, cujos reflexos ondulavam no rio.

No dia seguinte, exploramos os *arrondissements* em que diversas pessoas nos aconselharam a morar. Começamos pelo sexto ("Bom para crianças", um cara meio faz-tudo da Only Lyon havia nos dito), do outro lado do rio Ródano, perto do Parc de la Tête d'Or (tinha uma lagoa grande, um zoológico, florestas), com arquitetura haussmanniana, bulevares que lembravam Paris e carros caros de famílias voltando das férias de verão. Era o fim de semana de *la rentrée*, quando toda a França volta das férias e o clima nunca é exatamente jubiloso. Mesmo assim, as pessoas do sexto *arrondissement* tinham um ar fechado, uma insularidade que beirava o hostil. Foi a impressão, em todo caso.

Tentamos o quarto ("Vocês vão adorar, é exatamente igual ao East Village", o faz-tudo havia dito), conhecido como o Croix-Rousse por causa de uma cruz colocada ali no século XVI, um ponto no alto da cidade, com vista panorâmica e um escarpamento íngreme. Durante os séculos XVIII e XIX, trabalhadores de seda produziam seus tecidos ali (por causa da luz). Mas, se era parecido com o East Village, não se devia à sua vitalidade, mas à sua aridez: vitrines fechadas, venezianas trancadas a cadeado, um lugar bagunçado e desconexo que deixava na gente uma vontade forte de tomar banho depois da visita.

O quinto, a Vieux Lyon, a parte renascentista da cidade, tinha um apelo histórico. Mas também era cheia de turistas, "pubs irlandeses", "pubs ingleses", bares de bebedeira no sábado à noite e uma zona de boates de striptease.

Não estava sendo fácil. O que andávamos encontrando era uma cidade que sabia o que era, gostasse você disso ou não. Ela tinha personalidade, e era uma personalidade forte. Não era um destino de butique. Não era naturalmente amistosa. Era um pouco bruta. (Eu descobriria depois que estava enganado: na verdade, ela era muito bruta e nada acolhedora.)

A perspectiva de jantar foi um alívio. Sugeri o Léon de Lyon, a recomendação de Richard para meu futuro emprego. Eu ainda não havia entrado em contato com o proprietário-chef, Jean-Paul Lacombe, na esperança de experimentar o lugar antes de embarcar. Na ocasião, ele não estava lá, visto que, tecnicamente, era o último fim de semana das *vacances*.

A entrada ficava em uma esquina. Havia sofás de veludo vermelho e janelas com vitrais. A estética era *fin de siècle*, uma decoração exuberante, e evocava uma era em que as refeições lionesas eram consumidas à luz de gás ou velas. Parecia intocado desde o café original que havia aberto as portas em 1904. Ficamos admirados. O pai de Lacombe, Paul Lacombe, comprou o lugar logo depois da Segunda Guerra Mundial, e em 1972, depois de sua primeira estrela Michelin, morreu de ataque cardíaco. Aos 23 anos, seu filho, que trabalhava em Paris, foi chamado. Seis anos depois, o Léon de Lyon ganhou sua segunda estrela Michelin. Um guia de 1980 dos restaurantes da cidade declarou que todos deveriam comer lá ao menos uma vez na vida.

Um maître nos guiou rapidamente a uma "*salle*". Jessica protestou com nervosismo, temendo que estivéssemos prestes a ser isolados. O maître insistiu em inglês. Ela objetou de novo em francês, mas nos sentíamos pouco confiantes e o seguimos até uma *salle* cúbica e afastada com pé-direito baixo, iluminação forte demais e uma sensação de acanhamento sussurrado. Os demais clientes eram britânicos. A exceção era um francês que comia sozinho. Ele conhecia o restaurante e havia pedido para se sentar ali. Queria praticar o inglês.

"Vocês deveriam pedir o *pâté en croûte*", ele nos disse. Ele estava no meio da sua segunda garrafa de vinho. "É a única coisa boa no cardápio." Ele sussurrou: "O restaurante está passando por um momento difícil".

Richard não sabia, mas Lacombe havia acabado de renunciar a suas estrelas. Ele estava abandonando a pompa e a competitividade e se concentrando em diversos bistrôs que havia aberto na cidade. No andar de baixo, a caminho do banheiro, vi lembranças da vida pregressa de Lacombe penduradas na parede: fotografias de Bill Clinton, de Charles de Gaulle, dos Rolling Stones. Na única foto de *père* e *fils* [pai e filho], por volta de 1950, o pai, imponente, ereto, formidável e provavelmente um sacana, ensina o filho de doze anos a fazer um molho. Prateleiras abrigavam três séculos de livros de culinária francesa: todos prestes a ser vendidos. Em uma adega subterrânea de vinhos do Ródano, havia descontos excelentes. Escolhemos uma garrafa antiga para nossa refeição, um Côte-Rôtie feito de uvas Syrah que teriam crescido a trinta quilômetros dali, mas o serviço foi tão demorado que a terminamos antes de a comida chegar. Pedimos outra. O maître disse: "*Non*. Vocês querem outra coisa".

"Queremos?", Jessica perguntou, mas ele não ouviu. Voltou com uma garrafa já aberta e desapareceu.

"Os tesouros da adega", explicou o francês perto de nós, "não são para turistas."

O vinho, como o maître devia saber, era intragável.

Não pedimos o *pâté en croûte*, o que foi um erro. Também não pedimos nenhum dos outros pratos lioneses, o que foi um erro ainda maior. O que pedimos era incomível. O prato de codorna estava intensamente cru. Em determinado momento, no longo intervalo entre um prato e outro, fui até a cozinha e vi uma equipe de rapazes furiosos, trombando uns contra os outros. Eles podiam estar com um mau humor de *rentrée*, ou descontentes por precisarem trabalhar em um fim de semana de *rentrée*, ou só infelizes. Aquilo não era cozinhar com amor. Era cozinhar para machucar.

Enquanto eu pedia a conta, Jessica sentiu um clima que não estava curtindo e disse que ia me esperar no fim da rua. Eu me levantei e parabenizei o maître, seu assistente e um *sous-chef* que circulava por ali por terem me proporcionado uma das experiências gastronômicas mais grosseiras, horrendas e desagradáveis que tive o desprazer de vivenciar em muito tempo. "Parabéns!", eu disse. Segurei a cabeça do maître com as mãos e dei um beijo forte nas duas bochechas dele. Ele ficou tão perplexo que me senti encorajado e beijei o assistente e o *sous-chef*. Depois dei meu cartão a cada um deles.

"Você fez o quê?", Jessica perguntou quando a encontrei escondida atrás de um ônibus. "Por que deu nosso cartão para eles?"

Refleti. Não era uma pergunta desproposital. "Na verdade, eu não sei."

Jessica pareceu ponderar sobre a situação. "Não foi um dia muito bom."

Tinham me dito que os lioneses não gostavam de estrangeiros. No fim do nosso primeiro dia, concordei: eles não gostavam mesmo.

Na manhã seguinte, saímos para encontrar Marc Veyrat, o homem que o *concierge* de nosso hotel confirmou ser "o chef mais maluco da França".
Não havia muita chance de aquilo dar certo. No caso improvável de Veyrat me aceitar, como poderíamos morar em Lyon, onde, como o consulado francês havia deixado claro, éramos obrigados a permanecer, se eu teria que me deslocar por 160 quilômetros na direção leste até o restaurante do tal maluco, à beira do lago de Annecy?
Chegamos sob uma chuva torrencial, em meio a ventos fortes que produziam cristas brancas no lago, e ao pé de uma montanha íngreme que sumia em nuvens de tempestade descobrimos um endereço que parecia uma caixa de doces vitoriana. Era uma mansão de quatro andares pintada de um elegante azul-cinza, com varandas brancas radiantes. Fizemos o check-in, tiramos as roupas molhadas, pedimos uma toalha e perguntamos se o chef estava lá.
"Se o salão está aberto, ele está aqui", um recepcionista disse. "É a regra. Se ele sai, para ver um médico em Paris, ele fecha o restaurante, tendo ou não reservas."
Eu disse que tínhamos dado sorte.
"Ele está esperando vocês."
Veyrat cresceu na vila de Manigod, não muito longe do lago, mas a uma altitude bem maior, de frente para o Mont Blanc. Seus pais tinham uma fazenda pequena, criavam animais e dirigiam um *table d'hôte* simples — uma mesa com comida — para aldeões e andarilhos. ("Eu cresci", ele me diria depois, "com a cara no cu

de uma vaca.") Seu pai o ensinou a sair fazendo a coleta ("ele me fazia recitar todas as ervas, samambaias e frutas que eu via no caminho para a escola"). As montanhas, ele disse, eram severas demais para uma agricultura convencional.

Havia adereços de cena evocativos: um carrinho de mão de madeira, um par de tamancos de madeira, uma debulhadora, uma enxada, um cajado, cestos de madeira. As paredes eram brancas, rebocadas grosseiramente, e vídeos estavam sendo projetados nelas, retratando Veyrat em atividades rurais: colhendo salsão silvestre, mostrando a crianças como se fazia uma *galette des rois*, o bolo de reis, ou em uma conversa séria com uma cabra, sempre com seu chapéu preto de pastor e a camisa que lembrava uma capa.

A mobília do salão era feita de pinheiros recém-cortados e mantida no lugar com ajuda de pinos de madeira. Era uma mensagem coerente, planejada de maneira natural. Entre nossos dezesseis pratos, comemos um peixe do lago servido na casca de árvore, ovinhos coletados em ninhos das montanhas e uma sopa à base de samambaias.

No entanto, apesar de toda a rusticidade, também era uma performance altamente tecnológica. Uma grande tela plana na cozinha, como o painel de voos em um aeroporto, exibia qual prato cada mesa estava comendo. A equipe era aparelhada com headsets conectados via bluetooth. Em nossa mesa havia uma escuta.

Jessica tinha uma alergia. Ela sussurrou: "Tem nozes no pão".

Um garçom apareceu. "Senhora, posso lhe oferecer outro pão?"

Em outro momento, comentei baixinho: "O queijo é um pouco forte".

Outro garçom apareceu. "Senhor, posso sugerir um queijo cozido alpino?".

Então, passei a ver essa escuta como um afago. Desde que eu tinha ouvido falar de Veyrat, vinha tentando chamar sua atenção, mas o homem, filosoficamente inacessível, nunca respondeu. Enviei-lhe uma tradução em francês do meu livro sobre a Itália. De novo, sem resposta. Mas um garçom nos disse, em voz baixa, que muitas pessoas no restaurante o tinham lido. Fiquei empolgado: eu parecia estar chegando perto.

Veyrat surgiu, passando de mesa em mesa com sua fantasia, o chapéu, a camisa, os óculos. Seu rosto era branco mesmo, não como leite, mas como o de um cadáver. Era um branco de quem passa tempo demais em ambientes fechados, com uma assustadora transparência pálida. Além disso, ele usava duas bengalas.

Havia sofrido um acidente, explicou, descrevendo-o em francês, e tive dificuldade em acompanhar; quando desisti, Jessica traduziu. Ele estava esquiando e caiu de um penhasco. "Quebrei o pescoço, os dois ombros, um maxilar e as tíbias e fíbulas das pernas." Ele havia feito várias cirurgias. Outra estava marcada para a semana seguinte.

Ele voltou à nossa mesa depois para nos servir o décimo quarto prato, composto de um caldeirão de nitrogênio líquido e bolas de uma massa marrom-esverdeada sobre uma travessa. Ele as pegou com pinças e colocou no caldeirão, onde começaram a ferver com uma instantânea fúria borbulhante.

Ele disse para fecharmos os olhos.

"Vocês embarcaram em uma caminhada numa manhã de verão", Veyrat entoou. "Vocês entraram na floresta. Folhas roçam seu rosto, quando…"

Ele parou. Eu tinha aberto os olhos. Ele me olhou feio. Fechei.

Ele inspirou fundo. "Quando uma raiz faz você tropeçar. Você tenta manter o equilíbrio. Mas cai de cara na terra."

Ele tirou os torrões com uma colher, deixando um rastro de vapor de nitrogênio.

"Agora, de olhos fechados", ele sussurrou, "abram a boca." Ele esperou. "*Très bien*", disse, e colocou as bolas em nossa boca. A partir de então, se você for Jessica e tiver seguido as instruções, uma granada de terra fervida em nitrogênio terá chegado à sua língua sem você esperar e seu palato, explodido com todas as experiências florestais da sua vida. Se for eu, espiando por entre os cílios, esperando para ver o truque e prestes a desprezar todo o exercício e vê-lo como uma bobagem circense, você, ainda assim, terá sentido que o torrão de terra é um objeto impressionante de ter se desintegrando na boca.

Na França, Veyrat é amado e odiado, mas sobretudo amado, porque poucas pessoas são tão excentricamente elas mesmas.

Olhei para a cozinha e tentei me imaginar lá dentro usando fones de ouvido (e, surpreendentemente, consegui).

Veyrat e eu nos reunimos de manhã e tentamos fazer alguns planos. Havia também a questão da cirurgia dele.

"Se der errado", ele disse, "eu fecho o restaurante."

Além disso, ele disse a Jessica, baixinho: "Seu marido precisa aprender francês. Fico feliz de tê-lo na minha cozinha, mas ele precisa entender o que estou falando".

Ele tinha razão, claro. Pensei: será que eu conseguiria aprender francês em duas semanas? A questão então se tornou urgente: na véspera de regressarmos a Nova York, encontramos um lugar para morar.

Em nossa breve ausência, um novo amigo, um americano, Victor Vitelli, havia encontrado o anúncio de um apartamento do qual poderíamos gostar. Era perto do rio Saône, auspiciosamente situado no Quai Saint-Vincent — são Vicente era o santo padroeiro dos vinicultores — e de frente para o *La Fresque des Lyonnais*, um mural composto de dois milênios de cidadãos famosos da cidade, pintado na parede lateral sem janelas de um prédio de seis andares. "Há também uma *boulangerie* famosa", Victor nos disse, a padaria onde toda Lyon sabe que deve comprar pão. O aluguel era 1,9 mil euros por mês, alto para a cidade, mas, para nós, acostumados com Manhattan, parecia um valor extraordinariamente bom. Jessica marcou uma visita.

Durante a caminhada até lá, espiei as janelas — poucas tinham cortinas — e vi pés-direitos altos com vigas de madeira. Bisbilhotei as entradas e encontrei alguns degraus tornados côncavos pelo tráfego das botas. Alguns prédios datavam dos séculos XV e XVI. A coluna retorcida de um aqueduto do século I perto de uma agência de correio nos lembrava que os romanos haviam estado ali, assim como a rua chamada Reno, a rota que as tropas romanas seguiram para lutar contra os "francos" (isto é, os alemães) ao norte. Havia um pátio anacronicamente elegante que já fora um mosteiro, coberto de vegetação, mas com uma escada enorme ao ar livre. Na região — que aprendi a chamar de "*quartier*" —, encontravam-se oficinas e não lojas: havia um encadernador, um fabricante de violinos, dois botânicos que produziam "terra de lesma", um fabricante de violão, uma "fábrica" de doces de um só cômodo, uma emissora de rádio e um clube de quebra-cabeça. Uma rua depois, o árabe era a língua principal, e três mulheres com a cabeça coberta buscavam água em uma torneira arcaica, carregando baldes grandes.

Também havia na praça, a Place Sathonay, um sex shop, bancos de parque ocupados por bêbados, transações de drogas (eu vi uma, Jessica, duas), uma prostituta, pichações em quase todas as superfícies, cocô de cachorro por toda parte. Em um playground, cintilando de cacos de vidro, observamos crianças pequenas se batendo. Tive uma visão, latejando no meu cérebro como um corte desagradável, dos nossos filhos, com menos de três anos, ali, em um país estrangeiro, sofrendo para se expressar e aprendendo a brigar com os punhos — um lábio sangrando, um nariz quebrado.

Nosso prédio tinha uma placa acima da porta: ali havia sido anunciado e celebrado o fim da Segunda Guerra Mundial. Construído no século XIX, a construção exibia pés-direitos extravagantemente altos. De algumas das janelas dava para a ver a Torre Eiffel anã. Dava ainda para estudar o *La Fresque des Lyonnais* de uma sacada e observar o curso do rio Saône.

Era tudo que um futuro morador da cidade poderia querer. O lugar parecia representar o que nossa futura vida em Lyon poderia ser. Mas também me incomodou bastante.

O apartamento fazia eco. Na cozinha não havia nada: nem forno, nem fogão, nem lava-louças. Não havia máquina de lavar ou de secar roupas. Não havia luminárias nem cortinas nem capacho. Na França, os inquilinos carregam suas coisas, todas elas, nas costas, até a casa nova. Teríamos que comprar tudo. Aquilo me pareceu demais.

Eu só queria passar um tempinho em algum restaurante para aprender a cozinhar à francesa. Me mudar para Lyon era uma decisão maior. Deveríamos vender nosso apartamento em Nova York? O contrato pedia uma caução de seis meses (porque éramos estrangeiros) e um aviso prévio de seis meses (porque éramos estrangeiros).

Jessica, enquanto isso, admirava as lareiras de mármore do apartamento (seis ao todo), a vista do rio, os quartos (quatro), os banheiros (três), a grande sala de estar, as venezianas de madeira e as correntes de ar que sopravam quando elas eram abertas.

Mentalmente, eu fazia uma lista do que precisávamos (incluindo um computador novo — a voltagem era diferente na França, certo? — e uma impressora), além de camas, berços, brinquedos, tapetes, uma mesa para o café da manhã, televisão; e tinha acabado de concluir que, não, toda essa história de nos mudarmos para a França era, infelizmente, impossível do ponto de vista logístico, quando de repente ouvi Jessica falar com o corretor, em francês: "Obrigada, é perfeito, vamos fechar. *N'est-ce pas*, Bill?".

"Vamos?", balbuciei.

Ela me ignorou. Estava olhando pela janela e perguntando se o que via era uma escola.

Depois que Jessica ratificou nosso compromisso ("Não se preocupe com meu marido") e ouviu a promessa de um contrato até o fim da semana, ela me levou para fora para investigarmos "aquela escola".

Tinha sido construída em 1908 e era chamada de L'École Robert Doisneau, em homenagem ao lendário fotógrafo, famoso pelas imagens de beijos estalados nas ruas de Paris. Ele também era exímio em capturar a poesia do rosto das crianças, e muitas *dessas* fotos decoravam as paredes das salas de aula.

O semestre estava prestes a começar, e por acaso a diretora se encontrava em sua sala, era a única pessoa lá além de um zelador. Ela se apresentou como "Brigitte" (nada de "madame", nada de *vous*, nada de sobrenome) e, quando Jessica, sem perder a chance, perguntou se haveria vaga para nossos gêmeos de quase três anos, ela disse: "Claro, e os colocou na lista de alunos. Simples assim. Não havia a questão da mensalidade porque agora tínhamos vistos de residência. A escola era gratuita, mas teríamos que fazer o registro na *mairie*, a prefeitura do *quartier*, quando voltássemos. Depois disso, ela designou cubículos para eles colocarem as coisas e nos convidou para ajudar os meninos a encontrar seus cubículos no primeiro dia, dali a duas semanas.

Pensei: duas semanas?

De manhã, fizemos o check-out no hotel e pegamos um voo cedo, sentindo-nos totalmente satisfeitos com nossa viagem extraordinariamente produtiva. Tínhamos um apartamento. Tínhamos matriculado nossos meninos em uma escola. E eu, era quase certo, tinha uma cozinha.

No dia seguinte, 10 de setembro, não tínhamos mais nada.
Outras pessoas haviam visto o apartamento antes de nós, o corretor pediu desculpas, um colega dele é que tinha cuidado disso, e acabara alugando o imóvel. Simples assim: tínhamos conseguido. Simples assim: já não tínhamos mais.
E a cirurgia de Marc Veyrat fracassou. Ele iria fechar o restaurante.
Às nove horas, quando eu havia escapado e desaparecido em uma sala na *The New Yorker*, minha esposa, com jet lag e sem ter tomado banho, foi surpreendida pela chegada de dois professores da Jack & Jill à nossa porta.
Ao meio-dia ela e eu nos reunimos: e agora? Lyon parecia muito distante.
Jessica comprou os materiais escolares mais urgentes para os meninos.
Sem me deixar abater, embarquei em um aprendizado da língua francesa que havia muito se fazia necessário e contratei uma falante nativa para aulas particulares — Arlette, uma figura magra e boêmia com uma voz rouca de cigarro e um jeito direto e franco.
No meio da nossa segunda semana, apenas minha quinta aula, tive uma revelação precoce. Eu havia começado a contar uma história com uma piada no final.
Arlette ouviu com atenção, o queixo apoiado na palma da mão, assentindo com a cabeça. "Isso foi interessante", ela disse.
"Obrigado."
"Acho que entendi a maior parte."
"Ruim?" Eu tinha problemas de pronúncia, mas, enquanto contava, havia sentido uma espécie de clareza gramatical metafísica.

"A dificuldade, para mim, é que eu não falo italiano." Devo ter parecido confuso. "Você não sabia que estava falando em italiano?"

Em 24 de setembro, no dia em que os meninos fizeram três anos (eles agora eram alunos da pré-escola Jack & Jill, nosso novo normal), Jessica recebeu um e-mail da imobiliária de Lyon. A negociação do apartamento havia dado errado. A propriedade estava disponível. Era nossa, *desde que* Jessica voltasse a Lyon até 30 de setembro, assinasse o contrato, fizesse o depósito e concluísse a vistoria do apartamento antes da meia-noite.

Estávamos interessados?

Então, sim! Não! Sim, claro!

Em 29 de setembro, Jessica me deixou com os meninos, pegou um voo noturno, chegou a Lyon às sete da manhã, se encontrou com um diretor de banco às 9h30 para organizar o depósito, apareceu no escritório da Realtor às onze para assinar os documentos em duplicatas, almoçou ao meio-dia, fez um inventário exaustivo do apartamento (por exemplo, "uma placa de tomada elétrica rachada embaixo da segunda janela do primeiro banheiro") e, no fim do dia de trabalho francês, me telefonou para dizer que tinha feito tudo. Sua voz revelava uma adrenalina gasta. Ecoava pelas paredes do apartamento. Ela já tinha as chaves. O apartamento estava vazio, mas era nosso.

Estávamos nos mudando para Lyon. Não tínhamos contado às nossas famílias, aos nossos filhos, aos professores deles nem à revista onde eu trabalhava. Não tínhamos contado a ninguém. Mas era um fato: estávamos nos mudando para a França.

Jessica voltou a Lyon um mês depois, no começo de novembro, para deixar nosso apartamento habitável. Logo ela, que odeia fazer compras, se obrigou a adquirir, enfim, tudo: eletrodomésticos, computadores, móveis da IKEA, luminárias...

Fui a um escritório escuro, meu cubículo sem janelas na *The New Yorker*, escrevi conjugações de verbo e li Brillat-Savarin.

Brillat-Savarin é autor de três livros, mas só um importa. O livro é (provavelmente) o primeiro livro sobre comida que não é sobre como fazer comida, mas como *pensar* sobre ela. É conhecido como *A fisiologia do gosto*, mas isso exclui o subtítulo. A saber: *Meditações sobre gastronomia transcendental, uma obra teórica, histórica e contemporânea, dedicada aos gastrônomos de Paris, de um professor e membro de diversas sociedades literárias e eruditas.*

O "professor" mencionado, por acaso, é o autor. Ele não era professor. Era conhecido como "professor" pelas pessoas que aturavam suas divagações. Ele era advogado e atuava em uma cidade pequena (Belley, população de 2 mil habitantes na época, cem quilômetros a leste de Lyon, à margem do rio Ródano, aos pés dos Alpes, que já tinha sido o lar idílico de Gertrude Stein e Alice B. Toklas). Ele também integrou uma orquestra amadora, foi membro da Assembleia Nacional durante a Revolução Francesa, depois um exilado em fuga por temer ser executado, professor de violino no Lower East Side de Nova York e inventor de aforismos culinários.

Como: "Dize-me o que comes e te direi quem és".

Ou: "Uma sobremesa sem queijo é uma bela mulher a quem falta um olho".

O problema era que o livro, no qual Brillat-Savarin trabalhou por três décadas (ele morreu pouco antes de sua publicação em 1826), era bem difícil de ler. Toda vez que eu tentava, desistia. (Por que ninguém mais comenta isso? Nos duzentos anos de história desse livro, sou realmente o único que o acha pesado?)

Mas, dessa vez, às vésperas do meu futuro francês, insisti, e a segunda parte era mais simples e clara, e foi uma revelação. Havia muitas passagens em que valia a pena pensar, mas, estudando o livro em meu escritório corporativo em Manhattan, fiquei admirado por um relato encantadoramente pastoral. Ele descreve uma refeição que Brillat-Savarin teve em um mosteiro no alto de um planalto isolado nas montanhas, depois de sair de casa e enfrentar uma caminhada vigorosa de uma noite inteira no verão de 1782, quando tinha 27 anos. É uma recordação pungente, escrita muito depois do acontecido. Agora me refiro a ela como "A Caminhada" e a leio e releio como se fosse um poema.

Localizei o mosteiro. Não é muito longe de Lyon. É uma ruína agora.

O mosteiro estava entre os primeiros itens de uma lista de afazeres que eu tinha começado a montar. Brillat-Savarin havia caminhado de Belley até lá. Eu queria ver o que ele viu. Era algo pequeno, mas uma primeira coisa. Eu começava a imaginar uma vida na França.

Enquanto isso, Jessica, que resolvia nossa vida futura por lá em um nível mais prático, havia comprado assentos sanitários, estudado os BTU de gás de bocas de fogão, encontrado as medidas do espaço que tínhamos para uma geladeira e se transformado em uma especialista em televisões de tela plana. Eu nunca havia tido uma TV de tela plana. Eu desejava uma, embora fôssemos assistir sobretudo *Scooby-Doo*. Os meninos iriam gostar da televisão porque ela seria uma ligação deles com os Estados Unidos; depois de um tempo, assistiriam apenas aos canais em língua inglesa, estudando frases que as crianças americanas usavam e, depois, testando-as com os pais.

Durante as noites, Jessica começou a investigar lugares para comer. Certa noite, ela se encontrou com a amiga americana de um amigo, Jenny Gilbert, que a apresentou a uma brasserie dirigida por Paul Bocuse. "É onde os músicos comem, porque fica aberta até tarde". Jenny é a primeira violinista da Orquestra Nacional de Lyon. Jessica havia descoberto que a cidade vibrava na escala de Fauré e que lá existiam mais fabricantes de violino (oficinas artesanais, com uma pessoa, raramente duas, e instrumentos pendurados em vigas) do que qualquer outra que já tinha conhecido na vida. Jenny seria uma das três pessoas anglófonas, dois americanos e um inglês de Liverpool, que se tornariam nossos professores quando o assunto era como viver em Lyon. ("E a comida na brasserie de Bocuse?", perguntei. "Só comi *meunière*", Jessica respondeu — o famoso peixe chato servido com manteiga marrom e um toque de limão-siciliano, reconhecidamente simples desde que o *timing* seja impecável — "e estava primoroso.")

Visitei Daniel Boulud em seu restaurante de Nova York, como uma expressão tardia de gratidão.

Aquela primeira vez em que encontrara Boulud era 1995, não muito depois de ele abrir o Daniel, seu primeiro restaurante. Agora o lugar se chama Café Boulud, um nome inspirado pelo "café" de vila que sua família tinha aberto em casa. Os pais de Boulud eram camponeses. Em 1995, Daniel não parecia muito um camponês. Era um francês à vontade em meio aos poderosos de Nova York, encantador sem fazer esforço, sempre de uma elegância meticulosa, e a comida que ele preparava era a garantia de satisfazer a expectativa do que uma refeição francesa deveria ser, uma ocasião especial, uma performance, a perfeição.

O Boulud que encontrei agora era um cidadão de Lyon. Ele parecia tão diferente que me perguntei se havia mantido seu lado lionês escondido de propósito. Senti uma camaradagem renovada.

"Mathieu Viannay", ele disse. "Você precisa conhecer Mathieu. Anote aí. Um chef mais jovem, muito lionês, o futuro. Ele acabou de reabrir o La Mère Brazier, na semana passada, inclusive." Ele gritou para um assistente encontrar um número de telefone. "Você conhece o La Mère Brazier, não conhece?"

Fiz que sim com a cabeça. Tinha ouvido falar da reabertura quando estávamos lá.

"Você foi a Vienne?"

"Vienne?"

"Ao sul de Lyon? Você estava com pressa. Para o La Pyramide."

"Claro, o famoso." Diziam que era o berço da culinária francesa moderna.

"Quando voltar, vá a Vienne. *D'accord?*" Ele gritou para seu assistente acrescentar o La Pyramide a uma lista.

"Mionnay", Boulud disse, acelerando. "Para o Alain Chapel. Eu parava lá a caminho de casa. Quando trabalhava para Georges Blanc. Ah. Bill deve conhecer Georges, *non*?", gritou para o assistente.

"Orsi", ele disse em seguida.

"Orsi?"

"Pierre Orsi. E Nandron, claro."

"Nandron?"

"Nandron."

Pedi que ele soletrasse.

"Você não conhece Nandron?" Ele me encarou como se eu estivesse brincando. "*C'est vrai?* Não acredito em você."

Não, confessei, e tomei nota para pesquisar depois.

"Nandron é muito importante. Duas estrelas. Os restaurantes duas estrelas pertencem à cidade. É aonde os locais vão. Três estrelas pertencem ao resto do mundo." (Nandron morreu em 2000, e de fato foi muito importante para Boulud: seu restaurante foi o primeiro lugar onde Boulud trabalhou, aos catorze anos.)

"Você conhece o Bocuse d'Or?"

Eu não conhecia o Bocuse d'Or.

"Vai conhecer. Eu estarei lá. Em janeiro. Com a equipe americana."

Ele mencionou sociedades, jornalistas, um membro da câmara municipal, um homem do dinheiro... "Anota o homem do dinheiro para o Bill."

"Um homem do dinheiro? Você quer dizer um investidor?"

"Nunca se sabe."

A lista tinha três páginas. De quem eu tinha ouvido falar? Quase ninguém. Fiquei pensando: será que em algum momento vou conhecer todo mundo?

Jessica voltou na noite seguinte. Nós a tínhamos escolhido aquela noite para dar notícia.

Chamamos nossos filhos para uma reunião familiar e nos reunimos na nossa cama. Nunca havíamos tido uma reunião familiar. Nunca havíamos nos reunido na cama.

Coloquei um globo no meio. Nós nos sentamos de pernas cruzadas em volta dele.

"Temos um anúncio a fazer", eu disse.

Mostrei para eles onde morávamos, um ponto na Costa Leste da América do Norte. Apresentei a ideia de hemisférios e continentes, e os convidei a imaginar que meu dedo era um avião voando sobre uma grande extensão verde-azul. "Este é o Oceano Atlântico", eu disse. "Esta é a Europa. Esta é a Inglaterra, onde já morei. Esta é a Itália, onde passamos umas férias de verão com os primos de vocês. E esta é a França. Estão vendo?" Os meninos se aproximaram. "*E* na parte de baixo da França, ali perto, entre as montanhas e o mar, fica a cidade de Lyon. Estão vendo? É para lá que vamos nos mudar."

George saltou da cama, tropeçando no globo, e saiu correndo do quarto. Dava para ouvir que ele estava mexendo no seu armário. Ele voltou arrastando sua malinha amarela de rodinhas do Bob Esponja.

"Estou pronto para começar a fazer as malas!"

Partiríamos em breve, expliquei, em cerca de duas semanas, e ele não precisava fazer as malas naquele momento.

"Não podemos ir agora? Ah, por favor? Por favorzinho..."

Não, eu disse.

Ele se jogou no chão, como se os ossos do seu corpinho fossem feitos de barbante, e abriu o berreiro.

Não sei qual a melhor idade para se mudar para outro país com seus filhos. Talvez qualquer idade seja boa. Mas três anos pode ser perfeito. Talvez porque com três anos a criança não faz ideia de onde está se metendo: essa ignorância é o que é perfeito.

Por uma feliz coincidência, ganhei um prêmio literário italiano e fui convidado a ir a Roma para recebê-lo em 17 de dezembro. Agora tínhamos um plano. Jessica viajaria de novo a Lyon sem nós, na segunda-feira, dia 8 de dezembro, para preparar a casa nova. Eu e os meninos partiríamos depois, na sexta, 12 de dezembro, dia em que eles terminariam o semestre na Jack & Jill, e a família passaria junta seu primeiro fim de semana francês. Na segunda, confirmaríamos que os meninos ainda tinham sua vaga na L'École Robert Doisneau, embora eles não tivessem aparecido, os registraríamos na *mairie* e voaríamos na manhã seguinte para uma estadia curta de três dias em Roma com todas as despesas pagas. Era o começo de nossa vida europeia. Passaríamos o Natal em nossa casa nova.

Na véspera da partida de Jessica, demos uma festa para amigos. Bebemos um imperial do Le Pergole Torte, um vinho festivo, mas não exatamente apropriado, porque era da Toscana, e nos despedimos. Voltaríamos em setembro, eu disse, para o novo ano letivo. *Realmente* voltamos em setembro — não nove meses depois, e sim quatro anos e nove meses depois. Jessica estava animada, estava zonza — a radicalidade de tudo, nossa próxima vida, essa vida, o que quer que ela viesse a ser, nosso futuro. Depois que ela foi embora, comecei a fazer as malas. Na manhã de quinta, tive uma ideia marota. Eu poderia arranjar uma babá. E, então, com os meninos bem cuidados, daria uma passada em Washington para me despedir de Richard.

Cheguei à tarde. Comemos, bebemos, falamos sobre comida. Na verdade, não faço ideia do que conversamos. Éramos dois amigos se divertindo.

Em Lyon, ele me lembrou, eu aprenderia francês com sotaque lionês. Ele pronunciou "*beurre*", manteiga, com um "*rrrr*" quádruplo gutural e estendido.

Em Lyon, eu conheceria Paul Bocuse.

"Você vai conhecer Bobosse, um amigo do monsieur Paul. Ah, e tem outra coisa, em Lyon todos o chamam de monsieur Paul."

Ele refletiu.

"Você vai conhecer Jean-Paul Lacombe, claro. Qual é o restaurante dele?"

Eu não disse nada.

"Lyon de Lyon? Não, León de Lyon. Conheci o pai dele também. Jean Lacombe. Todos os chefs de Lyon são filhos de chefs. Você vai aprender isso também."

Ele disse: "Em Lyon, você será apresentado à comunidade dos chefs lioneses. É diferente de qualquer outro lugar do mundo".

Eu me senti próximo. Estava grato. Pensei: eu não poderia ter tido um primeiro professor melhor.

"Ah, Michel, me desculpe, por favor, mas preciso ir para a estação." Não tinha me dado conta de que já estava ficando tarde.

Já eram quase nove da noite. O último trem saía às nove e meia. A babá também tinha os próprios filhos em casa para cuidar. Comecei a me preparar para sair, enfiando tudo na bolsa, me apressando.

"Eu levo você", Richard disse.

"Não, não, não precisa. Vou pegar um táxi."

"Eu insisto."

Foi uma péssima ideia.

"É nossa última noite juntos."

"Você tem razão", eu disse.

O carro de Richard ficava em uma garagem subterrânea. Esperei do lado de fora. (Eu realmente deveria ter pegado um táxi.) Seu veículo saiu, um negócio preto e comprido. Entrei. Ouvi um leve apito. Richard continuou com seu discurso lionês. "Que em Lyon todo mundo fazia *pâté en croûte*. E os embutidos. Existia uma mulher famosa por causa deles. Como era o nome? Sybil? E a outra famosa pelo queijo? *Mère* Richard. Isso. Como eu!" Outros nomes vinham à sua mente, ou não, e, quanto mais pessoas ele mencionava, mais seu senso de urgência parecia se esvair. Ele parou antes de o semáforo ficar vermelho.

David tinha me falado sobre esses momentos. Quando Richard conta histórias, ele esquece que está dirigindo. É a única pessoa que conheço que já foi multada, *várias vezes*, por dirigir devagar demais. Uma vez, ele e David foram de Washington a Nova York de carro. Enquanto conversavam, Richard foi dirigindo cada vez mais devagar, até que os dois ficaram preocupados com a hora. "A esta altura já era para termos chegado", Richard disse. Finalmente, a cidade despontou, mas, quando chegaram a Nova York, descobriram que não se tratava de Nova York. Era a Filadélfia. "*Oh là là!*", Richard disse, rindo. Eles seguiram em frente. Conversando, conversando. Depois de mais duas horas, enfim chegaram a Nova York. Só que não era Nova York. Era a

Filadélfia de novo. "Por duas horas", David contou, "ficamos dirigindo em círculos."

Eram 21h15. Que apito era esse?

"Michel", eu disse, "que barulho é esse?"

"Que barulho? Ah, é a gasolina. É o barulho que o carro faz quando estou com pouca gasolina. Ah. Não sabia que tinha pouca. A que horas sai o seu trem?"

Falei para ele de novo.

Paramos para abastecer.

Eram 21h21.

"Sabe, preciso muito fazer xixi", ele disse.

Ele foi fazer xixi.

Visualizei dois cenários. Num, eu saio do carro de Richard — mala a postos, passagem na mão, saio correndo disparado — e pego o trem. No outro, não.

Encarei as consequências. O que uma babá faz quando o pai negligente não volta para casa?

Richard voltou para o carro. Eram 21h23.

Chegamos à estação. Beijei Michel, me despedi. Eu tinha sessenta segundos. Deu tempo.

Já passava da meia-noite quando cheguei em casa.

O dia seguinte, sexta-feira, era o nosso último dia em Nova York.

Acordei cedo, me perguntando: como se faz malas para sempre? Quantas meias?

Usei todos os recipientes com alça — malas, mochilas, bolsas esportivas e até a embalagem de náilon de um saco de dormir — e pensei: as taxas de bagagem extra vão me matar. Na realidade, o que custou caro não foi a bagagem. Foi que, quando chegamos ao aeroporto, nosso avião já tinha decolado, e os três lugares que comprráramos haviam partido de Nova York vazios.

Quase me joguei no balcão do check-in depois de confirmar que nosso avião estava em algum lugar nos arredores de Terra Nova e que, não, como era Natal, não havia outros voos nem para hoje nem para amanhã. O primeiro disponível era no domingo. Meus dois filhos estavam pendurados nos meus joelhos; Frederick tinha acabado de sentir um enjoo horrível no carro. Eu me vi obrigado a aceitar que voltaríamos ao nosso apartamento em Nova York. Criei coragem para ligar para Jessica, que nos esperava em Lyon, e informar que, bom, tinha havido um atraso. "Na verdade, não um atraso. Perdemos o voo."

De novo, os sons vazios de um apartamento vazio, só que, dessa vez, ele parecia especialmente vazio, era uma câmara de eco ruidosa amplificando o vazio, a vacuidade de um coração angustiado. A voz da minha mulher estava diferente, tinha alguma coisa nela que eu ainda não ouvira. Medo. O medo era básico. Era o marido dela. Ela estava em Lyon, sozinha, por causa dele. Ela estava lá, sem os filhos, por causa dele. Ela estava naquele caminho de vida — como descrever? — não planejado, disfuncional, erraticamente impulsivo e cheio de obstáculos: por causa dele. O que eu ouvia ali, em meio às notas mais agudas e etéreas de um pânico crescente, era que o verdadeiro erro, o erro profundo, era o casamento dela.

O telefonema foi um grande momento para nós dois.

Fazia apenas seis meses que tínhamos vivido outro grande momento, muito *positivo*, descrito anteriormente como a conversa mais profunda e importante da nossa vida de casados. Já essa não foi positiva, nunca seria, nem poderia ser reconfigurada, retrospectivamente, em nossa imaginação nostálgica, como positiva "a seu modo" ou "não tão ruim assim", nem mesmo como "engraçada". Esse foi o nadir da nossa vida de casados.

Nadir: eu nunca tinha usado essa palavra. Mas ali estava eu. No nadir.

Na realidade, não estávamos.

11. Lyon com gêmeos pequenos

"Como você pode amar Lyon?"
Que pergunta indelicada!
É verdade que nossa cidade não é fácil de amar. É um gosto adquirido. Quase um vício. Não há lugar no mundo menos acolhedor para os turistas. O visitante não encontra nada para olhar nem nada para fazer. Assim como outras cidades, temos monumentos admiráveis e valiosos. Mas é preciso admitir que a alma lionesa sente apenas um fraco apego por eles. E as "vistas" — o domo do Hôtel-Dieu, reinando com toda a sua grandeza sombria sobre o eterno Ródano; o Saône perto de Bellecour, suas pontes traçadas em nanquim sobre a água verde-dourada; toda a cidade prateada e pálida que desponta através da fumaça — nos deixa indiferentes, uma decoração cotidiana banal, e prestamos menos atenção nela do que no imenso ruído industrial.

Henri Béraud, *Vous ne connaissez pas mon pays*
[Vocês não conhecem meu país], 1944

Chegamos na segunda-feira. Frederick estava com uma virose no estômago, George tinha febre e o pai deles não se encontrava muito melhor. Os planos de Jessica — um almoço fora em família, passar o sábado e o domingo no mercado do *quai*, fazer compras para a árvore de Natal (ela havia até arranjado um rapaz que falava inglês, um lionês forte e robusto chamado Stephen, que ficaria como "babá" para podermos dar uma escapadinha para uma noite romântica) — foram pelo ralo. Afinal, como ela informou, quase toda a Lyon fecha às segundas-feiras. Comemos um sanduíche comprado em um Casino, uma rede de lojas de alimentação, cochilamos e acordamos tarde demais para passar na escola. Não havia a menor chance de irmos à *mairie* com os passaportes dos meninos. Além disso, tínhamos um voo de manhãzinha para Roma. Esse não perdemos. Chegamos cinco minutos antes de fecharem os portões. Saímos correndo.

No voo de volta, na sexta-feira antes do Natal, saímos de manhã para ter a chance de pegar a escola ainda aberta. Houve uma nevasca. Chegamos, tarde, pouco antes de o aeroporto fechar, e Lyon, uma metrópole historicamente católica, celebrava as festas durante quase três semanas, período que todos respeitavam e no qual ninguém fazia nada. A cidade já estava fechada: restaurantes (onde eu poderia ter me apresentado a chefs), repartições públicas (como *a mairie*, a prefeitura) e, claro, as escolas.

O apartamento era frio, ao menos para nós, nova-iorquinos obviamente acostumados demais com o excesso de aquecimento.

Frederick, com aparência frágil e pálida, estava extraordinariamente bem-humorado, sentado em nosso novo sofá da IKEA diante de uma televisão preta desconectada (a empresa de TV a cabo também estava fechada). Ele observou as dimensões da nossa nova sala de estar da IKEA e, sentindo nosso isolamento, perguntou com inocência: "Cadê todos os amigos?".

"Não sei", respondi.

Na manhã seguinte, levei os meninos a um café para uma versão lionesa do nosso tradicional costume em Nova York, um café da manhã de sábado. Os meninos pediram chocolate quente, como sempre, e mais açúcar, também como de hábito. O garçom bufou e voltou com dois cubos que pareciam claramente usados. Tinham sido deixados em pires de café por outros clientes e reembalados para formar um par.

Depois disso, sugeri uma visita ao mercado coberto, Les Halles de Lyon Paul Bocuse, do outro lado do rio Ródano.

Pegamos um táxi. Eu e os meninos entramos no banco de trás. A viagem durou cinco minutos. A tarifa deu sete euros. Eu tinha uma nota de dez. O taxista a pegou, separou o troco e, quando eu estava prestes a dizer para ele ficar com o troco, ele bateu em Frederick.

Frederick tinha colocado seu sapatinho de Velcro em cima do banco — as pernas curtas e gorduchas de um menino de três anos, os pés pequeninos, as meias brancas compridas.

"Tire os pés do meu banco", o motorista disse, e bateu não uma, mas duas vezes no menino: primeiro em uma canela, depois na outra, com o dorso da mão (na qual estava seu anel de casamento).

Saí e pensei no que tinha acabado de ver: um homem, um estranho, interrompendo uma transação financeira para bater no meu filho.

Procurei as palavras e, enquanto protegia meus filhos na calçada, pus a cabeça de novo dentro do carro e falei para o taxista, no meu melhor francês possível, que ele não deveria nunca (*jamais!*) tocar (*toucher*) no meu filho (*mon fils*), ou eu arrancaria e comeria os olhos dele.

Na verdade, não faço ideia do que falei.

"*Merci, monsieur. Merci beaucoup!*" Ele sorriu e foi embora.

Comprei uma árvore de Natal, bem vagabunda (um toco fracassado, abandonado, desidratado de tão seco e com galhos frágeis), Jessica comprou velas, e saí em busca de uma ave festiva. Não encontrei nenhuma. Nem ganso, nem peru, nem pato. Todas as aves já tinham sido compradas. Me conformei com o que concluí ser o último capão da cidade, um galo castrado enorme de cerca de dez quilos. Foi minha primeira transação alimentar, uma negociação brutal com um açougueiro, na qual ele ficava repetindo "*Quand?*" — "Quando?" —, uma palavra extremamente básica que, na urgência da conversa, eu não conseguia entender. ("*Quand?*" "*Quoi?*" "*Quand?*" "*Pardon?*" "*Quand, pour quand?*" "Ah, entendi. *Pour quand!* Agora?")

Na véspera do Natal, nós quatro nos reunimos em volta de uma mesa pequena na cozinha, o único cômodo quente do apartamento — uma noite escura e ventosa, com velas que se recusavam a permanecer acesas — e eu cortei uma ave que poderia ter alimentado 25 pessoas.

George, fascinado com a cabeça — era a primeira vez que ele via uma ave com cabeça —, comeu a cabeça e mais nada. Tenho uma imagem, ele passando os dedos em volta do bico e mastigando a papada, os olhos escuros com olheiras de insônia.

Ficou mais frio. Aumentei o termostato. Estava quebrado, nós nos demos conta, o que era irrelevante, já que os encanadores não estavam trabalhando.

Descobrimos então de onde vinha um assovio sibilante de tempestade entrando na casa — não através das lindas lareiras (que éramos proibidos por lei de acender), mas vindo de uma rachadura entre dois janelões que mais pareciam portas —, algo bem fácil de consertar se houvesse um profissional que pudéssemos chamar.

A manhã de Natal chegou. (Nenhuma lembrança.) A véspera do réveillon chegou. (Nenhuma lembrança.) O réveillon chegou. (Nenhuma lembrança.)

Eu adoeci. Pulmões. Catarro. Uma infecção.

Jessica adoeceu. Pulmões. Pior. Pneumonia.

Chamamos o SOS Médecins, um serviço de atendimento médico domiciliar. Custou 120 euros porque não tínhamos cobertura de saúde na França. Até nos registrarmos na prefeitura, não existíamos aos olhos do governo. (A prefeitura também estava fechada.) Foram longas férias de Natal. Resistimos. Estávamos esperando a quinta-feira, 8 de janeiro, dia em que as escolas reabririam. Estávamos esperando para ver se era mesmo a escola *deles*.

E se não fosse a escola deles? Eles estavam três meses atrasados.

Jessica estava extraordinariamente confiante. Ela havia sentido uma conexão com a diretora. Dava mesmo para matricular os filhos com base em uma sensação? As vagas deles estavam sendo mantidas (*se* é que estavam) com base em nada mais do que o primeiro nome deles. (Primeiros nomes e uma sensação?)

Em um playground no *quai*, conheci pais, também recém-chegados a Lyon, que haviam tentado matricular o filho na mesma escola e foram rejeitados por falta de vaga. Será que uma criança tinha sido recusada por causa dos nossos filhinhos ausentes?

No dia da reabertura da escola, saímos de casa bem nervosos. A diretora, Brigitte, estava no alto das escadas. Ela reconheceu Jessica no mesmo instante. "*Voilà les garçons!*", exclamou.

O alívio mútuo — dela, nosso, mas sobretudo nosso — foi como um suspiro enorme. Nós nos sentimos leves. Éramos como bexigas. Brigitte levou os meninos até seus cubículos. Ela estava muito empolgada. Ninguém na escola havia conhecido um nova-iorquino antes. (O efeito viria a tornar os meninos celebridades. Eles eram *les New-Yorkais*.)

Brigitte mencionou a cantina.

(Sim!)

Mas por enquanto não, ela disse.

(Quê?)

É barulhenta. É ruidosa. Seria demais agora. "O melhor era *les garçons* comerem em casa."

(Eu: adoro a ideia de uma cantina barulhenta. Por que interromper nosso dia para dar comida aos nossos filhos?)

Era uma notícia terrível.

O almoço em casa nos dias de semana é uma prática honrosa, uma prova da importância que os franceses dão à hora de comer, e em nosso prédio todas as famílias com filhos preparavam o almoço: a mãe (normalmente) buscava as crianças e o pai (muitas vezes) saía do trabalho para almoçar em casa, passando antes na *boulangerie* da região para comprar baguetes. Às 13h45, as crianças voltavam para a escola. Os nossos filhos se recusavam. Todos os dias. De maneira inequívoca, chorosa, implacável.

Eles gostavam de ficar em casa. Gostavam de falar inglês. Não entendiam francês. (Agnès, a professora, perguntou a Jessica: "*Qu'est-ce que c'est le mot 'troninho'*? Todos os dias seus filhos dizem: 'Com licença, preciso fazer troninho'. O que é troninho?".) Tornou-se tarefa minha, o patriarca indiferente, pegar os dois meninos embaixo do braço e levá-los de volta à escola.

"Os almoços", Jessica disse, "não estão dando certo."

"Estão terríveis."

"Mas é o que as mães francesas fazem."

"Você não é francesa."

"Preciso pôr os dois na cantina."

Jessica se reuniu com Brigitte e, simples assim, os meninos foram registrados. E, simples assim, nossa vida começou.

Fazia um mês que estávamos em Lyon. Finalmente, eu poderia tratar do motivo da minha vinda: encontrar uma cozinha onde trabalhar.

TRABALHO

Há quem pergunte: como conciliar o culto lionês à boa comida com sua aversão a gastos? Porque, enfim, nada é mais oneroso do que ser um glutão, quando se vive uma busca constante.

A resposta está nos ditados lioneses populares: "Economizar no assado é uma economia de tolo", "A boca vem antes de tudo" ou "O fundo da garrafa é para os fracos".

Henri Béraud, *Vous ne connaissez pas mon pays*
[Vocês não conhecem meu país], 1944

La Mère Brazier era *o* lugar. Eu sabia disso desde que Boulud o mencionou, vinha da mesma tradição das chefs *mères* do século XIX a que Jean-Georges havia se referido — *nos saintes mères*. Todas tinham começado como cozinheiras nas casas grandiosas de industriais da cidade, preparando a *cuisine bourgeoise* — ou seja, comida caseira para famílias exigentes —, antes de se tornar famosas por mérito próprio e, depois, seguirem carreira solo.

Eugénie Brazier era, em muitos aspectos, o protótipo da *mère*. Uma de nove filhos, nasceu em 1895, em Dombes, região úmida e plana entre Lyon e os Alpes, em uma fazenda de camponeses pantanosa não muito longe de Bourg-en-Bresse (de onde vêm os famosos frangos). Aos cinco anos, Brazier cuidava dos animais — primeiro dos porcos, depois "se graduou" e passou para as vacas. Quando tinha dez anos, sua mãe morreu (durante o parto). Aos dezenove, Brazier engravidou de um homem casado da vila; teve um filho, Gaston; foi expulsa de casa pelo pai e encontrou trabalho em Lyon como *nourrice* (ama de leite) em uma família burguesa, os Milliat. Passado algum tempo, acabou virando cozinheira na casa. Os Milliat eram ricos, possuíam uma fábrica de macarrão, e sua riqueza fazia deles gastrônomos (a apreciação de comida era a forma como os lioneses ricos expressavam a alta cultura) e fregueses da maior de todas as *mères*, a Mère Fillioux. Quando Fillioux perguntou aos Milliat se poderiam recomendar uma cozinheira para ajudá-los em seu restaurante cada vez mais movimentado, eles sugeriram a própria Eugénie.

Não há registros da contribuição de Brazier para o restaurante (ela tinha vergonha demais de sua ortografia para escrever). Mas dizia-se que Fillioux ficou com inveja do talento dela (quando Brazier fez o tradicional almoço de domingo para a equipe, "*un civet de lapin*" ou ensopado de coelho, Fillioux cometeu o erro de perguntar qual era o melhor — o dela ou o de Brazier), e as duas acabaram seguindo caminhos separados. Brazier nunca se casou, mas teve um companheiro, Le Père, que era motorista de uma das famílias burguesas; com a ajuda dele, adquiriu uma casa térrea de esquina que um dia fora parte de um casarão do século XVIII na rue Royale. Ela abriu o negócio em 19 de abril de 1921. Em 1928, inaugurou um segundo restaurante, sem água, luz ou gás, em Luère, no bosque a oeste de Lyon.

Brazier — em seu auge, uma mulher robusta com ombros excepcionalmente largos e antebraços fortes, cuja fotografia mais famosa é em frente a uma panela fumegante — tinha a reputação de ser formidável e assustadora. Há histórias, que todos adoram repetir, de como era intolerante com erros humilhava quem os cometia, principalmente Gaston, seu filho ilegítimo, que teve o infortúnio de viver sempre ao lado dela em uma cozinha antes mesmo de aprender a andar. Em 1933, ela se tornou não apenas a primeira chef mulher a receber três estrelas Michelin, mas também a primeira chef, homem ou mulher, a receber três estrelas Michelin por dois restaurantes *ao mesmo tempo*, façanha que só voltaria a se repetir décadas depois. La Mère Brazier foi o maior restaurante da cidade e representava "Lyon" como nenhum outro estabelecimento. Quando fechou as portas em 2007, a cidade entrou em luto culinário.

A reabertura de Mathieu Viannay era muito importante. O próprio Viannay era provavelmente muito importante — eu não sabia (Boulud o chamara de "o futuro de Lyon") —, e era urgente que eu passasse por lá. O restaurante ficava do outro lado da Presqu'île; partindo do nosso apartamento, do lado do Ródano, era uma caminhada de dez minutos. Eu não estava sozinho: a essa altura, todos queriam comer a comida dele, porque, um mês depois que chegamos a Lyon, o *Guia Michelin* havia (excepcional, extravagantemente) lhe concedido *duas* estrelas. A prática habitual era fazer os chefs subirem aos poucos na escada Michelin. Até Paul Bocuse começou com uma estrela. Não era inédito começar com duas, mas era raro e, na linguagem institucional do guia, uma expressão de alta lisonja.

Levei uma edição francesa do livro que eu havia escrito sobre a cozinha italiana. Nós o encontramos na porta. Viannay perguntou se podia nos oferecer um tour.

O andar de baixo era dividido em salas de jantar. Uma delas tinha um candelabro. A mensagem era "aconchegante". O bar também tinha mesas e era bem iluminado, com piso de ladrilhos brancos e vitrais coloridos, no estilo anos 1930 — evocando o apogeu da culinária lionesa, quando a França havia descoberto o automóvel e refeições que só se podia experimentar viajando de carro aos lugares distantes onde eram servidas. A cozinha, com escadas de madeira ruidosas que levavam ao segundo andar, era anacrônica e nada moderna; cozinheiros parados em posição de sentido, a *brigade*, colados uns nos outros, nos encaravam. Não havia micro-ondas ou seladoras a vácuo, termocirculador *sous--vide* ou desidratador. Havia panelas.

"*Les mère*", Viannay explicou, "eram *as* especialistas nos pratos locais." Elas eram sua própria subcultura, trocando entre si uma verdadeira literatura formada por livros esfarrapados de culinária de *mère*. Em 2002, Stéphane Gaborieau, na época chef da Villa Florentine (originalmente um convento do século XVII, no alto de uma colina na Vieux Lyon), comprou um exemplar manuscrito dos anos 1850 em uma barraca de livros no *quai* e produziu um fac-símile que virou best-seller na cidade: 97 páginas, escritas com uma letra antiga e lindamente floreada, descreviam como fazer os pratos (*quenelles*, bucho, fígado, os frangos de Bresse) que se encontram em Lyon hoje.

Viannay estava na casa dos quarenta, era elegante (do jeito que muitos franceses são e que os americanos normalmente não são) e usava brogues ingleses bem-feitos, calça jeans azul e um casaco de chef com mangas que se abriam de maneira ampla na altura dos punhos, como bocas de sino nos braços. Tinha sobrancelhas pesadas, um chumaço de cabelo escuro ligeiramente grisalho (que caía sobre o rosto e era comprido atrás, no estilo de um roqueiro francês) e uma barba de cinco dias. Sua atitude era graciosa e cortês. Ele tinha todo o tempo do mundo para nós.

Ele nos levou ao andar de cima e nos guiou até "as salas de jantar privadas" — originalmente quartos pequenos de pé-direito baixo com vista para a rua —, feitas para refeições familiares, especialmente aos domingos, outra tradição das *mères*, em que você era alimentado como se estivesse em casa, ao menos na versão fantasiosa da alta burguesia.

"Vocês têm filhos?", ele nos perguntou. "É aqui que vão trazê-los. Vocês vão comer *poulet de Bresse*."

Imaginei George e Frederick abrindo a janela e atirando asas de frango nos pedestres lá embaixo, e pensei: não, ainda é cedo.

Nossa refeição incluía dois itens que tinham sido servidos naquele mesmo prédio por quase cem anos: alcachofra com foie gras (a alcachofra, um vegetal famoso por ser italiano, era uma comida local em Lyon) e o peito do frango de Bresse. Eu sabia que estavam deliciosos — desde então eu comi os dois pratos muitas vezes —, mas naquele momento eu não sentia seu sabor. Estava nervoso. Aquele era, claramente, o lugar onde eu deveria trabalhar.

Mais tarde, Viannay estava ao lado da porta, agradecendo aos clientes. Na atitude, ele parecia pouco convencional, pouco formal, pouco francês, mas havia certa reserva nele. O restaurante estava aberto fazia apenas três meses quando recebeu as estrelas. A sensação ali não era de celebração; era de espanto por Viannay estar saindo impune dessa.

Contei minha história a ele, o que queria fazer (treinar para ser um chef francês) e lhe dei meu livro.

"Gostaria de fazer um *stage* na sua cozinha", eu disse.

Ele olhou para mim.

"Gostaria de ser um *stagiaire*", eu disse, esclarecendo a expressão.

Viannay olhou para o livro em sua mão. Ficou intrigado.

"Cozinha italiana", ele disse. Não era uma pergunta. Era mais uma descoberta.

"Sim, cozinha italiana." Mencionei a *The New Yorker*.

Ele sorriu, um estranho semissorriso, algo entre ironia e desprezo.

"É melhor eu fazer uma dedicatória", eu disse. Peguei o livro e o autografei com um floreio exageradamente estravagante de alguém que havia bebido Côtes du Rhône demais de tão nervoso. E devolvi o livro.

Ele ficou olhando minha dedicatória.

Esperei.

Ele abriu aquele sorriso.

Agradeci. Apertei sua mão. Agradeci de novo. Fiz uma reverência, arrastei os pés e me despedi.

Mais tarde, voltando para casa, perguntei para Jessica: "'Mathieu' não se escreve com dois tês, né?".

"Não. Em francês, é um tê só."

"Claro. Eu sabia."

Na outra noite, seguindo o conselho de Boulud, fomos a Vienne, trinta quilômetros ao sul de Lyon. O La Pyramide, que já fora a casa do lendário Fernand Point, era o plano B.

As Operações Financeiras da Casa de Point sempre foram um mistério para seus amigos, visto que ele usa apenas os melhores ingredientes, mas cobra preços mais baixos do que a maioria dos restaurantes de alto nível em Paris. Seus amigos concordam que Point poderia ter falido havia muito se não fosse sua esposa. "Mado" Point atua como maître d'hôtel, agente de compras, degustadora de vinhos, caixa, médica da casa, secretária confidencial e cronista. Ela pretende um dia reunir as receitas do marido em um livro para a posteridade. Não será fácil. M. Point vê com maus olhos o mundo impresso.

Joseph Wechsberg, "The Finest Butter and Lots of Time" [A melhor manteiga e muito tempo]
The New Yorker, 3 de setembro de 1949

VIENNE. Eu já entendia o suficiente para saber que, para qualquer estudante de culinária francesa, La Pyramide não era nenhum plano B. Para os chefs, ele tem um prestígio de casa de adoração. É o "Templo". O nome, *la pyramide*, veio de uma estátua romana no fim da rua — que marca o lugar onde as corridas de bigas eram realizadas (dizem que Vienne tem mais ruínas romanas por metro quadrado do que qualquer outra cidade na França) —, e a iconografia antiga e vagamente pagã parece ter reforçado a atração metafísica do restaurante. Seria difícil encontrar um chef francês sério que não tivesse estado lá.

Sua fama foi conquistada por Fernand Point, cujo restaurante, nos tempos de Curnonsky, era o maior de todo o Vale do Ródano ("que qualquer lionês conhece"), o maior de toda a França e estava entre os melhores do mundo. Curnonsky, cujo verdadeiro nome era Maurice Edmond Sailland (ele chegou a "Curnonsky" combinando um apelido de escola, *Cur Non?* — gíria latina para "Por que não?" — com um sufixo eslavo que soava aristocrático), foi crítico e historiador. Até os anos 1950, ninguém tinha mais autoridade do que ele em matéria de comida francesa. Foi Curnonsky quem descreveu Lyon como a "capital gastronômica do mundo".

Em 1949, o jornalista tcheco-americano Joseph Wechsberg — que tinha ouvido de amigos parisienses: "Se eu quisesse ter a maior experiência gastronômica da minha vida... teria que ir a Vienne" — passou um dia com o grande chef. De acordo com a descrição de Wechsberg, Point era gigantesco — tinha 1,90 metro de altura e pesava 140 quilos (alguns dizem que estava mais perto dos 180) —, impressionantemente à vontade com seu tamanho, trajava um terno preto espaçoso e uma grande gravata-borboleta de seda com estampa florida; começava todos os dias com um *magnum* de champanhe e via a manteiga, *muita* manteiga, como um ingrediente essencial em qualquer boa preparação ("Manteiga! Me dê manteiga! Sempre manteiga!"). Também nutria um eterno preconceito contra chefs magros e era ele próprio, tanto no porte como na influência, a personificação da expressão "um homem de grande envergadura". Essa envergadura, porém, não foi maior que a vida e, seis anos depois da visita de Wechsberg, Point faleceu, como muitos outros chefs de sua geração, na casa dos cinquenta (aos 58 anos no caso de Point).

Sua "arte" — palavra de Curnonsky — continuou pelas mãos de outros, principalmente "Mado": esse era o apelido da viúva de Point, Marie-Louise Point. Indiretamente, a arte de Point teve sequência pelas mãos dos cozinheiros em sua cozinha. Muitos passaram a ser associados com a nouvelle cuisine dos anos 1970. A Point é dado o crédito de ser o "padrinho" do movimento.

Patrick Henriroux é agora o chef do Pyramide. Seu nome também estava na lista de contatos de Boulud, logo abaixo de Mathieu Viannay. Ele se sentou conosco no começo de nosso jantar. Fernand e Mado tinham uma filha, Marie-José, ele disse, que estava preparada para vender o restaurante a um chef que entendesse o legado de seus pais e tivesse os recursos para dar continuidade a ele.

Ela perguntou a Paul Bocuse. (Bocuse havia trabalhado para Point.) Ele disse não.

Perguntou a Alain Chapel, outro famoso ex-membro da *brigade* do La Pyramide. Ele disse não.

Perguntou a Michel Guérard, o gênio inequívoco da nouvelle cuisine. Ele disse não.

Perguntou a Alain Ducasse: não. Marc Veyrat: não. Perguntou a todos os chefs três estrelas na França.

"Era a reputação de Point", Henriroux disse. "Ninguém queria ter a sua comparada com a dele."

Ela consultou os chefs duas estrelas. Por fim, perguntou a Henriroux, que na época conduzia a cozinha uma estrela do La Ferme de Mougins, no sul da França. Henriroux aceitou o desafio porque, afinal, "*Cur non?*".

Ele começou em 1989. Recebeu sua primeira estrela sete meses depois. Tentou comprar o restaurante, mas ouviu uma recusa. Dois anos depois, recebeu sua segunda estrela. A essa altura, já tinha o apoio das pessoas da região (comprovando a visão de Boulud de que os restaurantes duas estrelas pertencem à cidade) e, quando o restaurante passava por problemas financeiros, essas mesmas pessoas o ajudaram a comprá-lo. Agora, quinze anos depois, ele quitou o empréstimo.

Henriroux nos perguntou o que gostaríamos de jantar.

Eu queria experimentar a *poularde en vessie*. Tinha lido sobre esse prato no livro *Ma Gastronomie*, de Point, que trazia cartas, detalhes sobre os clientes (Colette, Charles de Gaulle, Pablo Picasso, Edith Piaf), aforismos (por exemplo, "Na orquestra de uma cozinha grandiosa, o *saucier* é o solista") e o que às vezes se chama de "bíblia da cozinha", uma coletânea de receitas. A de Point diz as coisas pela metade. Todas as instruções, por mais específicas que sejam, seja uma medida ou uma temperatura de cozimento, parecem tão arbitrárias que temos a impressão de estar diante de um equívoco ("Pegue cinco litros de sangue dos animais do Menon, depois de terem passado o último mês comendo as peras dele.")

Fiz meu pedido a Henriroux. *Vessie* é uma bexiga. Eu nunca tinha comido nada cozido dentro de uma bexiga.

Henriroux fez uma careta. "Você deve estar com muita fome."

Jurei que estava com apetite.

"É um frango inteiro. Uma *poularde*."

"Eu amo *poularde*", eu disse. Eu não fazia ideia do que era *poularde*.

(Uma *poularde* é uma ave com pouco mais de um ano; um *poussin*, com menos de seis meses; um *poulet*, com mais de seis meses. É a lógica dos esquimós: em Lyon, há muitas palavras para aves, inclusive a genérica, *volailles*, que significa "coisas que voam".)

Henriroux persistiu — "Leva muito tempo para cozinhar" — e, como eu estava prestes a insistir ("Não estamos com pressa"), ele me interrompeu e confessou: "Para ser franco, precisa ser pedido com antecedência".

Eu me conformei com um pombo.

E para começar?

Talvez um *sandre*.

Eu não sabia nada sobre *sandre*, exceto que era um peixe de água doce. Diziam que Lyon era famosa por seus peixes de água doce, todos pescados nos rios da região ou nos grandes lagos que cercam os Alpes.

A refeição foi bem executada e, embora não tenha alcançado, em momento nenhum, as mais elevadas expressões da hipérbole gastronômica, mostrou por que tantos chefs haviam se recusado a entrar na cozinha de Point. Henriroux nasceu em 1958. Por que ele deveria ser comparado a um homem que havia morrido três anos antes de seu nascimento?

Pensei: será que *este* poderia ser o meu lugar? A história, a intimidade com o que vem daqui e de nenhum outro lugar (as coisas que voam, as coisas que nadam), os fantasmas romanos. Além da regra de Boulud: tinha duas estrelas!

Henriroux voltou à nossa mesa. Ele ficava à vontade com jornalistas, estava acostumado com os que faziam a peregrinação vindos de Paris para uma passadinha na lenda. Sua mensagem não era complicada: "Não sou Fernand Point. Se vier aqui para comer, vou lhe dar a minha comida, não a dele. Mas moro na antiga casa dele e tenho o maior prazer em compartilhar minhas impressões sobre o que ele fez". Henriroux transmitia mais força do que charme. Ele havia começado na adversidade e a superado. Tinha ombros musculosos, grandes entradas no cabelo, olhos azul-claros, sobrancelhas grossas e um rosto quadrado marcado por rugas profundas que revelavam décadas de trabalho duro. Agora o restaurante era todo seu. Ele havia começado a fazer mudanças, *suas* mudanças. Do lado de fora: Henriroux havia acabado de ajardinar a propriedade (que agora estava mais para Versailles do que para casa de campo de Point), construído um pátio e aumentado consideradamente o número de mesas no jardim. (Point abominava jantares ao ar livre.)

Contei a Henriroux sobre meu projeto. "Gostaria de ser um *stagiaire* no La Pyramide."

Seu sorriso sumiu tão rapidamente que pareceu ter sido limpo por uma esponja. Ele pareceu confuso. "Um *stage*? Não, não, não. Um *stage* é complicado. Existe um protocolo. Você? Não, isso está fora de cogitação."

Ele parecia categórico.

"Sério?", perguntei, com a voz fraca. (Eu me senti murchando fisicamente.)

"Não, não posso fazer isso." Sua atitude parecia dizer: "Um americano? Um jornalista? Na minha cozinha?". Ele dava a impressão de estar ofendido.

Ele nos agradeceu pela visita. Levantou-se.

"A *poularde en vessie!*"

Ele parou.

"E se eu vier um dia, apenas um dia, para aprender a cozinhar um frango na bexiga?"

Seu cliente negociando com ele.

Insisti. "Ninguém nos Estados Unidos come pratos em bexiga de porco."

Ele pareceu considerar a possibilidade.

"Um dia. Um prato", eu disse.

Ele suspirou. "O.k."

Pegamos um táxi de volta a Lyon. Foi uma longa viagem em um clima invernal, a chuva gelada, a estrada escorregadia. Não conversamos muito. Eu não tinha um plano B para meu plano B.

O que eu tinha era uma casa em um *quartier* que, apesar de toda sua descarada aridez, detinha energia, integridade e uma abundância de pequenos lugares para comer — 22, de acordo com a minha última contagem — a nada mais do que cinco minutos de distância. A comida não era grandiosa, mas era sempre boa, e caracterizada pelo que se conhece como um *rapport qualité-prix*, qualidade essencial da refeição lionesa (isto é, um bom custo/benefício).

Já conhecíamos nossos favoritos pelas pessoas que os dirigiam, como Laura Vildi e Isabelle Comerro, duas ex-garçonetes que, um ano antes da nossa chegada, abriram o Bouchon des

Filles, e *não* com uma mulher no fogão, mas com um homem, que elas, de maneira enérgica (e ironicamente?), tratavam feito lixo. Havia toalhas de mesa xadrezes, um forro de madeira, um atendimento insolente, ótimos Beaujolais e pratos lioneses consagrados ligeiramente adaptados — como o *boudin noir*, uma salsicha feita com sangue de porco fresco (um clássico da cidade, comprada por metro), mas servida, na versão delas, dentro de uma massa crocante e coberta por uma salada de ervas. Da porta do Filles, dava para ver a escola dos meninos e uma janela do nosso apartamento.

Ou o Bistrot du Potager des Halles, de Mai e Franck Delhoum. "Halles" se refere a um pequeno mercado histórico de alimentos. Um *potager* é uma horta. O restaurante também tinha aberto pouco antes de chegarmos e, na prática, se tornou o bistrô do bairro, aberto desde o café da manhã até o drinque de fim de noite.

Ou o surpreendentemente autêntico Sapori e Colori, de Roberto Bonomo, que, apesar de nosso compromisso com a culinária lionesa, nos pegamos desejando visitar com frequência. Jessica, durante suas incursões à IKEA, havia encontrado Roberto e, em um estado de desespero, declarou que estava em Lyon fazia apenas três dias e já desesperada por uma boa massa italiana. ("Ah, Jessica", ele disse, muito compreensivo, "isso não é um bom sinal.") Depois, dei a ele uma tradução italiana do livro que escrevi sobre cozinha italiana. Ele leu e me chamou para cozinhar com ele. Considerei a possibilidade por um momento. "Não, Roberto, obrigado, não posso fazer isso. Não vim a Lyon para fazer comida italiana."

E também havia o famoso padeiro da região, "Bob". Obviamente, era em sua *boulangerie* que comprávamos pão. Eu não sabia se era mesmo a melhor da cidade, porque não havíamos comido em nenhuma outra, mas eu sabia que tínhamos sorte quando pegávamos um pão quente saído do forno (a fila começava a se formar do lado de fora da porta — dava para ver da janela da nossa sala de estar), o levávamos para casa fazendo malabarismo e o comíamos com manteiga salgada.

Foi na *boulangerie* que os meninos descobriram a palavra *goûter* (de *goût*, que significa "gosto" ou "sabor", provavelmente a palavra mais importante de toda a língua). Um *goûter* era um lanche da tarde — comido em todos os lugares às quatro horas, quando as crianças saíam da escola — e uma exceção a duas regras consagradas da comida francesa: não comer andando nem em pé *e* jamais entre as refeições. Um *goûter* era devorado imediatamente. A maioria dos pais trazia de casa; nós éramos extravagantes por comprar o nosso na *boulangerie*. Os meninos haviam descoberto o *pain au chocolate* do Bob — eles nunca tinham comido nada igual — e não entendiam por que deveriam comer outra coisa.

Depois de ser rejeitado pelo La Pyramide, cogitei fazer um *stage* no Bob — o pão é um fundamento do prato francês, por que não? Perguntei a um amigo inglês de Bob, Martin Porter, um homem de Liverpool que morava em Lyon, se ele poderia fazer essa pergunta a Bob.

"Não sei", Bob disse, segundo Martin. "Fale para ele vir me ver uma noite dessas."

Conhecemos nossos vizinhos de porta, Christophe e Marie-Laure Reymond, e seus quatro filhos — todos meninos, com uma saúde robusta e deslumbrante — ao sermos recebidos com uma taça de vinho de boas-vindas ao prédio, junto de um prato de *bugnes* de inverno. *Bugnes* são doces de massa frita cobertos com açúcar de confeiteiro, feitos pouco antes da Quaresma para usar toda a gordura antes do jejum. (Tenho uma imagem do jovem George, todo encapotado para ir ao mercado à margem do

Saône, aonde eu insistia em levar os dois todo domingo, comendo um *bugne* que tinha acabado de explodir em suas mãos, cobrindo seu rosto e seu casaco azul-escuro de um pó branco e pegajoso.)

Durante nossa primeira conversa, descrevi meu projeto e inclusive minha suspeita de que os italianos haviam tido seu papel na formação da culinária francesa. Talvez eu tenha falado de um jeito meio insensível. Devo ter dito que os italianos a "inventaram". Marie-Laure e Christophe não estão no ramo de restaurantes. Não são historiadores. Mas nasceram em Lyon, suas famílias são lionesas e eles se veem como parte da cidade. O que aconteceu em seguida foi uma verdadeira disputa matrimonial.

Marie-Laure: "Sim, entendo. A influência italiana".

Christophe: "Do que você está falando?".

Marie-Laure: "Ah, sabe. Ravióli. Ou rosette" (linguiça lionesa curada feita com carne de porco e salpicada de gordura de porco, conhecida como uma interpretação local da mortadela).

Christophe: "Não estou entendendo".

Marie-Laure: "Que tudo começou com os italianos. Claro que sim".

Christophe: "Marie-Laure, você está fora de si? As pessoas que inventaram a pizza?".

Marie-Laure: "*Oh là là*, Christophe. É óbvio. Pense em Névache".

Christophe: "Névache? Nos Alpes *franceses*?".

Como muitos lioneses, os Reymond tinham uma segunda casa nas montanhas. A deles era na fronteira com a Itália.

Marie-Laure: "Christophe, é um desfiladeiro. Os italianos sempre passaram por lá. Não é difícil de entender".

Christophe: "É difícil de entender, *sim*, porque não é verdade".

Quando chegamos em casa, havia uma mensagem de voz. Reconheci o falante — em inglês, mas com um forte sotaque francês. Era Daniel Boulud. Ele estava em Lyon para o Bocuse d'Or — "Você sabe sobre o Bocuse d'Or, não sabe?", ele perguntou, e dessa vez eu pude confirmar que sim. Era uma competição culinária realizada a cada dois anos. Muitas pessoas me falaram para não perdê-la, gastronomia na capital gastronômica, e eu já tinha feito os preparativos para ir. Boulud estava levando membros da delegação americana para almoçar em Ain.

"Você, Jessica e os meninos podem vir?"

Ain ficava no que agora sei tratar-se das belas e misteriosas Dombes (aquele lugar de aves, rios, pântanos e animais de caça de onde a *mère* Brazier veio), mas não notei nada disso, apenas percebi que as estradas eram sinuosas, que o restaurante ficava a cem quilômetros de distância e que George sentiu enjoo no carro. Depois foi a vez de Frederick.

Quando chegamos a nosso destino, onde um chef estava preparando uma refeição monstruosamente ambiciosa (visto que o grande Daniel Boulud e equipe eram convidados), não havia comida. Nem nenhuma perspectiva imediata de comida. Os meninos, famintos, estavam mal. Quando ficam mal, a mãe deles fica mal. Quando a mãe deles fica mal, o pai deles também não fica lá muito bem.

Nós nos sentamos na ponta de uma mesa comprida, Jessica à minha frente, os dois meninos agarrados a ela. Estávamos mais nos automarginalizando do que sendo marginalizados. Não merecíamos a companhia de adultos. Tínhamos nos lançado, com filhos pequenos e carentes, em uma cidade estranha que ninguém visita na esperança de que eu me tornasse um chef francês. Rá! Estávamos no lugar errado.

Jessica chiava. Eu chiava.

George subiu no colo da mãe trazendo uma sobremesa que tinha encontrado em outra sala, uma coisa escura e pegajosa que pingava devagar e copiosamente por sua camisa perfeitamente engomada de botões. Aquilo pingou no vestido de Jessica.
Ela chiou de novo. Eu respondi chiando. No meio do chiado, Daniel apareceu.
Ele havia deixado seu papel de anfitrião e cruzado o salão para se sentar comigo. Estava solícito.
Queria saber como estavam indo as coisas. (Olhei para Jessica por cima do ombro dele. Ela ficou imitando a preocupação de Boulud.)
"Ah, você sabe, talvez um pouco difíceis", eu disse, (meio) otimista.
(Jessica me mostrou o dedo do meio.)
Boulud perguntou: eu tinha encontrado um lugar para trabalhar?
"Então, não, não exatamente, ainda não."
E o meu francês? Como estava indo?
"Então, sabe, devagar."
(Jessica riu.)
Lá estava eu, no território de Daniel, em Dombes, no interior do interior, com uma família desgovernada, visivelmente em apuros. Ele parecia maravilhado com a audácia do nosso empreendimento. Parecia se sentir em parte responsável. Não era, claro — a responsabilidade (ou irresponsabilidade) era toda minha.
(Por que não me lancei de joelhos e implorei: "Daniel, você conhece as pessoas! Me ajude"?)
Estava escuro quando voltamos. Fomos de táxi, nós quatro, uns em cima dos outros, dormindo.
O Bocuse d'Or começou no dia seguinte.

ATÉ 1985, MAIS OU MENOS, BOCUSE ERA UM CHEF MUITO FAMOSO. Tinha um nome conhecido e sua imagem era tão amplamente difundida que quase todo mundo sabia como ele era — narigão, orelhonas, lábios grandes, o toque ou chapéu de cozinheiro, e segurando um *poulet de Bresse* vivo nos braços e acariciando a cabecinha dele — ainda que poucas pessoas conhecessem sua comida. Depois, por volta de 1985, Bocuse se transformou em um ícone. Uma hora era um cara famoso na frente do fogão. No momento seguinte tinha virado o papa das pessoas envolvidas com restaurantes. Ele se tornou o emissário incontestável da missão de cozinhar. Tornou-se o espírito francês. Tornou-se, em todos os sentidos metafóricos da palavra,

GIGANTESCO.

Não está inteiramente claro como isso aconteceu, porque (e Bocuse concordava) havia chefs mais talentosos no mundo. Ele nunca comandou um programa de comida na televisão. Embora fosse um mestre das sessões de fotos (exagerando nas fantasias, erguendo a manga para exibir a tatuagem de frango de Bresse, sentado em sua Harley-Davidson), raramente aparecia na televisão. Publicou livros de culinária. mas nenhum foi um divisor de águas. Com exceção de duas incursões no exterior — uma no Japão e outra na Walt Disney World na Flórida (Monsieur Paul, que prospera sob o comando de seu filho, Jérôme) —, ele nunca franqueou seu nome fora de Lyon. No entanto, da forma misteriosa como essas coisas funcionam, Bocuse tinha algo que nenhum outro chef possuía com tanta abundância: um carisma culinário inegavelmente contagiante. Bocuse era o que as pessoas desejam que um grande chef francês seja.

Em Lyon, era diferente. Em Lyon, ele era ainda mais importante. Em Lyon, Bocuse era, extravagante e inegavelmente, a coisa mais importante que havia.

Seu restaurante principal, L'Auberge, à beira do Saône, alguns quilômetros ao norte da cidade, é agraciado com três estrelas todos os anos desde 1965, o que faz dele o estabelecimento mais antigo com três estrelas na história do *Guia Michelin*. Também era a casa de Bocuse, que morava no andar de cima. Além disso, ele tinha (segundo a última contagem) outras oito "brasseries" Bocuse, mais informais, quatro delas com nome dos pontos cardeais (*Nord, Est, Ouest* e *Sud*). Em Lyon, Paul Bocuse, de certa forma, estava sempre por perto.

Ele criou uma escola. Nos anos 1980, Jack Lang, ministro da Cultura, lamentando que a França não tivesse nenhuma instituição educacional dedicada a preservar o patrimônio da culinária francesa, apelou para Bocuse. *Voilà*: dinheiro, professores e, em 1990, o Institut Paul Bocuse abriu as portas. Agora, é considerada a escola de culinária mais proeminente do país, o lugar onde estudantes de culinária sérios aprendem a cozinhar comida francesa a sério.

Ele rejuvenesceu as *"foires"*. Em Lyon, a palavra, cuja tradução convencional é "feiras", está carregada de história. Desde 1419, as *foires* eram um evento internacional de duas semanas isentas de impostos, realizado quatro vezes por ano por volta dos feriados religiosos; vendedores de tudo — especiarias, vinhos, queijos, sedas, instrumentos musicais, patas de porco curadas — vinham de todos os lugares, a pé ou no dorso de animais, pelas montanhas ou subindo o Ródano de barca. As pessoas compunham poemas sobre as *foires*, produziam peças de teatro, escreviam histórias impudicas, apresentavam músicas, cantavam canções e se divertiam muito, mas muito mesmo.

E as *foires* modernas? Essas não são tão divertidas. Desde 1916, quando as *foires* modernas foram introduzidas (com um péssimo e sintomático senso de oportunidade — no meio da Primeira Guerra Mundial), elas haviam se tornado um lugar onde as pessoas tentariam lhe vender um trator.

A *foire* moderna não tinha nada da história ou da magia das *foires* renascentistas. Até mesmo a versão das *foires* voltada à gastronomia, realizada de dois em dois anos (chamada Le Sirha, era um salão internacional de restaurantes, hotéis e alimentação), se resumia a negócios. Mas, quando Bocuse se envolveu, com o advento do Bocuse d'Or, ela recuperou seu glamour indomável.

O evento é organizado como uma Copa do Mundo (24 países competem, cada um representado por uma equipe de dois, um chef e um assistente) e conduzido como uma exposição canina, com pratos desfilando em um estádio na frente de 48 jurados. Tudo culmina em uma cerimônia de premiação que usa a iconografia das Olímpiadas (um pódio com ouro, prata e bronze), do Oscar (a estatueta) e de um bar mitsvá nova-iorquino (luzes estroboscópicas, músicas animadinhas e uma chuva de confetes dourados). É quando o cafona se encontra com a técnica. Mas a técnica real: em exposição está a comida mais vistosa e bem-feita do planeta.

Cheguei às nove da manhã. Os chefs estavam lá desde as cinco. Cada equipe de duas pessoas ficava comprimida aos trancos e barrancos em uma microcozinha do tamanho de um vestiário em um resort de praia ruim. O clima era de adrenalina, estresse e suor. Cada cozinheiro, com plena consciência do tempo que voava, estava focado e silencioso. As arquibancadas, montadas para acomodar as torcidas dos times nacionais, já estavam cheias. Abrigavam 5 mil pessoas. Os espectadores japoneses se vestiam como samurais; os mexicanos usavam sombreiros; suecos, dinamarqueses e americanos, estavam enrolados em bandeiras nacionais. Havia uma banda de mariachis, um corpo de fanfarra, um grupo de percussão, homens batendo pratos e muitos babacas com cornetas do tipo usado em estádios de futebol. Não havia nada explícito para que se torcesse daquela maneira estrondosa: nenhuma evisceração de cabras vivas, nenhuma troca de socos, nenhum chef se levantando e gritando: "Bam!". Mas a torcida era estrondosa e não parava um minuto.

Eu me senti desinformado e ingênuo — como poderia não saber que esse tipo de culinária (feita por pessoas curvadas e torturadas manipulando coisas pequenas de formas pequenas) era um esporte nacional? —, até que, para o meu espanto, Paul Bocuse surgiu.

Ele havia aparecido nos camarins e decidido — o toque, a roupa branca, uma gola que aludia à bandeira francesa — atravessar o salão. Passou por mim, suave e rigidamente, com sua altura imponente e aquela postura de chef, fazendo pequenos acenos papais, e pareceu não notar que uma fila de competidores se formava atrás dele. Até então, eles estavam confinados em seu pânico preparatório, quando um deles notou Bocuse no salão, abandonou sua estação e começou a seguir o grandioso homem de um lado para o outro. Ele chamou outras pessoas em seus minicubículos de cozinha, fazendo sinal para que o seguissem. A fila logo se tornou bem mais comprida, como numa conga.

Ninguém sabia exatamente o que fazer em seguida — não se pode formar uma conga atrás de Paul Bocuse por muito tempo e sair impune —, até que alguém tocou no grande homem e saiu da fila, satisfeito com o contato. A pessoa seguinte tocou em uma manga. Depois foi num ombro, no dorso da mão de Bocuse. Em seguida foi a vez de um chef asiático, que pegou o avental de Bocuse pela barra, depois o soltou e segurou a mão que havia pegado nele pelo punho, olhando para ela e gritando como se sua pele estivesse queimando. Um cozinheiro caiu de joelhos e beijou o chão onde o chef havia pisado (o que — sei lá, pode me chamar de pudico — me pareceu um pouco demais).

A coisa ficou feia e, no momento em que parecia prestes a ficar de fato perigosa, Bocuse sumiu. Seguranças apareceram e o levaram para os bastidores.

Consegui uma carona para voltar a Lyon, e refleti sobre aquele dia teatral e sobre como as cozinhas de Lyon insistiam em ser obstinadamente inacessíveis para mim. Talvez eu devesse tentar Bob, afinal. Quando cheguei ao apartamento, estava decidido. Já sei por onde começar minha formação culinária, eu disse a Jessica, vai ser aprendendo o básico. Vou trabalhar para Bob. Vou virar padeiro. Aliás, falei, vou lá agora mesmo me apresentar.

Eram oito da noite, mas eu tinha quase certeza de que ele estaria lá. Bob era conhecido por seus horários, pela luz acesa nos fundos, quando todo o *quartier* se encontrava às escuras. Ele estava mesmo lá, com seu casaco, a caminho de casa para ir tirar um cochilo.

Bob sabia por que eu fora até lá. Também sabia que eu não tinha encontrado nenhuma cozinha onde trabalhar. Por isso, quando fiz minha proposta de maneira direta, sem introdução — "Bob, decidi, depois de pensar bem, que meu livro deveria começar com você, que quero fazer um *stage* aqui, na sua *boulangerie*" —, ele soube que eu estava mentindo.

Eu não tinha me mudado para Lyon para trabalhar com Bob. Eu queria Marc Veyrat, ou Mathieu Viannay, ou Patrick Henriroux.

"Não", ele disse.

"Não?" O plano B do meu plano B estava me rejeitando?

Ele ficou me encarando. Será que estava tentando me decifrar?

Vim até você, eu disse, não apenas para aprender a fazer pão, mas o *seu* pão. "Ele é famoso por ser tão bom. O que me interessa é o porquê."

Seu olhar passou por cima da minha cabeça. Bob parecia estar se calibrando, imaginando (imaginei) quais seriam as consequências de eu ficar ali com ele.

Bob tinha 44 anos, queixo duplo, circunferência larga e, quando não se barbeava, parecia um cruzamento genético de Fred Flintstone com Jackie Gleason. Seu cabelo era castanho e desgrenhado e normalmente coberto de farinha. Havia farinha em seu sapato, seu suéter (ele nunca usava avental), sua calça, e grudada em sua barba. Banho não era uma prioridade. Ele dormia quando possível, e não o fazia com frequência, e parecia viver regulado por um relógio interno cujo despertador vivia disparando — fermento, preparar a massa, a velocidade inclemente de um forno quente, urgências de entrega. Ele estava sempre em pé. Parecia não se cansar nunca. Sabia que seu pão era maravilhoso. E também sabia que ninguém se dava conta do quão bom seu pão realmente era.

Ele não era, a seu ver, um gênio. Em uma cidade de fanáticos por comida, ele era apenas um padeiro, ainda que um bom padeiro. Ele era apenas Bob. E nem isso, claro. Seu verdadeiro nome era Yves. (Ninguém sabia por que ele atendia por "Bob". Uma vez perguntei, e ele foi vago: "Uma pessoa, muito tempo atrás...".)

"Sim", ele disse devagar: *Ouiiiiii*. Na verdade, pareceu estar se entusiasmando. Deu para ver o entusiasmo em seus dedos. Ele tamborilava em um balcão. "Venha. Trabalhe aqui. Você será bem-vindo."

"Vejo você amanhã."

Apertamos as mãos. Fiz menção de sair.

"Você mora do outro lado da rua, certo? Pode vir a qualquer hora."

Agradeci.

"Se não conseguir dormir, venha para cá. Às três da manhã vou estar aqui. Às sextas e sábados, passo a noite aqui.

Pensei: se não consigo dormir às três da manhã, não saio por aí caminhando. Mas entendi a mensagem. Bob estava se pondo à minha disposição. Vou ser seu amigo, ele estava dizendo.

A imagem que eu tinha da atividade de Bob era a dos fins de semana, sobretudo dos domingos, os quais eram totalmente malucos por causa de uma lei, ainda em vigor, que proibia a abertura do comércio, com exceção das padarias. Em Lyon, muitas *boulangeries* abriam aos domingos. Mas era à de Bob que as pessoas iam.

Aos domingos, a *boulangerie* pertencia a Lyon, e Bob virava a noite trabalhando para alimentar a cidade. Baladeiros de fim de noite apareciam às duas da manhã para pedir uma baguete quente, balançando o corpo na ponta dos pés diante de uma janela alta perto do *fournil*, a sala do forno, com a mão estendida segurando uma moeda de euro. Às nove, havia tanta gente entrando e saindo pela porta que ela nunca se fechava. A fila se estendia rua abaixo, e a padaria, quando você finalmente entrava ali, era ruidosa por causa de tanta gente e da música (normalmente salsa) tocada no volume máximo. (Bob se apaixonou pela salsa, depois por Cuba e então por uma cubana, sua mulher, Jacqueline.) Todos gritavam para ser ouvidos — uma algazarra cacofônica, portas de forno batendo, pessoas acenando e tentando ser notadas, as baguetes quentes demais ao toque chegando em cestas, dinheiro trocando de mãos, tudo em espécie.

A multidão me fascinava: todos estranhos, todos saindo com o braço cheio de coisas e com o mesmo olhar, suspenso entre o apetite e a perspectiva de um apetite saciado. Aprendi uma coisa, o apelo de um bom pão — que eu podia encontrar ali, do outro lado da rua do nosso apartamento: artesanal, com aroma de fermento e uma textura aerada e crocante de pão que acabou de sair do forno. Ninguém ficava muito tempo. Esse era o café da manhã deles. Era isso que encerrava a semana. Esse era o domingo.

Às três da manhã de um dia de semana, a *boulangerie* era diferente e solitária. O rio era diferente, ao menos na noite em que me aventurei na rua, com muito frio, e parecia óleo de motor quando, de maneira fantasmagórica, uma barcaça surgiu a poucos metros, uma entidade gigantesca (nunca dá para ouvi-la chegando), uma proa pesada feito um arado, cortando a água com intensidade. Lyon também não poderia ser mais diferente ou mais solitária: sem veículos, sem pessoas, sem uma luz acesa em nenhum apartamento. (De quinta a domingo, a cidade — com suas noitadas de bebedeira, a música alta saindo das janelas abertas, brigas, carros pegando fogo, vandalismo, vômitos —, nunca seria descrita como uma variedade de quem "se deita cedo". Talvez nas outras noites todo mundo descansasse.)

Bob abriu um saco de farinha — ele estava claramente esperando por mim —, levantou-o sem sinal de esforço (pesava cinquenta quilos) e o esvaziou em uma bacia grande de metal. (Bob era forte, mas sua força parecia mais força de vontade do que a contração de algo muscular.) Ele pegou uma caixa dessas de leite com a tampa cortada e me falou para segui-lo até uma pia — uma visão assustadora, cheia de parafernálias de café, pó por toda parte, um sanduíche flutuando em algo preto, um rolo de papel higiênico. Ele posicionou a caixa embaixo da torneira e abriu a água quente.

"Você chega à temperatura correta por uma fórmula que envolve dois fatores", Bob explicou. "O primeiro é a temperatura do ar. Nesta manhã está frio, deve estar fazendo dois graus. O segundo é a farinha…"

"Como você sabe?"

"É a temperatura do ar."

"Claro."

"Esses dois fatores juntos, mais a temperatura da água, devem dar 54 graus Celsius." Então, se o ar estava a dois graus e a farinha a dois graus, a água precisaria estar a cinquenta.

"Quente", eu disse.

"Exatamente." A água da torneira estava fumegante. Bob encheu a caixa.

Perguntei: "Bob, você não usa termômetro?".

"Não."

"Você tem um termômetro?"

"Não." Ele refletiu. "Sabe, talvez eu tenha."

Em um caderno, anotei: "Água + ar + farinha = 54 graus".

Bob despejou a água quente na bacia e ligou um aparato, conectado na parte de cima dela: uma amassadeira mecânica. Quer dizer, não era exatamente mecânica, não no sentido moderno da palavra. Parecia uma amassadeira feita para ser operada à manivela que, em determinado momento, fora atualizada com um motor de máquina de lavar roupa. Dois ganchos, parecidos com próteses de mãos, reviravam a massa bem devagar.

"Não é mais rápido do que fazer com as mãos", ele disse.

"Depois, nós separamos uma parte da massa da noite anterior." *La vieille pâte*. Era marrom e pastosa, e estava envolta em filme plástico. Ele pegou uma pitada entre o polegar e o indicador e jogou na bacia. Pegou uma segunda pitada, analisou a massa, pensou melhor sobre a quantidade e jogou metade na bacia. Esse, na prática, era seu "fermento", a levedura ainda viva da noite anterior que seria despertada na fornada nova. Essa não era a única fonte. Eu entendia o bastante sobre leveduras para saber que, ali, elas estavam por toda parte. Dava para arrancar da parede. Dava para tirar o necessário debaixo das unhas de Bob. Ali, até o hálito da gente tinha textura.

Olhei ao redor. Havia uma grande quantidade de casacos pendurados em ganchos ou enfiados no parapeito de pedra. Em toda superfície disponível, havia uma caneca de café suja. *Cou-*

ches de tecido (pareciam toalhas de praia ainda úmidas do verão passado) estavam largadas sobre estacas de madeira. Eram para modelar as baguetes. Havia uma lâmpada pendurada no teto. Outra brotava de um soquete. Havia as luzinhas azuis trêmulas dos fornos. A escuridão põe você em guarda. Pode-se tropeçar e morrer ali. Não era um lugar que convidasse a gente a limpar os pés ao entrar. Mas, talvez, pela maneira perversa como essas coisas funcionam, aquele cômodo, com toda a sua história sagrada, era como o sabor das baguetes de Bob.

Ele parou a amassadeira e tirou um pedaço de massa. Estava pronta. Era fina e elástica. "Dá para ver através dela", Bob disse, rindo enquanto a estendia diante do meu rosto feito uma máscara.

Pensei: lembro disso quando fazia macarrão. Enquanto você estende a massa de macarrão, a textura muda e começa a brilhar. Você continua estendendo até os grãos da tábua começarem a aparecer — é quando, realmente, você consegue ver através dela.

A massa desta noite ficaria pronta para ser usada na tarde do dia seguinte. As baguetes da manhã, portanto, seriam feitas com a massa da noite anterior.

"Vamos tomar café da manhã", Bob disse. Um bar de apostas de corrida de cavalo abria às seis.

O café era imundo, o pão era de Bob, mas velho, e a clientela podia ser descrita, de maneira gentil, como barra-pesada (cabouqueiros apáticos com um só pulmão entornando seus conhaques matinais enquanto estudavam as probabilidades das corridas de cavalos), mas, para Bob, ela significava companhia. A vida dele era feita de noites solitárias. Aquelas pessoas eram membros de sua primeira sociedade. Bob ficava à vontade entre elas. Bob me apresentou como o cara que estava trabalhando na *boulangerie* para escrever sobre ele.

A língua francesa veio e não veio. Parecia que eu estava falando (até certo ponto), mas muitas vezes não entendia quando falavam comigo. Eu morria de medo do telefone. Conseguia pedir um táxi, mas não entendia quando os motoristas falavam que estávamos chegando ou quando diziam que eu precisava pagar em dinheiro. Os meninos entendiam tudo, mas quase nunca falavam. As pessoas tinham dito: "Seus filhos vão aprender francês rapidinho", e eles não aprenderam, não para valer. Um dia, Frederick estava preocupado e falou com Jessica: "Maman, tem uma palavra que fica me seguindo. Não gosto dela. Ela me segue por toda parte".

"Qual é a palavra?"

Ele sussurrou: "*Soldes*". *Soldes* significa "liquidações". (Na França, as liquidações só são permitidas durante um período determinado de quatro semanas, quando todos os comerciantes penduram uma placa: "*Soldes*".)

Os meninos foram encaminhados para uma *orthophoniste*, especialista em "*ré-éducation du langage*", uma mulher magra e austera de cachecol e com postura perfeita que tinha sido contratada pela escola para ajudar os alunos a pronunciar a língua francesa corretamente. A fala de todas as crianças era submetida à avaliação dela. Durante nosso período lá, ela ficou tão ocupada que alugou uma sala do outro lado da rua, com janelas grandes que permitiam uma visão clara de quem tinha sido chamado para a reeducação, inclusive as muitas famílias de nativos franceses. Todos tinham dificuldades com a língua, com seus sons sutis, com suas vogais mudas. Quando analisou nossos filhos, ela se sentiu afrontada quando eles disseram que não conheciam a expressão "dar palmadas", que é *fesser* (de *fesse*, "bumbum"). Ela achou que eles estavam tirando sarro dela. Implícita em sua indignação, havia a suposição de que *todas* as crianças apanhavam. Provavelmente sim — em Lyon, tínhamos vistos muitas palmadas —, só não era uma coisa que nós fazíamos.

Nossos filhos foram diagnosticados com uma doença chamada *bilinguisme*, e a *orthophoniste* falou para Jessica ir ao consultório dela imediatamente. A fala de Jessica foi avaliada e considerada exemplar. A *orthophoniste* prescreveu um tratamento: Jessica foi aconselhada a falar apenas em francês em casa. A instrução não se aplicava a mim.

O meu francês estava melhorando?

Não.

O meu francês existia?

Mais ou menos.

Tive um episódio grave com "*four*" — não o número quatro em inglês, mas a palavra em francês para "forno" (pronunciada como se alguém tivesse acabado de bater nas suas costas). É o mesmo som se os fornos aos quais você se refere estão no plural (*fours*). E, claro, é onde Bob assa seus pães, as engenhocas de luzes azuis e portas de vidro no térreo.

Uma tarde, havia duas pessoas nos fundos da *boulangerie*: Denis, o então número dois de Bob, e eu. Denis, seu único funcionário em tempo integral — loiro, trinta anos, com cabelo cortado rente e roupas brancas como um padeiro de verdade —, estava no andar de cima. Eu estava embaixo, fazendo a massa. Quando subi para ir buscar um saco de farinha, Denis perguntou se o pão ainda estava no forno (*au four*). Pelo menos acho que foi o que ele disse. Ele repetiu a pergunta, e dessa vez foi algo mais parecido com: "Não me diga que a porra do pão ainda está no forno, seu imbecil!". Continuei sem entender. O que eu ouvi foi uma emoção forte (nervosismo, principalmente) e "*four*".

"*Four*", pensei. "*Four*. Conheço essa palavra."

Sim? Ou não? Dava para imaginar que tipo de resposta era a esperada. (Pensei: 50% de chance. Devo escolher uma?) Em vez disso, repeti a palavra comigo: *four*. Eu tinha certeza de que conhecia a palavra. Por que não estava lembrando? "*Four?*", eu

disse em voz alta, o que foi irritante, provavelmente porque não era nem "sim" nem "não".
"*Au four? Au four? C'est au four? Le pain!*"
Denis desceu a escada em disparada com uma angústia que me pareceu teatral. Ouvi a porta do forno sendo aberta com força e uma travessa sendo puxada.
"*Oh, putain!*"
Para mim, ainda no andar de cima, a porta foi o que me fez lembrar. Claro. *Four!* É "forno"!
O pão já era. Daí o "*putain!*" (*Putain* significa "prostituta". "*Pute*" também significa "prostituta", mas é "*putain!*" que você fala quando queimou cinquenta baguetes.)

Tínhamos que nos registrar na prefeitura. Bob conhecia o procedimento. Ele estava lá com sua esposa cubana.
"Vai ser horrível", ele disse. "Vocês nunca sofreram esse tipo de humilhação. Cheguem cedo."
Fomos convocados em família, com fotos e todos os nossos documentos do consulado francês, e seríamos entrevistados; se "aprovados", seríamos direcionados a um centro médico de imigração (perto da prisão da cidade). Se "aprovados", voltaríamos à prefeitura, com fotos novas e comprovantes de movimentação bancária, e receberíamos uma residência temporária, enquanto nosso portfólio era despachado para um escritório perto de Paris, que nos diria, se fôssemos mesmo "aprovados", para voltar à prefeitura a fim de obter uma *carte de séjour* de verdade que nos autorizaria a permanecer por um ano.
Cheguei sozinho, pouco depois das seis da manhã, e era o vigésimo em uma fila que alcançaria milhares de pessoas. Eu tinha falado para Jessica trazer os meninos depois que eu soubesse de quanto tempo seria a espera.

Por volta das oito e meia, ela mandou uma mensagem dizendo que estava pronta ("Pedi o táxi").

Soldados chegaram com suas armas — o fator de controle da multidão. Às nove em ponto, as portas se abriram, as dezenove pessoas à minha frente foram atendidas rapidamente — *muito* rapidamente —, e de repente lá estava eu, também sem demora, sentado diante de uma representante do governo francês.

[Jessica? Cadê você?]

Enquanto eu pegava os documentos, a representante perguntou: "E seus familiares?".

"Um pouco atrasados", eu disse. "Vou ver onde estão."

[*Eu digitando*]: "Merda. Minha vez. Cadê?".

[*Jessica digitando*]: "O táxi não apareceu".

[*Eu digitando*]: "CARALHO!".

"Eles já estão chegando", eu disse. "Crianças, sabe como é. Luvas, casacos, cachecóis."

"*Pas de souci*", a representante disse. Sem problemas. Ela propôs que examinássemos os comprovantes de movimentação bancária enquanto esperávamos. Tirei cada documento, verificando duas, três vezes se estava correto.

Meu celular vibrou. "Desculpe", eu disse.

[*Jessica digitando*]: "Pedi outro táxi. Estamos a caminho. Finalmente!".

Eram nove e quinze. Hora do rush.

"Chegam a qualquer momento", eu disse.

Para nossa sorte, a representante era de fato muito, muito meticulosa, nós dois analisávamos cada documento atentamente, certos de que encontraríamos algum erro. Depois de algum tempo, dez minutos ao todo, chegamos ao último comprovante. Não havia mais nada. Ela arrumou os documentos em uma pilha, depositou tudo gentilmente sobre o balcão e os prendeu com o clipe em que eu os havia entregado. Estava prestes a me devolver os papéis, quando soltei: "Lyon é a capital gastronômica do mundo".

"É verdade, ela disse, e riu, os lioneses gostam de sua comida."

"É por isso que estou aqui."

"É mesmo?"

Perguntei se ela tinha um *bouchon* favorito.

Ela tinha.

"Então você é uma verdadeira lionesa?"

"Sou lionesa."

"Você se importaria em escrever para mim o nome do seu *bouchon* favorito?"

"Sem problema." Ela pareceu contente com a pergunta. Rasgou um pedaço de papel de um caderno, quando então parti para o meu celular.

[*Eu digitando*]: "E aí?".

[*Jessica digitando*]: "Trânsito péssimo".

Ela me entregou o papel.

Escrevi um livro sobre cozinha italiana, eu disse. "Posso lhe dar um? Tem em francês." Ela pareceu impressionada que eu o tivesse trazido e (para minha surpresa) aceitou, quando então perguntei se poderia autografar ("Poderia soletrar seu nome para mim?"). Contei que estava trabalhando em uma *boulangerie* ("*C'est vrai?*") e perguntei se ela conhecia: "A do Bob no Quai Saint-Vincent".

"A do Bob?", ela perguntou, confusa, e então expliquei que esse não era o verdadeiro nome dele, que ninguém sabia o verdadeiro nome dele, e insisti para que ela fosse lá ("O melhor pão de Lyon"). Eu me ofereci para escrever o endereço para ela.

Ela me agradeceu e aceitou.

Agora precisava atender a pessoa seguinte, ela disse. Como minha família não havia chegado, ela não poderia processar nosso caso. Eu teria que ir para o fim da fila.

"Desculpe pelo meu francês", eu disse.

"Não, seu francês é bom."

"Não, não é. Sei que não é."

"É, sim, de verdade. Você se expressa de maneira perfeitamente clara."

Apesar do meu pânico e mal-estar, pensei que algo extraordinário estava acontecendo e que o mérito era todo meu. Eu tinha acabado de conduzir um ato de enrolação linguística com uma funcionária do governo nessa segunda língua nova. Eu tinha feito progressos. E minha enrolação tinha sido efetiva. Eu quase havia conseguido.

Fiz uma última tentativa. "Você não pode processar apenas o meu caso e fazer os outros depois?"

"Não. Sinto muito. Você vai ter que ir para o fim da fila lá fora."

Eu me levantei. Agradeci. Tirei do bolso da camisa o pedaço da folha de caderno e agradeci pelo nome do *bouchon*. Falei que iria lá. Enfiei todas as pastas de novo na bolsa, imaginando o estresse que Jessica deveria estar passando no táxi, com crianças, no trânsito, quando, milagrosamente, ela apareceu, minha família, nos últimos segundos possíveis, uma visão emocionante, *ma femme avec les garçons*.

Terminamos às duas e meia.

Depois do nosso registro, Bob pareceu me olhar com outros olhos. Não éramos americanos em um safári gastronômico — turistas não vão à prefeitura. Estávamos, claramente, decididos a ficar ali.

"Amanhã faremos entregas. Está na hora de você conhecer a verdadeira Lyon."

Bob entregava pães em um Citroën antigo que mais parecia um tanque de guerra e não via uma lavagem desde... nunca. No banco do passageiro havia embalagens de plástico de sanduíches da Casino, uma quiche pela metade, uma garrafa de Coca-Cola tamanho família quase vazia e edições do jornal da cidade, *Le Progrès*, abertas em pontos específicos e depois jogadas no chão de modo a sugerir que era o que Bob fazia enquanto dirigia — ficava em dia com as notícias. Ele jogou tudo isso no chão e me convidou a sentar. Dentro do carro havia uma nuvem branca fina, como se o ar tivesse chegado a um ponto de saturação molecular de farinha que nunca mais se assentaria. Encontrei um lugar para meter os pés, pus um saco de baguetes entre as pernas e afivelei o cinto. O carro pareceu explicar por que Bob tomava banho tão raramente: sério, de que adiantava? (No inverno, Bob tinha a aparência de um colchão velho.)

Ele dirigia rápido, falava rápido, estacionava mal. O carro, por força do hábito, fazia com que ele lembrasse que estava atrasado e o punha num modo instantâneo de entrega acelerada. L'Harmonie des Vin foi a primeira parada, na Presqu'île, um bar de vinhos com comida ("Mas comida boa", Bob disse). Dois proprietários estavam nos fundos, ocupados, preparando o serviço do almoço, mas encantados de ver seu entregador de pães, como se um amigo tivesse aparecido de surpresa, ainda que ele viesse todos os dias exatamente no mesmo horário. Fui apresentado ("um jornalista que está escrevendo sobre mim"), vapt-vupt, saco entregue, beijo, tchau.

Em seguida: La Quintessence, perto do Ródano (rua estreita, nenhum lugar para estacionar, então ele não estacionou, carros parando atrás dele, nenhum buzinando), um restaurante novo ("Comida boa mesmo", Bob disse, dando um soquinho no ar), marido e mulher, um ajudante, sorrisos frenéticos, mas espontâneos, a apresentação ("escrevendo sobre mim"), saco entregue, beijo, tchau.

Atravessamos o Ródano, paramos sobre uma calçada e saímos às pressas, Bob com um saco de pão, eu abraçado a outro, tentando acompanhar o ritmo: L'Olivier ("Comida excepcional", dois soquinhos no ar, "na lista do Michelin mas sem ser pretensioso"), chef jovem, ombros largos e rosto afetuoso, ainda que ocupado demais para sorrir, saco entregue, cumprimentos com as mãos no ar, tchau.

Um estabelecimento de comida depois do outro: *entra* — rapidez, alegria, pão (ainda quente), apresentações ("um escritor"), cozinha de duas pessoas, às vezes de uma — e *sai*. Muitos se pareciam mais com improvisações que de alguma forma resultavam em um jantar do que com negócios. Chez Albert: criado depois de uma aposta entre amigos. Le Saint-Vincent, com uma cozinha não muito maior do que um armário (que já fora um banheiro).

Bob dirigiu para o sul, em direção ao estádio de futebol — as entregas levariam duas horas, eram duas dezenas de entregas (o que por si só já era um tributo a seus pães), e me mostraram uma cidade mais diversificada do que eu conhecia — e rumo ao sétimo *arrondissement*, industrial, sobrados pequenos, fachadas de reboco cinza, com um bistrô inesperado em uma esquina inesperada, La Fleurie, batizado em homenagem a um Beaujolais *cru*, e que era tão acessível quanto o vinho. "Eu amo esse lugar", Bob disse (*J'adore*): um cardápio diário escrito na lousa exposta na calçada, vinte euros por uma refeição de três pratos (peixe do lago com molho de mariscos ou filé suíno com molho de pimenta), polemicamente informal, no estilo camiseta e jeans, comida invariavelmente sazonal (ou seja, se é inverno, você come raízes).

Bob seguiu direto para os fundos, com seu gingado sincero, um saco de pão nos ombros, a rotina de sempre, as efusões de bom humor, os sorrisos descontraídos que eu também estava adorando, tão contagiado pelo entusiasmo de Bob que não senti como membro da equipe dele, e sim que de certa forma eu havia me tornado, em parte, Bob.

Com a última entrega do dia finalizada, Bob perguntou sobre Olivier, o chef, e foi conduzido ao bar.

Olivier Paget, da mesma idade de Bob, nasceu em Beaujolais, filho de carpinteiro, neto de agricultor, cozinhando desde os dezesseis anos; tinha feito as coisas normais de um chef, inclusive os períodos ao lado de *grands chefs* preparando comidas finas, como Michel Rostang (mais uma vez!) e Georges Blanc, com quem Daniel Boulud havia treinado. Mas Paget, tendo completado seu treinamento, não gostava da finesse. Ele se estabeleceu em um longínquo distrito da classe operária, distante do movimento, chamou o lugar de "bistrô", fazia comida boa a um preço justo e enchia todas as mesas, no almoço e no jantar, todos os dias: rigorosamente.

Essa, Bob disse, é a minha ideia de restaurante.

A título de explicação (enquanto Paget nos servia duas taças de Beaujolais), Bob confessou que adorava a ideia da "*grande cuisine*" — termo para a culinária do mais alto grau feita por um *grand chef*. Era sua fantasia, disse, e Bob ainda tinha esperança de um dia viver essa experiência. "Tentei uma vez" — uma refeição no Auberge três estrelas de Paul Bocuse com a esposa Jacqueline.

Ninguém poderia ter chegado com expectativa mais alta. Poucos poderiam ter se desapontado mais.

Não foi a comida, da qual Bob nem se lembra. "Fomos maltratados." Os garçons zombaram deles por não saberem qual taça era usada para qual vinho ou por utilizarem a colher errada, e os serviram com clara aversão. (Jacqueline é negra; naquela noite, havia outra pessoa negra: o funcionário postado na entrada para receber os clientes, vestido com uma fantasia que lembrava, de forma constrangedora, uma libré das plantações do Sul dos Estados Unidos.) A conta deu mais do que ele ganha em um mês. Tinha sido um roubo.

Bob entornou seu Beaujolais, e Paget lhe serviu outro, e, enquanto eu observava a intimidade tranquila deles, pensei que estava começando a entender o que tinha presenciado a manhã toda: uma parceria, como numa fraternidade, reconhecida por um brasão de armas visível apenas para seus membros. Todo mundo que havíamos visitado hoje pertencia a ela. Eles sabiam que o pão de Bob era excepcional. Sabiam também que o pão era mais do que apenas pão.

Bob confirmou uma mesa para sexta-feira, um almoço com amigos. Ele vivia marcando grandes refeições com amigos — eram como reuniões do conselho de família —, inclusive um *mâchon* sazonal, esse típico "café da manhã" lionês que dura um dia inteiro (começa às nove e inclui todos os pedaços que se pode comer de um porco, quantidades aparentemente ilimitadas de Beaujolais e desfiles altos e sentimentais de homens cantando e que, a essa altura, só estão tentando lembrar como voltar para casa. Eu tinha medo disso). O almoço de sexta era menos ambicioso. "Só dez pessoas", Bob me disse. "Venha também."

O chef, um cliente em seu próprio restaurante, fazia parte da família e se juntou a outros que "viviam pela comida" praticamente o tempo todo. (E vinho. Eles também "viviam" muito pelo vinho deles.) Três estavam no ofício — um cara do queijo, outro dono de restaurante, alguém que chegou com um cordão de *boudin noir* —, mas não todos. Havia um professor, um violinista. Não importava. Todos sofriam da mesma doença: a incapacidade de pensar sobre alguma coisa além da refeição em curso e da que virá depois. Eram todos comensais. Eram todos devotos de Bob.

O almoço chegava em etapas, e agora existe em minha mente como um borrão de Beaujolais — saladas, um patê, um peixe do lago, um prato de alguma coisa (carne?) com molho (afinal, era a França), tudo no estilo família. Mas era o pão, o pão de Bob, o assunto. No Le Fleurie, esse é o primeiro item na mesa: uma baguete inteira, fatiada, em uma cesta.

"Bill, *regarde*" — olhe. Bob chamou minha atenção para uma senhora do outro lado do salão, bem-vestida, o cabelo grisalho num coque, comendo sozinha. Ela estava tirando a baguete da cesta e colocando cada pedaço meticulosamente dentro da bolsa, onde parecia haver um guardanapo para envolver o pão. Ela tinha vindo preparada — ou então tinha roubado o guardanapo. Em todo caso, havia premeditação em seu furto: ela chegou para o almoço sabendo que voltaria para casa com alguma coisa para o jantar.

Ela fechou a bolsa e ergueu a mão para chamar o garçom. Mais pão, por favor — "*Plus de pain, s'il vous plaît*".

Eu me voltei para o chef. Ele fazia uma cara de quem tinha sido pego no flagra. Ele não tinha sido pego no flagra — ela, sim —, mas tolerou o furto. Ele não estava prestes a ir lá e pedir que ela esvaziasse a bolsa. "Além do mais", disse, "ela não é a única."

O garçom voltou a encher a cesta dela.

"Outros comem tanto pão que depois não querem a nossa comida." Era uma confissão simples e perniciosa. Mas ele não pararia de oferecer pão. "Todos esperam *esse* pão."

Bob estava acostumado com a queixa. "Todo lugar tem um ladrão de pão. Eu falo para eles: não sirva fresco. As pessoas não resistem quando está fresco." Ele não estava se vangloriando; era apenas um fato. "Espere um dia. Pão de ontem ainda é bom. Só não é *tão* bom."

Até agora, nenhum restaurante havia seguido o conselho de Bob, mas quem seguiria? O homem que faz seu pão o entrega a você poucas horas depois de assado, e você vai guardar o pão no armário até o dia seguinte?

O Bob daqui era diferente do Bob que eu vira antes. Ele sorria — em geral ele quase nunca dava um sorriso. Seu rosto era animado. Ele gargalhava. (Eu não tinha me dado conta até agora de como ele ficava tenso em um dia normal. Sua atitude informal de "*que será, será*" escondia o fato de que, para ele, havia urgência em cada minuto.) Além disso, ele estava em uma mesa com amigos. Bob, para todos ali, era uma dádiva, eles o entendiam, e sua gratidão por terem Bob na vida deles tornava Bob mais Bob. Ele era o presidente daquele conselho informal. Tinha uma autoridade que era nova para mim. Ele nunca dizia: "Sou apenas um padeiro". Ele era *o* padeiro. E mais: era o padeiro-filósofo. Era confiante, tranquilo, até se autodepreciava ("As pessoas comem pão demais — olhem só para mim").

"*Mon Dieu!*", ele exclamou de repente. "Olhem esta mesa. Vocês percebem que todos aqui estão a uma geração da fazenda?"

Nenhum deles havia crescido em fazendas, mas seus pais, sim. O pai de Bob era padeiro em Rennes, na Bretanha. O pai de Olivier Paget era carpinteiro. Mas a visão de mundo dos pais dos dois tinha sido moldada por arados e pelas estações do ano, e seus filhos, que conheciam a fazenda pelas visitas feitas aos avós, também tinham uma conexão com o mundo rural.

"Vocês se lembram como a agricultura era o coração do espírito francês?", Bob perguntou. "Era tudo para nós. Somos a última geração a ter esse laço." Ele usou a palavra *transmettre*, que significa "transmitir" — algo passado de uma era para outra. Repeti a palavra comigo mesmo, *transmettre*. Todos à mesa eram herdeiros de um conhecimento — um "conhecimento da terra" — que tinha sido transmitido, de uma família a outra, por milênios. "Depois da gente, acabou", Bob disse com naturalidade. O sentido era: aproveitem enquanto dá.

Terminado o almoço, Bob me deu uma carona de volta à *boulangerie*.

Perguntei: "É o fermento? É ele que torna seu pão tão bom?"

"*Oui*", ele disse de forma muito, muito devagar (como em "*Oooouuuuiiiii*"), querendo dizer: "Bem, não".

Refleti. "É a fermentação durante a noite?" A lentidão, eu tinha ouvido vezes e mais vezes, é essencial para um bom pão.

"*Oooouuuuiiiii*."

"O descanso final?" O pão ganha seu sabor mais profundo nos estágios finais, dizem.

"*Oooouuuuiiiii*. Mas não. Esse é o abecê. Basicamente, é o que você faz para *não* fazer um pão ruim. Tem muito pão ruim na

França." (Bob o chama de *pain d'usine*, "pão de fábrica".) "O pão bom vem de uma boa farinha. É a farinha."
"A farinha?"
"*Oui*", ele disse com segurança.
Pensei: farinha é farinha. "A farinha?"
"*Oui*. A farinha."

UMA PORCA

Os visitantes sempre ficam surpresos com os hábitos e a personalidade de nossa gente, mas ficariam menos surpresos se entendessem que Lyon, "capital das províncias", é acima de tudo rural. É cercada por fazendas e é muito mais uma cidadezinha enorme do que uma cidade grande, e é a única grande população francesa a não ter um porto. Todas as suas estradas terminam em campos. Aqueles que nelas viajam rumo à nossa rica cidade — vindos de Delfinado, de Bresse, da Borgonha, da Saboia — e aqui chegam para ganhar a vida ou fazer a vida nela, são fazendeiros ou filhos de fazendeiros. E os camponeses, como sabemos, não mudam de hábitos facilmente. Portanto, não é preciso ir longe para explicar a rudeza deles, a desconfiança e a atitude sem frescuras que parece em desacordo com a história aristocrática e suntuosa da cidade.

Henri Béraud, *Vous ne connaissez pas mon pays* [Vocês não conhecem meu país], 1944

Fui convidado a participar de um abate de porco. Na verdade, trabalhei para isso: jurei fidelidade à causa, declarei minha integridade carnívora, até finalmente ser recompensado com um convite proferido com nervosismo.

O *boudin noir*, sangue em um pedaço de intestino de porco, era onipresente em Lyon — poucas comidas casavam tão bem com um *pot* de Beaujolais —, mas era vendido sempre cozido, mesmo no seu açougueiro local: vá para casa, reaqueça e sirva. O *boudin noir* que planejamos fazer depois de abater nosso porco (junto com outras obras porcinas, em sua maioria tubulares) estaria fumegante de tão fresco. Diziam que não se assemelhava em nada à versão comercial.

Eu tinha algumas curiosidades logísticas básicas; por exemplo, como o sangue é tirado do porco e colocado dentro de um intestino: que era limpo — mas de que maneira exatamente? Ou haveria um fedor prolongado que os lioneses consideravam, de maneira característica, como um intensificador de sabor? Eu também me sentia atraído pela realidade visceral de matar um animal (como — com as mãos?) que você comeria (a sacralidade do ato). *Mère* Brazier fazia seu próprio *boudin noir*. Fernand Point também era famoso pelo seu.

Aliás, a fazenda que sediou a fabricação do *boudin noir* não ficava muito longe de onde um certo Menon criara os porcos alimentados por frutas do pomar cujo sangue Point cobiçava. Era uma colina de pedregulhos do outro lado do rio Ródano (oposto ao La Pyramide), entre o que poderiam ter sido árvores frutíferas de um pomar — era difícil dizer no meio do inverno: troncos secos, tudo marrom da cor da terra, sob um céu branco-prateado que era enorme e muito frio. Como na Itália, os franceses abatem e curam seus porcos apenas no inverno. A refrigeração é um artifício moderno, e a cura do porco, não.

Fui levado à fazenda por Ludovic Curabet, o único membro da equipe disposto a revelar seu sobrenome.

Ludovic estava na casa dos trinta — cabelo escuro, em boa forma, jovial — e se dedicava a dar continuidade aos velhos costumes. Na prática, era um intelectual dos porcos. Sabia como os porcos eram curados na Espanha, na Planície Padana na Itália, nos Alpes e sobretudo ali, no Ródano. Também estava entre os poucos que ainda praticavam (e admitiam praticar) um ritual local conhecido como *la tuaille*. *La tuaille* se traduz como "a matança", mas, no Ródano e no Sul da França, se refere ao abate sazonal ritualizado do porco de uma família, e inclui uma bebedeira no início da manhã, a comilança dos *boudins noirs* feitos na hora, e então uma bebedeira perto do meio-dia, outra de tarde, e, por fim, a bebedeira do fim do dia. Em toda Lyon, você vai ver fotografias em preto e branco de *tuailles* — retratos fixados na parede de um *bouchon* — exibindo pessoas sujas e exaustas, muitas vezes já quase vesgas, mas muito felizes.

O que estávamos fazendo era legal, embora houvesse a noção de que não seria por muito tempo. A União Europeia tolera abates de porco à moda antiga desde que sejam para o consumo privado dos fazendeiros. Mas o medo que eles têm da União Europeia é tamanho que muitos acreditam ser a última geração a fazê-lo. Ludovic inclusive perguntou se poderíamos filmar o abate. Ele queria registrar o momento para seus filhos.

Os outros dois membros da nossa equipe tinham o mesmo nome, Claude. Um era o fazendeiro, o outro, um açougueiro.

"Claude Fazendeiro" estava na casa dos setenta e poucos anos, era alto, magro, um pouco curvado, tinha o rosto comprido e sobrancelhas brancas expressivas que, na prática, "falavam" muito mais do que ele, visto que ele quase não falava. Ele parecia confuso com nossa empreitada: estava comprometido ideologicamente com ela, mas preocupado com as possíveis consequências. Ludovic o tinha convencido de que eu era de confiança.

Claude Fazendeiro me conduziu até um pátio de terra adjacente à casa onde Claude Açougueiro esperava por nós. Ele falou ainda menos do que Claude Fazendeiro. Cinco palavras. Talvez menos. Tinha cerca de 55 anos, era um pouco robusto e usava um avental branco, como se tivesse acabado de vir do açougue na cidade. Ele estava diante de um pálete de madeira retangular, separando um fardo de feno e o empilhando em cima dele. Era para a fogueira. Depois de morta, Ludovic me disse, a porca seria colocada no fogo para queimar os pelos. (Os porcos que comemos ou são fêmeas ou machos castrados. A carne de um macho com testículos plenamente desenvolvidos? Nojenta.) Você queima os pelos para chegar à pele. Os porcos são os únicos animais de fazenda cuja pele não costuma ser retirada para comer, porque a gordura deles não está integrada ao músculo, ela reside entre o músculo e a pele. Se você tirar a pele do porco, corre o risco de perder a gordura, e a gordura subcutânea se traduz tanto em cortes de barriga como na gordura branca e cremosa que vai dentro das linguiças.

A gordura suína, Ludovic disse, é boa.

O *boudin noir* tem certa presença na literatura — na *Odisseia*, Homero descreve um estômago recheado de sangue e gordura sendo assado em uma fogueira, e Apício, o primeiro gastrônomo romano do século I, tem uma receita enriquecida com ovos, pinhões e alho-poró. As origens da palavra são obscuras, mas provavelmente remontam a um uso coloquial, agora perdido, durante a ocupação romana na Gália. (O *boud-* de *boudin* pode vir do romano *bod-*, que significa "inflar ou inchar", da mesma forma como os intestinos são preenchidos.) A preparação é uma das mais antigas do planeta, mais que os romanos ou gregos, e provavelmente data dos tempos mais remotos da domesticação animal (por volta de 10 000 a.C.), se não antes — ou seja, por volta da época em que se descobriu o fogo — porque obedece ao imperativo filosófico universal compreendido por todos os fazendeiros pré-modernos e caçadores que têm a sorte de possuir um animal para comer: não desperdice nada.

Claude Açougueiro continuou a montar a fogueira. Ludovic picou cebolas e as refogou em uma frigideira sobre um bico de Bunsen, enquanto Claude Fazendeiro montava uma caldeira de ferro fundido de aparência antiga. Era como uma chaleira muito grande que ele havia enchido de água pela metade e posicionado sobre um tripé que lembrava uma churrasqueira. Ele empilhou os gravetos embaixo dela e os acendeu. O fogo crepitou: era uma fumaça matinal preguiçosa, cheirando a pinheiro. Era nele que o *boudin*, depois de feito, seria cozido, bem ali, no frio a céu aberto.

Na ausência óbvia de conversa fiada, dei uma volta pelo pátio e encontrei um curral — uma porta baixa de madeira, uma janela com grades de ferro. Era curioso que eu não o tivesse notado antes. Então me agachei para espiar. Vi nossa porca. A porca me viu. Foi um momento assustador. O animal de repente estava tão ali, e era bem maior do que eu imaginava. Duzentos quilos. Era peludo, e não rosado, com pelos brancos e manchas marrons.

Eu me agachei para olhar lá de dentro de novo. Não pude deixar de notar que era um animal lindo.

Os porcos são os animais domésticos mais inteligentes e interpretam seu ambiente com mais eficiência do que outros animais. Também entram em pânico com facilidade, o pânico que normalmente se expressa no sabor da carne.

Em um instante, percebi por que todos estavam tão quietos. Tentavam passar por invisíveis.

A porca começou a guinchar.

Fui eu que causei isso?

Os outros não tinham ido olhar. Para eles, não havia porco nenhum: somos apenas fazendeiros fazendo nosso trabalho, ora, ora, uma manhã normal, um animalzão em um chiqueirinho de pedra, nada de mais.

Mas eu tinha olhado e, simples assim, tinha apertado o botão de guinchos.

Uau. Não era um guincho. Era um grito escancarado, alto e agudo. Ele não entrava no cérebro; ele o perfurava, pelo menos era o que parecia fazer com o meu, e com tanta intensidade que eu queria fazer algo a respeito. Com urgência.

O guincho dizia: estou em perigo!

Dizia: corra!

Dizia: me encontrem, me ajudem, me salvem.

E assim por diante.

Os porcos tinham figurado na infância de Daniel Boulud. Eram como companheiros de um conto de fadas, mais como cães e pessoas do que vacas e ovelhas. (A observação não é minha, mas da antropóloga animal Juliet Clutton-Brock.) Boulud adorava seus porcos de estimação. Mas todo ano, quando estava em casa tomando café da manhã, ele ouvia o guincho. *Esse* tipo de guincho. Então, enquanto ele corria de forma irracional em direção ao som, sem entender exatamente por quê (afinal ele sabia que já era tarde demais), o porco estava morto.

A minha porca era tão inteligente que conseguia ver que eu estava pensando na morte dela? (Eu estava pensando na morte dela?) Porque, sem dúvida, a porca agora sabia que iria morrer.

Quinze minutos depois, o fazendeiro abriu a porta do chiqueiro. O açougueiro colocou uma corda em volta do pescoço e do focinho dela. A porca se recusou a sair.

Claude Açougueiro e Claude Fazendeiro a puxaram pela frente. Eu e Ludovic chegamos por trás, empurrando o traseiro dela. Ela resistiu com toda a força e a adrenalina de seus consideráveis duzentos quilos. A terra estava semicongelada, e seus cascos deixavam rastros superficiais na lama dura. Quando ela estava perto do pálete, foi derrubada de lado.

As patas traseiras precisavam ser amarradas na altura dos tornozelos. Fiquei surpreso com a força dela, havia quatro homens em cima do animal, tentando fazer suas patas cooperar.

Os guinchos não pararam em momento nenhum, até que, finalmente, os tornozelos foram amarrados, e eu relaxei, e a porca ficou em silêncio. Ela virou a cabeça — precisou torcê-la totalmente — e olhou para mim. Seu olhar era intenso, e não era fácil desviar os olhos dela. Dizia: não me mate.

"Pegue o balde", Ludovic me disse. Ele apontou. Estava perto. "Agora ajoelhe, aí." *Là.*

Eu me agachei bem em frente ao animal. Ela resistia e se debatia, mas os movimentos eram pequenos.

"Conforme o balde for enchendo, mexa", Ludovic disse. "Sem parar e rápido. Para não coagular."

Claude Açougueiro relaxou a corda. Vislumbrei a faca por um breve momento. Ele a tinha mantido escondida, eu não sabia que estava lá, e a aproximou da garganta dela por trás, sem que a porca visse, e cortou a garganta embaixo do pomo de adão.

Pensei: eu nunca conseguiria fazer isso.

Não houve reação. A porca não pareceu sentir o corte. O ato estava consumado.

Ludovic começou a mexer numa pata dianteira, para cima e para baixo, como numa bomba de água — a porca continuou a guinchar, mas seus guinchos iam perdendo força. O sangue escorria do corte para dentro do meu balde, vermelho-vivo. Fumegava. Eu mexia. Para impedir a coagulação? Então entendi. Sim! Para impedir! O sangue formava fios densos rapidamente.

"Mexa", Ludovic disse. "*Remuez. Vite.*"

Pensei: vou estragar tudo. O dia todo foi estruturado em torno do *boudin noir*, que agora não conseguiríamos fazer porque eu não entendia de coagulação.

Os fios agora estavam se enrolando em volta dos meus dedos. A superfície do sangue parecia normal, um pouco espumosa, mas, por baixo, se formava uma teia plástica.

"*Vite. Vite.*"

Mais rápido. Mais rápido. Mais rápido. Então, finalmente os fios começaram a se dissolver e logo terminaram de se dissolver e, em questão de segundos — algum limiar tendo sido ultrapassado —, sumiram.

A porca suspirou. Foi um suspiro profundo, como um bocejo. Era o som de uma pessoa grande prestes a pegar no sono.

Ela suspirou de novo.

Olhei para baixo. O sangue chegava à metade do balde. Não deveria haver mais? Um animal tão grande. Havia pouco mais do que um galão, não muito mais.

Ela suspirou de novo, mais baixo.

Olhei para ela. Seu rosto tinha ficado pálido. Pensei: os porcos também perdem a cor. Seus olhos ficaram leitosos. Ela estava morta. Acabou.

Claude Açougueiro me deu uma concha. "*Goûtez*", ele disse. Experimente.

Fiquei confuso. Ele anda com uma concha no bolso de trás da calça?

Ludovic disse: "*Non. Il faut l'assaisonner.*" Falta temperar. Ele foi buscar sal e pimenta.

"Agora. *Goûtez.*"

Eu me ajoelhei. Os pelos do meu braço estavam empapados de vermelho. Minha camisa e minha calça jeans, respingadas.

"*Goûter?*" Sério?

"*Oui.*"

Mergulhei a concha no balde e experimentei. Estava quente. Forte. Senti um gosto denso e pesado no céu da boca. O tempero era quase invasivo, mas bem-vindo também: era intensificador.

Mergulhei a concha no balde mais uma vez.

Os homens riram. "Mais?"

Eu tentava identificar o sabor. Para ser sincero, também sentia um frenesi intenso. Era o sangue? Ou o arrebatamento de

tudo, esse animal, a intimidade, o abate, a coagulação, o pátio, esta amanhã? Mergulhei a colher no sangue de novo. Eu estava nas nuvens.
    Os homens riam alto.
    "Gostou?"
    "Gostei", disse. Gostei muito. O sangue tinha um gosto puro. Existe gosto de vermelho? Aquilo era vermelho. Era *revigorante* em todos os sentidos óbvios.
    O balde foi colocado em um canto escuro. A fogueira foi acesa. A porca cozinhou até ficar preta e tostada. Raspamos a pele. Os pelos saíram. A cabeça foi removida, a cavidade corporal foi aberta, o estômago se expandia como se tivesse ficado apertado em uma calça justa demais. As entranhas foram removidas. Então tudo começou a ficar mais lento: era o trabalho específico de honrar todos os órgãos, músculos e articulações de um animal que acabou de ser morto.
    Deram os pulmões para mim.
    "Encha", Ludovic disse.
    E foi o que eu fiz, um par de lindos balões cor de rosa (um tom impressionante, desacostumado com o ar e a luz), eu os amarrei (como um balão) e Ludovic os pregou em um poste de madeira para secar.
    Arrancamos os intestinos, o delgado, uma mangueira comprida, de quatro metros e meio, talvez mais, e tiramos o conteúdo marrom apertando um segmento entre o polegar e o indicador e puxando, movendo os resíduos sólidos na direção de uma abertura. Ludovic estava com a mangueira. Ele me deu um intestino, pediu que eu soprasse dentro dele para abri-lo — era quente contra meus lábios — e o enxaguou. Em seguida o enrolou como um aro no chão.
    (Pensei: sério? É isso?)
    Ele removeu a bexiga e tirou o líquido, como água em um balão, um jato fumegante.

"Tome, isso é para você soprar também." Ele me estendeu o órgão com as duas mãos, muito reverente. "Isso também é uma honra", disse.
Os outros pararam e observaram.
Uma honra, hein?
Inspirei fundo. A abertura úmida da entrada (salgada), meus lábios úmidos. Soprei com força.
Nada.
Os homens riram.
Inspirei mais fundo. Soprei com mais força.
Nada. Mais risos.
Inspirei muito fundo, meu rosto mudando de cor, provavelmente para algo entre o rosa-vermelho e o roxo, e a bexiga se encheu.
Prendi a passagem com o polegar e o indicador, Ludovic a fechou com um nó e também a pregou para secar.
"Para o *poulet en vessie*", ele disse.
Ludovic adicionou seus aromáticos salteados ao sangue, experimentou, acrescentou sal e pimenta, experimentou de novo (como um chef finalizando seu molho), pôs mais pimenta. Inseri um funil na abertura de um intestino e Ludovic entornou. Torcemos o intestino como uma salsicha em intervalos de quinze centímetros, o amarramos para fechar e enrolamos a corda dentro de um cesto de palha. Quando ele estava cheio, fomos até a caldeira — uma nuvem de vapor quente surgiu quando abrimos a tampa; não fervia, nem mesmo lentamente — e colocamos um pedaço de *boudin* dentro.
Um poema sobre a preparação do *boudin noir* foi escrito por Achille Ozanne, um chef e poeta do século XIX (ele escrevia poemas exuberantes sobre os pratos que cozinhava para o rei da Grécia), e inclui uma rima meio vaga de "*frémissante*" com "*vingt minutes d'attente*". *Frémissante* significa "fremente". Descreve a

água: quente, mas não fervendo. *Vingt minutes d'attente* — vinte minutos — é o tempo aproximado que se mantém o *boudin* submerso. É semelhante a cozinhar um manjar. Fica pronto quando chega o momento *certo*. Se ferver um manjar, ele coalha. Se ferver o sangue, ele coalha. Ludovic espetou uma agulha em uma tripa. Estava seca quando a retirou. O sangue havia se solidificado. Ele retirou o *boudin*. Eu cozinhei o próximo.

Levamos nosso cesto para uma cozinha e encontramos uma dezena de pessoas ali, preparando os acompanhamentos: maçãs assadas, batatas, salada, pão, garrafas de um Côtes du Rhône local, feito por alguém à beira da estrada, sem rótulo. A cozinha estava quente, as janelas, embaçadas, e comemos — o *boudin* era como um pudim vermelho intenso, perturbadoramente fresco, com o aroma complexo do nosso porco matinal — e bebemos, e depois voltamos a sair para o pátio, nos sentindo de estômago cheio e sonolentos, para fazer linguiças e outros preparos que exigiam maturação.

Não leva muito tempo para se matar um porco. Mas "recompor" o bicho em formas comestíveis tomaria nosso tempo até o cair da noite. Havíamos matado um belo animal. As comidas feitas com ele durariam meses.

Henri Béraud, um romancista e jornalista (além de fascista e antissemita — ainda que um observador astuto da cidade onde cresceu), descreve Lyon como sendo uma cidade peculiarmente situada. Não há porto ou mar nas proximidades. Apenas fazendas e estradas levam a ela. E também leiterias, vinhedos, rios e pastos montanhosos.

CERTA NOITE, CHRISTOPHE, NOSSO VIZINHO, bateu à nossa porta, trazendo um envelope grande. Ele me lembrou da disputa matrimonial que havia acontecido durante nosso *apéro*.

"Meu pai", ele disse, "é um historiador amador. Ele passa muito tempo nos Archives." Os Archives de Lyon, que datam de 1210, abrigam os documentos da história (muitas vezes trágica) de Lyon. "Comentei com ele sobre nossa conversa", Christophe disse, "e meu pai fez uma cópia de um documento que achou que seria interessante para você." Christophe viria a se tornar um bom amigo. Trazia patos que matava durante a temporada de caça, e uma vez me convidou para ir com ele. Agora estava com um sorriso discreto, malandro, que dizia: então, pode ser que você esteja meio certo.

No envelope havia o relato de uma refeição preparada para sessenta embaixadores que vinham dos cantões da Suíça em 25 de fevereiro de 1548. Era um cômputo financeiro de uma noite ambiciosa: a aquisição de pratos (288), facas alemãs e taças de vinho; doze músicos; vinho de três fornecedores mais quatro garçons contratados; os ingredientes para cada prato — *entrées, plats principaux* (os pratos principais), saladas e sobremesas. Como o banquete estava sendo realizado em um dia magro, os ingredientes incluíam patês de truta, rãs e anchovas, os peixes de lago que os suíços e lioneses tinham em comum (como *lavaret* e *omble*, para os quais não existe uma tradução exata porque os peixes nunca saíram da região) e pratos exóticos como tartaruga e língua de baleia. Mas nenhuma carne vermelha.

Na época, os banquetes franceses eram mais simples, mais medievais (o livro culinário de referência, reimpresso regularmente em Lyon, era o *Le Viandier* de Tailllevent, do século XIV): um espeto para assar carnes, uma panela em uma lareira, muita fervura. As refeições eram comidas sobretudo em um único prato, com as mãos ou com uma *tranche*, um pedaço de pão velho usado como espátula, e com a ajuda de uma faca (o garfo, elemento da mesa italiana, ainda não havia chegado).

A refeição preparada para os embaixadores suíços era diferente e mais típica do Renascimento italiano, alegre e celebratória, uma *festa*, um exemplo de *convivium*, palavra romana que pode ser traduzida como "se reunir para comer" e que essencialmente faz da refeição um dos maiores prazeres da vida de uma pessoa. Eu me senti compelido a descrever a refeição como mais "italiana" do que francesa. A data também é interessante: o inverno de 1548. No outono, Henrique II e sua esposa, Catarina de Médici, fariam um ingresso na cidade famoso e reconhecidamente italiano.

Havia uma magia na mensagem que Christophe me transmitiu, um mundo de comida e bebida que era ao mesmo tempo próximo (muitos fornecedores, açougueiros, peixeiros, comerciantes de vinho, podiam ter morado nas mesmas ruas de nosso *quartier*) e distante, a ponto de parecer incognoscível. O lugar tinha se tornado intrigante e misterioso.

Uma tarde, não sei por quê, me peguei pensando em Dorothy Hamilton e em sua insistência para que eu frequentasse uma escola de culinária. Eu ainda acreditava que não, que não era necessário, desde que você não tivesse obrigações financeiras ou filhos, pudesse mergulhar de cabeça na cozinha, tivesse catorze anos de idade e, com uma mente tão flexível quanto seu corpo jovial, tivesse a capacidade de aprender praticamente tudo, sobre todas as estações do ano, todos os pratos, muito rapidamente.

O resto de nós precisava ser ensinado. Dorothy tinha razão.

Procurei o número da diretora de admissões do Institut Paul Bocuse, Dorine Chabert, respirei fundo e liguei. Eu era um jornalista que havia trabalhado em cozinhas, falei, e queria frequentar o instituto de alguma forma, mas não sabia bem como, nem o que estudar. Ela poderia me receber?

Marcamos um encontro para a manhã seguinte. Deixei uma mensagem para Bob. Eu chegaria depois do almoço.

O INSTITUT fica em um "castelo" cheio de torres do fim do século XIX, em um parque arborizado perto de Écully, uma vila histórica seis quilômetros ao norte de Lyon. Madame Chabert pareceu feliz em me ver, mas declarou com franqueza que não fazia ideia de como me ajudar. Na época, a escola oferecia um curso de três anos para cerca de trezentos estudantes. Embora jornalistas visitantes não fossem novidade para eles — havia um vestiário para a imprensa (não é permitido entrar na *zone culinaire* antes de vestir um jaleco de papel, botas sanitárias e uma touca de banho apertada) —, o *institut* não tinha experiência com alguém que fosse ao mesmo tempo cozinheiro e jornalista. Ou, para ser mais preciso — e meu erro provavelmente foi ser muito preciso —, o instituto não tinha experiência com alguém que queria aprender a ser um cozinheiro para escrever sobre o que havia aprendido.

A certa altura, madame Chabert declarou: "*Des chaussures de sécurité!* Você não tem um par, tem? Você não é um cozinheiro de verdade sem elas".

São tamancos antiderrapantes e à prova d'água e de eletricidade usados pelos chefs que não servem para nada além de deixar você parado em um lugar e proteger seus pés. Por coincidência, considerando o caráter da reunião e na esperança de que ela pudesse incluir uma visita à cozinha, eu estava usando um par novo. Apontei para meus pés.

Madame Chabert não acreditou em mim e se levantou da cadeira para confirmar. Ficou impressionada. Em seguida, ficou agoniada. Ela nunca havia encontrado um escritor com *chaussures de sécurité*. Agora ela tinha um novo problema porque, àquela altura, queria muito ser prestativa, mas não sabia como.

"Rá!", ela declarou. "Vou ligar para o Alain." E "Alain", obviamente intrigado com a perspectiva da minha presença, a aprovou.

"Alain" era Alain Le Cossec, MOF, o chef executivo e diretor de artes culinárias do instituto. MOF vem de Meilleurs Ouvriers de France (Melhores Trabalhadores da França). Depois que se obtém a honra de estar entre eles (a cada quatro anos, uma competição nacional é realizada em diversas disciplinas, inclusive confeitaria e panificação), as iniciais MOF são vinculadas a seu nome, e seu pescoço fica para sempre adornado pelas cores da bandeira francesa em vez de uma gola normal. A bandeira diz a todos que você é o cão alfa mais barra-pesada da matilha e pode acabar com a raça de qualquer um na cozinha. (MOF, em francês, lembra muito o som de um latido.)

A rotina normal dos estudantes era uma semana na cozinha, seguida por uma semana de teoria em sala de aula. Com a "bênção de Alain", madame Chabert inventou um curso intensivo para mim, que consistia apenas no currículo de cozinha e significava que eu poderia entrar em qualquer aula de culinária que estivesse sendo ministrada em qualquer nível, o que, naquele momento, por acaso era um período de uma semana no Saisons, o restaurante gastronômico da escola.

"Normalmente você não começa no Saisons. É preciso conquistar seu lugar", madame Chabert disse. "E vai ser com a turma do primeiro ano." Ela olhou o calendário. "E você vai estar lá para o jantar do Dia dos Namorados. O jantar do Dia dos Namorados do chef Le Cossec é reservado com um ano de antecedência. Podemos marcar?"

Se podemos marcar? Sim! Eu estava prestes a entrar na minha primeira cozinha de restaurante desde que havia chegado à França.

Assinei um contrato, concordando em pagar a mensalidade com base no número de aulas (uma semana no Saisons custava mil euros), recebi um armário ("Nunca chegue com as roupas com que vai cozinhar"), um glossário de cinco páginas intitulado *Vocabulaire professionnel de cuisine et pâtisserie* ("As palavras que você precisa saber *antes* da sua primeira aula", madame Chabert disse) e o livro da escola, *La Cuisine de référence*, uma brochura de capa mole em formato grande, com 1040 páginas (35 euros). "A bíblia", ela disse.

Eu começaria na segunda-feira seguinte. Precisava avisar Bob.

Bob, pensei enquanto voltava à cidade, tinha me apresentado a uma Lyon que nenhum guia teria me mostrado.

Aprendi sobre suas sociedades de comida. Aprendi que *havia* sociedades de comida, uma proliferação delas: uma para os verdadeiros (*les véritables*) donos de *bouchon*; outra para os verdadeiros comedores de *bouchon*. Uma para os verdadeiros (*les vrais*) bistrôs, outra para as versões modernas deles. Havia a Sociedade dos Oito, que, pela designação de seus membros (Le Fleurie era um), incluía os oito restaurantes mais bacanas e descolados e filosoficamente sem frescura de Lyon. Sua contraparte era o Club de Gueules (que pode ser traduzido como Clube de Glutões), uma mesa redonda de chefs e clientes de restaurantes que se reuniam para comer e beber com uma abundância resoluta. Três sociedades se dedicavam a realizar um verdadeiro *mâchon* (cujos membros se reuniam de manhãzinha e bebiam até o anoitecer). E havia sociedades sérias de gente grande, como Les Toques Blanches — batizada em homenagem aos toques brancos altos —, cujos membros eram os mais grandiosos dentre os grandiosos chefs da região.

Através de Bob, comecei a ver Lyon a partir de dentro, como os lioneses a viam. Agora, quando eu atravessava a cidade, encontrava pessoas que conhecia. Era acolhedor. Eu estava começando a me sentir em casa.

Agora eu estava prestes a pedir demissão. Entrei na *boulangerie*.

"*Bonjour*, Bill."

"*Bonjour*, Bob. Bob, decidi ir para a escola de culinária."

Não dava para ser menos direto?

Ele estava atrás do balcão. Eu estava onde os clientes entram. Ele deu um passo para trás como se tivesse perdido o equilíbrio. Sussurrou: "Sabia que era bom demais para ser verdade".

O que eu tinha acabado de fazer? Rapidamente tentei explicar que eu precisava aprender primeiro as habilidades da cozinha...

"Claro."

... e que voltaria em breve. Se ele me quisesse. Que havia muito mais que eu queria aprender com ele. "Como seu toque. A maneira como você faz pão sem deixar as impressões digitais, essa leveza..."

O ar parecia estar saindo de seu corpo bem diante dos meus olhos. Seus ombros se curvaram. Ele era apenas um padeiro, sua postura dizia. Ele era Bob. Apenas Bob.

"Você foi aceito no Institut Bocuse", ele disse. Em Lyon, não existe outra escola de culinária. Na França (praticamente) não existe outra escola de culinária.

"Fui aceito."

Bob assobiou.

"Mas eu vou voltar."

Ele não acreditava em mim.

Ficamos parados. Seu olhar então se perdeu atrás de mim. Ele parecia estar pensando.

"No Institut Bocuse, você vai aprender *la grande cuisine*", ele disse, incisivo, com energia, como um soco na mesa.

"Não sei."

"Claro que vai. É o Bocuse." Ele parecia empolgado. "Talvez, pela primeira vez na vida, vou comer uma refeição grandiosa e gostar. Você vai preparar para mim alguma coisa do repertório da *grande cuisine*. Vai ser como Bocuse, só que sem todo o Bocuse."

"Claro que vou."

Ele sorriu. "Vou comer uma refeição grandiosa, vou comer uma refeição grandiosa, uma refeição grandiosa, uma refeição grandiosa."

No domingo à noite, arrumei minhas roupas — o casaco de chef, a calça de cozinha e o avental. Eu não tinha um toque, o que me preocupava, mas receberia um quando chegasse. (Hoje ele é feito de papel, aberto na parte de cima — um traço curioso, como se quisesse se passar por um chapéu; de todo modo, não é algo para se usar na rua quando chove.) Eu também não tinha um pano de prato, o que não me preocupava, porque toda cozinha tem pilhas de panos de prato.

III. Formação de Paul Bocuse

A senhora não gosta de cozinhar porque é uma tarefa tediosa; repetida incessantemente; indigna de sua inteligência [...] Permita-me discordar. O senhor esquece que a cozinha é a antecâmara da felicidade? Cozinhar é uma arte; satisfaz a psique, atiçando nossos sentidos; não é algo indigno da senhora. É exatamente como a pintura ou a música [...]. Cozinhar do modo como a senhora entende não existe mais: tornou-se a Arte da Gastronomia.
Mas é apropriado que eu, um homem da ciência, um fisiologista, lhe ensine uma arte? Sim, visto que na base de toda arte está a ciência. E é a ciência que se ensina para que uma Arte possa ser compreendida. Para entender a música, estuda-se física na forma de escalas, harmonia, contraponto. Para entender o desenho, estuda-se perspectiva, anatomia. Para entender a Arte da Gastronomia, uma pessoa instruída deve aprender a ciência em que essa Arte se baseia.
Para essa ciência, propus o nome "Gastrotechnique". É algo simples que consiste na aplicação de seis princípios elementares da física e da química que já lhe são conhecidos:

Ferver
Fritar
Grelhar e assar
Ensopar
Dar liga com amido
Dar liga com gema de ovo.
    Édouard de Pomiane, *Vingt plats qui donnent la goutte*
                             [Vinte pratos que dão gota], 1938

O Saisons era um restaurante listado no *Guia Michelin*, muito querido pelos gastrônomos lioneses bem informados e considerado por eles como seu segredo culinário. Não havia nada naquela comida que parecesse minimamente "feito por estudantes". O chef Le Cossec protegia a reputação do restaurante e supervisionava todos os pratos servidos. Ele estava na casa dos cinquenta, era alto, magro, com um sorriso infantil e uma lacuna igualmente infantil entre os dois dentes da frente. Tinha o cabelo grisalho e liso cortado no estilo pajem, com franja na testa. Parecia um monge, e seus modos eram mais os de uma borboleta que os de um cão de guarda. Seus passos eram tão peculiarmente leves que quase nunca se ouvia quando ele entrava em algum lugar. O efeito disso era que, como o chef Le Cossec estava no comando e circulava pelos ambientes com total liberdade, ele parecia fugazmente onipresente. Estava quase sempre rindo, o que era uma qualidade peculiar em um mandachuva. O chef Le Cossec era responsável pelo que se poderia chamar de "graça culinária". Era fácil gostar dele. Ou talvez ele fosse apenas o "cara bacana".

Seu colega, o chef Thomas Lemaire, supervisionava os estudantes e era responsável pelas aulas de rigor culinário. Tinha 31 anos, uma aparência muito madura — rosto quadrado, óculos, sério, lábios finos e sisudos — e seu carisma em sala era o de um inspetor fiscal rancoroso. Suas primeiras palavras para mim diziam respeito a um botão.

"O de cima. Está desabotoado."

Ele olhou para minha virilha. "Seu *torchon*" (a palavra francesa para "pano de prato"). "Cadê?"

O uniforme regulamentar, me informaram, incluía um avental amarrado por um cinto de algodão, com o pano de prato enfiado embaixo dele, caindo sobre o quadril direito. Está sempre no quadril direito, para que você saiba onde encontrá-lo.

Nunca, eu logo descobriria, se usa o pano por suas características normais de pano; mas, quando finalmente comprei um estoque deles para mim, não pude evitar fazê-lo, já que se tratava, *sim*, de um pano, e meus dedos ficavam, *sim*, úmidos e engordurados ao longo da preparação da comida, e, quando eu pensava que ninguém estava olhando, admito que baixava a mão e dava uma secadinha nele. (Na realidade, havia, *sim*, alguém olhando: Lemaire, que, tendo me identificado como um potencial nefasto abusador de panos de prato, vinha esperando por esse momento, quando então eu era repreendido categoricamente.) Em vez disso, ele é usado por suas qualidades de *luva de cozinha*, muito embora um pano *não* seja uma luva e não tenha nenhuma de suas características, ele é apenas um retângulo de algodão muito absorvente (e existe apenas um tipo de *torchon*, o *torchon* do regulamento, que tem duas listras vermelho-claras ao longo de seu comprimento e é tão fino que, depois de lavagens repetidas, tende à transparência).

Aliás, a qualquer momento pode surgir uma situação em que seu pano será insuficiente, uma vez que continua *não* sendo uma luva e você vai precisar juntá-lo com o pano de outra pessoa com urgência, dizendo: "Quente, rápido, você, *seu torchon, por favor!*".

Uma vez, pus dois panos dobrados embaixo do cinto, sobre o quadril direito, uma decisão óbvia e elementar, pensei. Afinal, por que, quando se está curvado diante da porta de um forno, você deveria gritar para a cozinha inteira atrás de você, na esperança de que alguém apareça e milagrosamente lhe traga um pano antes de você se queimar?

Lemaire viu minha transgressão dos dois panos. Apontou e bufou. Nenhuma palavra, apenas um pio agudo de escárnio. Me senti como se tivesse sido pego tentando arrombar um lava-rápido.

Em outra ocasião, fui pego mergulhando batatas em uma massa de ovos *com as mãos*. Eu não fazia ideia de que se tratava de um crime tão escandaloso. Na Itália, você suja as mãos e se orgulha disso — é uma forma de estar em contato com a alma da comida. (Ou algo assim. Vai saber. Talvez seja só falta de panos.) Na França, usam-se duas colheres. Devo admitir que é mais higiênico e, depois, você não precisa ir atrás de um recipiente de água para lavar as mãos. (E, óbvio, não precisa usar seu pano.)

Eu tinha uma parceira de cozinha, uma mulher de dezenove anos chamada Marjorie, que era a segunda aluna mais silenciosa do *institut*. (A mais silenciosa era sua melhor amiga, Hortense. Nos meus três meses lá, não ouvi a voz dela em nenhum momento.) Certa manhã, Marjorie, puxando conversa, me perguntou (com sua voz quase inaudível) por que eu estava lá. Comecei dizendo que já havia trabalhado em Chianti. Minha intenção era dizer que, depois de aprender a culinária do norte da Itália, eu agora queria aprender a culinária de Lyon.

Ela nunca tinha ouvido falar de Chianti.

Eu disse *"Toscane"*. Disse mais alto (talvez alto demais), para compensar a suavidade da voz dela.

Ela nunca tinha ouvido falar da *Toscane*. Tentei "*Toscano*". Tentei "Toscana". Pontuei com "Florença". Dei a entender que eu havia trabalhado em Florença, o que não era verdade, mas não importava; além do mais, eu ainda não tinha respondido à pergunta dela.

Lemaire sabia onde ficava a *Toscane*. Conhecia a palavra "Chianti". Fiquei pensando se, aos olhos dele, eu havia me apresentado como um especialista em Itália. O escritor sabichão especialista em Itália.

Depois, Lemaire pediu que Marjorie e eu o ajudássemos com seu "canelone", que seria enrolado em torno de bochechas bovinas assadas. O problema eram as lâminas de massa. Elas ficavam grudando. Lemaire havia acrescentado azeite de oliva na água em que a massa ferveu, para que não grudasse. Ele nos deu pinças. As lâminas estavam cozidas demais nas beiradas, empapadas no meio e todas gosmentas de azeite de oliva. Não dava para separá-las sem rasgar.

"Você deve presumir que eu sei cozinhar massa", Lemaire me disse. Por que ele queria que eu soubesse que ele sabia cozinhar massa?

"Claro", eu disse.

"Os italianos", ele acrescentou, "não são o único povo que faz massa, sabe."

Concordei.

"Os franceses também fazem ravióli."

"Sim", eu disse.

"*Ravioles*. Eles os inventaram."

"Mas é uma palavra tão italiana", eu disse, sem conseguir me conter.

Ele me corrigiu. "Não, os franceses inventaram os *ravioles*."

Então fiquei pensando se seria um teste (e mais uma aula de rigor de Lemaire), nunca discordar de um chef.

"Claro", eu disse. Lembrei da discussão entre nossos vizinhos de porta. Por que a ideia da Itália punha os franceses na defensiva?

No intervalo entre o almoço e o jantar, peguei um ônibus para voltar à cidade. Tinham me falado que só havia um lugar onde eu podia comprar os *torchons* do regulamento, com duas listras vermelhas: em Bragard, do outro lado de Lyon. Bragard também era *o* lugar para eu melhorar meu guarda-roupa de cozinha, o qual, claramente, exigia minha atenção. Peguei os meninos no caminho. Um chef já estava no meio de uma compra quando chegamos, aos poucos reaparelhando sua equipe inteira. Esperamos. Em questão de segundos, os meninos ficaram entediados. Em menos de um minuto, estavam largados no chão.

Quando chegou a minha vez, pedi uma dezena de *torchons*. Mencionei de passagem que estava no Institut Bocuse, mas que não era aluno. A atitude da gerente mudou. Ela insistiu que eu experimentasse o casaco de chef oficial do *institut* ("o que Paul Bocuse usa"). Era um casaco trespassado com botões de pressão em vez da linha maciça de botões convencionais. Era suave, tinha o mesmo número de fios de um lençol caro, embora fosse um pouco rígido, e surpreendentemente confortável. Os casacos de chef, especialmente os trespassados promovidos no começo do século XIX pelo célebre empresário culinário Antonin Carême (que costuma ser considerado o pai da vestimenta de cozinha francesa), são maravilhosamente contraditórios: pesados e resistentes ao fogo, mas de um branco tão imaculado que chega a ser agressivo (como a pureza), com a premissa de que nunca acabarão sujos. Nesse eu toquei e jurei: prometo, meu caro casaco, que jamais deixarei nada respingar em você.

Amarrei um avental branco de seda na cintura, o modelo de luxo, do tipo que rodeia as pernas e desce até o chão, coloquei um pano passado sobre o cinto e o apertei com firmeza. A gerente, que, concluí então, deve ter pensado que eu era um chef ilustre vindo dos Estados Unidos (minha barba grisalha, minha careca brilhante, minha evidente falta de jovialidade), subiu em um banquinho e colocou um toque na minha cabeça. Acrescentou um lenço de cozinha no pescoço e o amarrou na frente. ("O lenço eu dou de graça e insisto que use. Você está elegante demais.") Cruzei os braços. Eu era um gigante de branco.

O efeito nos meninos de três anos foi imediato. Eles se levantaram e falaram "uau". Admito: eu estava torcendo para que eles falassem "uau". Por isso eu fui buscá-los antes, para compartilhar o teatro de me vestir com as roupas brancas de chef.

Chamei um táxi — a essa altura estava completamente atrasado —, deixei os meninos em casa e segui meu caminho de volta ao instituto. Quando cheguei à cozinha, Lemaire já estava tão agoniado com a leva de "canelones" da tarde (e talvez tão envergonhado de ser encontrado ali) que não me repreendeu. Dessa vez ele devia ter percebido que tinha colocado azeite de oliva demais, mas pelo menos teve a previdência de cozinhar massa em excesso. Na tentativa de desgrudar os "canelones", a maioria ficou arruinada. O pequeno número que sobreviveu foi a quantidade exata para envolver as bochechas bovinas assadas.

O truque, aliás, não é azeite. É uma colher de pau. Para evitar que a massa grude? Mexa.

Um funcionário apareceu e falou comigo: "O chef Le Cossec quer ver você".

Eu tinha sido convidado para o jantar. À mesa, nós dois — sozinhos em uma sala de jantar, servidos por dois garçons —

comemos uma refeição de três pratos. Um sommelier servia vinho com um decanter. Tinto da Borgonha. O *plat principal* era pato com molho de cerejas vermelhas. Eu sentia como se tivesse sido convidado aos aposentos particulares do capitão de um navio. Imaginei a refeição que minha mulher estava tendo com nossos filhos na nossa mesa bamba da cozinha: um prato de *nuggets de poulet* aquecidos no micro-ondas. Depois lembrei de um amigo que, ao saber que eu tinha vindo a Lyon para aprender culinária francesa, me escrevera — "... imagino você levando uma surra de todos esses malditos franceses". Mais cedo, na sala onde ficavam nossos armários, eu tinha escutado uma mensagem deixada pelo assistente de Daniel Boulud: "O chef quer que você saiba que ninguém nos Estados Unidos está fazendo o que você está fazendo, é muito barra-pesada".

Minha taça foi enchida outra vez.

Le Cossec estava curioso. O que eu queria?

"Aprender as habilidades de um chef. Não tenho nenhuma ilusão de me tornar um *grand chef*."

Eu havia aprendido a diferença. *Grand* significa "grande", como quando se diz um "grande jogador de basquete". Mas *grand* combinado com *chef* tem um sentido todo próprio. Foi inventado por (ele de novo) Carême. Ele também foi um dos primeiros a descrever a culinária como uma arte. (As aulas de culinária no Institut Bocuse são descritas como instruções em *"les arts culinaires"*.)

Na realidade, *grand chef* é um título como não existe em nenhum outro país, porque nenhum país atribui um prestígio tão elevado à pessoa que cozinha o jantar. Não temos a mesma coisa no inglês. Se você for doido a ponto de dizer às pessoas que sua aspiração é ser um grande chef — como em "Estudo no Institut Paul Bocuse para me tornar *un grand chef*" —, você será visto como alguém ingênuo e iludido. Mas muitos estudantes do *institut* tinham exatamente essa ambição. Eles queriam ser Marc

Veyrat. Queriam ser Paul Bocuse. Por quê? Não sei. Uma reverência a jantares consagrada pelo tempo e inculcada no fundo do ser? Por qualquer que seja o motivo, ali está o coração do espírito francês.

Mas, para o resto de nós, havia a culinária francesa, que queríamos aprender a fazer, e isso já era bastante coisa.

Certa manhã, eu estava afiando uma faca, passando-a para cima e para baixo em uma barra de aço.

Le Cossec me interrompeu. "Sim, você pode começar com a lâmina plana, mas termine em um ângulo, movendo-a para cima e para baixo suavemente, como uma brisa." (*Comme une brise.*) O ângulo afia a lâmina. Quando encostei nela, senti a fragilidade do gume e seu perigo.

Pedi para preparar os filés.

"*Regarde*", ele disse.

Ele pôs uma frigideira no fogo, esperou e confirmou a temperatura colocando a mão um pouco acima dela.

"Escute a manteiga."

Ele pôs uma colherada — "Não muito." Parou. "Está ouvindo? Ela está cantando." (*Il chante.*) O som era como um murmúrio abafado. "Você escuta esse canto um pouco antes de colocar os ovos para uma omelete. Escuta um pouco antes de colocar a carne na frigideira." Se estiver quente demais, a manteiga solta fumaça e queima. Fria demais, a proteína gruda na superfície. Ele se inclinou sobre a frigideira, com o ouvido perto da manteiga. "Você quer que ela cante."

E deixou a manteiga ali.

Ela continuou sua melodia suave — a temperatura quente, mas não quente demais — até espumar.

"Isso é uma musse."

Ele agitou a frigideira. Baixou o fogo. Esperou. A manteiga mudou de cor. "Esse é o *beurre noisette*." A manteiga marrom. Ele jogou fora a manteiga da frigideira e recomeçou. Pôs a manteiga, ela cantou, ele acrescentou o filé. A carne tinha sido amarrada com um barbante entrecruzado, para manter seu formato, e parecia um pequeno embrulho. Ele acrescentou mais manteiga. Ela derreteu rápido, e com uma colher ele a jogou sobre a carne.

"Isso é *rissoler*."

Rissoler significa cozinhar um ingrediente em uma quantidade pequena de líquido, normalmente gordura. A técnica é um item do *vocabulaire culinaire*. Na prática, envolve muitas colheradas. Você cozinha um ingrediente por baixo pelo calor direto (em uma frigideira; salteando-o) e por cima, indiretamente, cobrindo-o com gordura. Quando o ingrediente começa a dourar (*colorer*), você o vira. Essa técnica é vista em cozinhas francesas, em filmes e em uma paródia: alguém inclinando uma frigideira, acumulando o líquido quente na borda, pegando-o freneticamente com uma colher.

Le Cossec corrigiu minha postura. "Fique ereto e faça movimentos pequenos e calculados. Seja gentil com seu corpo enquanto cozinha."

Ele me mostrou como finalizar o *rösti*, a preparação das montanhas suíças que deixa as batatas com uma versão fina crocante. É cozido em uma grande frigideira retangular até um lado ficar dourado e crocante. Existe apenas uma forma de virar o *rösti*: num arremesso rápido para o alto.

"Imagine o *rösti* caindo do outro lado. Não pense em mais nada."

"Un. Deux. Trois."

Joguei o *rösti* no ar. A batata voou. ("Eita!") Caiu. Fiquei surpreso. Le Cossec não.

Para o jantar do Dia dos Namorados, ele pegou dois fígados de ganso e vestiu um par de luvas para remover as veias deles.

Perguntei se podia fazer um.

"Sério? Já tirou as veias de um fígado?" Ele pareceu perplexo.

"Não."

Ele me deu um par de luvas.

O fígado de ganso é de um marrom impressionante e pujante, e as veias são nodosas. Uma delas, comprida, corre de norte a sul. A outra, de leste a oeste. Elas se encontram em algum lugar no hemisfério norte do lóbulo.

Segui o exemplo de Le Cossec.

Ele mergulhou as mãos no fígado, sem hesitação, simplesmente sabia onde as veias se encontravam (e não há nada na superfície que diga a você onde perfurar), e as arrancou dali. Dava a impressão de ter sido feito com um bisturi. O fígado parecia intacto, exceto por um leve arranhão na superfície.

Uma inspiração rápida, uma mira aproximada e comecei a tatear com a ponta dos dedos.

Nada.

Vasculhei. (Idealmente você não quer ter de vasculhar.) O tecido era tão mole que chegava a espantar. Até que encontrei uma, apalpei, uma veia — era como um graveto na lama —, a peguei e puxei. O resto, tudo conectado, pareceu sair junto com ela. Eu sentia como se estivesse arrancando o encanamento subterrâneo de uma rua. Sucesso! Mas o fígado parecia dizimado. Era como se eu tivesse instalado um cano de esgoto.

A confusão da minha bagunça não teve importância. Foi uma lição sobre o comportamento da gordura — o fígado de ganso é predominantemente gordura — e sobre como, sob o calor, ela se restaura. Para o jantar do Dia dos Namorados, o foie foi envolto em massa folhada, e o resultado era delicado e suntuoso e, para dizer a verdade — nenhuma outra palavra parece adequada —, arrebatador. (Os demais itens do cardápio eram um *carrelet* — linguado — servido com um molho feito à base do líquido em que ele era escaldado; galinha-d'angola, filé-mignon, e um repolho *embeurrée*, feito com manteiga e porco, e... sim, mais foie gras. Não era uma cozinha fácil para quem já chegava com fome.)

 Na confeitaria, me falaram: "água — essencial para a fruta, mas inimiga dela na cozinha". Para lavar um morango; nunca encharque e sempre use duas tigelas (coloque e tire rapidamente de uma para lavar, coloque e tire rapidamente da outra para enxaguar). "A água dilui o sabor. Na cozinha, você quer intensificar o sabor."
 Me falaram: "ar — essencial para a vida, inimigo da conservação". Tudo é armazenado em "contato", com um pedaço de filme plástico em cima, o ar sugado para fora.
 Me falaram das três vidas da baunilha: fresca (primeiro uso) para intensidade; seca (segundo uso) para ensopados e infusões; depois, ressecada (terceiro uso) para ser armazenada com açúcar.
 O ovo: nunca quebrado na borda, apenas em uma superfície plana, uma vez com força, para não ser contaminado pela casca, o que é anti-higiênico.
 Fui corrigido sobre como mexer ("de baixo para cima, em movimentos circulares, limpando as laterais ao longo do processo"), o que eu imaginava que todos sabiam, mas que eu nunca conseguia fazer do jeito certo. Fui corrigido sobre como bater com o batedor ("punho mole, em forma de oito, acertando quatro pontos da tigela como se ela tivesse cantos"), algo que eu não sabia e que é ao mesmo tempo eficiente e surpreendentemente rápido (dá para atingir velocidades emocionantes).
 Aprendi todas as confeitarias e, com meus colegas, eu as fiz em quantidades compatíveis com o horário de almoço de um

corpo estudantil (por exemplo, 350 *tarts* de chocolate). Minha favorita, sem dúvida, era a *pâte feuilletée* ("massa folhada" em português, *puff pastry* em inglês). Todos esses termos descrevem a preparação (grandes quantidades de manteiga envoltas em uma pequena quantidade de massa estendida e dobrada inúmeras vezes em diversas direções) com uma especificidade física impressionante. *Pâte feuilletée* descreve a massa antes de ela ir ao forno. *Feuilleter* pode significar "folhear" e, se você cortar a massa crua firmemente com uma faca afiada, ela terá a aparência de páginas cortadas de um romance antigo. *Puff pastry** parece uma tradução ruim, mas descreve bem o que você está comendo. No forno quente, a massa incha: a manteiga derrete, a água evapora, e essa evaporação cria bolhas quentes entre as camadas de massa. E o que deveria ser uma das comidas mais pesadas do mundo parece na boca uma das mais leves. Para mim, o termo inglês *puff pastry* captura sua contradição crocante e etérea — se cozida à perfeição, se a gordura for derretida totalmente — e, sob o risco de eu ser eternamente censurado pelo Institut Bocuse, é esse o termo que usarei neste livro, e recomendo que os franceses o adotem.

Em suma, as massas folhadas são um grande estouro!

A confeitaria se baseia em regras. A cozinha francesa se baseia em regras: sempre houve um jeito de fazer, e apenas um (como aparar as protuberâncias das leguminosas — com as pontas dos dedos, nunca com uma faca). E eu gostava das regras e de como elas nunca eram questionadas. Correção: eu amava as regras.

Eu gostava de como meus dias começavam, e agora eles incluíam um ferro de passar roupa que eu havia comprado certa noite, ao voltar para casa, no Monoprix, a loja francesa que tem de tudo, depois que Le Cossec havia aparecido sem avisar e gri-

---

* Em inglês, *puff* significa sopro, ou o ato de inchar. *Puff pastry* é como se traduz massa folhada (N. E.).

tado do outro lado da cozinha onde eu estava trabalhando: "*Mais, Bill, regarde ta veste*" — seu casaco de chef! (E todos pararam e olharam para mim.) "Você está dormindo com ele?".

Agora eu acordava às seis da manhã e o passava. O casaco era pesado e as mangas precisavam de atenção redobrada. Eu passava o avental, uma faixa suntuosa de tecido branco, como se fosse uma peça de roupa formal extravagante. Passava os panos de algodão com duas listras vermelhas, todos os quatro, um por um. (Confesso que há um fascínio em um pano bem passado.) Dobrava tudo em uma pilha pequenina. A atividade levava meu cérebro a um lugar feliz que ele não conhecia: todos dormindo, a repetição, o chiado do vapor do ferro, uma xícara de café por perto, tendo apenas o dia pela frente em que pensar.

Pegava minhas facas, meus sapatos e saía antes das sete, com cuidado para não acordar os meninos, cujo quarto ficava ao lado da porta da frente.

Quando comecei no *institut*, as manhãs vinham sendo escuras, mas a cada dia o sol nascia um pouco mais cedo. Eu atravessava o Saône pela passarela, meu sapato ecoando nos sarrafos. Levava quatro minutos da minha porta até o ponto do ônibus 19. Trinta e cinco minutos depois, eu chegava a Écully: então era uma caminhada pela floresta, mais um café no bar e depois — bum — a intensidade rápida e focada do trabalho físico em uma cozinha francesa.

As turmas eram pequenas, não mais do que oito pessoas. Minha grade horária costumava incluir um grupo do segundo ano, começando por um período de trabalho num restaurante chamado F&B (infelizmente, uma abreviação de "Food and Beverage" [Comida e Bebida]), que ousava ser administrado pelos estudantes e aspirava a proporcionar um sofisticado almoço francês a todos — corpo docente, funcionários, amigos, visitantes, cerca de quatrocentas pessoas — em dois turnos.

A *ideia*: cada estudante era o chef por um dia, preparava um cardápio, encomendava os ingredientes, traçava os diagramas dos pratos e, criando uma *brigade* com seus colegas, executava a refeição. Os pratos incluíam terrine de legumes *en gelée*, salmão em massa folhada e confit de pato com um molho untuoso de vinho tinto feito com cinquenta quilos de carcaças de pato assadas por mim.

A *realidade*: os cardápios *nunca* funcionavam (nenhuma vez). Entre o princípio e a realidade, ficavam Paul Brendlen e Édouard Bernier. Brendlen consertava, Bernier colocava em prática. Nada era deixado ao deus-dará.

Brendlen, o chefão, era forte, atarracado, imbatível. Você sentia o estresse da cozinha dele no momento em que entrava: bum! Sete da manhã e todos, inclusive Brendlen, estavam suando e correndo. A rotina era inacreditável, havia ferimentos — um dedo cortado, uma mão, um braço — e Brendlen, irritado, impaciente, pegava o pedaço de anatomia mutilado, o examinava de passagem, o sangue pingando no chão, dava uma chacoalhada nele e fazia pouco-caso. Não era tão sério.

"*Oh, pas grave.*"

Alguém se queimou. A cozinha cheirava a pele tostada.

"*Pas grave.*"

Um garçom derrubava uma bandeja de comida, cerâmica quebrada por toda parte.

"*Pas grave.*"

José Augusto estava fazendo o almoço numa quarta-feira. Ele havia se afeiçoado a mim por seu amor (em grande parte clandestino) pela Itália. Augusto havia persuadido as autoridades a deixar que ele fosse à Itália fazer seu *stage*. (Todo estudante precisava fazer três *stages*, estágios, em restaurantes consagrados. Era uma parte essencial do currículo.) Augusto — ele ainda ficava embasbacado por ter conseguido — escolheu o Dal Pescatore, em Mântua. Seu menu no F&B, para a surpresa de ninguém, era italiano.

Para a entrada, ele planejou um prato de antepastos — legumes (corações de alcachofra, abobrinhas, cenouras), uma fatia de *prosciutto*, um pedaço de Parmigiano e um molho de azeite de oliva com vinagre balsâmico. Ele preparou um de antemão, um "modelo de demonstração", por assim dizer, e o serviu em um balcão para Brendlen e Bernier aprovarem.

Eles ficaram olhando, de braços cruzados. Brendlen virou a cabeça para o lado. "*C'est une catastrophe*", ele disse a Bernier. "O que vamos fazer?"

"Já passou das dez."

"*Oh là là.*"

Brendlen se dirigiu a Augusto. "A entrada é a primeira impressão do seu cliente. Não existe uma segunda chance de causar uma primeira impressão."

Bernier explicou: "Isso não é bom. Você ignorou os três princípios".

Os três princípios de um prato francês são *cor, volume* e *textura*. São as regras da apresentação. Se seu prato usa *cor* de maneira estratégica, *volume* (ou seja, tem altura) e *textura* (mistura macio e duro, ou suculento e crocante), ele vai agradar o freguês.

Dos três princípios, o prato de Augusto não tinha nenhum.

"*Regarde la couleur*", Brendlen disse.

Com exceção das cenouras, o prato era verde (abobrinha, fatias grossas cozidas em excesso) ou verde-cinzento (alcachofra) com um pouco de marrom desgarrado (*prosciutto*). Era como um quintal no fim de um verão bem quente.

"*Regarde les dimensions.*" O prato era plano. Não estava claro para mim de que modo seria possível encontrar uma terceira dimensão. Como ensinar uma fatia chata de abobrinha a ficar em pé?

"*Et la texture! José!*" Brendlen fez um som de mastigação, porque era tudo igual na boca, ou um pouco viscoso, ou macio e molenga.

Pensei: alguém não deveria ter conversado com Augusto antes de ele pedir quarenta quilos de abobrinha?

"Quanto tempo nós temos?", Brendlen perguntou.

"Uma hora."

Brendlen e Bernier continuaram analisando o prato, na esperança de afrancesá-lo.

Para a cor, Brendlen sugeriu esconder a alcachofra.

"Será uma surpresa, escondida, como o coração", Bernier disse.

Mas como?

"Pão?"

"Torrado?"

"Grelhado."

"Mas cortado fino, para quebrar quando você morder, e no formato oval", o que era a forma aproximada da alcachofra. Se depois você apoiasse a torrada na alcachofra, o prato ganharia o elemento altura (a torrada em pé) *e* uma textura nova (crocância grelhada).

Bernier sugeriu que havia potencial nas abobrinhas *verdes* e nas cenouras *laranja* — dessa vez cortadas em fatias finas em vez de grossas — e dispostas em semicírculo.

"Será que podemos fazer uma musse de abobrinha?", Brendlen refletiu. As possibilidades de texturas de uma cabaça não eram infinitas.

"Não temos tempo suficiente", Bernier disse.

Brendlen se virou para Augusto. "Por que você não fez uma musse? Qual é o seu problema?" Foi a última vez que se dirigiram a Augusto. O prato não era mais seu.

"Vamos cortar no sentido do comprimento com o cortador de carne."

"Bem fininhas", Bernier disse.

"Quase transparentes."

Cortadas dessa forma, elas podiam até aprender a ficar em pé. Ainda havia cerca de cinco quilos.

"Também tem o *prosciutto*", Bernier disse.

"Mais um problema."

O que fazer com uma fatia desengonçada de carne curada? Se está na Itália, você a coloca na boca com os dedos. Mas aqui você não faz coisas com os dedos.

Brendlen pegou um pedaço — com os dedos, diga-se de passagem — e o colocou na boca. "Gordura boa", disse. "Talvez dê para saltear com algumas cenouras, e o restante das abobrinhas *en brunoise*" (cortadas em cubinhos uniformes).

"E tomates. Um ragu de verão."

O tomate introduziu uma nova cor e ainda outra textura. Um ragu era diferente dos demais legumes; era cozido, e não viscoso, e podia ser colocado com uma colher sobre a torrada apoiada na alcachofra.

Em menos de noventa minutos, o prato foi reconcebido, reorganizado (com o Parmigiano esfarelado em cima) e arrumado nos pratos, ainda que o tempo fosse curto: os últimos cem estavam sendo finalizados, enquanto os primeiros duzentos eram servidos.

Contemplei o prato finalizado. Deu vontade de comer. Não era italiano. Parecia didaticamente francês ou, ao menos, um exemplo do que os franceses poderiam fazer com um prato de antepasto se um dia invadissem a Itália e assumissem o poder.

Refleti: será que a criatividade se expressa com mais facilidade em estruturas rigorosas?

No último dia nublado de inverno, andando do ponto de ônibus até a escola, notei flocos de neve e me perguntei quando a primavera chegaria. No dia seguinte, lavando minhas tigelas na despensa da cozinha de confeitaria, olhei para o terreno e vi narcisos, e o dia estava claro.

No primeiro dia da primavera, há um desfile na escola dos meninos, *un défilé*, para *la fête des pentes*. Uma pilha de folhas é incendiada, para afugentar o final do inverno, e as crianças, com fantasias feitas em casa, marcham pelo *quartier* — há barreiras ao longo da calçada, atrás das quais ficam os espectadores — e sobem nas *pentes*. As *pentes* são encostas íngremes que levam ao planalto do Croix-Rousse. Sobe-se nelas por degraus de pedra em zigue-zague construídos por monges há séculos. Depois, o desfile volta à praça perto da escola dos meninos, a Place Sathonay, para o almoço. Foi alegre e festivo, Jessica me disse, porque é óbvio que perdi. Eu estava fazendo profiteroles. Mas vi as fotos, e veria o desfile no ano seguinte: nossos filhos fantasiados de roseiras, usando toucas de lã para a manhã ainda muito fria de março e óculos de sol por causa da luz típica da primavera, cada um segurando a mão de outro aluno.

Alfredo Chávez, um aluno do terceiro ano vindo do México, queria conversar comigo sobre os Médici. Ele havia escrito um artigo para uma aula de teoria. O argumento era uma variação da tese de Catarina de Médici. Segundo Chávez, não foi Catarina quem influenciara a culinária francesa. Foi sua prima, Maria de Médici, que, 67 anos depois de Catarina chegar à França, tornou-

-se esposa de Henrique IV. Era uma abordagem diferente, mas tinha seu mérito.

Henrique IV, de Bearne, no coração do reino de Aragon nos Pireneus franceses e espanhóis, é mais conhecido por sua campanha para acabar com as guerras do século XVI entre católicos e protestantes e pelo fim abrupto de seu reinado de vinte anos, quando um fanático religioso lhe deu uma facada nas costelas. Em assuntos culinários, ficou famoso por seu amor pelo *pot-au-feu*, o que estimulou a aceitação de um prato simples — carnes cozidas em uma panela em fogo baixo — em mesas suntuosas e simples. (Os italianos, aliás, há muito alegam que o prato era deles — na Itália é chamado de *bollito misto* e, por coincidência, havia italianos nas muitas cozinhas de Henrique IV.) Henrique IV, "Le Béarn" como era conhecido, também pode ter inspirado a *sauce béarnaise* — ao menos no nome. Nas questões de amor, ele era notório por seu apetite sexual, por sua impressionante pontuação no programa de milhas de diversos bordéis e por suas muitas amantes, sustentadas com muito luxo. Maria de Médici, além de ser a segunda italiana a se casar com um rei francês, não foi tratada com simpatia pela história ("a filha de um banqueiro gordo", segundo uma amante), mas é fato que, assim como outros italianos antes dela, trouxe riqueza e alta cultura a uma França que ainda carecia de ambas as coisas.

O artigo de Chávez foi tratado com desprezo, considerado uma propaganda cultural irresponsável. Se ele propusesse essas ideias novamente, lhe disseram, seria expulso da escola.

"Expulso? Sério?"

"Sério", ele disse. Ele me mandou uma cópia. Parecia um texto de *samizdat*. "Mas não conte para ninguém."

Lyon sempre teve laços com a Itália — ao menos desde que os romanos a ocuparam, em 43 a.C., batizaram a cidade de Lugdunum e a dominaram — e foi um lar para colonos vindos da península italiana muito antes de haver uma "Itália" com fronteiras modernas estabelecidas. Até o fim do século XVI, as cidades ainda eram mais importantes do que os Estados, e Lyon estava entre as mais influentes do continente, situada na confluência de dois grandes rios e entre a Europa Setentrional e a Meridional e as capitais orientais e ocidentais de comércio. (O conceito vago de França, como era definido na época, terminava na margem do Saône.)

Não havia como negar que os italianos eram, na Lyon dos séculos XV e XVI, muito importantes. Famílias italianas ricas não apenas lucravam com as *foires*, as feiras de mercadorias realizadas ao longo de duas semanas mais ou menos a cada três meses em um feriado religioso: eles praticamente as criaram. Também abriram o primeiro banco da França, desenvolveram um centro para emprestar capital e trocar moedas, criaram a primeira bolsa de valores, e o sucesso e a influência mundana deles se tornaram a tal ponto notáveis que, temendo o ressentimento e a retaliação local, eles parecem ter mudado seus sobrenomes italianos para que soassem franceses. (A família Gadagne, uma das mais proeminentes de Lyon, era composta de exilados florentinos; seu verdadeiro nome era Guadagni, que, por uma coincidência da história, deriva do verbo italiano *guadagnare* — que significa "ganhar" no sentido de "embolsar". Thomas Gadagne, o homem mais rico de Lyon, era mais rico do que o rei, que lhe devia muito dinheiro.)

A sede das operações bancárias italianas, um edifício majestoso com colunas romanas em uma praça aberta (Place du Change), ainda está de pé, assim como as casas dos próprios italianos, vilas muradas com pátios, arcos, estátuas e outros floreios do então florescente Renascimento. Visto das montanhas, com seus telhados de terracota ali embaixo, o *quartier* Vieux Lyon (a Velha Lyon), poderia ser confundido com Florença.

Inclusive, foi em Lyon que Maria de Médici conheceu Henrique IV. (Ele faltou ao próprio casamento em Florença, que foi conduzido por um representante.) E, inclusive, o "segundo casamento" deles foi ministrado em Lyon. E Maria de Médici era uma generosa patrona da cultura, que, como muitos italianos na França, sentia falta da comida de sua terra natal e, por acaso, também empregava chefs italianos em suas cozinhas.

Lyon, eu estava começando a acreditar, era realmente onde se podiam encontrar evidências da influência italiana na culinária francesa, se é que essa influência realmente existiu. Será que existiu? Eu não sabia. E, de qualquer forma, tinha sido muito tempo atrás. O intrigante era a atitude defensiva e excêntrica que eu vivia presenciando, o que parecia revelar um chauvinismo e... o quê? Medo, talvez? Eles realmente expulsariam um estudante por pesquisar a influência de uma rainha Médici? Havia *tanto* em jogo assim? Um professor seria tão ingênuo a ponto de acreditar que os franceses haviam inventado o ravióli? Talvez fosse apenas um ressentimento duradouro: afinal, como a culinária italiana, que não passa de uma comida rústica de camponeses, poderia ter algo a ver com a culinária francesa, que é a civilização em si?

Eu estava na *Zone Culinaire*, assistindo a uma aula através de uma divisória de vidro. Eles estavam sendo avaliados. Eu não tinha sido avaliado de verdade. Aparentemente, isso não fazia parte do programa que madame Chabert havia elaborado para mim.

Eram os estudantes do primeiro ano, e os reconheci como aqueles com quem eu havia cozinhado, inclusive a tímida Marjorie e a silenciosa Hortense. Eles estavam fazendo omeletes.

Um estudante apresentou sua omelete. O instrutor deu uma cutucada e fez um não com a cabeça. Nem se deu ao trabalho de experimentar; jogou direto no lixo. Uma omelete deve ser macia no centro, suave ao toque. Deve ser como um travesseiro. Aquela era dura.

Um membro do corpo docente, Hervé Raphanel, se juntou a mim. Eu já tinha sido apresentado a ele. Ele ficou assistindo comigo.

A omelete do estudante seguinte era grande demais: grande no sentido de volumosa demais. O instrutor o censurou. Era como assistir a um filme sem som. Os gestos diziam: "Por que você usou um batedor?". *Un fouet.* "Falei para usar um garfo."

A aula era sobre a cozinha básica. Um batedor aera a proteína. É o que se usa para fazer um suflê ou merengue. A omelete ganha maciez sendo misturada, não batida. As claras do ovo devem ficar calminhas e pequeninas.

A omelete foi jogada fora.

"Quantos anos você acha que esses alunos podem ter?", Raphanel perguntou.

"Na verdade, eu sei", respondi. "A maioria tem dezenove. Dois devem ter uns vinte." Era uma turma excepcionalmente jovem. Metade dos estudantes do *institut* vinha de fora e, em sua maioria, eram mais velhos, pessoas mudando de carreira.

"Exatamente", Raphanel disse. "Eles têm vinte anos. Quando eu tinha vinte, já havia ganhado minha primeira estrela Michelin." Ele refletiu. "E eles vão ter 22 quando se formarem? Com essa idade eu já tinha minha segunda estrela Michelin." O tom não era de arrogância. Era exasperado.

Outra estudante apresentou sua omelete. Estava escorrendo demais; estava vazando pelas laterais. O instrutor voltou a encenar como apertar o dorso do garfo sobre os ovos na frigideira. Quando os dentes deixam uma marca, sua omelete está pronta para ser enrolada. Não antes. O instrutor balançou o dedo de um lado para o outro — não, não.

"Olhe como aqueles estudantes estão posicionados. Eles ficam muito longe da comida, mexendo nela a um braço de distância. Cadê o amor?" *L'amour — où est-il?* Raphanel suspirou. "Eles deveriam estar *respirando* os ingredientes." Ele fez como se estivesse enfiando a cara em um prato e *inspirando* os aromas. "Um chef precisa ser arrebatado por sua comida. Se eles não têm esse amor agora..."

No dia seguinte, eu soube de uma aula nova, e de provas — provas exigentes, provas diárias, haveria um dia inteiro delas no fim, eram uma parte essencial da aula. Eu queria fazer parte.

Willy Johnson estava falando disso no bar. Willy era o outro americano do *institut*. Meu chef de confeitaria costumava sair rápido para o corredor e chamar Willy sempre que eu fazia alguma coisa que o chef atribuía ao fato de eu não entender seu francês. Willy tinha 29 anos, cabelo claro, o rosto um pouco sardento, com um certo ar de surfista da Costa Oeste dos Estados Unidos. Falava um bom francês e estava trabalhando como chef particular nas casas ricas das colinas acima de Lyon.

"A aula", Willy disse, "é peixe." Só isso. "Peixe." Ela já tinha sido dada em janeiro. "É brutal. Também é a aula mais cara da escola — 3 mil dólares. Usa mais peixes do que você já viu na vida. Não tem nenhum professor assistente."

E o professor?

"Éric Cros, um fanático."

Eu o conhecia. Ele passava a impressão de viver num presente sem fim e estar sempre sem fôlego. Era exaustivo olhar para ele.

Eu o encontrei e perguntei se podia conversar com ele.

"Você tem cinco segundos", ele disse.

"Posso entrar na sua aula?"

"Pode."

PEIXE. Dois anos antes, Cros ensinava "gastronomia modernista", mas ficou espantado com os estudantes. Eles não sabiam o básico. Como ser experimental se você não sabe nem o básico? Ele deixou a culinária modernista de lado e começou uma aula nova. Peixe foi o caminho. Cros tinha uma missão. As técnicas consagradas pelo tempo não estavam mais sendo passadas adiante e corriam o risco de desaparecer: era um problema urgente.

Cros tinha cinco princípios que formavam uma filosofia.

1. É preciso aprender as coisas antigas antes de se arriscar em coisas novas.
2. É preciso aprender as coisas antigas para fazer as coisas novas.
3. As coisas antigas não são fáceis.
4. Você não é bom o bastante para ser criativo: nem pense nisso, ou você será punido.
5. Uma receita é apenas uma introdução. É o começo da sua relação com o prato. (Depois que Cros demonstrava uma delas — rapidamente, sem fôlego, falando tão depressa que parava para lavar o rosto a fim de se refrescar —, ele saía. Não queria ouvir as perguntas de ninguém. Podia demorar uma hora para voltar. Havia peixe de sobra. Se você errava, tentava de novo.)

"Você pode até tirar sarro dele", Willy me disse, "mas ele muda vidas. As pessoas que fazem o curso dele saem diferentes no final. Você não sabe a sorte de ter sido aceito."

Pensei: tenho amigos que pegariam um voo amanhã para Lyon e topariam gastar muito mais do que 3 mil euros para receber esse tipo de formação.

Pensei: foi por isso que vim à França.

O homem em si apresenta um aspecto surpreendentemente normal. Tem um físico robusto — ombros largos, braços fortes, talvez um pouco atarracado — e uma fisionomia familiar, mais irlandesa do que francesa: rosto quadrado, sobrancelhas grossas, nariz empinado. Ele provavelmente deve ter se entediado na escola, sido bom em esportes, jogado rúgbi. Devia ser amado pela mãe. Mas Cros não é normal. Ele é, nas palavras de um dos professores assistentes, "estragado pela comida". Ele tende à obsessão. Cros batendo papo? Impossível de imaginar. Nos corredores da escola, ele vivia de cabeça baixa, sem querer perder um minuto, correndo. Eu não conhecia ninguém que corresse para a aula. Ele era um maníaco.

Começamos preparando quinhentos robalos. Era um exercício de *mise-en-place*, uma expressão de cozinha que significa deixar tudo preparado antes de começar o serviço. Para o robalo, precisávamos de um saco plástico de lixo, uma tábua, duas travessas (uma para peles e vísceras, outra para espinhas), duas tesouras, um removedor de escamas, uma faca e pinças para arrancar as espinhas.

Com a faca, você não corta propriamente. Usa o dorso dela para descamar o peixe e a ponta para retirar os olhos ("Nunca leve à mesa um peixe que esteja encarando o cliente") e para inserir no ânus e dar um talho (com uma sacudidinha delicada) que vai até a barriga, tomando cuidado para não perfurar os intestinos. Para tirar a pele, você faz uma incisão logo abaixo da cauda, aperta com a lateral da lâmina e arranca a pele em um único movimento. (Eu adorava tirar a pele. Parecia tão rápido.)

Cros examinou meu trabalho. Eu havia finalizado quinze peixes; estavam enfileirados em cima da minha tábua, parecendo, admito, um tantinho surrados. O moço ao meu lado tinha feito trinta. Cros pegou um peixe.

"Sim", ele disse, "este está certo. Podemos servir." Pegou outro. "Mas este não." *Ce n'est pas correct.*

Olhei para o peixe. Não conseguia identificar a diferença.

"Você cortou um pedaço da barriga, não foi?" A barriga do robalo (que, para ser franco, não tem muito tecido) é coberta por um leque quase invisível de ossos filiformes; de fato, em vez de arrancá-los um por um, cortei a abertura toda.

"Não podemos servi-lo", Cros disse, e jogou o peixe no lixo.

Fiquei em choque. Você jogou meu peixe fora?

Ele pegou vários outros — "Esses também, *pas corrects*" — e os jogou fora. Eu acompanhava o voo deles para dentro da lixeira.

Ele parou, os braços cruzados diante do peito. "Por que você é tão devagar?"

"Não sei, chef."

Ele me observou por trás.

Peguei um peixe, cortei as barbatanas e o descamei. Cortei as guelras. Retirei a pele e peguei outro peixe.

"*Mon Dieu!* Você ainda está fazendo *isso* com a faca? Ninguém te ensinou?"

Pensei: o que exatamente estou fazendo com a faca? E o que quer que seja, sim, é óbvio que ainda estou fazendo *isso*, seja lá o que *isso* for, e é igualmente óbvio que ninguém me ensinou.

"Não, não, não", Cros disse. "Quando você começa com a faca, finaliza com ela. Ninguém nunca te falou isso?"

"Não", eu disse. Eu não ia ficar me desculpando. Foi por isso que vim à França.

"Você *nunca* solta a faca e depois a pega de novo." *Jamais*.

Desde então comecei a pensar naquela prática como "Técnica da Faca de Linha de Montagem". O que eu deveria ter feito era me organizar como uma espécie de fábrica de uma pessoa só: cortar *todas* as barbatanas e guelras de *todos* os peixes na minha primeira estação de tesoura pesada; descamar todos na estação seguinte; e empilhá-los até o último peixe ser finalizado: depois (e apenas depois) pegar a faca. Destripar todos; cortar a cabeça de todos; tirar a pele de todos; desossar todos. Então (e só então) soltar a faca. Os ganhos de eficiência com essa técnica eram evidentes para toda a humanidade, ainda que não fossem para mim, o que incluía o óbvio: se você faz a mesma coisa trinta vezes, vai ser muito mais rápido a partir da terceira do que foi na primeira e, lá pela trigésima, estará fazendo aquilo com a velocidade automática de um mágico.

Só pegue a faca quando souber que não vai precisar soltá-la. Havia muita simplicidade nessa instrução: será que ela mudaria minha vida para sempre?

Então veio a minha primeira prova.

A tarefa: escalfar um peixe em caldo de legumes, cozinhar lascas de legumes vagarosamente no líquido de escalfamento, fazer um molho com esse líquido e cozinhar batatas no vapor à inglesa (*à l'anglaise*).

O procedimento tinha sido demonstrado. O peixe era um *colin*. Na morfologia de peixes, um *colin* está na categoria "redondo com dois filés". É branco e carnudo e, segundo meu dicionário, chamado de "coalfish" na Inglaterra e "pollack" nos Estados Unidos [em português, é conhecido como escamudo]. Eu não me lembrava de ter comido um e com certeza nunca havia *ébarbado, écaillado, dépouillado, éviscérado* ou desossado um (os peixes têm seu próprio vocabulário culinário). Para mim, portanto, um *colin* é e sempre será um *colin* (o que quer que seja isso). O molho era um *beurre Nantais* — molho de manteiga e creme de leite no estilo típico de Nantes. Digo isso como se eu soubesse onde fica Nantes e por que alguém batizaria um molho em homenagem à cidade. A única coisa que eu sabia sobre o molho *Nantais* é que ele era diferente do *Bercy*, que não leva creme de leite.

Apresentei meu prato. Eu não o havia provado. Estava dois minutos atrasado. Estava frenético.

Cros começou pelas batatas. Eu tinha feito três. Ele deu uma mordida em cada uma.

"Esta está correta", ele disse. "A outras estão cruas."

Experimentou o peixe. "Cozinhou demais."

Pegou uma seleção dos legumes cozidos (uma cenoura, um alho-poró e um galho de salsão) e os avaliou, pousados nos dentes do garfo.

"O tamanho está o.k., quase."

Experimentou.

"Falta tempero." (Eu tinha temperado o caldo; não os legumes.)

Ele mordeu a cenoura.

"Hmm... crocante. Ah, verdade, os americanos gostam de legumes crocantes, não é?"

"*Oui*, chef", eu disse, pensando: cenouras crocantes, cenouras macias — você realmente acha que estou no comando do que estou fazendo a ponto de ter alguma ideia de como minha cenourinha vai ficar?

Ele experimentou o molho. Ficou confuso.

Era baseado em um *beurre blanc*. Muitos molhos de peixe são baseados em um *beurre blanc*, um molho branco de manteiga: chalotas, vinagre de vinho branco (reduzido), depois vinho branco (reduzido) e manteiga. Esse, sendo de Nantes, tinha também o creme de leite e um pouco do caldo de peixe (reduzido). O molho é ao mesmo tempo ácido e um pouco gorduroso, e frutos do mar magros tendem a ficar melhor com um pouco de acidez e uma leve gordura.

"A manteiga, a *montée*", Cros disse, abanando a cabeça, perplexo com o equívoco em sua boca e buscando uma explicação. "A consistência dela, isso, a *montée* — não está boa o bastante."

O verbo para acrescentar manteiga é *monter*. Você "monta" a manteiga. "Eleva" a manteiga. Primeiro reduz e concentra todos aqueles líquidos saborosos, depois os intensifica novamente, batendo junto a gordura cremosa, e toda a panela parece inflar, o líquido adquirindo uma espessura e uma corpulência maravilhosa. Vira um molho.

O meu: não muito maravilhoso.

"*Pourquoi?*", ele perguntou.

Eu não sabia dizer. Não fazia ideia. Agora sei. Eu tinha feito com pressa. Estava atrasado. Não fui incorporando a manteiga aos poucos. Fui atirando o ingrediente aos pedaços, aos montes, e depois fervi a maldita, batendo violentamente, uma batedeira humana em velocidade máxima, tentando compensar o tempo perdido. E Cros conseguia sentir o sabor disso? Conseguia?

Ele pegou outra colherada. "Na verdade, não tem manteiga suficiente, não para a quantidade de creme de leite que você usou."

Nantes: não sei por que o *beurre blanc* de lá tem creme de leite. Eu ainda não fui a Nantes. Será que havia muitas vacas em Nantes — era isso? (Um *beurre Bercy*, em que não vai creme de leite, é finalizado com medula óssea bovina. Será que em Bercy há muitos matadouros?)

Cros tomou outra colherada. "Está ralo demais, não está? *N'est-ce pas?*

"*Oui*, chef."

"E a acidez", ele disse, experimentando de novo, "bom, na verdade, ela está quase boa."

"*Merci*, chef."

Ele mergulhou a colher de novo. "Mas por que não tem mais sabor? Deveria ter mais sabor." *Plus de goût.*

"*Oui*, chef." Tomei nota: "Mais sabor da próxima vez".

O que parece criar um molho bem-sucedido é o equilíbrio entre acidez e gordura. Pelo menos essa era a minha suposição, porque fiz mais três molhos naquele dia, e não encontrei o equilíbrio certo nenhuma vez.

Para o molho que acompanhava um prato de truta, não havia gordura o bastante. Cros disse que eu não colocara creme de leite suficiente, até que se deu conta de que eu havia me esquecido completamente do creme.

"*Excusez-moi*, chef."

Cozinhei *raie* — ou seja, raia, o peixe que eu preparava em *sous-vide* na cozinha de Michel Richard. Em seguida fiz o molho, mas o problema dessa vez não foi a gordura, foi a acidez. Cros disse que o molho precisava de mais acidez e perguntou: cadê o limão?

Ai, merda, eu disse (deixei escapar em inglês). Tinha me esquecido do limão. "*Excusez-moi*, chef."

O dia acabou com solha *à la bonne femme* (antigamente, esse era um nome carinhoso para a cozinheira de casa), escalfado em vinho branco, caldo de peixe e seis cogumelos. O molho também é feito com o líquido do escalfamento, reduzido e finalizado com manteiga e creme de leite e um toque ácido. Dessa vez, lembrei do toque. Experimentei. Gostei. Sem dúvida tinha o toque.

Cros comeu o peixe ("cozinhou demais, mas todos cozinharam"), deu uma colherada do molho, engoliu e deu uma guinada para o lado de maneira tão repentina, girando o tronco, quase se curvando, que pensei... Bem, eu não soube o que pensar. Ele tinha escorregado?

Ele recuperou o equilíbrio e me encarou, espantado, os olhos um pouco arregalados.

Droga, eu realmente achava que tinha acertado dessa vez.

Ele experimentou outra vez. Parecia prestes a cuspir.

"*Mon Dieu!* Experimente o molho antes de colocar o limão. Não precisa colocar se já tiver acidez suficiente. *Oh là là. Experimente. Por favor!*"

"*Oui*, chef."
Ele deu outra colherada e fez uma careta.

Depois do almoço, encontrei Willy no bar, tomando café. Queria que ele me explicasse Cros. "Qual é a das miniprovas?"
"Ele faz as provinhas para você saber o quanto falta aprender", Willy disse. "Você acha que sabe tudo sobre os pratos. As provas mostram que você não sabe merda nenhuma."

Certa vez, no meio da manhã, eu me ausentei por um breve período. Eu não tinha pagado minha fatura da aula de Cros, e saí de fininho. Cros já havia me repreendido por ter feito uma pausa para o xixi fora do horário. ("Nos Estados Unidos, eles não levam a cozinha a sério, não é?") Isso, evidentemente, era mais grave.
Pedi desculpas. Expliquei que tive de pagar pela aula.
Cros ficou irritado por ter que aturar uma explicação.
"Enquanto você não estava aqui, ensinei quatro receitas."
Tentei parecer arrependido e angustiado.
"Agora tem quatro receitas novas que você não sabe." Sua fala era cortada; parecia a fala de alguém que desejava estar me xingando, mas cuja posição pedagógica o impedia de rasgar o verbo. Ele mencionou o que eu havia perdido: uma clarificação de peixe, um molho de peixe e dois pratos de mexilhão. "A turma agora sabe fazer *moules à la poulette*. Você sabe fazer *moules à la poulette*?"
"Não, chef."
"Sabe o que é *moules à la poulette*?"
"Não, chef."
"Você deveria aprender."
"*Oui*, chef."

"Pode cair na prova."

"*Oui*, chef."

"E, se cair, você vai reprovar."

Pânico. Eu era a única pessoa que nunca tinha ouvido falar de *moules à la poulette*?

No ônibus, quando eu voltava para casa à noite, estudei a receita de *moules à la poulette*. Estava entre os folhetos do dia. Não revelava muita coisa. As receitas de Cros não eram exatamente receitas; eram inventários de ingredientes e (às vezes) quantidades. O resto ficava a cargo do aluno.

O que isso queria dizer — *moules à la poulette*? Uma *poulette* é uma galinha pequena. Essa palavra podia ser usada como adjetivo? Galinhado? Mexilhões galinhados? O prato envolve cozinhar os mariscos em vinho branco e drenar o líquido depois. O líquido, *le jus*, era a base do molho, que era misturado com um *roux* (farinha e manteiga cozidas juntas para formar um espessante), creme de leite, chalotas, um limão-siciliano, pimenta-branca (Cros reprova as pessoas por usarem a pimenta errada) e uma gema de ovo. Uma gema no molho? Eram mexilhões galinhados, afinal. Parecia muita coisa para assimilar.

A essa altura, os dias se estendiam por quinze horas ("Há tanta coisa para resolver.") Eu chegava em casa às nove e meia da noite. Comia; tomava banho; ia para a cama; me levantava às cinco para pegar o ônibus de novo. Como eu ia praticar o prato? Não havia como.

Encontrei Willy para tomarmos um café depois do almoço. Pensei alto sobre o jeito de Cros. "Ele é muito indiferente."

"Ele só nota o desempenho", Willy disse.

Tomei outro café. Eu precisava voltar para a aula, mas ainda não estava disposto. Seria uma tarde longa. Na verdade, hoje a aula terminaria cedo, Cros prometeu, às oito da noite, porque nossos grandes exames seriam no dia seguinte. A Prática, a prova de cozinha, começaria às sete e meia da manhã. A de Teoria, depois do almoço. Todos tínhamos o mesmo pensamento: *Merde.* Estávamos tão dedicados à comida que tínhamos esquecido da teoria. Quando foi a última vez que abrimos um livro didático? Ou os folhetos? Até a hora da prova, ficaríamos memorizando receitas. Em algum momento, também teríamos que começar a recapitular as propriedades filosóficas de peixes arredondados, peixes achatados e peixes lateralizados.

Perguntei a Willy: "Você se lembra do que caiu na sua prova?".

"Claro."

Tomei um gole do café. "O que caiu?"

"As perguntas podem não ser iguais."

"Entendo."

"Na verdade, tenho certeza de que não vão ser."

"Mas quais foram?"

Willy deu um gole no café. Deu outro. Eu o tinha deixado sem graça. "Quer mesmo saber? Digo, faz alguma diferença?"

"Eu gostaria de saber."

"Certo." Ele me olhou, para confirmar se eu sabia o que estava fazendo, e começou a listar — animadamente, na verdade, com o prazer de alguém que havia sobrevivido a uma prova difícil, mas que até agora não havia tido a chance de falar sobre ela (porque, afinal, quem mais se importaria?).

Não foi pedido que todos fizessem os mesmos pratos, Willy ressaltou, e sim o mesmo *tipo* de prato. Houve dois molhos baseados em uma maionese, dois com manteiga clarificada e dois com um *beurre blanc*. "Sabe o que é uma *sauce Choron?*", ele perguntou.

"Sei."

"Uau. Eu não sabia. Me dei mal nessa. Não consegui guardar tudo na cabeça. Teve uma PDT." PDT é uma abreviação de cozinha para *pommes de terre*: batatas. Elas tinham que ser feitas como *cocottes* ("torneadas" — nariz arrebitado, alongadas, finas como um foguete e salteadas) ou *à l'anglaise* (nariz arrebitado, alongadas, muito gordas e assadas no vapor).

Havia duas maneiras de cozinhar um peixe, *à la bonne femme* (escalfado no molho) ou *à l'anglaise* (frito).

Fiquei surpreso com o quanto eu sabia.

"E um prato de mariscos."

"Qual?"

"*À la poulette.*"

"Sério?"

"Aquele do ovo."

"Filho da mãe."

Acordei às quatro da manhã para revisar as receitas. Não era Teoria que me preocupava; eu sabia me matar de estudar. Era a Prática: o tique-taque do relógio enquanto eu preparava comida para um grupo de chefs franceses enfastiados que já tinham visto de tudo e que eu não conhecia. (Cros não podia ser jurado.)

Cheguei. Havia uma confusão. Cros, empolgado, levou todo mundo a um auditório para um ensaio geral da prova de Teoria. Até agora, o francês de Cros tinha sido fácil de entender, até para mim, porque sua fala era sempre muito determinada. A maioria das minhas anotações eram em francês. Mas Cros estava empolgado com a prova, era evidente que ele *amava* provas, porém houve uma complicação (o peixe não tinha vindo!), e isso o tornou incompreensível para mim.

Acontece que eu havia interpretado mal sua instrução. Não era um *ensaio* da prova de Teoria. Era a prova *em si*, aquela para a qual eu tinha planejado me matar de estudar durante o almoço. Quando eu estava comendo com Augusto, e folheando minhas fichas de anotações agora inúteis, ele em certo momento se viu obrigado a perguntar: "O que você está fazendo? A prova de Teoria foi hoje de manhã".

"Foi?"

(Eu bombei. Eu não tinha olhado para nenhuma página de texto. Foi bom que eu não soubesse que tinha bombado, porque entrei na prova Prática cheio de um otimismo equivocado.)

A Prática começou às dez da manhã. Tirei de dentro de um toque um pedaço de papel dobrado que determinava o exame que eu faria, A ou B. Peguei o A.

1. Fazer uma *sauce béarnaise*.
2. Fazer um *beurre à la maître d'hôtel*.
3. Fazer PDT *cocotte*.
4. Preparar um *merlan à l'anglaise*.
5. Preparar *moules à la poulette*. (Cros era um cuzão.)

Com exceção dos *moules à la poulette*, não era tão ruim. Em tese, eu conhecia os itens.

Levei cinco minutos para anotar os ingredientes, mais lembretes rudimentares ("Peixe — não cozinhe demais!") e uma programação.

Às 10h45, me preparei para apresentar meu primeiro prato, o *beurre maître d'hôtel*, aos dois chefs que esperavam atrás da bancada. Um havia conduzido as aulas de preparo de omelete. Eu não lembrava seu nome, mas gostava da conduta dele (ao menos do que tinha visto): era firme, mas gentil. O outro era meu jurado, Hervé Raphanel, aquele que havia assistido ao preparo de omeletes comigo. Eu estava acostumado a ver Cros atrás da bancada, inflexível, indiferente, duro. Era reconfortante ver esses dois rostos. Eles pareciam muito tranquilos.

Um *beurre maître d'hôtel* é batido com uma colher de pau a fim de formar uma "*pommade*", depois salgado e acidificado com um pouco de limão. Apresentei para Raphanel.

Estava bom. "*C'est bon.*"

As PDT *cocottes* eram os foguetes de nariz empinado. Estavam boas. "*C'est bon.*"

Um béarnaise.

Estava bom. "*C'est bon.*"

Enquanto eu fritava o peixe, minha mente divagou. *Merlan à l'anglaise* é basicamente peixe com batata frita, mas sem a batata frita. Na França, porém, há regras para fritar peixe que datam de pelo menos Escoffier, e se você não as seguisse o resultado seria *pas correct*. Como a porção de peixe: deveria ter 62,5 milímetros de comprimento. (Esse meio milímetro a mais me matou. Sério mesmo? As pessoas usavam uma régua; não usei, não conseguia, era ridículo demais.)

A mistura de ovos, a primeira coisa na qual você mergulha o peixe, é complementada com um pouquinho de leite e azeite de oliva (mesmo), mas nunca temperada.

A farinha em que o peixe é passado na sequência *é* temperada, e o tempero pode ser incorporado com um batedor. (Está anotando?)

A farinha de rosca, a última parada do peixe, é feita com pão branco fatiado (apenas), fresco, sem as crostas, pulverizado no liquidificador e passado em peneira. A farinha não é temperada — *nunca*. Sua aparência lembra mais um pó úmido do que um pão esfarelado.

O cérebro de Michel Richard adentrou o meu. Ele também usava uma peneira. O que ele não usava era a farinha do pão.

Usava a parte pedaçuda que ficava em cima: era irregular, tinha textura, dava crocância. Ele deve ter aprendido as regras da farinha de rosca — todos em uma cozinha francesa aprendem as regras —, mas se dedicado ao que sobrava na peneira. (Eu já havia notado outras pequenas regras que ele quebrava. Na cozinha, o caviar é pego com um pedaço de filme plástico em torno da borda de uma tigela. Você tira o caviar do filme com uma colher para empratar. Richard adaptou a ideia e a transformou no caviar flutuante. Ou aquela *raie*. Até hoje, nunca vi uma *raie* desossada na França. A de Richard era desossada.)

Raphanel gostou do meu peixe: crocante, mas não cozido demais. Estava muito bom. "*Très bien.*"

Fiquei em êxtase. Os mexilhões eram os últimos.

Meu conhecimento do prato não havia avançado nada desde minhas reflexões no ônibus, exceto que, desde então, eu havia feito pratos com ovos e sabia que, para acrescentar um em uma panela quente, primeiro era preciso tirar a panela do fogo direto. Depois eu misturaria tudo rapidamente, com um movimento veloz em forma de oito, batendo com o batedor em todos os lados da panela: na prática, resfriando o líquido o suficiente para que a gema não coagulasse.

Enquanto os mexilhões estavam na frigideira, cozinhei minhas chalotas e fiz meu *roux*. Três minutos. Acrescentei o creme de leite. Em cinco minutos, as conchas dos mexilhões se abriram. Coloquei uma peneira sobre a panela de *roux* cremoso, virei os mexilhões, o *jus* escorrendo para a panela, acrescentei o ovo e bati o maldito até formar uma espuma. Deu certo. Não coalhou. Olhe só! Em seguida, reaqueci a mistura brevemente no fogão, coloquei os mexilhões de novo e levei a frigideira para Raphanel. Eu estava admirado com o que tinha feito: parecia certo, amarelo e cremoso e com cheiro de mar, embora eu não fizesse ideia de que ficaria assim.

Raphanel tocou um mexilhão com um garfo. "Está carnudo", disse. Ele parecia surpreso. Tocou nele de novo. "Está úmido. Perfeito."

Ele o levou aos lábios. "Está quente. Suculento. Perfeito também." Ele parecia encantado de verdade. (*Molto, molto grazie, Italia.* Eu havia adquirido meus talentos com mexilhão na Itália.) Ele observou o molho. "Está amarelo. Escuro. Perfeito também." Inclinou a frigideira. "Ah, mas está escorrendo." Seus ombros caíram. "Você se esqueceu de reduzir. Que pena." *Quel dommage.*

Eu tinha ficado tão preocupado com o ovo que esqueci de deixar o *roux* fazer seu trabalho e engrossar o molho.

Mas não fiquei chateado. Os testes são naquela escala de 20 pontos. Eu só queria não reprovar. Para passar, eu precisava de 10. Consegui 16,5. Eu estava levitando.

No entanto, o resultado era a média das duas provas. Tive a sorte de me dar bem na Prática, porque sem dúvida eu havia sido reprovado em Teoria. (Muito bom + desgraça) ÷ 2 = passar por pouco. Mas "passar por pouco" ainda era passar. A minha foi a pior nota em uma turma que milagrosamente havia se superado. (Willy estava certo: Cros mudava vidas.) Mas eu tinha passado. Consegui 11.0.

No ônibus, aliviado, senti que finalmente eu estava aprendendo o que tinha vindo aprender. A culinária francesa já não me assustava. Havia muito a fazer, mas eu tinha confiança na minha capacidade. Enquanto voltava para casa, decidi encontrar um restaurante para trabalhar: no dia seguinte.

IV. Em uma cozinha histórica

As "santas mères lyonnaises", que hoje já quase não existem, são um dos temas nostálgicos favoritos dos velhos gastrônomos por aqui. Ah! A mère Fillioux! Ah! A mère Brazier! A mère Blanc de Vonnas! Todos aqueles que experimentaram sua poularde à la crème falam dela como se fosse um beijo do anjo Gabriel nos lábios...
    Esses que choram pela morte das santas mères, isto eu juro, não sentem falta dos frangos de Bresse de patas azuis. Vá ao filho da mère Blanc em Thoissey, vá ao neto dela em Vonnas: o frango derreterá na boca exatamente como nos velhos tempos da vó Blanc. Ou esqueça toda a família Blanc e vá a Paul Bocuse, vá a Alain Chapel, e você verá que os franguinhos deles têm coxas brancas e doces tão sedosas quanto as das meretrizes do rei. O prato de frango de Bresse cremoso não mudou. Esses que choram sentem falta é da simplicidade: o fogão a lenha crepitante, a toalha de mesa encerada, o prato pesado sob a pilha de crepes, o vinho local daquele ano tirado de um barril, contado pelo pot.
    Croque-en-bouche, de Fanny Deschamps (1976)

Apareci no La Mère Brazier no meio da manhã. Pedi para ver Viannay. Falei para ele, em francês, que havia passado os últimos meses no Institut Bocuse.

"Todos respeitamos o Institut Bocuse", ele disse. "É muito sério."

"É, sim", concordei. "E agora vim pedir que me contrate como *stagiaire*. Não precisa ser por muito tempo. Dezessete dias. Depois vou embora."

"Dezessete dias?"

"Dezessete dias."

Ele olhou um calendário. "Você tem seguro?"

Sim.

"Você precisa me mandar um e-mail, prometendo que não vai responsabilizar o restaurante caso se machuque."

"Com todo o prazer."

"Dezessete dias. Depois acabou. *D'accord?*"

"*D'accord.*"

Apertamos as mãos. "*N'oubliez pas l'e-mail.*"

"*Oui*, chef."

"A cozinha começa às oito."

Eu tinha conseguido. Estava dentro. Dei meia-volta. Saí andando. Virei a esquina e comemorei com um soco no ar.

Telefonei para Willy. Ele ficou encantado. Todos querem trabalhar no La Mère Brazier, disse. "Meio Institut Bocuse abandonaria as aulas hoje se pudesse entrar lá. É *o* lugar."

Não mencionei que seria colocado para fora depois de dezessete dias. O que importava é que eu estava na cozinha. Estava *na* cozinha.

Sylvain Jacquenod era o *sous-chef*, o homem a quem eu me reportaria. Na minha primeira manhã, ele estava começando uma preparação com sobrecoxas de frango. Elas estavam no forno fazia uma hora, cozinhando na gordura em fogo baixo.

"Vamos fazer isso juntos", ele disse, insistindo para que eu o chamasse pelo primeiro nome. "Mas primeiro lave as mãos."

Fiquei envergonhado que ele precisasse me dizer isso, mesmo assim gostei que tivesse dito.

Ele tirou a travessa do forno, com quatro dezenas de sobrecoxas, borbulhantes e besuntadas de gordura, e me entregou um par de luvas de látex. Ele estava me dizendo o que fazer em seguida — na verdade, estava no meio de uma frase —, quando exclamei: "É como um confit de pato!".

Ele parou por um momento, um leve meneio de incompreensão, mas apenas o suficiente para eu me questionar: por que fui abrir a boca?

"Sim", ele disse, "lembra um pouco um confit de pato." Ele parecia confuso sobre por que tinha sido interrompido. "Exceto que um confit de pato é feito com pato e este é feito com frango."

"Sim", eu disse.

"Um frango é diferente de um pato."
"Sim."
Era meu francês. Eu falava como uma criança de quatro anos. Portanto, falavam comigo como se eu fosse uma criança de quatro anos.

"Mas no fundo todas as aves são iguais, não?", Sylvain disse, tentando me tranquilizar. "Os peitos sempre cozinham rápido. As coxas, devagar." Essas — ele apontou para a travessa de sobrecoxas — eram sobras de pratos que haviam usado apenas os peitos.

Pusemos as luvas.

Primeiro, ele disse, retiramos a pele, fazendo com que ela se solte das sobrecoxas, tentando mantê-la intacta. Rasgar não é nada bom.

Ele ergueu uma delas — a pele tinha uma textura enrugada distintamente testicular — e a jogou em uma tigela. "Vamos usá-las daqui a pouco. Agora vamos desossar as sobrecoxas."

Estavam quentes, quase queimavam os dedos, mas por causa do calor os ossos saíam facilmente. Colocamos a carne em outra tigela. Estava oleosa e não parecia lá grande coisa, mas tinha um cheiro delicioso. (A cozinha pode ser um lugar de sofrimento para quem ainda não comeu.)

Sylvain pegou uma travessa limpa, pôs a carne desossada nela, ainda fumegando, e nós a pressionamos com as mãos. Ela fazia um som esponjoso. Era um bloco úmido de carne de cerca de 2,5 centímetros de profundidade.

"Agora as peles", ele disse.

Ele as virou em cima de uma tábua e me mostrou o que fazer, tirando alguns pedacinhos de gordura aqui e ali, cortando nozinhos esporádicos, depois aparando cada pele até ficarem com ângulos retos, como pequenos quadrados de pergaminho empilháveis.

Ele perguntou se eu já tinha ido à Borgonha.

Eu não tinha.

"Então é para *lá* que vamos." Ele sorriu. "Os vinhedos, as montanhas, o vinho. Assim que o clima esquentar."

Ele pegou um pedaço grande de foie gras em uma geladeira, cortou lascas dele e as espalhou sobre o bloco agora morno de coxas. Demos uma batidinha nele com a palma das mãos cobertas pelas luvas de látex. O foie gras era macio como manteiga.

"Vamos num domingo. Com nossas esposas."

Ophélie, a mulher de Sylvain, estava grávida do primeiro filho deles, ele disse. Seu sorriso era enorme, como um sorriso de desenho animado.

As peles que pareciam pergaminho iam em cima do foie gras: bem ordenadas, todos os quadrados alinhados. Eram a cobertura do prato. A bandeja então entrava em um forno quente — pouco tempo, uma rajada rápida para derreter o foie gras e deixar a pele crocante.

Eu já tinha comido no Georges Blanc?

Não.

"*Oh là là! Ça n'est pas possible!*"

Sylvain perguntou se eu tinha carro.

Ainda não.

"Não? Nós vamos lá também. Talvez no caminho para a Borgonha. Uma excursão, e vou apresentar você ao Georges."

Sylvain, que cresceu em um bairro residencial de Paris, se mudou para a capital da gastronomia aos dezenove anos a fim de trabalhar para Georges Blanc. (Em Lyon, existem duas realezas: Bocuse e Blanc. Bocuse = rei. Blanc = um governante regional ambicioso e com muitas propriedades.) Sylvain permaneceu cinco anos com Blanc, subindo devagar na hierarquia, até se tornar *chef de partie*, o chefe de uma estação.

Ele tinha 28 anos. Quase todos na cozinha tinham aproximadamente essa idade — vinte e tantos, trinta e poucos —, porque ninguém mais velho iria tolerar o salário (ruim) ou a jornada de trabalho (excessiva) e porque ninguém mais jovem teria um currículo prestigioso o bastante para se candidatar à equipe de Viannay. O restaurante tinha grandes ambições. Os cozinheiros tinham grandes ambições. Eles eram de um tipo específico: *cozinheiros Michelin*. Todos haviam trabalhado em lugares com estrelas Michelin e todos almejavam um dia ter seu próprio restaurante com estrelas Michelin.

Eu estava começando a ver que Sylvain era diferente de qualquer pessoa que eu já havia conhecido em uma cozinha. Ele me deixava à vontade. Fazia com que eu me sentisse seguro, sensação que eu não esperava ter em meu primeiro dia. Não era apenas a informalidade ou a tagarelice. Era o fato de ele sorrir bastante e com certa frequência.

Ele tinha entradas leves no cabelo de corte militar, ombros largos, antebraços musculosos e uma postura impecável. Mais tarde, no almoço da equipe, Sylvain não comeu nada. O almoço era chamado de *le personnel*, servido exatamente às onze horas. No meu primeiro dia, consistiu em linguiças com molho de mostarda, batatas cozidas e uma salada de folhas e foie gras. Ensandecido por uma manhã imersa em aromas de cozinha, devorei tudo. Sylvain tomou um *espresso* duplo. Nada mais. Eu quase não o via comer, talvez uma vez por semana, duas no máximo (e, quando comia, era com gosto, o que não surpreendia, já que só podia estar com muita fome).

Algum tempo depois, perguntei o porquê.

"*La rigueur*", ele disse.

"Rigor", só que em francês essa palavra (a essa altura eu já sabia) soa tão mais solene que a nossa equivalente que mais parece um ramo da filosofia. Sylvain dava a impressão de ter medo da sua espontaneidade.

A não ser, claro, quando sorria e quando a pele em volta de seus olhos se enrugava instantaneamente em minidobrinhas de felicidade.

Não havia muitos sorrisos na França. Minha mulher sorri bastante e era repreendida regularmente por seu evidente e irritante bom humor. Uma vez, quando estávamos jantando em um bistrô da cidade, o Potager, um cliente na mesa ao lado reclamou: você precisa mesmo rir tanto? E uma cozinha de restaurante é ainda mais sisuda. Ninguém sorri. Nunca. Exceto Sylvain.

Ele tirou a bandeja de sobrecoxas do forno, colocou-a na bancada para esfriar e me chamou para ir com ele à *chambre froide* — a "câmara frigorífica" —, onde pegou um grande recipiente plástico cheio de um líquido viscoso da cor de chá preto. Era gelatina de carne. Uma das tarefas semanais de Sylvain era fazer essa gelatina (um pedaço de carne cozida em fogo brando ao longo da noite em duas garrafas de vinho tinto mais algumas folhas de gelatina), porque ela era usada no *pâté en croûte* do restaurante. Depois que o patê resfria dentro da massa, e se contrai, a gelatina é acrescentada através de uma chaminé construída na crosta e preenche o espaço. (Houve um tempo em que eu não gostava de gelatina de carne, e sua textura trêmula chegava a me irritar. Agora como uma tigela atrás da outra.) O *pâté en croûte* também era responsabilidade de Sylvain. Quando ele se ausentava — e isso foi depois, quando sua mulher deu à luz —, outra pessoa fazia. Ficava pastoso e seco, difícil de engolir. Pratos voltavam do salão intocados, a não ser por uma primeira garfada.

"Venha", Sylvain disse. *Viens.*

Ele me conduziu a um corredor estreito nos fundos, onde trabalhava um lavador de louças, Alain, e no qual prateleiras muito altas abrigavam todos os equipamentos da cozinha do restaurante. Sylvain procurava um *"chinois à piston"*. Um coador é um *chinois*, um "chinês", porque, virado de cabeça para baixo, parece um chapéu chinês cônico. Um *chinois à piston* tem uma válvula que permite controlar o fluxo do líquido — por exemplo, a gelatina espessa e lenta que ele estava prestes a espalhar de maneira uniforme sobre uma bandeja de peles de sobrecoxa perfeitamente organizadas. Quando a gelatina assentou, a travessa ficou lisa e brilhante. Dava para ver o próprio reflexo nela. Tinha um charme peculiar: era como se fosse uma travessa de brownies com uma cobertura dura de chocolate e, como tal, seria cortada em pedaços pequenos. Eram os aperitivos da noite.

Depois fomos estourar ervilhas, o que envolve tirar a leguminosa de sua pele delicada: não a vagem, que é grossa e deve ser aberta com a unha do polegar para se chegar ao interior farto, o que é muito divertido de fazer, mas a membrana praticamente translúcida da ervilha em si, o que não é nada divertido de fazer. Eu não sabia que as pessoas faziam uma coisa dessas. Mas, para Sylvain, uma ervilha sem pele tinha mais sabor do que uma que ainda estava com a membrana. Aquele era, ele disse, enfático, o verdadeiro sabor da França (*le vrai goût français*).

Pensei na Itália, embora não quisesse pensar (em geral, eu tentava não fazer isso), mas a mente pode ser algo traiçoeiro de controlar, e a minha, malandra como só ela, estava se imaginando em uma cozinha italiana, propondo de boa-fé a meus colegas de lá que começassem a estourar ervilhas e recebendo como resposta gargalhadas estridentes. Na longa história da culinária italiana, você não vai descobrir uma única ervilha estourada.

Para estourar uma ervilha, você a mergulha muito rápido em água fervente, então a escorre e resfria. Para muitas pessoas, também é assim que se cozinha a ervilha. Depois de alguns segundos de fervura, a ervilha está praticamente "não crua", e o resfriamento imediato preserva sua cor verde-viva. E, também para muitos, não é preciso fazer mais nada, a menos que se queira acrescentar sal e pimenta, talvez um pouco de azeite de oliva e um pouquinho de limão.

O que eu não sabia é que a mesma ação — banho quente, banho frio — relaxa a membrana da leguminosa, de maneira que, quando você apertar a ervilha um pouquinho, delicadamente entre o polegar e o indicador, o negocinho sai. (Como se chama a ervilha interna? Talvez seja isso mesmo: ervilha interna.)

Devo acrescentar que essa apertadinha deve ser realizada com muito cuidado. Se ela for muito forte, a ervilha interna se parte em duas. Meia ervilha interna não é nada bom. Dá para descartar algumas — acidentes acontecem —, mas, se houver muitas ervilhas partidas, toda a porção é jogada fora.

As ervilhas internas — salteadas ligeiramente na manteiga, com uma pequena concha de caldo de vitela, e finalizadas com raspas de limão — acompanhavam as molejas (o timo insuflado do vitelo), que, quando bem-feitas, tinham a textura aerada de marshmallow assado lentamente. Mas cada porção é composta de *150* vertiginosas ervilhas internas. É necessário muito tempo para tirar *150* ervilhas internas de suas membranas sem parti-las ao meio.

Tirávamos as pontas afiadas dos talos de aspargo. Isso não era novo para mim. Trata-se do revestimento duro do talo. Eu havia aprendido a removê-lo com um descascador, especialmente se o objetivo fosse grelhar o legume.

"Assim você desperdiça", Sylvain disse. (Na França, a pele dos legumes é muito respeitada e é removida em detrimento de seu sabor. Outros elementos também são preservados na casca, como nutrientes e a complexidade da textura, mas o único que realmente importa é o sabor.)

Sylvain demonstrou a técnica de bater de leve no aspargo com uma faca. Você começa na base do talo e sobe em movimentos rápidos em espiral até a cabeça em forma de florete. As pontas afiadas são pequenos triângulos. Parecem minifolhas de alcachofra, e saem com facilidade (até você chegar à parte de cima, como descobri, onde é bem fácil cortar toda a cabeça em forma de florete, o que não é o objetivo).

"Quero ir a Nova York", Sylvain disse.

"Por quê?"

Ele pensou por um momento. "Não sei." Acho que ele nunca havia parado para pensar por quê.

"Só sei que queria estar em Nova York. Um chef francês encontraria trabalho lá?"

Esse assunto viria a ser recorrente não apenas com Sylvain, mas com a maioria das pessoas na cozinha, embora ninguém falasse disso com tanta frequência quanto Sylvain. Ninguém queria ir à Espanha ou ao Japão ou à Dinamarca. (Inglaterra? Jamais.) E não era por questões culinárias que desejavam ir a Nova York. Por exemplo, nenhum dos cozinheiros acreditava que Nova York pudesse lhes ensinar algo na cozinha. Eles queriam ir a Nova York apenas porque queriam ir a Nova York.

Uma vez, uma revista mensal de Lyon (com o sugestivo nome de *Lyon People* — uma revista francesa com título em inglês) pôs Daniel Boulud na capa, fotografando-o no capô de um táxi amarelo de Nova York, os braços bem abertos, como se convidasse os amigos a visitá-lo. Havia um exemplar na ponta do balcão. Era na área do balcão onde comíamos o *personnel*. Não houve um membro da *brigade* que não tenha pegado a revista, lido todas as páginas e, depois, ficado olhando a capa. Os lioneses não conhecem Daniel Boulud. São os chefs que o conhecem. Boulud é aquele que foi embora.

Eu pelo menos sabia preparar uma alcachofra, o que, finalmente, foi um alívio. Alcachofras são italianas. Alcachofras não eram uma novidade para mim.

Sylvain ficou surpreso. "Sério mesmo? Você sabe tornear uma alcachofra?"
"Quer dizer, cortar as folhas e remover o coração?"
"Sim. Você sabe fazer isso?"
"Sei."
"*C'est vrai?*"
"Sim, é verdade."
Eu não estava tentando provar que era mais do que um novato. Não estava tentando provar nada. Eu já havia trabalhado em restaurantes italianos. No Institut Bocuse, havia chegado a pedir uma aula de alcachofra só para confirmar que eu estava fazendo basicamente a coisa certa. Alcachofras são importantes em Lyon. Eu havia aprendido isso logo de cara.

Sylvain se mostrou muito impressionado, daquela forma teatral e exagerada que tem um adulto conversando com uma criança pequena, e disse alguma coisa sobre eu ser mais bem treinado do que ele imaginava. Ele estava demonstrando, sem dúvida, um novo e imediato respeito por mim.

Isso me deixou sem graça.

Ele improvisou uma estação de alcachofra. Pegou uma garrafa plástica de uma prateleira em cima da pia — ácido cítrico em pó — e despejou um pouco em uma tigela grande de água. O ácido cítrico impede que as alcachofras fiquem marrons. Depois, arrastou uma lata de lixo enorme para perto da bancada. É assustador o volume de folhas que você acaba descartando só para chegar ao pequeno e tenro coração do vegetal. Será que ninguém mergulha a alcachofra na manteiga e arranca tudo com os dentes?

Ele buscou um caixote delas. Partimos para o trabalho.

Não lembro o que fiz. Se me esforço para rememorar minha tentativa, a imagem que me vem à mente é de uma alcachofra torneada com perfeição, cinco a oito centímetros de caule, uma curva delicada, o coração suavemente simétrico, parecendo uma flor. Senti de verdade que havia atingido meu objetivo. Eu só saberia que tinha sido um fracasso ao mostrá-la a Sylvain.

O que acabei fazendo naquele momento foi: levar aquele homem ao choro.

O que apresentei, evidentemente, tinha uma aparência tão mutante que Sylvain desatou a rir: daquilo e de mim. Riu tanto que lágrimas escorreram por suas bochechas. Riu tanto que se dobrou de gargalhar. Todos na cozinha interromperam suas tarefas e começaram a rir também; de início moderadamente, porque uma gargalhada incontrolável é sempre contagiosa, mesmo que você não saiba o porquê; mas, ao descobrir qual é a graça, com seu humor já bem aquecido, você também desata a rir: apontando para o objeto transgressor e para a pessoa responsável.

Por fim, Sylvain jogou minha alcachofra com todo o carinho na lixeira e disse com dificuldade, porque ainda estava rindo, que talvez eu ainda não estivesse pronto para tornear alcachofras.

Apenas uma pessoa não estava rindo: Christophe Hubert. Ele era o chef executivo.

Ele havia cruzado os braços diante do peito. Encarava todos com ar de desagrado.

Christophe continuou encarando todo mundo até que cada membro da cozinha conseguisse controlar o riso.

Na verdade, o culpado era eu. Eu sabia, e desconfiava que Christophe pensava a mesma coisa: se eu não estivesse ali, com toda a minha disfunção, ninguém na cozinha dele teria começado a rir histericamente.

A cozinha se acalmou. As pessoas foram retomando suas tarefas. Christophe esperou mais um momento, um momento longo. "*Merci*", ele disse com exagerada gratidão.

Na minha modesta vida culinária, eu tinha pavor da possibilidade de ter que trabalhar como *garde-manger*, função na qual os recém-chegados normalmente começam. (*Garde-manger*: meticuloso e rápido. Eu: descuidado e lento.) No La Mère Brazier, a estação tinha duas pessoas, Michael e Florian. Michael (pronunciado à francesa — MIQUELL) trabalhava com afinco e parecia estar sempre à beira de um ataque de nervos. Florian trabalhava com ainda mais afinco e vivia o tempo todo em um estado de semi-histeria. Sylvain era padrinho de Florian. Ele nos apresentou, dobrando os braços e os embalando, lembrando de quando Florian era um bebê de nove semanas.

Agora havia três. *Garde-manger* era onde eu começaria.

Florian tinha dezenove anos. Ele era o mais novo na cozinha. De tempos em tempos, havia cozinheiros mais jovens — estagiários, incluindo um estudante de um *lycée* (o equivalente ao ensino médio) que tinha hora para dormir e saía mais cedo —, porém nenhum estava na folha de pagamento. Florian recebia um cheque todas as quintas-feiras do próprio Viannay, que apertava sua mão e olhava no fundo de seus olhos com uma intensidade que parecia dizer: "Menino, eu mando e desmando em você". Florian era membro oficial da *brigade*.

Minha primeira tarefa envolvia a montagem de 75 aperitivos altamente elaborados de lagosta e erva-doce. Até aquele momento, era o prato mais absurdo que já haviam me pedido para fazer. Cada um parecia levar dez minutos, o que era impossível: as contas não batiam, porque eu e Florian estávamos fazendo e não demoramos cinco horas. Mas levamos um bom tempo. Pior: não se pode fazer aperitivos com muita antecedência, senão eles ressecam. Portanto, você os prepara o mais em cima da hora possível, o que, numa cozinha, era um tempo desagradável para fazer qualquer coisa.

Os constructos de lagosta eram montados em colheres de sopa pequenas, do conhecido tipo japonês, brancas, de cerâmica, bonitas, feitas em Limoges (na França, todo produto precioso relacionado a comida tem seu lugar e, no caso de pratos, é Limoges).

Colocávamos *panna cotta* no fundo — um fio grosso. *Panna cotta* é uma sobremesa italiana. É parente da francesa *costarde*, feita com creme de leite em vez de leite ("panna cotta" = "creme de leite cozido") e claras em vez de gemas. A nossa versão era infundida com folhas de erva-doce, os pompons verdes que brotam do bulbo do funcho. Eram para dar cor. No último minuto, folhas de gelatina eram derretidas dentro dele. Eram para dar consistência.

Em seguida: garra de lagosta, apenas um pedaço salteado na manteiga. Era colocado sobre a *panna cotta*, como se flutuasse. A imagem parecia náutica. (Talvez não fosse, mas foi como entendi.) A *panna cotta* verde era o mar; o pedaço vermelho de lagosta, o barco navegando.

"Palitos de dente", esculpidos meticulosamente com o bulbo de erva-doce, eram os mastros. Cada um também tinha seu ninho de corvo: um anel vermelho e delicado de tomatinho, colocado em cima do palito de dentes de erva-doce. ("Terra à vista!")

O desafio eram os anéis vermelhos e delicados.

Na verdade, tudo era um desafio. Eu não tinha os dedos certos. Era minha herança genética. Algumas pessoas nascem para tocar noturnos de Chopin. Eu nasci para arrancar tubérculos no frio. Não tenho os dedos certos. Tenho cotocos. Preparar um anel vermelho e delicado é uma tortura para quem tem cotocos.

Para fazer um anel vermelho e delicado, você assa o tomate — não o tomate-cereja redondo, mas o italiano, em forma de ameixa — até ele encolher e se desidratar. Em seguida, você o fatia, fina e cuidadosamente, na transversal. A fatia não pode ser fina demais. Qualquer coisa mais grossa do que fina demais é grossa demais. Depois de tirar as sementes que ainda ficaram, haverá vários círculos vermelhos e finos — argolas, na verdade —, como uma versão em miniatura do que você, se tivesse cerca de quinze centímetros de altura, poderia jogar em cima de pinos numa feira do interior para ganhar um animal de pelúcia para sua namorada de quinze centímetros de altura.

    Era um trabalho míope. Eu estava curvado. Florian estava curvado. A cena era: dois homens-feitos totalmente curvados fazendo coisinhas pequeninas com seus dedinhos minúsculos.

    "*Attention!*", Florian disse abruptamente. Ele apontou para o meu nariz.

    Uma gota de suor se formava ameaçadoramente na ponta.

    Johann apareceu.

    Johann era um dos chefes de confeitaria. A cozinha tinha dois. Os dois se chamavam Johann e, por algum motivo, os dois sabiam qual Johann você queria quando gritava "Johann". Um Johann era relaxado. O outro era maníaco. O relaxado esquecia de pôr o toque. Sua calça vivia caindo, parecia um skatista. Usava um colar de conchas. Preferia chinelo a sapato. O Johann maníaco parecia medieval. Lembrava um bobo da corte: a cabeça lembrava um ovo, muito estreita no alto, o pomo de adão era enorme, tinha olhos esbugalhados que não revelavam nada e nunca sorria, embora jamais estivesse sério. (Também era de uma competência sobrenatural e nunca usava aparelhos elétricos para fazer os suflês do restaurante, porque conseguia bater mais rápido à mão do que qualquer máquina.)

    "*C'est très joli ça*", o Johann medieval disse atrás de mim, sempre espirituoso. Muito bonito.

    Eu estava reposicionando uma folha de erva-doce. Ah, tá, pensei. Vamos tirar sarro do Neanderthal.

    "*Oui, oui*", eu disse. "*Je sais, c'est super-joli.*"

    Eu me empertiguei e me virei. Johann não estava sendo irônico, só que isso era impossível, porque ele sempre era irônico.

    Pensei: "*C'est vrai?*".

    "*Oui*", Johann disse (aparentemente) sem ironia.

    Olhei bem no fundo de seus olhos. "*Non*", eu disse.

"*Oui*", ele disse, "*c'est vraiment joli*", e saiu andando, numa demonstração impressionante e impassível de sua convicção. Reavaliei minhas colheres: não apenas como expressões de uma meticulosidade narcísica (como, infelizmente, sempre serão, a meus olhos prosaicos), mas também como, talvez, algo prazeroso. Onde estava o prazer exatamente? Eu me peguei analisando-as de acordo com três critérios:

1. Cor: vermelho-vibrante, tons de verde.
2. Textura: legumes crocantes, a esponja macia da lagosta, o quê de pudim da *panna cotta*.
3. Volume: a tridimensionalidade inegável de um barco de lagosta com um mastro e um ninho de corvo.

Dei um passo para trás. Sem dúvida: eu estava em uma cozinha francesa.

Florian era uma companhia surpreendentemente agradável para a sua idade, sobretudo porque era muito transparente. Nunca tentou ser melhor do que era e, com todo o seu jeito atrapalhado de adolescente, surgiu entre nós uma camaradagem instantânea: dois novatos, um jovem e um não tão jovem, com a esperança quase impossível de se tornar mestres.

Ele era magricelo e alto, provavelmente estava numa arrancada final de crescimento, tinha cabelo escuro e liso, orelhas grandes, nariz grande, pescoço excepcionalmente comprido e braços finos; lembrava uma girafa com o temperamento de um chihuahua. Ele falava sozinho. ("*Le stress! Le stress!*") Se xingava. ("Florian! *Putain de merde!*") Se batia: normalmente dava um tapinha, a mão esquerda na direita. Isso para controlar um tremor. Coisa de gente nervosa. Às vezes seu nervosismo era tão grande que ele se batia com força, erguendo a mão no ar despreocupadamente, como se estivesse se espreguiçando, e então a batia no balcão (rápido, como se quisesse pegar a mão de surpresa).

Ao contrário dos meus cotocos, os dedos de Florian eram compridos e delicados. Pareciam dedos de pianista, mas ele nunca teria conseguido controlar os tremores. O nervosismo vinha do medo, ele confessou. Assim que o dia começava, ele tinha medo de estar prestes a errar.

Às vezes ele apertava o peito, ofegante, como se sentisse uma dor enorme. Testemunhei isso pela primeira vez quando cheguei atrasado para o serviço da noite.

"Fiquei com medo de que você não viesse", ele explicou. Estava hiperventilando e se esforçando para controlar a respiração, com expirações longas e lentas.

(Era vergonhoso que eu estivesse atrasado, e eu parecia estar sempre um pouco atrasado. Na cozinha, nada importa mais do que a pontualidade. Mas fiquei feliz em saber que sentiam minha falta.)

Certa manhã, depois de picar uma chalota com sucesso, Florian deu um soco no ar e comemorou. *"Je l'ai fait!"* Consegui!

Pensei: então eu não sou o único. Ninguém lhe diz isso, mas, nas suas primeiras semanas, uma chalota é uma amolação traiçoeira. Você precisa produzir muitas delas em uma cozinha francesa (apenas sal e pimenta são mais fundamentais), mas elas têm um formato imperfeito e são tão descaradamente escorregadias que, embora você pense que sabe cortá-las em cubinhos perfeitos, elas se recusam a cooperar, e você percebe que está levando mais tempo para prepará-las do que deveria, e que todos devem estar notando.

Florian admitiu, com sua franqueza habitual, que já havia errado duas vezes ali. De maneira espetacular. Ele balançou a cabeça, relembrando. Ele havia começado na estação de carne, contou (em um tom de "Dá para imaginar?"). Foi um desastre. Christophe precisou intervir. Florian foi humilhado. (Ninguém, na minha humilde opinião, era mais eficiente na prática milenar de arrancar a confiança de uma criatura mais frágil do que Christophe.)

Florian ganhou uma segunda chance. Na noite seguinte, foi ainda pior.

"Mas não fui demitido. Ganhei uma terceira chance."

Seis meses depois, Florian ainda seguia em condicional, embora "provavelmente" já estivesse perto de cumpri-la. Era tratado pelos outros, sobretudo por Christophe, como um animal de estimação que já havia sido treinado o bastante (ou quase) para se poder confiar que não destruiria o lugar.

A atitude de Christophe com Florian era incomum. Christophe não apoiava ninguém. De vez em quando, pedia que Florian fosse buscar uma garrafa de água com gás (apenas Christophe tinha permissão de beber água com gás) e, em seguida, com um gesto de magnanimidade espontânea, falava para Florian pegar uma para ele também. ("*Oui!*", Florian murmurava consigo mesmo, dando um soquinho no ar.)

Uma vez, Christophe deu um tapinha no ombro de Florian. Christophe não encostava em ninguém. (Seu aperto de mão era úmido e relutante e, para mim, especialmente memorável pelo reflexo de última hora que me deixava segurando apenas as pontas suadas de seus dedos.) Florian ficou radiante. Ele seria chef um dia.

Jessica conseguiu nossas *Cartes Vitales*, os totens verdes de plástico que garantiam assistência médica — sem os quais, para ser sincero, é impossível uma família viver na França —, mas apenas depois de visitas extremamente beligerantes à Administração de Saúde (chamada de Cpam, sigla de Caisse Primaire d'Assurance Maladie) em uma rua paupérrima e equidistante da sórdida Estação Ferroviária Perrache, da sórdida prisão antiga e da especialmente sórdida Place Carnot. Jessica não se deixou abater pelo ambiente. Era um combate que ela parecia saborear.

"Não há esporte de que os franceses gostem mais do que discutir", ela disse quando finalmente voltou, vitoriosa.

Ela estava sendo mais direta do que sua versão nova-iorquina e revidava com uma mordacidade perversa sempre que a tratavam com descortesia. Os funcionários públicos, ao menos em nosso *arrondissement*, pareciam nunca ter lidado com americanos e não entendiam por que deveriam começar a fazê-lo agora. Seja como for, estou certo de que nenhum funcionário público jamais vira uma americana tão irritada como Jessica. Ela havia sido emancipada pela língua francesa. Há uma característica na descortesia francesa, certa pretensão, provavelmente, que deixava Jessica furiosa, especialmente se ela fosse o alvo: por exemplo, quando um cliente (de novo, um homem) cruzou o pequeniníssimo restaurante em que estávamos comendo com amigos para dizer que ela ria alto demais, ou quando um cliente (um homem, claro) na mesa ao lado, no Bouchon des Filles, se aproximou, depois de observar que Jessica havia enchido minha taça, e disse a ela que na França é o homem, não a mulher, quem serve o vinho. Jessica demonstrou uma surpresa exagerada, respondendo que a mulher em questão era especialista em vinhos, que também era consultora da carta de vinhos do restaurante, o qual tinha o sugestivo nome de Bouchon des *Filles*, cujas proprietárias e administradoras eram mulheres. (O homem foi silenciado de maneira fulminante, e sua mulher passou o resto da noite pedindo desculpas pelo comportamento do marido.)

Em nossa família, é Jessica quem abre as garrafas e serve a bebida.

Ela lidou com as *grèves*, que eram regulares e sem aviso: você chegava à escola e a porta da frente estava fechada, com um papel colado anunciando que os professores haviam paralisado as atividades, ou os funcionários da cantina, ou ambas as categorias. Ela superou o horror das quartas-feiras sem escola quando descobriu um programa municipal de atividades alternativas, organizado em postos da MJC (Maison des Jeunes et de la Culture — Casa da Juventude e da Cultura), tão populares que lotavam em menos de uma hora depois de abertas as inscrições. Jessica, na frente da fila, conseguiu vagas para os meninos em uma unidade da MJC logo atrás do La Mère Brazier. Coube a mim levá-los de carrinho, era um trajeto rápido, só foi preciso passar antes na cozinha para garantir uma tábua antes que não restasse nenhuma. E lá vi os cozinheiros constrangidos ao se ver na presença de crianças pequenas, a incongruência de meninos indefesos em uma cozinha assumidamente agressiva, os dois olhando com os olhos arregalados, espantados: a fragilidade deles, a doçura.

Durante a primavera, quatro amigas do "clube de degustação" de Jessica enfrentaram uma jornada à França para visitá-la e, na prática, retomarem os estudos. Era um tributo revelador da lealdade delas. E também uma excursão óbvia: afinal, estávamos situados a uma distância curta de carro de alguns das maiores variedades de uva. Estimulada, Jessica se rematriculou, para completar seu estudo na WSET, em um centro de formação em Mâcon, a cerca de oitenta quilômetros de Lyon. As turmas eram pequenas e as aulas, dadas em francês; Jessica fez quatro bons amigos e apenas um inimigo, um colega pomposo (homem) cujas atitudes desdenhosas ela foi incapaz de deixar passar impunes e de quem um dia precisou ser fisicamente separada. Durante o restante do curso, Jessica e o pomposo foram obrigados a se sentar em cantos opostos da sala. Quando os dois passaram em uma disciplina e se matricularam na próxima, a disposição dos lugares se manteve.

***

Tive algumas experiências ruins com a sopa de alcachofra que acompanhava a entrada de alcachofra e foie gras. A sopa é feita cortando-se a parte de baixo das alcachofras, submergindo-as pela metade em caldo de frango, sal e pimenta, e cozinhando o líquido lentamente até formar um creme verde e espesso. Durante o serviço, a sopa era mantida quente numa panela deixada em uma prateleira alta num canto logo acima da caldeira da cozinha. A caldeira era onde os ossos eram dourados e os caldos, feitos; tinha o formato de um caixão de criança e estava sempre em uso, borbulhando, produzindo um calor fumegante. O desafio era transportar o creme verde e espesso daquela panela — canto quente, concha grande, vapor de osso de pato na sua cara — para uma pequena xícara branca de porcelana, sem balançar.

Se você balançasse, manchava. Se manchasse, a mancha não voltaria a deslizar para dentro da sopa. Ela aderia, verde e incriminadora, na lateral da xícara.

O *garde-manger* era conectado à cozinha por um alto-falante e ficava praticamente fora do campo de visão. Como Christophe quase nunca via o que estávamos tramando, Florian tinha elaborado um truque para remover as manchas de sopa molhando o indicador na boca e dando uma limpada no interior da xícara. Não sei por quê, mas, embora minha autoimagem seja a do Chiqueirinho com molho de chocolate escorrendo da testa, eu não conseguia fazer aquilo. Quando balançava a xícara, eu jogava a sopa de novo na panela, pegava uma xícara limpa e tentava outra vez. (Sério: você gostaria de uma xícara de sopa que tinha sido limpa com saliva?)

Os pratos do *garde-manger* tinham sua própria passagem, uma bancada sobre rodas posicionada perto da passagem principal (os pratos do *garde-manger* nunca eram montados pelo chef;

eram entregues em alta velocidade e levados rapidamente ao salão). Na bancada de trabalho, havia um frasco de azeite de oliva e uma tigela de sal marinho para finalizar a sopa de alcachofra; ela era temperada no último segundo com seis cristais de sal e três gotas de azeite de oliva.

Uma vez, acrescentei uma quarta gota.

Fiquei olhando para ela. Não havia dúvida. Ali estavam quatro gotas.

O movimento era grande. Havia uma mesa com seis pessoas à espera. Eu tinha uma escolha: levar a xícara de volta à sala de *garde--manger* e refazê-la (atraindo a fúria de Christophe) ou deixar como estava (e *talvez* atrair a fúria dele). O que você faria? Você faria o mesmo que eu fiz. Deixaria a xícara. Era apenas uma gota.

Aqueles eram os primeiros dias, e essa foi a primeira vez em que fui alvo da fúria particularmente personalizada de Christophe. (A segunda foi quando, por motivos que ainda não entendo, deixei na passagem uma sopa com apenas duas gotas.) Quando Christophe está desapontado, ele usa a palavra *franchement* — francamente — em série. Por exemplo, "Francamente, não acredito que você consegue ser tão idiota. Francamente, não sei por que você está aqui. Francamente, não sei como um dia você imaginou que seria competente o bastante para trabalhar numa cozinha. Francamente, não aguento mais olhar para a sua cara". *Franchement*.

Ele era um cretino.

Uma noite, Sylvain me convidou para empratar na passagem junto com ele. Foi um gesto generoso e que ele podia fazer por causa da sua posição hierárquica. Mas eu não entendia por que eu seria tolerado pelos outros. Mais intrigante ainda, não sei por que aceitei.

A cozinha, depois que você está lá, no meio do serviço, entre os fornos, era imediatamente mais quente do que o *garde-manger*. Era como pular em uma água quente demais. Seu corpo quer sair dali na hora. Os poros da minha pele se dilatavam, gotas de suor se formavam em meus braços. Era claro, havia as luzes, as lâmpadas de calor.

Viannay fazia a carne. Ele nunca usava um toque e seu cabelo comprido vivia caindo no rosto e tendo que ser jogado para trás. Além disso, as mangas frouxas e abertas de seu casaco de chef caíam com extravagância, balançando a milímetros da comida, mas nunca se sujavam. Era como um desafio. Não havia me ocorrido o quanto ele gostava da passagem — as lâmpadas de calor eram como holofotes —, mas como eu vivia nos fundos quase nunca o via no palco.

Christophe fazia o peixe. Eu assumiria o lugar dele, Sylvain me disse, e insistiu para que eu estudasse a linha de preparo. (Christophe claramente não entendeu por que eu me encontrava na passagem, e se mostrava irritado por eu estar perto dele.)

Um dos pratos era o *filets de dorade de ligne* — dourada — que era servido com legumes, caranguejo-aranha grelhado e um molho agridoce. Um cozinheiro preparava a *dorade* e a passava pela linha em uma travessa. Outro salteava os legumes, grelhava o caranguejo e colocava uma quantidade do molho, os quais eram acrescentados à travessa logo passada a Christophe, que montava tudo em um prato: sem as mãos, apenas colheres, os legumes dispostos com perfeição, o molho levemente servido em cima com uma colher, como uma gota de orvalho ou um spray: ou seja, quase nada. Cada prato tinha sua decoração.

Na ocasião, empratei alguns pratos, embora não saiba ao certo o que aprendi, porque estava tão preocupado em não pingar ao acaso que, no ato em si, eu tentava não pensar em nada. Com esforço, consigo me lembrar das minhas mãos, de uma colher, do entorno — como também de Christophe, que eu não conseguia ver, mas ouvia, hiperventilando.

Em seguida, voltei ao *garde-manger* e ouvi um monte de merda do pessoal. Quem eu pensava que era?

Klaus, um *stagiaire* holandês perto do fim de seu estágio, estava nos fundos fazendo os preparos e assumidamente com inveja.

"Nunca me deixaram ficar nem perto da passagem", ele disse, "embora tenha sido para *isso* que eu vim a Lyon — para ver Mathieu Viannay empratar." Ele me perguntou com ferocidade: "Você estudou o *travers de porc* dele?".

O prato era composto de costelas de porco com uma calda líquida. Estava entre os que eu havia aprendido no Insitut Bocuse. A versão de Viannay era um quebra-cabeça de formas geométricas. A carne de porco, com as costelas cuidadosamente removidas, formava um retângulo perfeito. Um bombom de foie gras, servido junto, formava um cilindro perfeito. Sim, eu o tinha visto, mas, não, não o tinha analisado.

"Você deveria ser mais atento", Klaus disse. "Os pratos de Viannay são como pinturas."

Klaus estava ainda mais agitado na manhã seguinte. Ele já havia quase completado seu *stage*, voltaria para a Holanda, e ainda não podia acreditar que eu havia recebido permissão para entrar na cozinha da frente.

"Em Amsterdã", ele disse, "ninguém faz os molhos. Eles são comprados em um atacadista. Há molhos verdes, molhos marrons, molhos brancos e molhos vermelhos. Mas você nunca sabe o que são. Aqui eles mesmos fazem todos os molhos. Já experimentou o caldo de vitela? Demora dois dias para fazer."

Klaus confidenciou em um sussurro: "Estou anotando os molhos de Viannay em um caderno". Depois ficou preocupado: "Você não vai contar, vai?".

***

Na manhã seguinte, Viannay me procurou.

Eu estava nos fundos. Ele se aproximou, apoiou o cotovelo no balcão, cara a cara, era uma conversa particular em um espaço público.

Ele me fez uma pergunta.

Não ouvi direito. Pedi desculpas e perguntei se ele poderia repetir.

Ele repetiu.

Entendi a frase: "*Combien de temps encore*". Pedi desculpas de novo. Será que ele poderia repetir mais uma vez?

Ele repetiu.

Minha angústia devia ser visível.

Ele tentou uma sintaxe diferente: "*Tu restes ici encore combien de temps?*".

(Enquanto isso, uma vozinha na minha cabeça estava me importunando: por que você não consegue entender esse cara? Você entende os outros. É porque você tem medo?)

Sylvain interveio.

"*Combien de temps*", ele me disse, muito devagar. "*Tu veux rester combien de temps encore?*"

Ah! *Je reste combien de temps?* Quanto tempo quero ficar?

Oui!

Quer dizer que eu posso ficar? Quanto tempo quiser?

Oui!

Na verdade, eu tinha esquecido que só tinha dezessete dias. "Ai, caramba, para sempre? Quer dizer, *toujours?*".

Os sábados não eram apenas "dias de folga". Eram dias melhores do que um aniversário, melhores do que o Natal, e com muito mais presentes. Os sábados significavam luz, céu, primavera, rio, filhos, esposa, família, lençóis limpos, xícaras preguiçosas de café, pés descalços. Em um desses sábados, eu estava preparando morangos para o café da manhã (da forma como haviam me ensinado, lavando-os antes de descascar, depois removendo, com a ponta de uma faca, a polpa menos saborosa) e pensei: ah, quer saber? E taquei açúcar neles.

Os meninos apareceram, e Frederick declarou: "George, olha, *fraises au sucre*!".

Claro, era isso, morangos (*fraises*) com açúcar (*au sucre*), mas a maneira como ele identificou a preparação, em francês, pareceu uma lembrança do prato na cantina da escola, onde eles o teriam comido pela primeira vez. Em Lyon, eu ainda não tinha servido morangos para eles.

Em outro sábado, fiz uma omelete, do jeito que havia aprendido, e o jovem Frederick observou: "Não sabia que você sabia fazer *une omelette, dada*".

Fiquei olhando para ele, destrinchando as hipóteses implícitas em seu comentário: que ele já havia sido apresentado a omeletes (eles comem omeletes no almoço?); que ele conhecia omeletes como uma comida francesa e apenas na versão francesa (uma preparação de pele fina, enrolada e macia no meio — de preferência *nature*, sem nada dentro, e pronunciada "*une omelette*", com ênfase nos dois tês); que ele estava surpreso, portanto, que eu, seu pai, o americano da família, não apenas conhecesse a comida como soubesse prepará-la); e que, como muitos pais de crianças francesas, eu era chamado de "*dada*".

O menu da cantina era afixado toda semana na entrada da escola: três pratos mais um *produit laitier*, um produto lácteo — iogurte ou queijo. Não havia repetições, uma característica tão radical que me vejo obrigado a repetir: nenhum cardápio foi servido duas vezes durante todo o ano letivo. (Jessica, que havia se tornado membro do comitê executivo de pais e filhos, descobriu que, em intervalos estratégicos, certos alimentos eram repetidos — nabo, couve, beterraba — para ajudar as crianças a se acostumar com eles.)

O primeiro prato era uma salada. Por exemplo, cenouras raladas com vinagrete, o favorito do momento de George ("*Carottes râpées!*"), que ele pedia para a mãe fazer no jantar. O segundo, o *plat principal*, podia ser *poule* com *sauce grand-mère* (feito com o caldo em que a galinha tinha sido cozida). Havia um vegetal cozido (talvez acelga com molho bechamel) e uma fruta ou sobremesa. A favorita dos meninos era *moelleux au chocolate*, duro em volta, como um brownie, e macio no centro, com uma textura de chocolate derretido.

A École Robert Doisneu era uma escola pública subfinanciada e superlotada. Tinha vazamentos no telhado, um playground de asfalto que estava se partindo e com ervas daninhas crescendo pelas fendas. Mas sua confiança de que alimentação podia ser ensinada não era incomum. Daniel Boulud cresceu em uma fazenda, nunca comeu em um restaurante nem comprou comida em uma loja até os catorze anos. Mas tinha sido formado rigorosamente na culinária francesa: por sua família de agricultores, claro, mas sobretudo pela cantina da escola. Todos os membros franceses da *brigade* do Mère Brazier haviam crescido da mesma forma. A comida que nossos filhos comiam os tornava diferentes dos pais.

Em outro sábado, depois de eu pôr os meninos na cama (era a única noite em que eu conseguia fazer isso), Jessica e eu comemos um jantar simples, sobras de frango, salada, uma garrafa de Beaujolais.

Jessica comentou: "Sabia que os meninos recebem nota pela maneira como comem e se comportam na cantina?".

Lá eles comem em silêncio. Isso é para estimulá-los a pensar no que estão comendo. Cada prato é servido em uma mesa por mulheres que sabem quanto de comida as crianças querem. Eles não são obrigados a comer tudo, mas, se não terminarem, não recebem o próximo prato.

Jessica voltou a encher nossas taças. "Os Estados Unidos parecem tão longe..."

Era verdade. Nunca pensávamos na nossa "casa".

"Ninguém que visita a França a conhece da forma como estamos começando a entender Lyon", ela disse. Jessica fez uma pausa, avaliando a dimensão da ideia que se formava, querendo articulá-la, a relação da comida com... o quê? Com tudo? "As pessoas não fazem o que a gente faz." Ela estava empolgada. Seus olhos brilhavam. "Não sei como descrever isso. Seja lá o que for, este lugar que encontramos para nós, a cultura, nossa casa, nosso lugar aqui. Parece algo enorme."

UMA FAZENDA PERTO DE MORNANT, quarenta quilômetros ao sul de Lyon. Nossa família foi convidada por Ludovic Curabet a participar de uma degustação de embutidos que ele havia preparado com a "minha" porca. Já tínhamos ido *à la campagne*? Não.

Paramos no Bob para buscar pão, ele estava falando rápido naquela manhã de sábado, entusiasmado por compartilhar seu mais novo pão, cuja inspiração foi nossa amizade, uma mistura de farinhas americana e francesa — uma farinha de grano duro da Dakota do Sul com uma farinha branca fina da Auvérnia. ("Ela só precisa de um nome", Bob disse. "Lafayette?") Quando contamos aonde estávamos indo, ele nos pediu para trazer um *saucisson* e encheu um saco de papel de mais de um metro com os pães do seu repertório.

Ludovic nos esperava junto com duas outras famílias. Uma mesa, forrada com papel branco de embrulhar carne, tinha sido posta no cume do monte pedregoso. Ludovic serviu produtos suínos de proporções variadas, mas com formatos consistentemente tubulares — apenas um era grande (conhecido como *Jésus*); a maioria deles eram pequenos *saucissons*, sempre de tamanho diferente, cada um amarrado caprichosamente com um barbante. Não havia nenhum *jambon*, a resposta francesa ao *prosciutto*, porque as patas precisam de um ano para maturar, nem cortes de barriga, a *poitrine*, já que ela precisaria ficar pendurada por mais três meses no porão de Ludovic. Havia dois queijos — um Brillat-Savarin, o queijo cru cremoso das proximidades da Borgonha e batizado em homenagem ao escritor, e um Comté, uma variedade dura do Jura, no sopé dos Alpes — e garrafas de um tinto sem rótulo. Ele também havia trazido aparentemente quarenta quilos de cerejas — ao menos quatro engradados de Burlat.

"Cerejas são as frutas daqui", ele explicou. "A estação delas é esta. Você entende? Elas estão no auge *neste* exato minuto *deste* exato sábado." Lyon possui muitas variedades da fruta, que surgem no fim da primavera e seguem até o verão, começando com a Burlat, a primeira a amadurecer e a mais suculenta e doce de todas. Cerejas eram o prenúncio da primavera. Pareciam ter o mesmo sabor e o mesmo espectro doce e ácido da uva Syrah, outro orgulho da região, que era seu lar mais ao norte (e onde os cientistas agora acreditam que ela pode ter sido "concebida", a partir de duas uvas dos Alpes e da Ardèche). A charcutaria, feita com uma porca local, combina excepcionalmente bem tanto com as cerejas quanto com o vinho locais.

Examinei a mesa, que parecia fragrante de possibilidades e associações. Carnes curadas estão entre as preparações alimentícias mais misteriosas do planeta. Elas parecem primordiais, mais antigas do que a própria história, e, como não são cozidas, mas secas e fermentadas, de acordo com o que está disponível (clima, oceano, fumaça, sol, sal, as leveduras no ar úmido), podem parecer tão fundamentais quanto a natureza.

Era a primeira vez que os meninos degustavam um porco francês curado em casa. "Hmm", Frederick disse (em seguida, ele notou a cesta de pães, perdeu o interesse pela carne e saiu andando com uma baguete). George, o carnívoro curioso, deu uma mordidinha e logo empilhou várias fatias na palma da mão.

Peguei um exemplar molenga, do tamanho de uma panqueca, da peça que tinha o peculiar nome de *Jésus* e cujo invólucro é o intestino grosso, com dez centímetros de diâmetro. A fatia era úmida. Eu a esfreguei entre o polegar e o indicador. Era esponjosa. De um vermelho muito escuro.

A cura teria falhado? Ou, como era tão grande, só teria precisado de mais tempo para maturar? Visivelmente, não estava pronta. Talvez fosse só para exibição. Hesitei — por causa da sensação na boca, se não da higiene, queremos muito que o *saucisson* seja seco, não úmido — e notei que as pessoas estavam me encarando. Ficou claro que eu não podia *não* comer meu pedaço de *Jésus*.

Joguei a coisa toda dentro da boca.

"Hmm", eu disse alto e acrescentei: "*C'est très bon, non?*". As pessoas riram, e soltei aquele famoso suspiro de alívio, ao mesmo tempo que sofria para engolir: o pedaço era grande demais.

"*Très, très bon*", repeti, de boca cheia. Eu procurava uma forma de cuspir sem ser notado. Também me achava em negação: meu cérebro estava se recusando, provavelmente por cortesia, a aceitar a mensagem que minha boca enviava. O problema era o gosto, com o qual eu talvez tivesse que me acostumar. Os lioneses pareciam gostar de saber que seus porcos eram inequivocamente de determinada fazenda e de determinado lugar. Gostavam deles selvagens, fedorentos e bem porcinos.

Depois disso, relaxamos languidamente. O dia estava cinzento quando partimos e se tornou chuvoso na estrada. Mas a chuva não havia atingido a fazenda. Os meninos estavam na grama à beira de um campo de trigo. O sol brilhava.

Havia ovelhas, bolas de lã não tosadas, como enormes edredons móveis. Os meninos, jovens urbanos desde o nascimento, nunca tinham visto um animal daqueles tão de perto e foram correndo em sua direção. As ovelhas fugiram.

Frederick pediu para as ovelhas voltarem, por favor.

As ovelhas voltaram.

George se aproximou na ponta dos pés. Os meninos, então, conversaram com as ovelhas, fazendo gestos com as mãos e mímicas, como se estivessem em um jogo de adivinhação, e os animais se reuniram em volta deles e observaram os dois com atenção, pareciam estar escutando. Uma deixou que um dos meninos subisse nela. Houve muitos risos.

Coloquei Frederick nos ombros.

"Vamos dar uma volta." Eu nunca tinha caminhado por uma colina de trigo.

Seguimos devagar, nós quatro. Era mais uma perambulação do que uma caminhada, cujo destino não passava de uma descida incerta. Nuvens altas, céu azul, fim de tarde quente. Jessica usava um vestido de verão. Eu e os meninos estávamos de bermuda. Jessica tirou o sapato. O trigo chegava à nossa cintura. Não conversávamos.

Refleti. Nunca estivemos tão relaxados. Fazia sete meses que havíamos chegado. Estávamos realmente tendo um momento bucólico?

Não tínhamos vindo a Lyon em busca do bucólico. Não estávamos ali por causa dos melões ou dos aspargos de cor violeta, ou da lavanda, ou dos pêssegos dos fazendeiros mais ao sul. Não tínhamos vindo por causa do sul.

Mesmo assim, nosso dia tinha sido bastante agradável, ao menos de acordo com a visão de mundo benevolente e campestre que valoriza o contato com a natureza. A carne de porco: curada à mão. O pão: feito por Bob. As cerejas: vendidas nas barracas em frente aos pomares onde eram colhidas. O vinho: comprado de barril de um vinicultor e engarrafado na adega do fazendeiro. E agora esse campo de trigo acenando lá embaixo, com suas ervas ondulantes de verão.

Lyon é linda, e rara, mas não se trata disso, não é a natureza. Em Lyon, os rios transformam tudo que é construído perto deles — pontes, *quais*, casas seiscentistas pintadas em tons pastel, ruínas romanas aleatórias — em apresentações de luz, sombra e reflexo. Mas Lyon também é uma cidade de retrocessos — mafiosos, policiais corruptos, exploradores sujos tentando a sorte, mulheres, sobretudo do Leste Europeu, trabalhando na esquina. As noites de sexta-feira eram pesadas: os clubes noturnos do outro lado do Saône abriam às onze da noite e fechavam sabe-se lá quando, Elody's Pub, Fiesta, Bootlegger, New Ibiza. As noites de sábado, por incrível que pareça, eram mais pesadas que as de sexta. Você acorda no domingo e tem um bêbado encostado na sua porta. Um veículo que estava estacionado na frente do seu apartamento foi incendiado. Os agricultores chegam cedo à feira para lavar os vômitos com uma mangueira.

Na escola, George se meteu em brigas. Durante o intervalo, meninos de uma família cigana, os "roms", migrantes romenos e búlgaros que viviam em tendas de plástico em um quarteirão desocupado na periferia da cidade, imobilizaram um garoto e cortaram os cílios dele com uma tesoura. Uma babá torceu a orelha de Frederick até mudar de cor e ele gritou. Nas férias de abril, numa creche municipal, o jovem George levou um tapa na cara porque não estava parado na fila. Todos pareciam bater nos filhos. Eles apanhavam nos metrôs, nas ruas, no playground, em restaurantes e na catequese. Levavam tapas na orelha, tabefes na testa, um-dois-três, plaft-plaft-plaft (porque o pequeno Sébastien demorou para descer do ônibus). Uma professora substituta ficou tão frustrada com um dos amigos dos meninos que o levantou da cadeira pela orelha e o esganou. (Isso foi um erro em muitos aspectos, especialmente porque a mãe do menino era advogada e, para ser justo com a escola, a professora foi demitida.)

Eu tinha vindo a Lyon para aprender a cozinhar comida francesa, mas não tinha vindo sozinho. Isso mudava o caráter da empreitada. Os assuntos de família importavam. Nos nossos primeiros seis meses, cada membro da nossa pequena família passara a duvidar da sensatez do projeto. O nosso claramente não se tratava de uma peregrinação pastoral. Tampouco era cultural. Ainda não tínhamos ido a Paris. L'Orangerie e os pintores impressionistas não estavam em nossa lista de afazeres.

Chegamos ao pé do morro. As pernas de Jessica estavam tomadas pela urticária. Meus tornozelos tinham um monte de pontinhos vermelhos que eu vinha coçando sem perceber e que agora eram manchas de sangue. Olhamos para o alto do morro. Era muito mais íngreme do que parecia lá de cima. (Por que os morros fazem isso?) George pediu para ser levado no colo também.

Começamos a subir para voltar. A terra começou a deslizar sob nossos pés. Tocas de toupeira? A terra era farelenta. Jessica desistiu de andar descalça e voltou a calçar o sapato. Frederick segurava minhas orelhas em busca de apoio.

Esse campo, eu disse, nos iludiu. Parecia tão sedutor visto de longe. Mas de perto era tomado de tocas de bicho, urtigas, aranhas, carrapatos — vai saber o que rastejava embaixo da terra. Ela estava ameaçadoramente viva, aquela terra de trigo, e parecia ter pensado que éramos comestíveis.

Nosso anfitrião, o fazendeiro, era da geração que nunca usou pesticidas, não necessariamente por uma questão ideológica, mas porque pesticidas eram caros. O pai de Boulud, Julien, me perguntou: por que precisamos deles agora, se nunca precisamos antes? As fazendas deles são orgânicas porque sempre foram assim. Boulud continua sentindo raiva por ter que capinar o campo de alho nas férias de primavera e por não poder jogar bola com seus amigos que não são da fazenda. A maioria das fazendas no Vale do Ródano são propriedades pequenas.

 Pensei: é desse tipo de campo de trigo que vem a farinha usada por Bob? Eu não tinha ido à Auvérnia, mas conhecia sua reputação de lugar selvagem, primitivo, com uma terra escura oriunda da lava dos muitos vulcões da região.

 Demoraria muito para termos outro momento bucólico. Mas, por enquanto, por estarmos na natureza, fazendo essa pausa, vivíamos um momento feliz. Ficamos surpresos com o quanto parecia certo estarmos exatamente onde estávamos. Desde o fim invernal do outono até o fim estival da primavera. Então, em um sábado à tarde de junho, algo inesperado aconteceu. Tínhamos chegado. Gostávamos dali. Não iríamos embora tão cedo.

v. *Stagiaire*

Sou um ilusionista com as mãos cheias de verdades. Se você me colocar no meio de uma dezena de pessoas entediadas, vai ver essa gente triste despertar, abrir sorrisos, e seus olhos vão se arregalar, cheios de expectativa pelas maravilhas que crio. A mais insensível dessas pessoas vai resgatar, ao ver meu chapéu de chef, expressões infantis de encanto. É por isso que sempre uso um elegante toque de algodão bem passado. Eu uso tantos desses quanto um bispo, mas nada no mundo me faria usar um toque de papel industrializado, um chapéu descartável como Kleenex. É possível que você nem perceba a diferença só de olhar, mas eu perceberia. Ficaria com medo de perder metade dos meus poderes mágicos e, com isso, arrancar metade da ilusão daqueles que me observam.
                            Alain Chapel, citado no livro *Croque-en-bouche*
                                    por sua tia, Fanny Deschamps (1976)

Minha nova função — agora que eu também era um *stagiaire* oficial — me foi explicada por Frédéric. Frédéric e Ansel trabalhavam na estação de peixe. Frédéric, o *chef de partie*, era o responsável por ela. Era alto, magro e rígido, com olhos claros e um rosto retangular e inexpressivo que transmitia ameaça e perigo quase o tempo todo. Ansel era atarracado e robusto, com braços fortes que pareciam desproporcionalmente compridos para seu tronco (ficavam balançando), era coberto de pelos, e logo depois do café da manhã já se via em seu rosto uma barba rala. Não bastasse a atitude impiedosa que os dois tinham em comum, Frédéric e Ansel formavam uma equipe impressionante: algo como Frankenstein e um macaco.

Eu estava varrendo o chão antes do serviço, uma das minhas novas funções, e bati a vassoura na sandália de cozinha de Frédéric. Elas eram do tamanho de um skate. Pedi desculpas e fiz uma piada sobre minha falta de jeito.

"Você se acha um escritor fodão."

"Não, não, não, não." (Não, pensei, seu rosto parecia mais com o Tropeço da Família Addams.)
"Você se acha engraçado. Você não é engraçado. Você não é um escritor fodão. Você está aqui para chupar meu pau." Ele esperou. A hostilidade em seu olhar era impressionantemente intensa.
"*Oui*, chef. Não sou engraçado. Estou aqui para chupar seu pau."
Ele relaxou e pareceu satisfeito. (Pensei: pelo menos *nisso* a gente se resolveu.)
No dia seguinte, apareceu uma *stagiaire* nova, uma mulher. Não havia nenhuma mulher na cozinha. Desde a reabertura do restaurante, não houve nenhuma mulher (situação que o fantasma da Mère Brazier deveria encarar com descontentamento, dada a ironia histórica). Havia também poucas mulheres em outros lugares: a assistente de Viannay, que quase nunca saía de sua salinha no segundo andar e que nunca víamos; e duas garçonetes que, eu não sabia, estavam prestes a pedir demissão. Elas seriam substituídas por duas mulheres — nunca decorei os nomes delas porque elas também se demitiram antes que eu pudesse memorizá-los. Depois, no que deve ter sido uma decisão do tipo "ah, foda-se", Viannay as substituiu por homens.
Sylvain trouxe a nova *stagiaire* para o *garde-manger* para apresentá-la. Era lá que ela trabalharia, ele disse.
"Hortense?", exclamei.
Hortense era a jovem pálida, loira e magra de vinte anos, com cara de adolescente e jeitinho de muda, que conheci na minha primeira semana no Saisons. O que ela estava fazendo ali? Parecia uma atitude radical de Viannay admiti-la, e de Hortense em aceitar trabalhar ali. Ela não havia mudado, continuava tão apagadinha quanto antes. Mas quem era eu para julgar? Ela estava obviamente tímida, mas não intimidada. Afinal, ela estava ali.

Agora havia quatro pessoas no *garde-manger*. Florian, Michael, Hortense e eu.

A estação provavelmente não precisava de mais pessoas. Só precisava de alguém no comando. Isto era o essencial do sistema de *brigade* de Escoffier: uma hierarquia clara. Até uma estação pequena, como a de peixe, com duas pessoas, tinha um comandante, um *chef de partie*. Descobri o problema do *garde-manger* quando um consultor apareceu certa manhã durante a preparação. Ele ficou parado no degrau, sem atrapalhar e, com uma visão de tudo e, juro por Deus, uma prancheta, observou a equipe trabalhando. Ele nunca se apresentou nem confirmou qual era sua função. Nunca disse: "Olá, seu chefe está me pagando para descobrir por que vocês são tão disfuncionais".

Acabei por nos imaginar como devíamos ter parecido a ele: um Florian ofegante, um Michael taciturno, um norte-americano mais velho e calvo que nunca sabia ao certo o que fazer em seguida e uma Hortense muda se esforçando para esconder o mal-estar.

Ela estava, compreensivelmente, pouco à vontade: aquele era um espaço fechado, ela estava lado a lado com homens, a maioria lidando com excesso de testosterona. Era como se tivesse sido vítima de um erro colossal e, em vez de ser enviada para uma cozinha francesa onde veria as expressões mais elevadas da cultura culinária, tivesse ido parar numa penitenciária masculina.

A cozinha também estava pouco à vontade com ela. Por duas semanas, Hortense foi tratada apenas como "mademoiselle". Por exemplo, "A mademoiselle poderia preparar os aspargos, *s'il vous plaît*"? ou "A mademoiselle poderia cortar alguns tomates?". O efeito era intensificar os holofotes. Toda vez que os membros da cozinha ouviam "mademoiselle", pensavam: alerta, há uma mulher na cozinha! Isso deixava todo mundo tonto.

A bobagem passou, e Hortense se tornou invisível; as rotinas do lugar — e as piadas sexuais, que haviam sido suspensas por causa de sua presença — foram retomadas.

Não sei se Frédéric teve uma conversa com Hortense parecida com a que havia tido comigo, esclarecendo a função dela. Ele falou alguma coisa que eu não ouvi, ela ficou imobilizada pela frase e imediatamente com medo. Uma vez se referiu a ele como um "tipo Michelin" — um personagem durão que trabalhava apenas em grandes restaurantes, treinando para um futuro de estrelas Michelin — e, depois do acontecido, passou a ficar visivelmente tensa na presença dele. Frédéric, por sua vez, havia desenvolvido uma prática, sempre que Hortense passava na frente dele, de fingir estar montando nela por trás.

Klaus voltou para Amsterdã numa sexta-feira. Na segunda seguinte, Sylvain me apresentou a Jackie Chan, outro novo estagiário. Também o reconheci: do Institut Bocuse, um terceiranista prestes a se formar assim que cumprisse seu último requisito: um *stage*, aquele *stage*. Para Sylvain, o que importava era a experiência em cozinha de Jackie. Ele havia trabalhado na linha de preparação de um respeitado restaurante da Borgonha, portanto começaria na estação de carne. *Stagiaires* normalmente não começam na cozinha principal.

Ele durou dois dias.

Não foi uma grande surpresa. As três últimas pessoas que haviam tentado trabalhar lá, inclusive Florian, haviam fracassado e sido postas para fora. No caso de Jackie, não o expulsaram de forma permanente, foi mais uma repreensão pública, porque não havia um plano B. (O restaurante — existiam outros sinais de que faltava dinheiro — precisava de outro cozinheiro, mas não queria contratar um, então teve sorte. Arranjou um *stagiaire* com qualificações evidentes.)

Durante seu rebaixamento temporário, Jackie estourou ervilhas comigo nos fundos, enquanto membros da *brigade* — Christophe, Viannay, Ansel e até Johann (o Johann bobo da corte) — faziam de tudo para ir atrás de Jackie e lembrá-lo de sua infâmia. Sylvain falou para Jackie que ele era um *putain* e que havia desonrado o restaurante. "Espero que esteja pensando no que fez de errado", Sylvain disse.

Perguntei a Jackie o que ele havia feito.

"Temperei mal a carne."

"Pouco sal e pimenta?"

"Pouco sal."

Christophe havia dito que Jackie não estava experimentando a comida. "Mas eu estava. Meu paladar é diferente do dele." Jackie fez uma pausa. "Eu sou de Jakarta."

"Seu nome não é Jackie Chan, é?"

"Não, Jackie Chan é um ator famoso. Ele é chinês. Eu sou indonésio." Uma pausa cômica. "Somos todos parecidos." Ele sorriu. "Meu nome é Hwei Gan Chern", esclareceu. "Pode me chamar de Chern."

Eu já estava com "Jackie Chan" tão arraigado na cabeça — era o único nome usado na cozinha —, que foi preciso um ajuste para pensar em usar "Chern".

"Você prefere atender pelo seu verdadeiro nome?", perguntei.

"Ah, sim. Você não?"

"Claro. Não sei por que perguntei."

Chern foi autorizado a voltar à estação de carne na semana seguinte.

"Jackie Chan, este é o meu engradado de cenouras", Ansel disse. "Esse é o seu." Os legumes do dia tinham acabado de ser entregues; cada engradado tinha cinco quilos.

"Vamos apostar, Jackie Chan. Esse é o seu descascador. Este é o meu. Valendo!"

Ansel odiava todo mundo, sobretudo porque todo mundo era devagar.

"Mais rápido, Jackie Chan. Mais rápido!" Ansel, aliás, era muito bom em descascar cenouras. "Jackie Chan, você está com preguiça?"

Ansel terminou suas cenouras. Foi até a estação de Chern e parou diante dele. Chern ainda tinha muitas cenouras para descascar.

"Você é muito, muito devagar, Jackie Chan." Gotas de suor haviam se acumulado na testa de Chern. "Por que você é tão devagar?" Ansel se agachou, para entrar no campo de visão de Chern. "Por que não me responde, Jackie Chan? Você é uma garota, Jackie Chan. Nunca vai ser um chef."

"Ansel é um cuzão", Chern me disse durante o *personnel*. Chern odiava Ansel, possivelmente mais do que Ansel odiava o resto do mundo.

No dia seguinte foram batatas.

"Você não presta para nada, Jackie Chan. Talvez seja melhor procurar uma vaga de garçonete."

O dia começava às oito da manhã e terminava por volta da meia-noite, exceto às sextas, quando terminava à uma da manhã, e o ritmo estava sempre à beira do que se poderia chamar de uma "correria". Nada era mais importante do que a velocidade.

Eu estava preparando pimentões vermelhos — removendo a pele e as sementes, nada muito chique — para um sorbet vermelho-vivo que acompanhava os filés curados de *merlu*. (Ou "pescada"? É isso? O que quer que fosse agora era *merlu*.)

"Já acabou?", Sylvain me perguntou. O serviço estava prestes a começar.

Dez minutos depois: "E aí, está acabando?".

Momentos depois: "E os pimentões?". Sylvain se aproximou para ver o que estava acontecendo.

"Ah, agora entendi. São suas mãos."

Olhei para minhas mãos.

"Você nunca deve cruzá-las. Olhe", ele disse, reorganizando os itens em volta da minha tábua. "Coloque os pimentões à sua esquerda, a faca à direita, a lixeira também ali, e a travessa para os pimentões finalizados no centro."

(Será que eu era a última pessoa no planeta a descobrir que não cruzar as mãos fazia diferença?)

Sylvain abriu seu sorriso de Sylvain. Então Christophe apareceu.

"O que você está fazendo", ele disse. *Qu'est-ce que tu fais*. Não havia como responder a essa pergunta porque não era uma pergunta. (Christophe nunca xinga. Nunca levanta a voz. Diz: "*Qu'est-ce que tu fais*".)

"Eu estava ensinando o Bill", Sylvain disse, caindo na armadilha de responder e gaguejando meu nome. "Uma técnica. Para agilizar." Era como se ele tivesse sido pego no flagra.

Christophe moveu a mão no ar, o que parecia indicar que esse tal de "Bill" era uma mosca. "Estão precisando de você na passagem, Sylvain, onde, talvez, você faça algo de útil."

Você não podia perder tempo. Não podia andar e mudar de direção. Não podia mudar de ideia. Não podia fazer duas viagens.

De manhã, quando as portas se abriam, você pegava uma tábua no suporte de tábuas, todas as panelas, frigideiras e utensílios de que ia precisar no dia todo. Você só voltava ali no fim do serviço, carregando tudo de volta (todas as coisas empilhadas com dificuldade em sua tábua, atravessando o *garde-manger* com cuidado, porque não dava para ver seus pés, e havia um degrau no começo e outro no fim). Antes disso, você ficava onde estava. Não podia, por exemplo, se dar conta de algo e pensar: opa, esqueci uma coisa e preciso voltar.

Na verdade, você podia voltar, mas o caminho era uma via estreita com Ansel e Frédéric no peixe, depois Michael e Florian no *garde-manger*, e então Sylvain no frigorífico, e ninguém queria ver você, porque seu retorno significava que você não era organizado e merecia ser repreendido. Florian (fazendo jus à sua posição inferior na hierarquia) era o mais agressivo e dava um jeito de se tornar exageradamente alto e comprido, e não estava a fim de sair do seu caminho sem trombar com você, concentrando no rosto uma expressão de repulsa e desprezo, e chamando você de *putain de merde*.

No começo, ninguém puxa você de lado e diz: "Ei, deixa eu te explicar como este lugar funciona". Em vez disso, faz parte da cultura da cozinha uma intolerância patológica com novatos e um prazer perverso e tirânico em assistir às tentativas fracassadas dos novatos de entender como funciona uma cozinha que os outros já conhecem. Para eles, deve ser divertidíssimo.

Depois Ansel anunciou que estava pedindo demissão, o que, na pequena comunidade da cozinha, era um acontecimento significativo. La Mère Brazier era um projeto — todos nós estávamos lá para vivê-lo, conscientes do que havia em jogo. Ansel era o primeiro membro da equipe original a sair por vontade própria.

Ele apareceu nos fundos em sua última noite. Ele estava trabalhando fora de seu turno, e haviam dito a ele que me ajudasse. Eu estava estourando ervilhas. Eu estourei. Ele estourou. Não falamos nada.

Terminamos e começamos a descascar batatas. Ansel usava uma faca. Eu tinha um descascador manual.

Não falamos nada.

Descascamos.

Ficou evidente para mim que, aos olhos de Ansel, eu era um cachorro desprezível (para mim estava tudo bem, pois, aos meus olhos, ele era um macaco).

"Você acha Christophe um bom cozinheiro?", perguntei. Devo ter sentido uma vontade súbita de puxar assunto.

"Christophe?" Ansel pareceu surpreso, como se tivesse acabado de descobrir que o cachorro desprezível sabia fazer um truque que envolvia a fala humana. "Por que está me perguntando isso?"

"Fiquei curioso."

"Christophe, um bom cozinheiro? Talvez. Não faço ideia."

Comecei uma batata nova.

"Odeio Christophe." Ansel pronunciou o nome como se tivesse tossido. "Não gosto de ficar no mesmo ambiente que ele."

Ele terminou uma batata e pegou outra. Ansel era muito rápido. "Não gosto de respirar o mesmo ar que ele", acrescentou. "Você entende? É por causa dele que estou indo embora."

"Você está se demitindo por causa do Christophe?"

"Ele me dá vontade de vomitar." Ele enfiou os dedos na garganta.

"Você não está indo embora porque arranjou outro emprego..."

"Não arranjei outro emprego."

Ficamos em silêncio. Era uma decisão forte.

"Você deveria usar uma faca", ele disse, apontando para a batata na minha mão.

"É. Eu sei. Sou lento com uma faca."

"É o descascador que é lento. A faca não é lenta", ele disse. "De quantos movimentos você precisa para descascar sua batata? Você não sabe, sabe?"

Eu não sabia. Continuei. Ansel me observou. Ele estava contando.

"Vinte e cinco", disse. "Você precisou de 25 movimentos para descascar essa batata. Sabe de quantos precisa com uma faca? Sete. Olhe só."

Ansel pegou uma batata nova passou a descascá-la, iniciando em uma ponta e terminando na outra. Depois recomeçou. Com sete movimentos, ele havia removido toda a casca. Não precisou voltar para retirar nenhuma casquinha que tivesse deixado passar, porque ele não havia deixado passar nenhuma, nem na parte de cima nem na de baixo da batata, o que, com um descascador manual, eu sempre era obrigado a fazer com alguns minimovimentos.

Ansel segurou a batata entre o polegar e o indicador. Era um heptágono perfeito.

"Eu mantinha um ovo no bolso. Para praticar."

Mencionei uma competição de descascar batatas sobre a qual eu tinha lido no *Le Progrès*. Havia acontecido no fim de semana anterior, na decadente Place Carnot. A competição parecia um indício muito eloquente do lugar onde eu estava — em Lyon, essa capital egocêntrica da gastronomia. (Fala *sério*, uma competição aberta para eleger o descascador de batatas mais rápido?)

"Sim, eu conheço essa competição. Fui campeão dela duas vezes."

Quando cheguei em casa à noite, cozinhei um ovo e o carreguei comigo durante um dia. Não consegui fazer aquilo direito, o movimento, fingir que estava descascando uma batata imaginária com uma faca imaginária.

Tive mais sorte com a batata de verdade. No sábado, comprei um saco delas e pratiquei no domingo de manhã, antes de minha família acordar.

Ansel era o homem da faca, e a faca, na cozinha, é a ferramenta essencial. Ele me ensinou algo que julgava saber, sobre manter o nó dos dedos encostados na lâmina, para não se cortar. Eu fazia isso, mas apenas de modo intermitente, com medo de fazer pressão demais em uma coisa tão perigosa, e provavelmente porque já havia me cortado muito feio inúmeras vezes. Ansel disse que por isso eu era uma pessoa muito burra. Ansel disse que não cortava nem manteiga sem o nó dos dedos encostados na lâmina. E quanto a mim — aquele que vinha se cortando regularmente desde que entrara em uma cozinha pela primeira vez —, depois da minha sessão com Ansel, não me cortei mais com uma faca. Nenhuma vez. (Para esclarecer, ainda me corto: apenas encontrei outras formas engenhosas de alcançar esse feito.)

Ansel era um cuzão. Chern tinha razão. E eu estava feliz que ele estivesse indo embora. Mas também por ter finalmente conversado com ele. Ele era um cuzão do bem.

Naquela sexta, o último dia de Ansel, Michael não apareceu. Nunca havia acontecido, desde que o restaurante tinha sido reaberto, de um cozinheiro simplesmente não aparecer.

Michael era o membro mais responsável e retraído da cozinha. Tendia à morosidade, e sua personalidade era de uma angústia incessante, mas ele trabalhava muito, era reservado, nunca se atrasava e raramente fazia demonstrações de agressão ou drama (a menos que, como descobri, você entulhasse a tábua dele sem querer).

Christophe esperou uma hora. Às nove em ponto ligou no celular de Michael. Ele não atendeu. Deixou mensagem. Ficou olhando para o telefone. Chamou Sylvain, que estava fazendo o inventário semanal do frigorífico, e disse para ele passar para o *garde-manger*.

Sylvain, também à espera de um telefonema, pois sua mulher ia dar à luz ao primeiro filho deles, entrou na cozinha de *garde-manger* e cuspiu no chão.

Michael era um *putain*, disse. Não, ele era pior do que uma puta. Era um cachorro.

Sylvain estava acelerado. Sua fala era rápida. Entrecortada. "Um cachorro", ele disse, "um cachorro imundo, imundo. Um cachorro, um cachorro, um cachorro."

Será que Sylvain sabia de alguma coisa que eu não sabia? Imaginei possíveis explicações: doença, intoxicação alimentar, um parente em apuros, despertador com defeito — as mais plausíveis, pensei, ao menos se tivesse a ver com as longas jornadas do restaurante. Os dias mais longos, os que terminavam entre uma e duas da manhã, ocorriam quando, sem aviso prévio, Christophe inspecionava as estações e considerava que precisavam ser limpas e inspecionadas de novo.

"*Pas propre*", ele dizia.

"*Sale*." Era outra palavra que ele usava: "sujo".

"*Pas propre*." Ele apontava e zombava.

Podia ser uma mancha, uma marca de dedo, um pouco de gordura na lâmina de um cortador, um ponto escuro no reboco da parede, um risco na porta imperdoavelmente riscável da geladeira cromada. "*Sale*."

Levava um bom tempo para Christophe chegar ao ponto de achar "O.k.".

Eu contava as horas com certo orgulho: dezesseis a dezoito horas por dia (com uma pausa vespertina curta, mas não garantida) *vezes* cinco dias. Uma semana de oitenta horas, mais ou menos. Em casa, eu saía antes de todos acordarem e voltava depois que todos já tinham ido dormir. Mas minha rotina era fácil: eu ia e voltava a pé. Sylvain, os dois Johanns, e o moço que cuidava da estação de carne, Mathieu Kergourlay, voltavam de carro e faziam longas viagens. Chern e Hortense moravam no alojamento do Institut Bocuse, e esperavam um ônibus noturno.

Eu tinha passado a gostar daquele absolutismo sem concessões. Não havia uma equipe matinal fazendo o seu trabalho. Você mesmo preparava, cozinhava, empratava, limpava sua estação, lavava as paredes, os pisos, as bancadas, depois começava de novo e preparava o jantar. Havia uma honestidade e até mesmo uma filosofia: preparar a comida era mais do que cozinhar. Eu estava gostando dessa jornada. Havia uma pureza nela por ser muito absoluta. Era isso que você fazia. Mas se alguma coisa desse errado — não havia licença médica, não havia substitutos — alguém assumiria duas funções, como aconteceu com Sylvain, que ficou com a dele e a de Michael.

Por volta das onze da manhã, houve uma ligação. Christophe perdeu a chamada e ouviu uma mensagem de voz — sem nome, um amigo: Michael tinha sofrido um acidente, ontem à noite, e capotado o carro.

Sylvain estava indignado. Ele agarrou a bancada com as mãos. Os músculos de seu pescoço estavam tão dilatados que chegavam a assustar. Tive medo por ele, da intensidade de sua fúria, de sua força contida, de seu rosto ficando vermelho.

Tudo que Sylvain sabia era que, de alguma forma, Michael havia feito alguma coisa errada, embora ele ainda não soubesse o quê. Ele tinha violado o código. *La rigueur* — Sylvain usou a palavra. Engula o choro. Seja firme. Não desaponte.

Viannay a usou, a palavra. Uma vez cheguei atrasado, precisara fazer uma cirurgia odontológica de emergência, e só apareci depois que o *personnel* havia terminado. Viannay esperava por mim à porta, no degrau do alto, bloqueando minha entrada, os braços cruzados.

Eu tinha mandado uma mensagem. Pânico: ele não recebeu?

"Eu ouvi a mensagem."

Pedi desculpas pelo atraso.

Ele apontou para o relógio.

Pedi desculpas de novo. Apontei para o maxilar. "A dor." Tentei fazer graça.

Viannay abanou a cabeça. "*La rigueur*. Você entende? *La rigueur*."

Pedi desculpas. Ele não se movia. Estava bloqueando a porta.

"Ou você está conosco ou não está."

"Estou com vocês."

Então ele deu um passo para o lado.

Les règles. As regras. *Les règles* governavam a comida. *La rigueur* governava o comportamento.

Depois do almoço, a polícia telefonou. Havia uma passageira, a namorada de Michael. Quando o carro virou, ela se feriu e estava no hospital, em tratamento intensivo. Michael tinha bebido.

Sylvain deu um soco na porta da geladeira e deixou uma marca.

"Michael estava embriagado. Estava acima do limite de velocidade", Viannay informou.

Michael apareceu na manhã seguinte. Viannay pediu para falar com ele no andar de cima e o demitiu.

"Ele não tem as habilidades", Viannay me disse. "O problema não foi a bebida. Você entende? Ele não era bom o suficiente."

Por que Viannay estava me falando isso? Ele pareceu animado com toda essa franqueza.

Viannay sabia ser linha-dura. E de repente não ser mais. Ele conseguia ir do morno ao frio e então ao quente em segundos. Era um objeto de estudo. Nós todos o estudávamos. ("Olhe a gola", Frédéric sussurrou para mim, referindo-se às listras de MOF, fitando Viannay, querendo descobrir o que é que ele tinha.) Ele era o chef proprietário. Estávamos em seu território e a seu bel-prazer. As leis eram dele. Você não se sentia inteiramente à vontade em sua presença. Depois se sentia, e ele era seu amigo. Depois não mais, e você achava que ele poderia lhe fazer mal.

Seus acessos de fúria eram raros, mas focados, como os de um predador. Ele ficava quieto, andava na ponta dos pés, como um animal da floresta. Viannay nunca gritava. Falava baixo, a não ser quando estava com muita raiva; daí sua voz era algo como um sussurro sibilante. Ele cerrava os dentes, o maxilar parecia se alongar, o rosto mudava. Ele me fazia pensar num animal, como o glutão ou o vison: violento, rápido, cruel.

Certa manhã, eu estava no meio de uma atividade particularmente tediosa, escolhendo apenas os exemplares perfeitamente bem formados entre a folhagem de plantas delicadas. Christophe tinha exigido isso. (Ele tivera uma espécie de epifania horticultural e agora acreditava que, ao jogar folhas perfeitas para lá e para cá em um prato, os itens ali presentes — como carne, legume e molho — passavam a estabelecer entre si uma conexão estética, ou metafísica, ou talvez apenas física.) Christophe também havia desenvolvido uma intolerância a quaisquer folhas inferiores ou danificadas que lhe fossem entregues. "*Feuilles*", ele vociferava pelo alto-falante. "*Feuilles*" são folhas. Christophe não estava pedindo *feuilles*. Estava expressando descontentamento com as *feuilles* que eu havia acabado de lhe dar, porque, invariavelmente, eu mandava aquelas que *não só* eram inferiores *como também* estavam danificadas.

Viannay se aproximou de mim quando calhou de eu estar tendo um pequeno chilique particular, eu e meu engradado de folhas, jogando-as de um lado para o outro, as filhas da mãe, com nada menos do que pura hostilidade. Havia muitas, e todas defeituosas — olhe ali, um punhado de caules curvos —, eu não via nenhuma perfeita, porque nada era perfeito, e, para ser franco, até do ponto de vista moral nada *deveria* ser perfeito, e me peguei sentindo saudades da Itália e de sua perfeita aceitação da natureza como natureza, com todos os seus caules curvos.

Viannay ficou paralisado. Ele me encarou. "O que você está fazendo?"

Foi como se ele tivesse me flagrado roubando (e talvez, em certa medida, eu estivesse), e ele passou de chef que parecia meu amigo a homem em fúria: os dentes, o maxilar, a expressão carnívora.

Então mudou novamente. Foi como se uma nuvem cinematográfica tivesse acabado de atravessar o céu da noite, e o rosto normal de Viannay voltou: ele devia ter lembrado que eu era americano, que ele tinha ido aos Estados Unidos e sabia que as pessoas de lá são ignorantes quando se trata da cultura das folhas e de outras questões importantes para um francês.

"Deixe eu mostrar para você", ele disse. "Folhas são delicadas. Precisam ser tratadas com delicadeza." *Doucement*. Ele fez uma demonstração: como mergulhar as mãos no engradado de folhas e, então, com curiosidade, e até afeto, selecionar uma por uma, deixando as inferiores de lado, em busca do espécime perfeito. Cada folha promissora era como uma possível relação romântica ("Esta? Não, infelizmente"), e a expressão facial sempre mutável de Viannay foi se suavizando.

"Leva um pouco de tempo para encontrar uma folha perfeita", ele disse. Então ele encontrou. Colocou a folha na palma da mão. Olhou para ela com tamanha atenção que seus olhos ficaram um pouco vesgos. Ele a depositou com cuidado em um papel-toalha.

"Esta é uma folha boa."

À noite, Viannay chamou Johann pelo alto-falante da cozinha para vir até a passagem. Foi o Johann relaxado quem apareceu, alegre e descontraído, o toque colocado no último segundo, a calça caindo.

"Quero fazer uma sobremesa para segunda", Viannay disse, "alguma coisa com framboesas."

"*Oui*, chef!"

Johann voltou para a cozinha de confeitaria lisonjeado. Estava sorrindo.

Viannay gostava de sobremesas francesas clássicas, consagradas e executadas de maneira impecável. Havia a premissa implícita — provavelmente inspirada em Paul Bocuse — de que os itens do repertório francês eram perfeitamente bons desde que estivessem perfeitos. No cardápio de Viannay havia um suflê Grand Marnier com um sabor de laranja especialmente intenso, e o Paris-Brest, a massa *choux* em forma de argola, minha sobremesa favorita, sem sombra de dúvida. No espírito apropriado, Johann criou uma obra de frutas em camadas chamada *mille-feuille croustillant aux framboises* — três camadas de massa folhada, com framboesas entre elas, unidas por um creme de framboesa. Era vermelho, branco e rosa.

Viannay partiu para cima com uma colher. Ouviu-se um "crec" firme e satisfatório. Ele deu uma mordida. Mastigou, e pude ouvir o som da crocância em sua boca. Ele deu outra mordida, maior, e outra, e liquidou o prato rapidamente.

Johann ficou feliz. Era óbvio que Viannay tinha gostado.

Na verdade, óbvia era a fome de Viannay.

Ele limpou o canto da boca. Pigarreou. Em seguida, demitiu Johann.

"Não é boa o bastante", Viannay disse. E assim passou a haver apenas um Johann.

O outro Johann perguntou se ele não poderia trabalhar até o fim da semana, e Viannay permitiu. Johann ficou surpreso com sua demissão, mas aceitou seu flagelo com serena desenvoltura.

Viannay tinha sido inequívoco: suas sobremesas não são suficientemente boas. Tchau. Frio.

Sylvain conversou com Johann em um canto. Foi a cocaína, *coco*? (Johann não seria o primeiro chef a não conseguir enfrentar a longa jornada sem uma ajudazinha extra.)

Não, ele disse. Não houve menção a drogas. Era simples. Ele disse que eu não era suficientemente bom.

Um dia Hortense estava chorando. Pouco antes do serviço do almoço, ela tinha ido para a cozinha da frente varrer o chão (agora *sua* função), e Frédéric, assomando-se sobre ela, havia dito alguma coisa — vi o confronto, mas não ouvi o que tinha sido dito — e ela voltou correndo para o *garde-manger*, toda angustiada. Viannay foi convocado. Quando ele chegou, o rosto dela estava ensopado e inchado, molhado como uma toalha, e ela respirava com dificuldade.

Viannay colocou a mão no ombro dela para acalmá-la. Ele conseguiu que Hortense controlasse sua respiração. Então se debruçou na bancada, chegando bem perto, a centímetros dela. Eu estava próximo, derramando a gelatina em uma terrine com um funil, e fiquei impressionado com a delicadeza, com a humanidade daquilo.

Ele estava perto dela para terem privacidade. Praticamente sussurrava. Ele não estava interessado na ofensa. Aquilo era a cozinha. Ou você aguenta, ou vai embora. Ou está conosco, ou não está. E ela confirmou que estava.

Nas manhãs de domingo, eu saía com os meninos o mais cedo possível e pelo maior tempo possível. Era um prazer. E também era um pedido de Jessica.

A maior parte da Presqu'île fecha aos domingos, exceto os cafés e os bistrôs perto da feira no *quai* Saint-Antoine. Nosso lugar se tornou o La Pêcherie. Seu atrativo eram as cestas abundantes de *pain au chocolate* (os meninos comiam pelo menos dois cada um), um ótimo chocolate quente e um café aceitável. (Uma velha falácia francesa é a cultura dos cafés. O café servido na França é imundo, fraco, feito com incompetência e uma verdadeira agonia de beber. O melhor café que você vai conseguir se encontra depois de cruzar a fronteira com a Itália.) O Café Pêcherie ficava na frente de um ponto de ônibus suburbano e, nas manhãs de domingo, abrigava retardatários de noitadas festivas que, enquanto esperavam o transporte público, tomavam uma cerveja de café da manhã, esforçando-se para manter o equilíbrio em um banco do balcão, às vezes descendo às pressas para o banheiro, no andar de baixo: eram curiosidades aromáticas que meus filhos fitavam, ressabiados.

Eu e os meninos íamos ao mercado depois, e voltávamos para casa pelo Anfiteatro das Três Gálias, uma ruína antiga desenterrada apenas em 1978. O anfiteatro tinha sido construído pelos romanos como ponto de encontro ao ar livre para as tribos nativas do Vale do Ródano, e é tão grande que parece improvável que tenha sido enterrado tão completamente pela história a ponto de levar quase 2 mil anos para ser encontrado. Em seus tempos áureos, era lá que homens peludos (os gauleses, famosos pela abundância de pelos) percorriam grandes distâncias para se embebedar. Meus meninos ficavam fascinados com o encanamento: tantos lugares para fazer xixi, cocô e vomitar.

Atravessamos o rio e demos de cara com Christophe, que demorei para reconhecer com suas roupas civis e sem o *toque blanche* gigante. Ele estava sentado com uma mulher — cabelo escuro, pele clara, brincos de argola, batom vermelho — a uma mesa do lado de fora do Wallace Bar, um pub escocês de esportes conhecido por oferecer comida ruim, cerveja boa e muitas televisões. Eu nunca tinha visto Christophe fora da cozinha. Nunca o tinha visto com uma mulher. Nunca tinha nem pensado que ele existia na vida normal. Não olhei para eles por muito tempo — Christophe e eu nos cumprimentamos com o aceno mais imperceptível e infinitesimalmente minúsculo de cabeça. Mas eles não pareciam muito à vontade. Seria um encontro? No Wallace? A ideia de flerte de Christophe envolvia indigestão? (Seria possível que alguém o amasse?)

Os pés de Frederick balançavam contra meu peito, a mãozinha de George estava grudada na minha, e me dei conta de um mal-estar súbito. Era perigoso para mim ser visto dessa forma, com minha prole. Na cozinha, você se torna uma pessoa diferente de quem é do lado de fora. Eu estava acostumado a ficar alerta lá. Homens duros, mulheres duras. Não gostei de ser visto com meus filhos pela pessoa que administrava o lugar. Eles não eram duros. Eram vulneráveis. Eu me sentia vulnerável com eles sob meus cuidados.

O VALE DO LOIRE. O Loire é o rio mais longo da França, subindo a partir do sul e, depois, um pouco antes de Paris, virando para oeste rumo ao mar. Era em seu vale que a capital ia buscar boa parte de seus vinhos, sobretudo porque era muito perto. Também era para lá que reis e rainhas davam uma escapada para caçar ou fugir do calor, ou só fugir mesmo.

Peguei o carro e fui para lá num fim de semana. Saí de casa e segui direto para o norte, com o Saône à direita, os morros de Beaujolais à esquerda. Depois de uma hora, cheguei à Rocha de Solutré, uma formação calcária imponente que marca o começo do sul da Borgonha e que já tinha sido o lar, talvez lá por 50 000 a.C., dos homens das cavernas da região (a era paleolítica média, na "Idade da Pedra"). Nas colinas ao redor, há vinhas de uvas brancas, quase exclusivamente Chardonnay: as vinhas felizes de Pouilly-Fuissé, Saint-Véran e Mâcon.

Parei para almoçar na cidade de Beaune, no coração da Borgonha, e depois segui em frente. Em Dijon, a estrada vira para noroeste, na direção de Paris.

Meu destino era Amboise, antigo lar de François Premier, rei da França de 1515 a 1547 (e sogro de Catarina de Médici). A cidade fica às margens do rio Loire e ao longo de uma famosa extensão de oitenta quilômetros de castelos. São os milagres arquitetônicos do Vale — Chambord, um projeto de construção que durou 28 anos, iniciado por François Premier, que dizem ter sido desenhado por dois toscanos; Chenonceau, reconstruído em 1515 e, a partir de 1560, lar de Catarina de Médici; Châteaudun — onde há um castelo ricamente elaborado depois do outro, mais de cinquenta. O castelo com torres que a Disney usa como logotipo, com fogos de artifício estourando, pode ter se baseado nos castelos do Loire; já no século XVI, esse trecho parecia um conto de fadas, os castelos tendo sido construídos não como fortificações, mas, na prática, como manifestos oníricos, inspirados pelas residências nobres do norte da Itália, muitos deles projetados por arquitetos do norte da Itália ou decorados com lareiras, escadarias e tapeçarias italianas. No mesmo espírito — e isto demonstra um anseio francês pelo que os italianos já haviam atingido, um Renascimento próprio — François Premier, que falava italiano, logo depois de ter sido coroado, convidou Leonardo da Vinci para se mudar para Amboise, onde então ficava a residência real. Não era algo sem precedentes. O rei buscava artistas italianos para apadrinhar — como Benvenuto Cellini e Andrea del Sarto — e eles eram bem-vindos à sua mesa. Mas Leonardo? Era um gesto impressionante.

Mais impressionante foi o fato de Leonardo ter aceitado.

No ano seguinte, aos 64 anos de idade, Leonardo da Vinci embarcou na jornada para sua nova casa, provavelmente cruzando os Alpes a partir da Itália (não existem registros de como ele viajou), trazendo pertences modestos em seus animais de carga, inclusive dois quadros recém-terminados. Ele foi instalado, grandiosamente, no Château du Clos Lucé, uma vasta propriedade "fechada" com gramados, córregos e bosques. Ficava a uma caminhada curta da residência do rei, de modo que os dois homens podiam fazer refeições juntos e conversar, o que ocorria quase todos os dias.

Eu já tinha visitado Vinci, de onde Leonardo é — *da* Vinci —, na Toscana. Leonardo é o gênio incontestável do Renascimento florentino. Quase todo mundo sabe disso. O que eu não sabia, mesmo quando visitei a cidade onde Leonardo cresceu, é que ele morreu, em 1519, como um cidadão francês. O detalhe raramente é mencionado na Itália. E parece ser ainda menos mencionado na França, embora o quadro mais famoso de Leonardo, a *Mona Lisa*, esteja pendurado no Louvre por ter sido uma das telas que ele havia trazido consigo. A outra foi *São João Batista*.

Passando por Chablis, há uma bifurcação — Paris ao norte, o Loire a oeste —, e entrei numa longa rodovia arqueada que cruza o meio da França, atravessando o plateau de la Beauce. Você nunca vê o platô, a menos que precise atravessá-lo, e eu, na tentativa de descobrir por que um rei teria persuadido um Leonardo envelhecido a se mudar para a França, estava agora em meio a ele.

Eu não tinha previsto a planicidade ou seu tamanho, 10 mil quilômetros quadrados, uma vasta planície aluvial formada por sedimentos antigos de dois rios, o Sena ao norte e o Loire ao sul.

A colheita tinha sido finalizada e o solo, arado. De um horizonte ao outro, havia fileiras uniformes de terra revirada com uma simetria minuciosa. Estava quente. Dava sono. Liguei o rádio. Aumentei o volume. Dirigi rápido, sem nenhum veículo à frente, a rodovia estava vazia. Nada havia para olhar, nenhuma habitação, nenhuma folha, apenas o céu azul-brutal e a infinidade de campos arados, seu marrom imoderado. Vi uma coruja em cima de uma cerca.

La Beauce é conhecido como *"le grenier de la France"*: seu celeiro. É de onde vem a farinha do país. Todos os anos, o trigo, depois de colhido, é debulhado e moído, tornando-se, a cada dia, mês e ano de estocagem displicente, menos um alimento e mais um amido neutro e sem personalidade. A planta é arrancada, replantada, refertilizada, recebe nitrogênio para estimular seu crescimento, além de pesticidas, e é então recultivada no que basicamente é um solo de mentira. Quando Bob falava de *la farine*, não se referia ao ingrediente oriundo da moagem do trigo cultivado ali.

A farinha de Bob vinha de Ardèche. Na verdade, ele comprava muitas farinhas, mas uma fazenda em Ardèche era sua fonte principal. Ardèche fica ao sul e um pouco a oeste de Lyon e raras vezes é mencionada sem um epíteto que evoca sua alteridade. Ela é *"sauvage"* — selvagem — com penhascos e florestas e javalis. É indomada. Suas montanhas são formadas por vulcões, ainda coniformes, ainda ameaçadores, embora dormentes.

Eu não tinha visitado a fonte da farinha de Ardèche de Bob, mas uma vez, num domingo, uma manhã de agosto, passei de carro por um vale na região com Daniel Boulud. Estávamos a caminho da extremidade mais distante da região para nos encontrar com Michel Bras. Bras é um chef excentricamente original com um restaurante numa colina excentricamente intocada. Para chegar lá, tivemos que enfrentar uma cadeia de domos vulcânicos. Ou você passava por cima deles, ou dirigia por horas para contorná-los. Passamos por cima, e cada vilarejo que encontrávamos parecia nos levar para mais longe da França moderna.

Em Félines (um rio, uma cachoeira, uma igreja; altitude: novecentos metros; população: 1612 habitantes), compramos embutidos em uma *boucherie*. Havia duas na cidade. Poucos lugares celebravam o porco mais do que Ardèche, contou Daniel.

Em La Chaise-Dieu, compramos mais embutidos (eram diferentes, mais gordurosos, preparados de modo mais grosseiro, mais rústicos). Quando voltamos para o carro, nos encontramos bloqueados por centenas de habitantes em marcha. Esperamos, havia apenas uma rota através da cidade. No alto de uma montanha, não existiam ruas paralelas. A multidão estava a caminho da igreja. Onde mais uma cidade inteira vai junta à igreja?

Em Saint-Didier-sur-Doulon, nossa passagem foi bloqueada. Lá, a missa tinha acabado de terminar.

Atravessamos um desfiladeiro, e o terreno ficou plano. A rota foi bloqueada mais uma vez: agora, por bodes.

Na *boulangerie* de Bob, havia a foto de um bode em um morro íngreme de Ardèche. O bicho era cuidado por um amigo fazendeiro de Bob, aquele que cultivava o trigo que depois era moído localmente para fazer a farinha que Bob usava em seu pão. A foto era a única informação de que os clientes de Bob precisavam. Quem precisa de um rótulo quando se tem um bode?

O que tornava o trigo tão especial?

"Ah, não sei. A terra, talvez?"

"A terra?"

"Ardèche é vulcânica! Nenhuma terra é melhor do que o solo vulcânico. É o coração de ferro da França."

UMA VEZ PERGUNTEI A VIANNAY como ele descreveria sua comida. Era uma pergunta jornalística. Mas, pela reação de Viannay — ele pareceu paralisado e, por um momento, incapaz de responder — vi que minha função não estava inteiramente clara. Eu não estava bem ali como escritor, não a essa altura, mas como *stagiaire* e cozinheiro.

"*Néoclassique*", ele disse então, enfático. "Minha cozinha é *néoclassique*."

Neoclássica? Repeti a palavra em silêncio. Quem usa um termo como esse hoje em dia?

Viannay pareceu contente com o efeito.

"Sou neoclássico", acrescentou a título de explicação, deu meia-volta e subiu para sua sala.

Voltei ao trabalho, pensando: sim, houve um período clássico na culinária francesa, provavelmente vários. É isso que Viannay estava fazendo, neoversões deles?

Em outra ocasião, estávamos tomando café no balcão depois do *personnel* e perguntei de onde ele era.

"Perto de Paris", ele disse. "Versalhes. Mas", acrescentou rápido, parecendo intuir as implicações da minha pergunta, "meu avô era lionês." Em Lyon, existe a ideia de que apenas um lionês sabe cozinhar comida lionesa.

Eu o deixava nervoso. Eu fazia perguntas jornalísticas básicas porque *ele* me deixava nervoso, e eu me sentia sem graça (com ele, com meu francês, com a minha função, ou o que quer que fosse) se me visse em meio a uma conversa fiada.

"Conheci dois jornalistas da *New Yorker*", ele disse de repente, parecendo perceber meu mal-estar. "Neil Sheehan e Susan Sheehan."

"Os dois ganharam o prêmio Pulitzer", eu disse. Eles tinham enviado artigos para a *The New Yorker* quando eu era editor lá. "Eles são famosos."

"Eles eram pais da Catherine, minha namorada. Lembro de ouvir os dois digitando no andar de cima. Eles viviam escrevendo."

Viannay ficou quieto, parecendo se lembrar dos sons do teclado.

"Você teve uma namorada americana?"

"Não só uma 'namorada'. Mais sério do que 'namorada'."

"E você morou nos Estados Unidos?" Eu não conseguia evitar: sabia tão pouco sobre aquele homem que as perguntas jornalísticas não paravam de sair.

"Nós *planejávamos* morar lá, Catherine e eu", ele disse. Em seguida, assim como na última vez, dando a entender que havia falado demais, ele saiu às pressas e foi para o andar de cima.

Viannay não era uma companhia fácil, independente do papel que assumisse: era reservado demais, depois parecia baixar a guarda, para em seguida levantar a guarda de novo. Eu ficava intrigado com o jeito de ele falar, com suas pausas e ênfases inesperadas. Viannay tinha uma gagueira, me dei conta agora, que ele havia dominado quase totalmente. Na verdade, era quase uma gagueira, o que dava a ele uma complexidade que eu não havia percebido, e uma vulnerabilidade também. Ele revelava muito pouco de si, parecia se esforçar tanto para esconder sua interioridade que, quando ela transparecia, era impossível não se interessar por ela.

Viannay acabaria por me contar a história de Catherine quatro anos depois, entre uma taça de vinho e outra. (Alerta de spoiler número quatro: Viannay se tornaria meu amigo; ou melhor: acho que se tornou meu amigo; não seria surpreendente admitir que, com Viannay, eu nunca tinha certeza.)

Sua biografia básica é o blá-blá-blá de sempre de todo aspirante a chef: em 1987, sua *formation* (escola de culinária, *stages* em restaurantes duas estrelas); em 1998, primeiro emprego como chef (Les Oliviers, o lugar para onde Bob fornecia pão); em 2001, o primeiro restaurante como chef proprietário (M); o MOF em 2004; a primeira estrela Michelin em 2005; La Mère Brazier em 2008; aquela segunda estrela Michelin em 2009: bum, bum, bum, bum. Mas houve um intervalo, quando Viannay abandonou seu papel de aspirante a chef e foi embora da França para ficar com a namorada nos Estados Unidos, durante o qual sua carreira descarrilhou tanto que depois ele levou dez anos para pô-la de novo nos trilhos (eis uma metáfora bastante clichê, mas que se revelaria apropriada). O descarrilhamento não foi causado pelo elemento amor, e sim por ele ter passado a fazer sanduíches. Para ser justo, ele também fazia croissants. O que ele não fazia eram pratos neoclássicos de coisa alguma.

Para chegar aos Estados Unidos, onde Catherine estava prestes a entrar no Wellesley College, em Massachusetts, Viannay tramou uma farsa maluca que envolvia trair a confiança de seu pai amoroso e impecavelmente justo (que era professor de física na Universidade de Angers), pegar uma grande quantia emprestada (cerca de 35 mil dólares em valores atuais) e gastar tudo em dois meses. "Ele fingiu que iria estudar na Johnson & Wales, em Rhode Island, uma 'instituição americana de culinária'. Até arranjou um amigo para ir junto", Sheehan me contou quando entrei em contato com ela em Washington, onde ela agora trabalha para o FBI. "Mathieu nunca frequentou as aulas. Foi expulso."

"Como você gastou o dinheiro?", perguntei a Viannay.

"Bebida", ele disse.

Envergonhado, ele se propôs a reembolsar o pai fazendo sanduíches.

Seu primeiro lugar: C'est Si Bonne, um bistrô de almoço em Greenwich, Connecticut.

Segundo lugar: C'est Si Bonne em Chicago. O dom de Viannay era tão grande que os proprietários pediram que ele abrisse uma filial lá.

Depois, foi convocado para fazer o serviço militar francês. Mas até isso foi curioso (daria para dizer: um pouco "fora dos trilhos"). As carreiras de muitos chefs — Michel Richard, Jacques Pépin, Éric Ripert e até Escoffier — começaram em cozinhas do Exército. Viannay se voluntariou não para o Exército, mas para a Força Aérea, e não como chef, mas como franco-atirador e paraquedista, tendo sido enviado para as montanhas de Languedoc. Ele havia esquecido sua vocação? ("Mathieu não precisava ter se alistado para isso", Sheehan disse, ainda rancorosa pela fantasia masculina de Viannay. "Uzès era a cidade mais próxima! Uzès! Você faz ideia de como é difícil ir dos Estados Unidos a Uzès?")

Depois disso, Viannay voltou a fazer sanduíches, agora em Paris, na Gare du Nord. "Quando eu era criança", ele explicou, "sonhava em ser o *chef de gare*, o chefe de estação que cuida dos trens. Consegui um trabalho como *chef de la gard*. Quando eu contava para as pessoas, elas ficavam impressionadas e eu tinha que dizer: não, o que faço não tem nada a ver com trens. Faço sanduíches servidos na estação." Ele ficou na Gare du Nord por dois anos.

Seu próximo local de trabalho? Gare de Lyon-Part-Dieu. Lá ele fez sanduíches por quatro anos. Mas ao menos estava na capital da gastronomia. (Viannay é obviamente muito bom em fazer sanduíches.)

O PAPA

A Dombes mudou um pouco. Mas ainda tem o tom que eu amo. Céus alagadiços com cores suaves, variáveis. Fascínios, bétulas. Pântanos margeados por ervas e, pousados neles, aves aquáticas e patos multicoloridos flutuando como brinquedos. No alto, gaivotas, brancas ao sol, cinza no crepúsculo. Nada suntuoso. Nada espalhafatoso. O bom e velho interior francês, feito para ser habitado no dia a dia e contemplado no outono, quando o bosque assume todas as cores das penas e peles dos animais de caça, e a névoa vespertina, subindo dos pântanos e alagando ao longe, assume uma melancolia pictórica.

Croque-en-bouche, de Fanny Deschamps (1976)

Um dia, logo depois do *personnel*, eu estava tomando um café no balcão e desabafando, expressando minha frustração por não ter conhecido Paul Bocuse a Stéphane Porto, o maître alto e vestido de maneira impecável. Eu não havia apertado a mão de Bocuse. Não havia trocado uma palavra com ele. Não conseguira chegar até ele.

Havia fotografias de Bocuse nas paredes, de quando ele trabalhava na cozinha do Mère Brazier.

Tinham me dito que eu poderia entrar em contato com ele através da família. Uma mulher, uma filha, um genro. Escrevi para todos. A filha foi extremamente arrogante. O tom dela: como você, seu escritorzinho mixuruca, ousa pensar que poderia ter alguma coisa a dizer ao *monsieur* Bocuse que pudesse remotamente valer o tempo dele?

Viannay estava atrás de mim.

"Você quer conhecer Bocuse?", ele perguntou.

"Sim."

"Venha mais cedo amanhã. Às sete. Chegue na hora. Vou apresentar você. Não se atrase."

Viannay me levou de carro pelo rio Ródano ao terceiro *arrondissement* e então até o mercado de comida, Les Halles de Lyon Paul Bocuse. Avistei o veículo do grande chef, um enorme Jeep Wrangler preto (americano), com todas as engenhocas: faroletes no teto, guincho e largos pneus off-road (Michelin). Estava estacionado numa calçada em frente ao hall de entrada. A cena confirmou dois boatos lioneses: (1) Bocuse realmente tomava seu café da manhã todos os dias em Les Halles e (2) a polícia conhecia seu carro e nunca o multava.

Quanto a nós, usamos um estacionamento convencional, pagamos por ele, entramos no hall e paramos em uma barraca, Chez Léon, que vende mariscos em Les Halles, ou em uma de suas encarnações anteriores, desde 1920. Pedimos uma travessa de ostras e uma taça de Muscadet, um café da manhã reforçado. Viannay chegou perto e sussurrou: "Chez Léon. Lembre-se desse nome; é o lugar para comprar ostras. Entendeu?".

Caminhamos até o Le Boulanger, um café informal em frente à barraca da Mère Richard, a queijeira mais famosa da cidade, onde Viannay parou para indicar a qualidade do que estava à mostra. ("É aqui que se compra queijo. *D'accord*?")

Olhei para o outro lado do corredor. Lá estava ele: Paul Bocuse, sentado sozinho, terminando um café.

Um pouco afundado na cadeira, vestia uma camisa preta de algodão da Pringle Polo, jaqueta de algodão, calça preta e tênis: parecia um condutor de trem no fim do turno. Ao nos ver, ele se levantou. Havia encolhido consideravelmente desde que eu o tinha visto pela última vez. Mas, enfim, na última vez ele estava com seu toque imponente e uma sandália alta e pesada, fazendo aquela pose ereta de chef. Sem os acessórios, ficava, para ser franco, um pouco nu. Parecia, ao menos para mim — e é assustador para mim até mesmo expressar este pensamento —, quase normal. Ele era um homem.

Só que não. Na verdade ele não era. Na verdade, ele era uma deidade.

De repente percebi que havia muita coisa sobre ele que eu não sabia. Na realidade, pensando bem, eu não sabia nada. Ou ao menos naquele momento, sozinho com a deidade, sem um guardião, tive a impressão de que não sabia nada. Eu ainda não havia comido em seu restaurante três estrelas, e agora estava bravo comigo por não ter ido lá.

E ali estava ele, apertando minha mão, *o* Paul Bocuse, e, minha nossa, eu estava espantado por me ver naquela situação — um dos maiores encontros da minha vida —, fiquei irremediavelmente tímido. Eu, o conversador, o tagarela, o intrépido homem que sempre se arrisca, fiquei mudo.

Passei vinte minutos na companhia de Bocuse. Não falei nada mais do que *merci* (e suas variações).
Ele me falou para acompanhá-lo. "*Viens*", disse, cordial.
"*Merci*, chef."
Queria me oferecer um tour.
"*Viens*", ele repetiu.
"*Merci*, chef."
Já que Bocuse conhecia todos em Les Halles, e todos obviamente o conheciam, já que era cedo e poucos clientes haviam chegado, e como o lugar tinha sido batizado em sua homenagem, nossa vagarosa caminhada pelos corredores foi surpreendentemente íntima. Foi como um tour pela casa dele.

"Aqui a charcutaria é muito boa", ele disse, como o dono de uma grande propriedade exibindo suas rosas. "Aqui é Chez Sibilia." Sibilia era uma mulher pragmática e imponente com dez funcionárias, todas mulheres, todas parecendo miniversões pragmáticas de sua patroa.

Viannay sussurrou: "Aqui é onde se deve comprar charcutaria. *D'accord?*".

"*Oui*, chef."

Sibilia e Bocuse trocaram beijinhos de *bonjour* e me deram fatias de *rosette* para experimentar, a linguiça local seca de que os lioneses sentem falta sempre que saem da cidade. Os dois ficaram ali observando a minha boca, à espera de um veredicto, como se essa degustação fosse um tema de grande importância. Era um truque, obviamente, a rotina deles de RP. Eu sabia disso. Eles sabiam que eu sabia. Ele tinha feito isso inúmeras vezes; tinha feito isso com ela inúmeras vezes. Mas, naquele momento, o fato avassalador era o seguinte: Bocuse, *o* Paul Bocuse, estava me dando um *saucisson* na boca, e eu estava incrivelmente o.k. com isso.

"*Merci*, chef."

Do outro lado do corredor ficava o Les Volailles Clugnet, um vendedor de aves. O proprietário ("*Bonjour*, Pierre"), ao ver Bocuse, lhe deu uma ave branca espontaneamente. Bocuse a pegou com suas mãozonas e lhe deu tapinhas firmes, mas afetuosos, como se ela fosse o filhote do cão de caça predileto dele.

"O melhor frango é a raça branca de Bresse", Bocuse disse.

"*Tout le monde le sait*." Todo mundo sabe.

Ele me deu a ave. Estava pesada. Cheia. Os franceses só destripam as aves quando as vendem. (Isso as conserva por mais tempo. Agora me parece equivocado que, por razões de "higiene", o Departamento de Agricultura dos Estados Unidos insista na evisceração.)

Eu agarrei o frango e o olhei com respeito. Bocuse discorreu calmamente sobre suas características, a barbela vermelha sobre meu polegar, as penas brancas, as patas azuis penduradas e as muitas qualidades que fazem do *poulet de Bresse* uma criatura rara e deliciosa.

Viannay sussurrou: "Les Volailles Clugnet. Você entende? O único lugar".

"*Oui*, chef."

Então, de repente, bum: Bocuse se despediu.

Já vai? Foi — não pude negar — um momento de decepção impactante. Tão cedo? Depois de uma espera tão longa? Eu nem tinha feito nenhuma pergunta. (Mas, enfim, era compreensível, não? Por que passear com alguém que nunca fala nada?)

"*À tout à l'heure*", ele disse.

"*Merci*, chef."

Pensei: *À tout à l'heure*? Sério? Até logo?

Voltamos ao estacionamento, mas antes paramos em uma barraca de charcutaria. "Você conhece Bobosse? Você precisa conhecer Bobosse. É o único lugar para comprar *andouillettes*."

Viannay disse: "Vamos dar uma volta".

***

Ele me levou de volta ao Saône, atravessando nosso *quartier* no primeiro *arrondissement*, e seguiu rio acima. Essa parte do rio, que ziguezagueia na direção de Beaujolais, fica fora da cidade, mas é basicamente seu coração folclórico.

O trajeto era lento e belo: o rio à esquerda; morros íngremes, quase montanhas, à direita; e folhagem densa e descontrolada por toda parte, como uma floresta tropical. Eu ainda não tinha estado ali e me senti transportado a outro país. As construções eram raras, mas grandiosas e em ruínas. Muitas tinham sido propriedades da Igreja, confiscadas durante a Revolução Francesa: mosteiros, um convento, a Île Barbe em sua totalidade — uma abadia do século v construída sobre uma formação rochosa no Saône.

Uma propriedade rural surgiu à direita, lembrando uma casa de campo inglesa augustana. "Ombrosa."

Então *essa* é Ombrosa.

Trata-se de uma escola bilíngue, que havia sido sugerida para nossos filhos antes de nos mudarmos para Lyon. Exibia uma tranquilidade frondosa e privilegiada. Não teríamos como bancar. Além disso, eu gostava de onde tínhamos ido parar.

Atravessamos uma ponte (*pont* Paul Bocuse) e descemos o rio um pouco até chegarmos a um edifício térreo com uma torre antiga de relógio. Viannay abriu a porta da frente, que estava destrancada, e foi acendendo as luzes enquanto passávamos por um longo corredor.

A construção, originalmente propriedade de um mosteiro, chamava-se L'Abbaye de Paul Bocuse. Nossos passos ecoavam. Viannay estava em silêncio, mas contente. Eu tinha a impressão de que estávamos invadindo o lugar. Então, ao chegarmos a um grande salão iluminado, entendi o objetivo: eu havia sido trazido a uma enorme obra secreta de Bocuse.

O salão tinha um nome (Le Grand Limonaire), um "Orgue Gaudin" (órgão pneumático mecânico) que ocupava toda uma parede, e um coro de marionetes dançarinas de cancã. Viannay apertou um interruptor, a música começou e um boneco de Paul Bocuse em tamanho real a regia com uma colher de pau. *Limonaire* é "viela de roda". Viannay acionou outro botão e muitos *limonaires* começaram a funcionar ao mesmo tempo. O salão, sem exagero, ficou deslumbrante, tomado por um kitsch luminoso, vermelho, verde e dourado, como docinhos enormes. Era confuso de olhar porque havia muita coisa para prestar atenção — o lugar estava entulhado de coisas —, incluindo o espaço sobre nossas cabeças, que estava cheio de candelabros ornamentais pendurados.

"Cabem quatrocentas pessoas aqui", Viannay disse.

Era um salão particular, porém mais público do que particular, e prometia não apenas jantares, mas uma viagem no tempo: uma noitada na França de Toulouse-Lautrec onde era esperado que todos se comportassem mal.

Viannay sugeriu que voltássemos para o carro.

Parei, observando aquele lugar absurdo. Você não entra e pensa: cheguei a um templo solene da alta gastronomia. Você pensa: festa!

Voltamos a passar pela ponte a caminho do restaurante principal de Bocuse, L'Auberge. A palavra significa "albergue". Já o "albergue" de Bocuse é uma caixa enorme de três andares que ele também chama de casa (o restaurante fica no térreo) e parece um presente de aniversário descomunal para gigantes: inacreditavelmente quadrado, com persianas vermelhas e paredes verdes, decorado com pinturas de comida de dois metros e meio de altura, incluindo, claro, o *poulet de bresse*, e com o nome PAUL BOCUSE gravado no teto em letras garrafais. O homem da Costa do Marfim — o terno de libré, a cartola — era o mesmo porteiro que havia recebido Bob e sua esposa cubana.

Do lado de fora ficava a *"rue des grands chefs"*, uma passagem de murais culinários dispostos como janelas, cada um oferecendo um vislumbre das grandes cozinhas da história francesa. Começava no século XIX. Terminava com Bocuse. (A visão de história de Bocuse pode ser descrita como uma grandeza atrás da outra, cada uma aprimorando a anterior, até culminar nele. Modéstia não fazia parte da visão de mundo de Bocuse.)

Admirei o primeiro painel. Retratava Antonin Carême em uma cozinha, parecendo Byron, vestido não com um casaco de chef, mas de roupão: lá estava o "inventor" da *"grande cuisine"*, o homem que começou a coisa toda, apoiado no parapeito da janela, olhando ao longe com ar contemplativo. (No fundo, Napoleão e Joséphine entram correndo para pegar alguma coisa para comer.) Seria Carême um modelo de Bocuse?

Sabemos que Carême veio de uma família grande. O que não sabemos é quando ele nasceu (provavelmente em 1748) e se era um entre quinze ou 25 filhos. Aos oito anos de idade (ou doze — nossa fonte sobre Carême é o próprio Carême), foi abandonado às portas de uma taberna e adotado pelo dono. (Provavelmente verdade.) Aos dezessete (ou dezesseis), foi aceito como aprendiz na confeitaria mais renomada de Paris. Em pouco tempo (ou quatro anos no máximo), passou a ser considerado, especialmente pelo próprio Carême, o maior chef de confeitaria desde a descoberta do açúcar. A essa altura, ele já cozinhava de tudo, doces e salgados, mas sempre com extravagância, sobretudo banquetes, sobretudo para príncipes e chefes de Estado, inclusive o presunçoso Talleyrand. (Talleyrand era o ministro das Relações Exteriores de Napoleão; ele conduzia a diplomacia com jantares feitos por Carême, seu jovem funcionário, a quem instruiu, como acabou entrando para a história, a nunca repetir uma refeição.)

Carême e o açúcar: as bases da culinária francesa. Você escuta isso com frequência: chefs de confeitaria impulsionaram a culinária francesa. Os italianistas, entre os quais agora provavelmente me incluo, reconhecem que os italianos ensinaram a *grande cuisine* aos franceses. Mas foi o açúcar, e a cozinha científica que conseguia fazer coisas com ele, que pode ter servido de base para o que a culinária francesa se tornou.

O que me intrigou no mural foi a ferramenta na mão de Carême. Era uma pena.

Carême é o chef mais importante na história da culinária francesa porque escreveu livros. Ele era o poeta da cozinha francesa. Não temos como experimentar as refeições dele, mas, por meio de sua escrita, é possível obter informações suficientes para imaginar como poderia ter sido comê-las e, talvez, em tese, preparar versões aproximadas delas (desde que você opte por lenha em vez de gás, não disponha de eletricidade, depene suas aves, bata sua própria manteiga e tenha *commis*, aprendizes, servos e outros membros promovidos do trabalho escravo e abrigados em um bangalô por perto).

Eu tinha começado a ler Carême e achado as frases, mesmo com meu francês rudimentar, vívidas e acessíveis quase dois séculos depois de Carême tê-las escrito — embora, como descobri apenas recentemente, Carême não as tenha escrito. Carême, o primeiro historiador da cozinha francesa, não escreveu nada. É provável que ele nem soubesse escrever, pelo menos não bem. (Ele aprendeu a ler na cozinha de confeitaria aos dezesseis anos.) Mas era astuto o bastante para reconhecer o valor da "representação" escrita. Vivia em uma época em que a comida descrita em uma página era tão importante quanto aquela servida em um prato. Livros de culinária eram influentes, formavam reputações, e Carême "escreveu" vários, mas nenhum foi mais influente do que sua obra-prima: *L'Art de la cuisine française au dix-neuvième siècle* [A arte da culinária francesa no século XIX], com cinco volumes e mais de quinhentas páginas, um dos projetos mais ambiciosos na história da culinária, ligeiramente prejudicado pelo fato de Carême ter morrido (aos 48 anos, talvez) depois de terminar o terceiro volume. Ele escreveu os dois últimos postumamente.

Carême foi um mestre do empreendimento artístico e da mitologia de si próprio, um comandante extraordinário do chamado *le spectacle,* incomparável na relação mágica entre autoinvenção e autopromoção até — até quem, na verdade? Não houve ninguém no mundo da cozinha, eu estava pensando, da estatura de Carême, até, talvez, Paul Bocuse — foi quando, sem aviso, o próprio Bocuse veio por trás e apareceu ao meu lado. Tive um sobressalto.

"Pensei que você estivesse no Les Halles", eu disse, como um idiota, porque, claro, não havia motivo para ele não estar ali. "Ali" era a casa dele.

Tentei encontrar os olhos de Viannay. Como ele fez isto? Em menos de um dia, me pôr na presença do homem de que ninguém conseguia se aproximar? Eu estava grato. Eu estava impressionado. E também ciente de que a intenção de Viannay era me impressionar — ou ao menos eu tinha uma forte suspeita disso. O poder exibicionista e indisfarçável daquilo tudo. Ele podia não ser de Lyon, mas estava muito seguro de seu lugar ali. Ele era um membro do "clube".

Bocuse, enquanto isso, estava olhando para um mural, aquele dedicado à *mère* Brazier, o que era bem apropriado.

Ela era vista em primeiro plano, imponente, autoritária, os ombros largos. Gaston, o filho martirizado, estava ao fundo, misturando algo em uma tigela e, por algum motivo, não parecia muito filho dela: temeroso, tinha a cabeça baixa, as sobrancelhas hesitantes de um cachorro que sabe que está prestes a ser chutado de novo. (Mais para o lado estava a lendária *mère* Fillioux, a ex-chefe de Brazier, mais rechonchuda, mais branda, mais maternal, fazendo aquela feitiçaria de desossar uma galinha com uma colher.)

"Como era Brazier?", perguntei a Bocuse.

"Sabe, a comida dela era simples", ele disse, entendendo que minha pergunta se referia à cozinha e não à pessoa. "Era baseada nos bons produtos que se encontram aqui. Nós somos sortudos." (*Nous sommes heureux*, e ele fez um gesto abrangente com a mão.) As frases de Bocuse eram ponderadas, ele tinha um jeito calmo de pronunciá-las. "Os peixes, as aves, os porcos. Mas, para ser franco, não eram sofisticados os pratos dela." Não era um insulto, apenas um fato. "Era uma cozinha campestre. Comida boa, mas com foco nos ingredientes."

"Ingredientes?"

Ingredientes? É assim que os italianos falam.

"Os rios e lagos, os pântanos de Dombes, as montanhas. É de onde nossa comida vem. É inigualável."

"Brazier gritava com os funcionários", Viannay acrescentou. "Ela não se importava se alguém estava ouvindo. Ela batia no filho na frente dos fregueses. A cozinha era a casa dela. Ninguém ia impedi-la de ser ela mesma."

Bocuse concordou com a cabeça, mas o aceno pareceu uma cortesia. Implícita ali, para mim, havia uma pequena conclusão. Viannay repetia o que outras pessoas haviam dito. Ele não tinha estado lá. Bocuse, sim.

Voltamos para o La Mère Brazier. Eu tinha uma proposta. Não sabia quando ia ficar sozinho com Viannay outra vez.

Eu estava no restaurante fazia quatro meses, nos fundos, preparando *amuse-bouches*, buscando folhas de salada perfeitas, fazendo entradas. Eu era confiável. Viannay não tinha motivos para mudar o acordo. Mas eu precisava mudar. Queria ser transferido para a cozinha.

Queria trabalhar na linha de preparo e ia pedir para ele me colocar lá.

Meu nervosismo me surpreendeu. Refleti: tudo que eu fizer agora, mesmo que eu não faça nada, terá uma consequência. E se Viannay disser sim e eu acabar produzindo um catálogo ainda mais extenso de fracassos humilhantes e espetaculares? Enrolei. Não disse nada. A ideia de não pedir era atraente. Eu podia pedir depois.

"Chef, eu estava pensando se você refletiria sobre um pedido meu."

"Claro." (Ele parecia muito amistoso.)

"Eu queria trabalhar na cozinha principal."

Houve uma inspiração audível — ai! — e uma pausa longa. Durante ela, pensei: eu estava me iludindo, não?

"Você é um bom cozinheiro", ele disse.

"Obrigado." Isso era animador.

"Mas está sempre atrasado." Isso era verdade.

"E devagar", eu disse.

"Atrasado", ele corrigiu. "Para ser sincero, fico preocupado com sua pontualidade."

Ele estava procurando por uma vaga para estacionar e não achava.

"Você vai ter que provar que consegue preparar comida e não se atrasar no preparo. Vou perguntar ao Christophe se você pode cozinhar o *personnel*."

O almoço dos funcionários: cozinhar comida francesa para cozinheiros franceses. Era uma perspectiva intimidante. Me assustou. Me entusiasmou.

"Seria uma honra."

Houve outra inspiração. "Você nunca deve se atrasar. Se a refeição não estiver pronta às onze em ponto, os funcionários não comem."

"Entendo."

"Certo. Vou pedir ao Christophe. Christophe vai ter que aprovar."

Não parecia animador. Christophe não teria como aprovar minha transferência para a cozinha porque, no fundo, desaprovava minha presença no restaurante. Era fácil para mim imaginar a resposta de Christophe: "É uma piada, certo? Não, por favor. Diga que está de brincadeira".

Mas, evidentemente, Christophe concordou.

Na manhã seguinte, uma quinta-feira, fui para a cozinha principal e me apresentei para o serviço.

Christophe me dispensou com a mão.

"Sim, sim, Mathieu me contou. Não estou contente. Você vai começar quando eu estiver pronto para você começar."

Voltei ao *garde-manger*.

Na sexta, botei a cabeça dentro da cozinha principal, e Christophe nem olhou para mim.

Na segunda, nem me dei ao trabalho, fui direto para o *garde-manger*, mas então fui chamado. Christophe não me cumprimentou. Me examinou de cima a baixo, analisou minha ansiedade. Olhou para mim, sem dúvida com desprezo. Ele estava esperando o meu fracasso.

"Barriga de porco", ele disse.

"Barriga de porco?"

"Sim. No frigorífico." *La chambre froide.*

Pensei: ele acabou de me mandar fazer barriga de porco para trinta pessoas?

"Você vai encontrar cebolas no andar de cima."

"Cebolas."

"E batatas."

"Batatas."

"E seu molho?", Christophe perguntou.
"Meu molho?"
"Sim. Qual é o seu molho?"
Eu não sabia o que dizer.
"Que molho você vai fazer para a barriga de porco?"
Eu me voltei, confuso, para Mathieu Kergourlay, que comandava a estação de carne.
Ele tentou ajudar. "O que você faria em casa?" *À la maison?*
Pensei: que molho *eu* faço em casa quando sirvo barriga de porco?
"Ah, talvez alguma coisa com caldo de carne", eu disse, "um *fond*." Eu fazia molhos às vezes, normalmente com um caldo como base — frango, peixe, os ossos da carne que eu estivesse servindo —, e depois os reduzia e acrescentava vinho. Li sobre isso em algum lugar: Elizabeth David? Numa coluna de um jornal britânico? Mas eu estava enrolando. Na verdade, estava pensando: (1) nunca cozinhei barriga de porco em casa e (2), se cozinhasse, não faria um molho.

"Não", Christophe disse. "Os *fonds* são caros." *Trop chers.* Os caldos — todos feitos na cozinha (vitela, frango, pato, peixe, lagosta) — eram preciosos demais para um almoço da equipe.

"Que tal um *beurre rouge*?", Mathieu Kergourlay propôs.

Sim, pensei. Eu deveria saber fazer esse. Sei fazer um *beurre blanc*. Tinha feito no Institut Bocuse. Mas como exatamente? Eu não estava entrando em pânico, mas minha base de dados do Institut Bocuse estava súbita e incomodamente inacessível.

"Você não sabe fazer um *beurre rouge*?"

"Não, eu sei. Só talvez não tenha feito ainda. Quer dizer, fiz o branco, o *blanc*, mas não lembro se cheguei a fazer o vermelho."

Mais tarde, ainda de manhã, Viannay me lembrou que a salada precisava de um vinagrete. Eu não sabia que precisava fazer um.

"Sim, você tem que fazer o vinagrete."

Uma pausa reflexiva.

"E como exatamente se faz um vinagrete?", perguntei.

"Você não sabe fazer um vinagrete?" Christophe olhou para Viannay com uma expressão fortemente marcada pela incompreensão. E, sim, de novo: eu sabia fazer um vinagrete, já tinha feito, apenas não fazia com frequência. Além disso, não existiam uns vinte tipos diferentes? Eu não tinha ideia de qual eles faziam ali e de qual todos queriam. (Em casa, "*à la maison*", como Mathieu Kergourlay se referiu, nossas saladas eram temperadas com azeite de oliva, limão e sal. *Basta*.)

"Duas partes de azeite, uma de vinagre, e mostarda", Viannay disse. "E sal e pimenta."

Para fazer um *beurre rouge*, o jovem Mathieu explicou, você pica as chalotas bem fino (*émincer*), faz com que suem na manteiga (*suer*), não deixa que dourem, acrescenta um litro de vinho tinto, reduz lentamente até formar um xarope e então reconstrói o molho (*monter*) acrescentando meio quilo de manteiga aos poucos.

"Nessa hora vou ajudar você."

Tenho o prazer de informar que minhas chalotas ficaram excelentes. Eu as fatiei numa tábua que havia pegado emprestada de outro cozinheiro (porque eu tinha chegado depois das oito — não muito depois disso, mas cinco minutos redondos depois das oito — e àquela altura não havia mais tábuas), e acabei arranjando uma bancada improvisada (ou seja, equilibrei minha tábua em cima de uma lixeira porque, àquela altura, todo o espaço do balcão tinha sido ocupado). A escassez de espaço no balcão eu entendia, a cozinha era apertada. Mas por que não havia mais tábuas? Todo dia começava com doze pessoas brigando por dez tábuas. Elas não são caras. (Por quê? Porque todos, então, ficam sabendo quem é o cara atrasado — o idiota que passa a primeira hora da manhã tentando persuadir alguém a lhe emprestar uma tábua.)

Infelizmente, por mais bonitas que minhas chalotas parecessem — pequenas, formato perfeito, de um arroxeado fresco —, elas levaram quase uma hora para serem finalizadas. Embora eu ainda não soubesse muita coisa, sabia que uma hora para cortar algumas chalotas era um tempo imperdoavelmente excessivo.

Coloquei uma panela na chapa para aquecer. O que eu não sabia era a temperatura da chapa. Era correto que eu deveria estar me acostumando com os instrumentos básicos de aquecimento da cozinha — os fogões, os bicos de gás, quanto tempo leva para ferver um líquido, a chapa. Eu tinha confiança de que queria estar lá. Foi certo eu ter pedido para Viannay.

Acrescentei minha manteiga e as chalotas, para que suassem. O objetivo é reduzir a intensidade crua das chalotas. Elas devem continuar brancas, talvez um pouco cremosas. Dourado é amargo. Chalotas brancas e cremosas, no ponto médio entre cruas e cozidas, constituem um dos sabores fundamentais da comida francesa.

Mas ai, meu Deus. Algo estava errado. Ouvi um silvo preocupante, e fumaça.

"*Merde*", Christophe disse.

"Você vai queimá-las", Viannay disse.

"Merda", eu disse.

"Você tem cinco segundos." Christophe estava indiscutivelmente satisfeito.

O que eu podia fazer? Ia ter que preparar as chalotas de novo? Tirei a panela do calor.

"Já é um começo", Viannay disse devagar. Ergui os olhos, precisando de orientação. Viannay olhava para mim e para minha panela fumegante com o que só posso descrever como uma "calma clínica". "Você precisa reduzir o calor colocando alguma coisa na panela", ele disse. "É cedo demais para o vinho. Mais manteiga. Só que rápido..."

Peguei um pouco de manteiga, joguei na panela e mexi. Acrescentei outra colherada. Eu já ia pegar mais uma...

"Pare", Christophe gritou. "Quer matar a gente de ataque cardíaco?" (Um medo esquisito, pensei, considerando que meio quilo ainda seria adicionado.)

Acrescentei o vinho. Reduzi. Depois acrescentei aos poucos meio quilo de manteiga, batendo até emulsionar com o vinho, muito concentrado a essa altura (era suave e aveludado, como um tecido roxo). Mathieu Kergourlay veio experimentar.

"*Pas mal.*" Ele acrescentou sal e pimenta. Experimentou. Acrescentou vinagre de vinho tinto. Experimentou. Virou-se, pegou um pote de mostarda na prateleira e acrescentou uma colherada. "Mas só uma colherada. *Très chère.*"

(Mostarda? Cara?)

Bateu, experimentou, acrescentou mais um toque de vinagre, bateu e experimentou. Estava pronto.

Ele me deu uma colher. Não era o que eu estava esperando. Não tinha gosto de manteiga. A gordura estava ali, claro, mas havia uma textura (um vigor muito saboroso), um toque frutado (do vinho) e uma acidez amarga e interessante (das chalotas, do vinagre, da mostarda). O molho atingiu tantos pontos sensíveis da minha língua que não importava se era ou não saudável. Era delicioso. Era uma refeição, só que não. Você não ia tomar uma caneca daquilo, mas uma colherada ou duas sobre alguns pedaços de barriga de porco (salteada com batatas e cebolas) era um intensificador perfeito do conjunto.

Só que o conjunto estava atrasado.

Às 10h55, Christophe, vendo que o almoço não ficaria pronto na hora, foi até um armário baixo, tirou um filé de atum, salteou o peixe e o levou a uma mesa para comer sozinho. Terminei o almoço, entrevendo Christophe intermitentemente por uma janela pequena na porta de vaivém entre a cozinha e o bar. Eu havia fracassado.

Mas não fui demitido. Parece que recebi uma segunda chance. No dia seguinte eu pegaria uma bendita tábua.

Mas não peguei. Cheguei atrasado.
Acordei pensando: o que quer que você faça, chegue na hora — e daí não cheguei. Viannay estava certo. Eu tinha mesmo um problema com atraso ou foco, ou uma disfunção organizacional semelhante ao TDAH. Eu me atrasei a semana inteira. Para ser justo, os almoços nunca atrasavam *muito*; estavam sempre um pouco atrasados, e todo mundo, a não ser Christophe, ficava apenas um pouco descontente. Por volta das 10h55, Christophe estava apoplético.

Na sexta-feira, eu me atrasei demais. Às sextas, descobri, era o dia das sobras. Antes, quando eu era apenas um comensal, em vez do responsável pelo almoço, eu não tinha notado. Christophe deve ter deduzido que nenhum membro de sua cozinha poderia ser tão ingênuo a ponto de não reconhecer uma sobra. Ou talvez (provavelmente) fosse apenas perverso. Fiquei ali esperando que ele me dissesse qual seria o ingrediente do dia, a manhã avançando cada vez mais, até que, por fim, perguntei e fui informado que não havia um. Vá ao frigorífico, Christophe disse. "Lá você vai descobrir o que vamos comer."

Olhei para as prateleiras tentando identificar o que era uma sobra, e depois me perguntando o que faria com aquilo para alimentar trinta pessoas. Que inferno, pensei. Foi o primeiro dia em que, depois de ter preparado o almoço (não sei com quanto tempo de atraso, eu reprimi o horário, assim como não tenho ideia do que fiz), eu não comi. Corri para o andar de cima, tirei o casaco de chef e o torci. O suor encheu a pia. Fiquei ali, seminu, tentando me refrescar.

Na segunda-feira, porém, houve uma reviravolta impressionante: Christophe comeu *com* a gente. O almoço foi servido às onze horas. Na terça, na quarta e na quinta, também foi servido às onze. (Na sexta atrasou *de novo* — esse dia, agora, já estava consagrado como o pior da minha semana — e Christophe voltou a comer sozinho.)

A pequena conquista foi alcançada quando peguei o que se revelaria um atalho inaceitável. Eu não fiz um molho. Pretendia fazer, ao menos na segunda-feira. O ingrediente principal era *skirt steak*. Christophe me apresentou o ingrediente como se fosse uma dica em um *quiz*, seguida pelo que reconheci ser o catecismo de sempre. Como vou cozinhar? (Em frigideiras, várias de cada vez.) Com o quê? (*Une purée de pommes de terre*, purê de batatas.) E? (Aspargo.) Como? (No forno, assado.) E? (Uma salada com anchovas.) E o molho? "*Beurre rouge*", eu disse, pensando, filé + vinho tinto = combo eterno etc. Não era uma refeição complicada.

Comecei a trabalhar. Cortei as chalotas e as suei e então acrescentei o vinho. Tirei a carne para chegar à temperatura ambiente e depois a temperei. Foram as batatas que subverteram meu cronograma. Apesar do tutorial de batatas do prodigioso Ansel, e do fato de que eu vinha praticando em casa, ao me ver cara a cara com quarenta quilos de tubérculos, perdi a coragem; não achei que fosse ser rápido o suficiente com uma faca, e recorri à velha prática do descascador. No entanto, o descascador é muito devagar e, se você ainda está usando um, deve abandoná-lo imediatamente. Ele também mutila. Quanto mais eu me atrasava, mais pressão sentia para ser mais rápido e mais me cortava. Era um problema de ângulo — com uma grande raiz elíptica em uma mão e o descascador em forma de T na outra, se você estiver tentando se movimentar com rapidez não conseguirá tirar os dedos da frente daquela lâmina larga, afiada e perversa quando estiver descendo para o hemisfério sul da batata. Dedos cortados não eram um grande problema — é só não parar para enfaixá-los —, mas deixam você mais lento. A pele rasgada se torna um imperativo no cérebro, o qual eu não conseguia ignorar, que diz: pare de se machucar.

Com as batatas finalmente descascadas, enchi um recipiente com cinquenta litros de água para armazená-las e o deixei em uma prateleira na *chambre froide*. Limpei minha estação de trabalho e fui em busca de um *tamis*.

Um *tamis* é uma peneira que parece um tambor indiano, redondo com uma armação de madeira. Na confeitaria, é uma peneira de farinha. Na cozinha, é um amassador de legumes. Você aperta as batatas cozidas através da malha e um amido cremoso sai do outro lado, o qual você então mistura com metade do peso dele de manteiga (ou seja, vinte quilos de manteiga). O chef Joël Robuchon fazia seu *purée de pommes de terre* dessa forma em seu restaurante parisiense Jamin, nos anos 1980, e desde então existe uma discussão sobre o percentual de manteiga, porque a maioria das pessoas saudáveis acha a proposta de um purê de batatas feito com metade de manteiga moralmente inaceitável. Nessa discussão, sou agora uma testemunha de defesa e atesto que, sim, de fato dá para fazer batatas com 50% de manteiga. É só não pensar muito. É uma sobremesa de legume.

O *tamis*, porém, não estava em lugar nenhum. Perguntei ao lavador de pratos, ao chef de confeitaria, a Florian no *garde-manger*, a Christophe. Em nenhum lugar.

"Não importa", Christophe disse. "Faça *à la rustique*." Rústico.

"Claro", eu disse e voltei à *chambre froide*. As batatas tinham sumido. Olhei de novo minha estação: não estavam lá. Voltei à cozinha. Não estavam lá. Perguntei se Florian tinha visto.

"Eu peguei", ele disse.

"Você pegou?"

"Eu precisava delas."

Uau.

Descasquei um novo lote. Eu não tinha tempo para descascar um novo lote, ainda precisava cozinhá-las, outros quarenta quilos, frenético agora, lascas de dedo voando para todo lado. Aqueci as frigideiras, quente, quente, quente, taquei os filés, coloquei as batatas em uma panela gigante no fogo mais alto ("Ferva, baby, ferva"), fiz um vinagrete, voltei correndo para os filés, os virei...

"*Vite!*" Rápido! Christophe estava furioso. Eram 10h45. "*Vite! Vite! Vite!*"

"*Vite!*", Mathieu acrescentou. "Não é tão difícil. *Vite!*"

Eu estava suando. Meus braços brilhavam. Minhas mãos estavam molhadas. Eu falava sozinho. "Não se atrase."

"*Vite!*"

"Não se atrase, não se atrase."

"*Vite!*"

O molho? O molho! Dei uma olhada. A redução estava finalizada. Era um lindo vermelho-preto-meia-noite-escuro de uma viscosidade deliciosa, mas eu não tinha "montado" com a manteiga. Não tinha nem começado. Olhei para ela. Pergunta: montar o molho e me atrasar? Ou descartar a manteiga e ser pontual? Eu a matei. Simples assim: liquidei. Quando achei que ninguém estava olhando, joguei as chalotas e o vinho pelo ralo. (Fui ingênuo: sempre há alguém olhando.)

Quando servi a comida, declarei que tinha feito os filés "à toscana", com sal marinho, azeite de oliva e fatias de limão.

Na França, ninguém tempera um filé com limão.

Vlad pegou um. Vlad era um emigrado russo. Estava estudando inglês com raps americanos. "Que porra essa?", ele perguntou. "Eu não comer porra nenhuma limão", ele disse, e atirou o limão em mim. "Se foder, filho da puta!"

Mas estava na hora. Todos se serviram e foram comer na área do balcão, eu fiquei para limpar e achei o *tamis* desaparecido — na estação de Florian, escondido embaixo de um balcão.

Na semana seguinte, Viannay me chamou.
"Christophe me contou que você está servindo o *personnel* sem molho."
Era verdade. Pedi desculpas.
Viannay confirmou que eu sabia que deveria preparar um molho, que essa era uma das minhas obrigações na produção do *personnel*. "Minha equipe precisa de um molho", disse. "É possível que você não entenda a seriedade disso. O *personnel* é uma parte importante do dia deles." Viannay não estava bravo. Pelo contrário, estava sendo pacientemente pedagógico. Estava me ensinando um princípio da comida francesa. "Para mim", ele disse, "o *personnel* é um contrato com minha equipe. Se eles não têm um molho, é como se eu estivesse tirando dinheiro do bolso deles. *D'accord?*"
"*Oui*, chef. *D'accord.*"
"Sempre deve haver um molho."

Enquanto isso Ansel, o cuzão, estava certo. Eu não usaria mais o descascador. As próximas batatas foram *à la vapeur*. Uma diretriz de Christophe. Era o que ele queria comer.
"De quantas você vai precisar?", ele perguntou. O *quiz*.
"Sessenta?" Eu calculei duas por pessoa.
"Rá!" Mais um latido do que um riso. "Sessenta?" Ele zombou. Eu era tão ignorante. "Duzentas e cinquenta." Ele repetiu o número devagar: "Você... vai... precisar... de... duzentas... e... cinquenta...".

Duzentas e cinquenta? É uma quantidade enorme de batatas. Era uma instrução importante.

Uma batata *à la vapeur* é cozida no vapor. Também é chamada de batata à inglesa — *pomme de terre à l'anglaise* —, e eu não consegui descobrir por quê; soube apenas que, pouco depois de o brilhante cientista alimentar Antoine Parmentier provar aos franceses, em 1772, que a batata era comestível, estes criaram imediatamente duzentas formas de cozinhá-la. Daí os ingleses pegaram emprestada a chamada batata *à la vapeur*, porque ficava muito boa com rosbife, e fingiram que era deles.

Para preparar as PDTs, elas eram descascadas e cortadas, a fim de terem o mesmo peso (cinquenta gramas), comprimento (seis centímetros) e forma, o que é chamada de *bombées* — convexas, maiores no meio. E precisam ser "torneadas": sete "pranchas", como Ansel, o Cuzão, tinha me ensinado. As extremidades deviam ser planas, não arredondadas.

Era um risco — a quantidade de batatas, o prazo de onze da manhã para estarem na mesa —, mas para mim era um risco que eu queria assumir de maneira calculada. Minhas batatas *à la vapeur* representavam um singelo rito de passagem, por fim minha graduação na faca.

Elas possuíam, refleti enquanto encarava a primeira porção de batatas, uma natural beleza antinatural (algo concedido pela natureza com uma simetria que você nunca vai encontrar nela): as tais pranchas, a cor amarelo-creme, a harmonia visual de cada uma se parecer exatamente como as outras. Eu estava na pia perto da *chambre froide*, longe das urgências da cozinha principal, de costas para ela, água pingando da torneira com o conforto acústico de um riacho, e o ritmo quase musical que se encontra às vezes em uma tarefa repetida — o caráter zen daquilo tudo.

Refleti sobre como as PDTs *à la vapeur* eram difíceis de cozinhar (gordas no meio, estreitas nas pontas), atingiam o cozimento devagar, ficavam nele por um breve momento e depois se desmanchavam em um mingau, e anotei mentalmente para ficar atento quando as cozinhasse.

Fiquei pensando: por que os franceses faziam batatas de tantas maneiras diferentes? Elas podiam se transformar em bastões, palha, palito, fios, avelãs, waffles e cogumelos, bem como na clássica batata frita (*mignonette*).

Fiquei pensando: seria porque, quando finalmente a consideraram comestível, graças a Parmentier, elas não foram servidas cozidas em uma tigela para um camponês devorar, mas instantaneamente incorporadas a uma culinária altamente desenvolvida? Àquela altura, havia uma centena de maneiras de cozinhar um ovo. Por que não duzentas formas de cozinhar uma batata?

Fiquei pensando: será que alguém já havia pensado nisso?

Hoje fico horrorizado quando penso: como minha mente pôde ter vagado tão longe da cozinha?

Eu demorei tanto diante da pia que eles desconfiaram. Não havia mais tempo para cozinhar as batatas. Mathieu Kergourlay colocou uma panela de água no fogão. Mudança de cardápio: macarrão (sem molho; só macarrão, porque não havia tempo para molho). Comecei a limpar freneticamente para sair da pia e voltar à cozinha, havia cascas e pedaços de batata por toda parte, quando Christophe começou a andar atrás de mim. Ele tinha vindo dar seu sermão.

"Suas batatas são uma merda", ele disse, e andou até o fim do corredor.

"São *pommes de terres de merde*", ele disse, voltando.

"Não comemos batatas de merda." Ele recomeçou a andar.

"Bill deveria levar as batatas de merda dele para casa. Sabe o que ele ficou fazendo por uma hora? Ele estava fazendo batatas de merda para si mesmo. Ele deveria dar suas batatas de merda para os filhos. As batatas de merda são para *la maison de Bill*."

283

Não levei as batatas para casa. Eu as armazenei em dois recipientes bem grandes de água e as coloquei em um canto do frigorífico, atrás do creme de leite, na esperança de que Florian não as encontrasse. Segundo as regras de sobras da cozinha, uma noite de batatas na água era aceitável. Duas: jamais. Continuei pensando nas minhas batatas de merda quando voltei para casa naquela noite: o que havia de errado com meu cérebro?

Além do mais, e isto parecia revelador, de manhã eu era um dos últimos a vestir as roupas de cozinha. Mas à noite eu era *sempre* o último, impreterivelmente.

A coisa ficou tão ruim que, quando o fim do serviço ia chegando, eu começava a enrolar perto da escada. Eu limpava um balcão. Limpava de novo. Limpava outra vez. Eu não podia subir até Christophe dar o sinal. Finalmente ele grunhiu que sim. Saí correndo. Fui o primeiro a subir. Mas então, por algum motivo que não entendi, ainda assim fui o último a sair.

Passei a deixar minhas roupas empilhadas em um canto da despensa, para que estivessem prontas para eu me trocar sem ter de me acotovelar com ninguém perto dos armários. De novo, a enrolação, o sinal, a subida pela escada, mas dessa vez eu estava concentrado em encontrar minha pilha, coloquei minhas roupas civis em uma cadeira, tirei os tamancos, as meias, a calça, o casaco, a camisa, e estava apenas de cueca boxer quando os outros chegaram ao alto da escada.

Eles ficaram confusos.

Por que eu estava na despensa sem roupa?

Então Frédéric declarou: "Olha como ele emagreceu!". Ele se aproximou e cutucou minha barriga com o dedo.

Attention! La panse de Bill! "A pança do Bill. Não é a pança que ele tinha quando começou." Ele cutucou de novo. Assentiu com a cabeça em sinal de aprovação.

Sylvain se juntou a ele. Também cutucou minha pança.

"Você emagreceu!"

"Emagreceu bastante", Frédéric acrescentou. Ele me cutucou de novo, vendo graça em sua descoberta. "Ainda está mole, mas não tanto quanto antes."

"No começo, você era grande." Sylvain fez uma imitação de Papai Noel, segurando a barriga com as mãos. (Os outros concordaram solenemente com a cabeça). "Agora, Frédéric tem razão, você está bem." Sylvain se empertigou, encolheu a barriga, ergueu o queixo, jogou os ombros para trás, sua postura militar. "Você está parecendo um chef."

Eu estava tentando freneticamente colocar uma perna dentro da calça e fracassando.

"É a jornada, não é, Bill? O trabalho. O trabalho másculo." Sylvain não conseguia esconder seu orgulho. "*La rigueur.*"

Todos eles se amontoaram no espaço do armário e se trocaram; quando acabei de amarrar os sapatos, eles já tinham ido embora. Fui o último a sair.

Por alguma razão, minha mente parecia refém de uma quantidade infinitesimal e imperceptível de péssimos micro-hábitos. O que exatamente acontecia quando eu tirava a roupa? Será que meu cérebro começava a vacilar enquanto o dos outros seguia em linha reta? Eu mal podia imaginar o que um vídeo em câmera lenta poderia revelar, minha cabeça balançando para lá e para cá enquanto eu percebia uma luz na janela, a cor vermelha, lembrava de um triciclo de infância.

Na manhã seguinte, quando eu estava cozinhando minhas batatas de merda (a 200 graus Celsius, na "configuração de vapor"), Christophe espiou dentro da janela de vidro do fogão e abriu a porta.

"Estão prontas", disse.

Cutuquei uma batata com a ponta de uma faquinha.

"Não", eu disse.

"Não?" Ele franziu as sobrancelhas. As sobrancelhas diziam: "Quem você pensa que é para falar 'Não' para *mim*?". Ele me lembrou de que as batatas ficam prontas por um breve período e de repente estão arruinadas.

Passados dez minutos, ele voltou.

"Estão prontas. Tire."

Cutuquei. "Não."

"Estou com fome. Você vai servir mingau."

"Não acho que estejam prontas."

Ele me encarou. Voltou para sua tábua.

Eu não queria um confronto, não tinha confiança para isso. Estava tentando chegar a uma batata que eu quisesse comer: *à la vapeur*, cozidas no vapor, sim, portanto não douradas e com uma leve crosta.

A refeição ficou pronta no horário; como não, se boa parte dela tinha sido preparada no dia anterior? O ingrediente principal era peixe — bacalhau com molho branco, meu primeiro molho em uma semana, um *beurre blanc* perfeitamente comum, mas surpreendentemente delicioso (molho gorduroso e pesado com proteína magra) —, mas para mim nada importava mais do que as batatas. Não sobrou uma — nem uma das 250.

Mais tarde, eu estava nos fundos, limpando, durante o frenesi que acontecia logo antes do serviço de almoço. (Sim, eu estava fazendo o *personnel*, mas mantinha meu expediente.) Christophe passou. Ele parecia estar me procurando.

"As batatas ficaram boas."

Era meu primeiro elogio. Fiquei surpreso por isso, que Christophe pudesse chamar minhas batatas de "merda" num dia e de "boas" no dia seguinte.

Pouco antes do serviço da noite, Viannay me procurou. Na semana seguinte, ele disse, por que não servir um almoço americano preparado por um americano? Por que não hambúrguer?

Fiz cinquenta hambúrgueres: pão, cebola roxa, fatias de tomate e alface, uma maionese que eu tinha feito à mão (surpreendentemente gostosa), assim como ketchup também feito por mim (intragável). As batatas fritas foram mergulhadas duas vezes: primeiro em gordura quente, depois cinco minutos em gordura muito quente, o que ficou levemente prejudicado pela decisão de Florian de aumentar o calor na primeira rodada. (Ele tinha ficado descontroladamente empolgado com a ideia de batatas fritas.)

Eu tinha comprado uma caixa de Coca-Cola: em garrafas. Quase ninguém bebeu. O pessoal da cozinha só analisou as garrafas, como se fossem tubos de pesticida — o rosto deles parecia confuso, como se dissesse: por que alguém iria querer ingerir um líquido doce com uma comida salgada?

Todos comeram, mesmo pessoas que não costumavam aparecer no almoço das onze, inclusive Viannay, o sommelier e a mulher do andar de cima que fazia as fotocópias. Alguns comeram em pé. Uma das muitas regras francesas é que sempre se deve comer à mesa. Mas eram hambúrgueres, hambúrgueres não eram franceses, e havia em todos uma emoção indisfarçada em comer como americanos. Aquela foi uma das refeições mais radiantes em cujo preparo já estive envolvido.

"Bom almoço", Christophe disse. Era o segundo elogio em dois dias.

Talvez tudo isso dê certo afinal, pensei. Mas então, tão rápido como o pensamento veio, eu o descartei. Por superstição, com medo de dar azar.

***

Eu estava carregando panelas, frigideiras e utensílios de que precisaria para o *personnel*, tudo equilibrado em uma tábua, e cumprimentei meu colega de *garde-manger*.

"*Bonjour*, Florian."

"*Putain*", ele disse. Ele estava agachado sobre uma faca, seu grande corpo esguio curvado como um ponto de interrogação congestionado. Ele ergueu os olhos para mim. Seu rosto parecia dizer: "Como ousa me interromper?".

Depois do almoço, voltei ao *garde-manger*. Eu precisava de filme plástico. Estava em uma prateleira atrás do cortador.

"Florian", pedi, "me dá licença?" Eu precisava passar por ele.

"*Putain*." Ele não se mexeu.

Fiz sinal que precisava pegar algo atrás dele.

"*Putain*." Ele andou para o lado, me bloqueando completamente. Achei outro na cozinha de confeitaria.

Mais tarde, quando voltei à máquina de lavar louças para pegar um batedor, Florian deu toda uma volta para pisar com força no meu pé.

Era quinta-feira. Os cozinheiros ficavam diferentes às quintas. Todos eram bem-humorados na segunda, mas rapidamente — por volta da tarde de terça, na verdade —, a maioria já estava longe de seu melhor. Na quarta eles se deterioravam. Às quintas, quando a maioria dos acidentes ocorria, podiam ser de fato perigosas. Quase todo mundo ficava diferente. Era a jornada. Mas para Florian as quintas eram *realmente* incomuns.

No dia seguinte, sexta, eu ia preparar aspargos para o *garde--manger* e fui buscá-los no frigorífico. Os aspargos eram mantidos em pé, amarrados com elásticos, os talos submersos até a metade, dentro de um caixote de plástico laranja com uma tampa de pressão. Era pesado, por causa do peso balouçante do líquido. Florian entrou na minha frente.

"*Arrête!*", ele disse alto. Pare! Ele me empurrou para o lado com força com a palma da mão. Muitas pessoas estavam nos fundos e pararam o que estavam fazendo.

"Hortense, *attention*", ele anunciou, chamando-a com uma voz grandiloquente. "Bill está com dificuldades. Ele é velho. Pessoas velhas são fracas. Bill é fraco. Bill não pode carregar coisas pesadas. Precisamos ajudá-lo."

"*Attention*, Hortense", Florian continuou, retumbante. "*Le français de Bill, c'est de la merde.*" O francês de Bill é uma merda. "*Il faut* falar com ele em inglês. *D'accord?*"

Florian foi levantar o caixote, mas, com sua precipitação espalhafatosa, acabou pegando-o num ângulo ruim, a água dentro balançou, o caixote se inclinou na direção de uma porta e esmagou os dedos dele. Depois, eu o vi chupando discretamente os dedos, que estavam sangrando.

O que havia acontecido com o rapaz que tinha comemorado quando conseguiu fatiar uma chalota? Que tinha sido sincero sobre seus fracassos na cozinha e a dificuldade de trabalhar sob estresse? Eu entendia por que Christophe gostava dele. Eu também tinha gostado.

Em dois dias, o menino de dezenove anos que eu considerava um amigo havia se transformado no Darth Vader.

No começo do serviço do jantar, Sylvain telefonou. Ele não viria. Sua mulher estava no hospital dando à luz o primeiro filho deles. Na França, o marido tem direito a duas semanas de licença--paternidade.

Eu estava ajudando na preparação. Momentos depois do telefonema, Florian me disse para eu ficar no canto.

Não era exatamente um canto. Era o degrau perto da porta, aquele onde o consultor tinha se posicionado para observar por que o *garde-manger* não funcionava. Ficava fora do caminho, mas tinha uma vista. No meu caso em particular, eu ficaria fora do caminho e *à* vista. Era o equivalente culinário de estar na berlinda. O lugar do degrau era tão estratégico que eu seria visto, ao mesmo tempo, das duas cozinhas, *garde-manger* e a cozinha principal, e também da passagem, onde Christophe ficava.

Olhei para o degrau e pensei: eu é que não vou ficar ali.

Florian estava me observando enquanto trabalhava, erguendo a cabeça (como se ela estivesse presa num eixo) e depois baixando. "Fique no degrau", ele disse. Ele estava sozinho hoje. Era uma noite importante. Não saí do lugar.

"Fique no degrau."

"Não, não vou ficar no degrau. Estou aqui para ajudar. Você está sem Michael. Está sem Sylvain…"

"*Trop de stress*. Você faz minhas mãos tremerem. Não interessa. Não tenho que explicar. Fique no degrau."

"Não. Viannay não vai gostar." Na batalha mesquinha das pequenas vontades, eu tinha acabado de perder. Era como se eu dissesse: "É melhor você se comportar, senão eu vou contar para o professor". Eu não fazia ideia se Viannay iria ou não gostar, o que nem vinha ao caso, porque ele nem tinha chegado.

"Fique no degrau."

Florian me encarou. Encarei Florian.

O que você faria? Eu fui para o degrau.

Christophe, na passagem, me viu e não entendeu, depois pareceu entender. Então talvez eu também tenha entendido. Será que Christophe havia se tornado coach de Florian? ("Assuma o comando, rapaz. Mostre que você é um chef!") Era um lugar curioso de se estar: continuar sendo odiado pelo homem que dirigia a cozinha e atormentado por um jovem irritadiço de dezenove anos vivendo o que provavelmente era seu primeiro momento de poder.

O *garde-manger* se atrasou. As mesas não haviam recebido seus *amuse-bouches*, as entradas não estavam empratadas. Florian foi fatiar uma porção de *pâté en croûte*. A preparação dava tanto trabalho — a massa folhada, tudo prestes a desmontar mas de alguma forma se mantendo firme —, e era tão preciosa (o foie gras, a gelatina de carne, o *poulet de Bresse*) que era melhor você nunca ser pego cortando-a do jeito errado. Florian errou. Ele levou a mão ao coração. Rapidamente jogou fora a prova de seu fracasso antes que alguém mais visse. Tentou de novo. Errou. Bateu na própria mão. Tentou de novo. Bateu a mão com força no balcão. Tentou de novo e, dessa vez, acertou.

Viannay chegou.

Viannay me viu e me chamou do outro lado da cozinha.

"Bill, o que você está fazendo?"

"Estou no degrau."

Ele podia ver que eu estava no degrau.

Apontei para Florian. "Ele mandou."

"Por favor, traga os *amuse-bouches* para a passagem." Os garçons estavam à espera, tensos, preocupados. O *garde-manger* estava em péssimos lençóis.

"*Oui*, chef."

Desci e pus oito *amuse-bouches* em uma bandeja pequena.

Florian, curvado, de costas para mim, se virou. "Não, você não vai levar isso para a passagem."

Ah, dane-se. Peguei a bandeja, levei para a cozinha e a deixei na bancada. Os garçons começaram a pegar os pratos, mas foram impedidos por Florian ("Não, não encostem neles!"). Ele veio correndo descontroladamente, balançando as mãos no ar como bandeiras, me empurrou para fora do caminho, pegou a bandeja e voltou à cozinha do *garde-manger*, onde tirou os oito pratos da bandeja, colocou-os em uma bandeja nova e voltou correndo para a passagem.

Viannay fez um leve aceno de ah-já-entendi com a cabeça. Ele seguiu em frente. Não iria interferir. (Não?)

Havia algum código que eu não conhecia? Christophe não tinha feito nada, embora a estação estivesse muito atrasada. E tampouco Viannay, que chegou quando ela estava sobrecarregada. O código tinha um nome? Brigas acontecem. Pessoas são maltratadas. E os chefões não intervêm?

Eu ainda estava no degrau quando Johann, o Johann restante, parou no meio do caminho para a cozinha e disse: "Você está no degrau".

"Sim, eu estou no degrau."

Propus a Florian que eu iria para os fundos, perto da pia, e ajudaria lá.

"Excelente ideia."

Nos fundos, fiz o que era necessário. Era sexta à noite, e as coisas de todo mundo estavam acabando.

Chern, trabalhando na estação de carne, veio correndo.

"*Persil ciselé, s'il te plaît.*" Salsa fatiada longitudinalmente, como cinzéis. "Rápido, rápido. Obrigado."

Ele voltou. "*Petits pois.* As minhas acabaram."

Favas, raspas de limão, *feuilles*. (Sempre *feuilles*.)

Christophe gritava pelo alto-falante; o *garde-manger* ainda estava sobrecarregado. Eu deveria fazer alguma coisa. Mas como?

Sem que eu notasse, os gritos cessaram. Mais uma vez, eu havia me perdido no prazer das minhas funções urgentes-mas--nem-tanto, no elemento zen da repetição de tarefas, até por fim perceber que eu não ouvia nenhum grito fazia algum tempo. A cozinha ainda estava sob pressão. Novos pedidos eram anunciados, mas Christophe não passava mais sermões. Vou dar uma espiada no *garde-manger*, pensei; fui até lá e encontrei o próprio

Viannay fazendo as entradas, Florian e Hortense atrás dele. Ele era uma figura tão surpreendente — eu só o tinha visto uma vez naquela cozinha confinada e estreita — que demorei um instante para me ajustar à realidade de sua presença, o cabelo, o casaco branco de MOF, a barba rala. Eu não fazia ideia de que ele sabia preparar os pratos de *garde-manger*. Ele se movia a uma velocidade impressionante.

"Aí está você", ele sussurrou. Era uma fúria incandescente. Ele estava uma fera. "Por onde você andava? Não viu o que estava acontecendo? Você, você...", ele sussurrou de maneira incompreensível.

Ele terminou o empratamento e o entregou a Hortense.

Fiquei ali parado que nem besta, atrasado, envergonhado, sem saber o que deveria ter feito.

Viannay parou e secou as mãos. "Você diz que quer trabalhar na cozinha principal. Você não pode trabalhar na cozinha principal. Você não entende. Nunca vai trabalhar na cozinha principal. Nunca." *Jamais.*

A expressão de Florian era peculiar, não exultante, não exatamente sorrindo, mas segurando um sorriso. Estava exageradamente calmo.

Johann estava perto.

"Você ouviu?", perguntei.

"Sim."

"Ele disse 'nunca'. Você ouviu aquilo? Você *nunca* vai trabalhar na cozinha principal?"

"Ouvi."

Quando cheguei em casa, fui dar um beijo de boa-noite em Jessica e me sentei na beira da cama. Era verdade, eu parecia não estar entendendo. De repente tudo era muito difícil. Fiz uma pausa. Viannay tinha dito que eu nunca trabalharia na cozinha principal. Nunca.

"Os meninos e eu jantamos no Potager", Jessica disse. "Contei ao Franck o que você estava enfrentando. Ele disse: 'Fale para o Bill vir trabalhar com a gente'. Você deveria pensar sobre o convite."

MISTÉRIOS INESPERADOS EM UM VINAGRETE

CONFERÊNCIA DA RENAISSANCE SOCIETY OF AMERICA. A magnificência cultural do vinagrete me foi revelada em um artigo lido por Timothy Tomasik, um exímio especialista em comida francesa do século XVI, basicamente de 1530 a 1560, durante o auge das *foires* de Lyon e por volta do período em que os grandes conselheiros da cidade promoviam suas feiras suíças. O evento, realizado num sábado de manhã chuvoso em Manhattan, foi mediado por Allen Grieco, pesquisador associado da Villa i Tatti, em Florença, o Harvard Center for Renaissance Studies. (Alerta de spoiler número cinco: visitamos a cidade de Nova York — duas vezes; na verdade, acabaríamos por regressar.) O artigo de Tomasik focava a história da palavra "vinagrete".

Desde a humilhação fulminante de ter que perguntar como se fazia vinagrete, eu me tornei um estudioso da preparação, de suas muitas variações e de sua importância para a cozinha francesa (acidez! vinho! equilíbrio!). Mas a história? Eu tinha lido Pasteur, só que Pasteur era do século XIX. Tomasik, já meu amigo na época (nos conhecemos em outra conferência sobre comida renascentista), se aprofundaria na origem da palavra. Cheguei pulando de tão empolgado e me espantei de verdade ao ver que havia apenas seis pessoas na plateia, em um auditório que acomodava duzentas. Em um sábado! Nova York é uma cidade grande. Onde estava todo mundo?

A palestra de Tomasik era uma tentativa de resolver um enigma. O sentido moderno da palavra *vinaigrette* foi conhecido pela primeira vez em 1694, no *Dictionnaire de l'Académie française*, que o descreve como "um tipo de molho frio", *une sorte de sauce froide*, feito "com vinagre, óleo, sal, pimenta, salsa e cebolinha". Desde então, houve variações da fórmula essencial, porém a definição da Academia Francesa continua sendo a melhor.

Antes de 1694, porém, ele era um molho à base de carne. A palavra aparece pela primeira vez no século xiv, em *Le Viandier*, de Taillevent, um dos primeiros livros franceses de culinária a ter sobrevivido. É talvez mais medieval do que francês, ilustrado com explicações de como fazer "*une vinaigrette*"; para isso, você pega um baço de porco e doura num espeto, então o pica e leva para ferver numa panela com sangue, caldo, gengibre, alguma especiaria apimentada, açafrão, vinho *e* vinagre (finalmente). "Deve ser marrom."

Um vinagrete de ovelha pede cabeça, estômago e patas. Um vinagrete bovino faz questão de usar todos os quatro estômagos.

Durante as perguntas da plateia, Tomasik, com uma sinceridade incontestável, admitiu que seu artigo ainda estava em desenvolvimento.

Tomasik disse que havia começado com o que parecia ser um problema simples de lexicografia. Na história francesa antiga, "vinagrete" significava algo que parecia apropriado à comida consumida na época — em suma, uma culinária feita com uma panela sobre a lareira. Por volta do fim do século xvii, a palavra já significava uma coisa totalmente diferente, mas *também* de todo apropriada à comida da época: um molho leve para legumes cozidos de maneira igualmente leve, como vagens ou alcachofras. O que Tomasik não conseguiu descobrir foi quando a palavra mudou. Ele havia mapeado seu uso em livros publicados em 1536, 1539, 1542, 1547 e 1552. Esperava encontrar algo nos cem anos seguintes, mas ainda não havia achado nada. Ele tinha o ar de um bom aluno que chegara à aula com um problema essencial da lição de casa ainda por solucionar, mas que em breve resolveria.

Pensei: sem chance.

Aqueles cem anos representam um túnel sombrio da culinária francesa. Em uma extremidade, você encontra a comida que podia ser feita na lareira de casa; na outra, por volta de 1651, quando *Le Cuisinier françois* foi publicado, encontra um festival radical de ostentação e técnica. O livro foi escrito por um tal de François Pierre de la Varenne. Embora o título provavelmente seja um trocadilho (isto é, ou O Cozinheiro François ou O Cozinheiro Francês), não há nenhuma ambiguidade em como foi interpretado ou traduzido. *Le Cuisinier françois* foi uma declaração da culinária nacionalista. Ele afirmava: "Esta é a *nossa* comida. É a *nossa* cultura". Ao longo de cerca de quatrocentos anos de receitas, manuscritos, traduções e publicações culinárias de todo tipo em francês, nenhum texto proclamou tão abertamente seu espírito francês quanto esse. Depois de *Le Cuisinier françois*, a culinária francesa estava sacramentada.

Mas, aos olhos de muitos, praticamente não existe registro do que vinha ocorrendo para que se produzisse tal mudança. Algo estava acontecendo, claro (nada surge do nada), mas quem sabia o que era?

Enquanto isso, eu me inquietava na cadeira, entusiasmado. Eu sabia a resposta! Pelo menos sobre o vinagrete! Do outro lado dos Alpes, na Itália, havia um tratado sobre saladas, mas eu não conseguia lembrar o nome do autor, apenas que tinha um nome esquisito, algo como "felicidade".

Grieco também se mexia na cadeira, mas ele sabia o nome e tinha baixado um texto no celular. O autor era Costanzo Felici.

"Isso", deixei escapar. Não consegui me conter. "Felici! O cara é esse!"

Grieco continuou. "Costanzo Felici trabalhou como médico e naturalista na vila de Piobbico." Piobbico fica a leste de Florença e quase às margens do Adriático. "Ele havia publicado tratados sobre aspectos da história natural: a oliveira, o cogumelo, o lobo, um calendário agrário." Grieco tinha 66 anos e cavanhaque grisalho, óculos redondos de intelectual que escorregavam pelo nariz e os modos de um homem acostumado a falar baixo por frequentar bibliotecas. Tomasik, com metade da idade de Grieco, tinha um peito largo e robusto, e uma confiança jovial. Grieco o tratava com cauteloso respeito.

Felici começou a se corresponder com um dos grandes botânicos da época, Ulisse Aldrovandi, da Universidade de Bolonha. Aldrovandi pediu que Felici descrevesse os vegetais consumidos em sua cidade, especialmente saladas e ervas, e como eram preparados: algo como um relatório de campo. Eles eram preparados de um jeito, Felici escreveu: *con olio, aceto, sale e pepe*. Com azeite, vinagre, sal e pimenta.

Depois da morte de Felici, suas cartas para Aldrovandi foram publicadas em um livro. Grieco leu algumas frases em voz alta, uma referência a como os franceses consideravam os italianos pessoas que consumiam saladas de forma indiscriminada: "*Il cibo dell'insalate — così dette volgarmente, cibo quasi proprio (dicono gl'oltramontani) de' Italiani ghiotti quali hanno tolta la vivanda agl'animali bruti che si magnano l'herbe crude...*".*

Eu já havia me deparado com essa passagem em 2003, em uma história cultural da cozinha italiana escrita por Alberto Capatti e Massimo Montanari que viria a ser minha porta de entrada para a beleza e as grandes conquistas da cozinha renas-

---

* "Saladas, segundo aqueles que vivem além das montanhas, são um alimento consumido quase exclusivamente pelos gulosos italianos, que se apropriaram da comida dos animais brutos que vivem à base de ervas cruas." (N. E.)

centista italiana. O texto agora é bem famoso, ao menos por sua espirituosidade, inclusive pelo uso da palavra *oltramontani* para descrever os franceses, ou seja, as pessoas do outro lado das montanhas. Essas pessoas pensam que *nós* somos os brutos, pensam que *nós* somos os glutões (*ghiotti*), por tirarmos a erva crua da boca dos animais irracionais e a comermos!

Os franceses, Felici disse, não entendem. Eles são os *ghiotti*, que comem apenas carne, que não entendem a graça das verduras e dos legumes, os frutos da terra, a manifestação de suas estações. Felici não sabia que seria apenas uma questão de tempo.

Será que existe um rastro de documentos que possamos seguir e que nos mostre como os italianos ensinaram os franceses a fazer e a temperar uma salada?

Provavelmente não.

Mas existe uma trilha, raramente mencionada pelos historiadores, um caminho nas montanhas, e o tráfego ali, de comidas, de pessoas e de ideias, era constante e movimentado. É pré-romana. Tão antiga quanto o ato de caminhar. Começa em Susa, cidade que os romanos chamavam de Segusio, no noroeste da península italiana, passa pelas montanhas e vai até Planay, onde os franceses fundaram uma das primeiras alfândegas. Não era o único caminho entre a Itália e a França, mas, no começo do século XV, havia se tornado tão popular que o rei viu ali uma oportunidade de obter alguma receita com a coleta de impostos. Em troca do pagamento de taxas, os comerciantes recebiam a promessa de proteção contra bandoleiros na trilha.

O que atraía os comerciantes italianos? As *foires*, aqueles mercados trimestrais de Lyon, que só foram retomados recentemente; essa trilha transalpina, também chamada de *le chemin du Piémont*, levava direto a elas. Muitos produtos vendidos lá (especiarias, sedas, mortadela, o repentinamente famoso *"fromage de Milan"*, isto é, o Parmigiano ou queijo parmesão) eram italianos; a maioria dos banqueiros, importadores e varejistas (Gadagne, Capponi, Manelli, Grimaldi, Sauli, Johanno, Bonvisi e Cenami) tinham ascendência italiana. As *foires* fizeram Lyon prosperar. Também a tornaram uma incubadora culinária, ajudando a desenvolver a cozinha que nascia ali.

Tempos depois viajei para Susa e descobri que a rota é protegida por um pacto aduaneiro há mais tempo do que eu imaginava. Ele é celebrado por um arco de pedra no começo da trilha, um acordo entre César Augusto e as tribos celtas dos Alpes sob o comando do rei Cócio. A cidade não figura mais nos guias (com a construção do túnel de Fréjus, Susa é quase sempre contornada) e, desde o Tratado de Maastricht, de 1992, as fronteiras foram praticamente dissolvidas, mas para mim foi um milagre inesperado estar ali, na frente do portal através do qual tanta gente e tanta coisa passou, para lá e para cá: caçadores-coletores, soldados, sal, Aníbal com seus elefantes, pimenta-do-reino, o apóstolo Paulo, Júlio César a caminho de conquistar a Gália, Carlos VIII na esperança de conquistar a Itália, François Premier (duas vezes), Rabelais, Montaigne, Leonardo da Vinci, manuscritos, mercadores, papas, dezoito séculos de monges, religiosos, peregrinos, Carlos Magno, banqueiros italianos, o Renascimento, a história da Europa e, talvez, um molho de salada.

E então essa palavra, "vinagrete": penso nela como sendo a concha de um crustáceo, sua casa. Quando o habitante morre, outra criatura entra ali. Ou como as casas de camponeses vistas no *chemin du Piémont*, construídas com pedras de casas antigas abandonadas. O vinagrete funcionava em um cozido medieval. Mas é uma curiosidade da história que, quando as pessoas pararam de fazer o cozido, houvesse essa ótima palavra para abarcar um molho de azeite e vinagre.

As comidas vivem atravessando o globo. O porco, hoje no coração da dieta italiana e francesa, veio da China. Perus, batatas, tomates, abóboras e chocolates vieram dos nativos americanos do Novo Mundo. A *quenelle*, famosa comida lionesa, veio do *Knödel* austríaco.

Mas o vinagrete é de outra ordem. Não é um ingrediente. É uma preparação. É uma ideia, um modo de comer.

Era raro encontrar um francês que acreditasse que os italianos tinham algo a ver com o desenvolvimento da culinária francesa. Uma frase que ouvi muitas vezes foi a falta de "*preuves incontestables d'Italienités*" — provas irrefutáveis de que haja algo italiano em qualquer coisa que tenha se tornado uma comida francesa.

A evolução da palavra "vinagrete" não é uma prova incontestável. Mas nos convida a levar em conta as limitações que inibem a investigação acadêmica. Os historiadores culinários tendem a trabalhar na língua de sua especialização e raramente se arriscam fora dela — italianos quase nunca conversam com franceses, franceses não se esforçam para falar com italianos —, e nada disso surpreende, exceto o fato de que, quando o assunto é comida, as duas culturas têm uma ligação complexa. A professora Jacqueline Boucher, que estuda a história lionesa do século XVI, escreveu o excelente *Présence Italienne à Lyon à la Renaissance* [A presença italiana em Lyon durante o Renascimento]. Em sua bibliografia (confessadamente resumida), ela lista 46 trabalhos: 42 em francês, dois em inglês e um em italiano, uma genealogia da família de banqueiros Gadagne. Não consigo deixar de questionar: como alguém pode escrever sobre os italianos sem ler o que eles próprios tinham a dizer? No meu período na França, assisti a diversas conferências sobre comida renascentista, fascinado pelo que havia a aprender e, toda vez, um organizador me alertava: "Cuidado com italianos e franceses — eles não querem ter nada a ver uns com os outros". A grande cadeia montanhosa que separa os dois países parece ser bem mais do que uma questão geológica.

Essa grande cadeia montanhosa também é mal compreendida, com base em uma visão anacrônica de que, na Europa medieval e renascentista, um barco era mais seguro do que viajar a pé ou no dorso de um animal, ainda mais se fosse preciso cruzar os Alpes, o que obviamente era demasiado árduo para pessoas normais.

Bom, não era e não é. E, num tempo em que não havia previsões meteorológicas confiáveis, era muito menos perigoso.

Eu queria reproduzir essa travessia com meus filhos, subindo pelo lado íngreme, para deixar claro que, se *eles* podiam fazer isso — no verão, que admito ser a estação mais favorável para uma travessia alpina —, então cozinheiros, artistas, poetas, arquitetos, princesas, monges com seu conhecimento de fazer pão e linguiça, pintores e todo o longo comboio do Renascimento italiano também teriam conseguido. Eu sabia que a trilha não estava em bom estado. Em 1803, Napoleão mudou a rota (encontrou uma passagem mais larga, apropriada para seus exércitos, que começava em Lanslebourg, a cidade seguinte subindo pelo vale de Planay, e que sobrevive como uma estrada pavimentada, a D1006). Depois de duzentos anos, o caminho original não está bem conservado. Nós nos hospedamos na Lavis Trafford, a *chambre d'hôte* construída nas instalações da alfândega original, e tentamos a trilha quando os meninos tinham cinco anos. De manhã, eles caminharam um quilômetro e meio até o início da trilha. Havia uma placa evocando os séculos de história que haviam feito a subida. Os meninos leram e falaram: "Deixa pra lá". Eles já estavam exaustos.

Voltamos quando eles tinham sete anos. Encorajados por Marc Broyer, o proprietário da Lavis Trafford, que, malandramente, descreveu a caminhada como um "passeio" que não levaria "mais de uma hora", os meninos e eu, de shorts e chinelo (nunca pensei que eles realmente chegariam ao topo), percorremos a trilha toda. Demorou quatro horas. Não era tão longe — seis quilômetros? —, mas era íngreme, uma trilha desgastada e rochosa (George torceu o tornozelo, Frederick, com pavor de abelhas, foi picado), e nossa água potável acabou antes da última subida desafiadora. Enquanto isso, os dois estavam sendo dissimuladamente coagidos pelo pai, que lhes prometeu que, se completassem a caminhada, o acontecimento seria registrado com seus nomes (George Ely Buford e Frederick Hawkins Buford) no livro que ele estava escrevendo. Os dois refletiram sobre a oferta e concluíram que, tudo bem, seguiriam em frente. Quando chegamos ao topo, havia água natural, um restaurante e uma rua pavimentada. Mas isso não teve importância. Quatro anos depois, aos onze, eles fizeram a trilha de novo!

VITERBO, ITÁLIA. Nossa família estava viajando até uma cidade murada medieval em Lazio, para assistir a uma conferência de uma semana sobre comida, vinho e azeite de oliva. Viannay havia concordado que eu fosse, mas os outros na cozinha, quando descobriram, ficaram indignados. Você só tira folga se o restaurante diz para você tirar, e o restaurante só permite isso quando fecha — em agosto e entre o Natal e o Ano Novo —, porque não há gente de reserva e, se você não está lá, outra pessoa precisa fazer o que você faz. Por dois dias, ouvi diferentes versões de "*Bonnes vacances, putain*", com variações no nível de sarcasmo e maledicência.

O evento em Viterbo era promovido por ex-alunos e organizado por Jessica para um programa chamado School Year Abroad, SYA. Era aberto a ex-alunos que haviam passado um ano em um país não anglófono para aprender a língua. (Jessica, aos dezesseis anos, tinha morado em Rennes, na Bretanha.) Para a maioria dos ex-alunos, esse ano no exterior havia mudado sua vida. A ideia do evento era que eles se reconectassem com essa antiga experiência transformadora, e não por meio desses simbolismos convencionais da alta cultura, mas pela comida e pela bebida, e falando das duas coisas. Entre os palestrantes convidados por minha mulher estavam Ruth Reichl, Harold McGee, Thomas Keller, Dan Barber e eu.

Eu?

Óbvio que ela me convidaria. Eu era o marido dela. Mas o efeito dessa perspectiva me surpreendeu. Vivi isso como um confuso despertar mental. Eu era escritor, ou tinha sido, por 23 anos, editor de literatura. Sem me dar conta, tinha parado de pensar em mim como alguma coisa literária. Eu era um homem da cozinha no meio de sua formação.

Em Nova York, minha profissão tinha sido minha identidade, confirmada praticamente o tempo todo pela rotina diária de compromissos, reuniões, festas e blá-blá-blás sociais. Em Lyon, eu não tinha essas confirmações sociais. Nem Jessica e os meninos. Não que nossa identidade tivesse sido arrancada de nós; era mais como se ela estivesse começando, sem os lembretes externos, a se dissolver. Na escola, os meninos ainda eram celebridades, os *New-Yorkais*, mas estavam perdendo a lembrança de sua casa americana. Não conseguiam se lembrar de como era nosso apartamento. Depois de dois anos, o francês deles já estava melhor do que o inglês.

Em Viterbo, nos hospedamos em um hotel moderno, todos juntos em um quarto grande, e ficamos incrivelmente felizes. O que quer que se perdera entre mim e minha mulher foi compensado pela intimidade entre nós quatro. Pegamos no sono ao som das crianças dormindo. O esquema, algo como um acampamento com serviço de quarto, se tornaria o modelo de nossas futuras viagens pela França. De manhã, minha mulher saiu bem cedo, e os meninos e eu tomamos o café. Eu estava me reconectando com minha paternidade.

À tarde, encontrei Dan Barber, que tinha vindo clandestinamente, dando uma escapada italiana com a namorada, Aria Sloss. Sua cozinha não sabia que ele estava fora.

Eu não via Barber desde a ceia de trufa branca na casa de Dorothy.

Ele me perguntou o que eu andava aprontando e eu disse que estava fazendo um *stage* e cozinhando o *personnel*, nada além disso, mas meu rosto deve ter revelado alguma coisa.

"Ah, sinto muito", ele disse. O comentário foi solícito e inesperado. Quase me fez chorar.

O período de Barber na França não se revelou tão simples, afinal.

Ele havia trabalhado em dois lugares, contou. O primeiro tinha sido o de Michel Rostang. Barber falava francês e conseguiu um posto na cozinha principal porque Rostang gostava dele, mas, como Rostang quase nunca estava na cozinha, os outros, sobretudo os que queriam trabalhar na cozinha principal, fizeram Barber sofrer.

"Sei como é a dinâmica", eu disse.

"O segundo restaurante foi mais difícil. Foi na Provença."

"Onde?"

"Não posso falar."

"Qual é o nome?"

"Não posso falar."

"Ah, vá. Não vou contar."

"Não. É famoso. O chef era maluco", Barber continuou. "Se demorássemos, ele fechava as janelas, trancava as portas, desligava o ar-condicionado e nos fazia trabalhar no calor. Em pleno verão no sul da França. Foi um dos verões mais quentes da história."

"Em 2003?" Foi o verão em que estávamos na Itália, e duzentas pessoas morreram em seus apartamentos. Eu tinha ouvido falar do tratamento sem ar-condicionado.

"Eu costumava apanhar."

Eu não conseguia imaginar Barber apanhando.

"Muito. Se eu era lento. Ou sem motivo nenhum." Ele colocou a mão na bochecha. "Aqui sempre estava inchado." Ele riu baixo. Barber é comprido, usa óculos e tem um ar indefeso de intelectual. Os homens da cozinha francesa são fortes, braçudos e sabem ser estúpidos como uma porta. Sua risada sobre seu tempo com eles era autodepreciativa e cativante.

"Um dia, pouco depois que comecei, o maître entrou nos fundos e disse: 'Estou sentindo um cheiro de alguma coisa. Mais alguém está sentindo?'. Ninguém disse nada. Ele voltou para a frente do restaurante.

"No dia seguinte, ele reapareceu na cozinha. 'Estou sentindo aquele cheiro de novo. Sério, ninguém mais está sentindo?' E voltou para a frente do restaurante.

"No dia seguinte, de novo. 'Já sei. É cheiro de judeu.'"

"Você não vai contar o nome do restaurante?"

"Não."

Barber me sensibilizou. Ele havia dito que a formação na cozinha francesa era inestimável e que sempre era possível identificar os jovens cozinheiros que a possuíam. Era uma mensagem complexa.

No La Mère Brazier, ninguém apanhava.

Quando voltei ao La Mère Brazier, as piadas recomeçaram. ("Aproveitou as *vacances, putain*?") Mas havia uma diferença notável, uma animação, uma nova energia. Naquele pequeno espaço de sentimentos intensos e emoções exacerbadas conhecido como cozinha, havia ocorrido mudanças nas tarefas dos membros da *brigade*.

Primeiro, Florian não ficaria mais no *garde-manger*. Ele tinha sido promovido. Passaria a trabalhar na cozinha principal, fazendo peixe, ao lado de Frédéric. Christophe havia intercedido por ele. Florian preparou sua *mise-en-place* em sua nova estação. Estava mudando fisicamente, tinha se tornado mais alto, não andava mais encolhido. Sorriu o dia todo.

Depois fiquei sabendo que eu também tinha sido promovido, embora tenha levado duas semanas para me dar conta disso. Eu continuaria a fazer o *personnel*, e gostei de saber que, na minha ausência, ele havia sido preparado alternadamente por Chern e Florian e que todos ainda estavam reclamando do que tiveram que comer. Mas agora eu me reportaria oficialmente à estação de carne. Ninguém disse que eu iria trabalhar na cozinha principal e, depois de ser atacado por Viannay quando estava uma fera comigo, nem pensei em questionar. Na realidade, era exatamente esta a ideia — *se* eu mostrasse que estava pronto, *se* provasse que poderia fazer aquilo.

Sylvain também tinha uma nova função, e essa era a novidade mais radical. Ele comandaria o *garde-manger*. A área agora era responsabilidade sua, com uma equipe muito reduzida; uma pessoa, na verdade: Hortense.

Sylvain me contou que, quando Christophe o informou da mudança, ele fechou os olhos e pediu que Christophe repetisse. Seu corpo estremeceu. Para ele, era um rebaixamento claro. Ele havia começado no *garde-manger*. Tinha sido promovido a *sous--chef*. As pessoas se referiam a ele como *le cuisinier*, o homem que fazia a cozinha funcionar. Ir da passagem, na frente, o empratamento da comida, ao *garde-manger* nos fundos: como não seria uma decepção?

Ele se aprumou. "Vou aproveitar para aperfeiçoar meu *pâté en croûte*", disse. Ele abriu seu sorriso gigante. "Vou praticar para a *coupe*."

A *coupe*, ou seja, a copa, é realizada em Tain, cidade vinícola entre Lyon e Valence, para homenagear o que é considerado o melhor *pâté en croûte* do mundo. Cozinheiros — em tese de "todo o mundo", mas na prática de "toda a França" (afinal, de onde mais eles viriam?) e, sobretudo, do vale do Ródano — se reúnem e produzem as expressões mais esteticamente estrondosas de carne dentro de um pedaço de massa que você jamais verá na vida. Sylvain estava determinado a competir. Estava determinado a vencer. Seria o passaporte para a próxima fase de sua vida.

Certa manhã, bem cedo, pouco depois das oito, Hortense entrou correndo na cozinha principal. Sylvain veio logo atrás dela, com passadas longas e determinadas. Estava desvairado de fúria.

Parece que Hortense havia pegado a panela errada para Sylvain. A questão devia ser mais do que uma simples panela, mas a panela, de tão errada, foi o estopim. Assustada, Hortense se protegeu atrás de uma ilha da cozinha: uma bancada com pilhas altas de, veja só, muitas panelas. Sylvain foi até lá, ergueu o braço e derrubou as panelas no chão. Elas causaram um barulho em cascata — tampas, frigideira, travessas, tudo de aço inoxidável, tudo muito alto e muito brilhante, o metal sob as luzes da cozinha —, tudo caindo estrondosamente ao redor de Hortense. Foi tão inesperado e ruidoso que, por um momento, pensei que a ilha havia desmoronado. Hortense estava abraçada a si mesma. Parecia tentar se encolher. Dava a impressão — seu rosto, o puro pavor nele — de estar prestes a ser assassinada.

Sylvain, ofegante, tendo perdido a paciência e agora ainda mais furioso, pegou uma panela e atirou em Hortense. Errou. A panela atingiu com um ruído estridente a porta de um forno. Ele pegou outra e jogou. Errou também. Pegou uma terceira, uma quarta, uma quinta, rápido, rápido, rápido, e errou todas as vezes. Ele parecia não estar querendo acertar Hortense, apenas assustá-la, embora eu não acredite que Hortense tenha se reconfortado com essa distinção, ou mesmo que, naquelas circunstâncias, isso tenha lhe passado pela cabeça. Não creio que, em meio a todo aquele estrondo, Hortense estivesse pensando: ah, sim, essas panelas voando na minha direção não vão atingir minha cabeça. Não, estou segura. É com o pobre Sylvain que me preocupo, por ele precisar fazer todo esse barulho.

Christophe, assim como todos nós, ficou olhando até Sylvain parar. Depois voltou ao trabalho.

Houve outro surto. Esse também envolveu um novo *stagiaire*, um jovem de quinze anos de um *lycée*, que apelidei de "Pequeno Matty", já que era o terceiro Mathieu da cozinha. Por causa da idade, seu tempo era limitado: não mais do que dez semanas e nunca depois das dez da noite. Ele havia começado com o pé esquerdo, foi maltratado, e o tratamento ruim estava tornando o rapaz agressivo. (Ele era como uma placa de Petri das toxinas do ambiente de trabalho: havia chegado inocente, foi abusado duramente e agora tentava encontrar seu lugar como abusador.) Em tom maldoso, ele disse alguma coisa sobre como a pia não tinha sido limpa direito pela última pessoa que a usou, e foi imediatamente erguido no ar.

Sylvain levantou Matty pela garganta, o segurou contra a porta de uma geladeira, os pés pendurados no ar, ergueu o punho — parecia do tamanho de um melão — e dobrou o braço como uma mola comprimida com firmeza. Fiquei olhando para o rosto de Matty, seus olhos arregalados, seus traços delicados, seu narizinho reto prestes a ser esmurrado.

Sylvain apertou com mais força. "Eu te odeio. Quero bater em você. Preciso muito bater em você." Os dois continuaram assim, o Pequeno Matty e Sylvain com seu braço grande.

"Por quê?", o Pequeno Matty perguntou, a voz aguda, sem entender. "Por que você quer me bater?"

Era uma pergunta sensata e mostrava uma presença de espírito impressionante de Matty.

Sylvain parou e, por um momento, pareceu confuso. "Não sei por quê. Não vou com a sua cara."

"Desculpa." *Je suis désolé.*

Sylvain olhou no fundo do rosto insatisfatório de Matty, respirando fundo, querendo ter o prazer de dar um soco na cara dele, mas não deu. Soltou o garoto.

Christophe, que estava ali perto conversando com o chef de confeitaria, tinha interrompido a conversa. Assim que Matty caiu, estatelado aos pés de Sylvain, Christophe voltou a falar.

Me pergunto agora: por que não intervim?

No fim da semana, Sylvain teve outro surto.

As alcachofras tinham acabado de ser entregues, estavam junto à porta de serviço e eram de dois tamanhos, médias e muito grandes. As alcachofras de tamanho médio eram para a sopa. Será que eu poderia quebrar os talos?, Sylvain perguntou. Agora ele me via como membro da estação de carne.

Fiquei grato pela cortesia.

Havia três engradados. Me ocupei de todos. Depois, não sei o que aconteceu, entrei no ritmo do trabalho e me distraí, ou devaneei por estar perto de uma porta aberta, ou meu cérebro entrou naquele circuito zen, porque comecei a quebrar os talos das alcachofras grandes também. As alcachofras muito grandes não eram para a sopa. Eram premiadas. Iam ser caprichosamente esculpidas como peça decorativa de uma entrada.

Sylvain veio ver como eu estava indo. Ele ficou olhando em silêncio, perplexo. Então foi pegando uma alcachofra por vez e a atirando contra a parede. Eu estava em um canto, entre a porta e as caixas de alcachofras, encurralado. A demonstração era para mim.

Eu conhecia Sylvain o suficiente para saber o que se passava em sua mente: cada alcachofra esmagada na parede não era uma alcachofra; era a minha cabeça. Sylvain jogava a minha cabeça na parede de azulejos brancos, esparramando uma mancha verde.

Em sua defesa (eu gosto de Sylvain e tenho o maior prazer em defendê-lo, ainda que, por um momento, ele tenha sido dominado pelo impulso de destruir minha cabeça), não lhe faltavam motivos para se frustrar. Algumas de suas frustrações decorriam do emprego pouco claro de *stagiaires* pelo restaurante. Viannay gostava deles porque não precisava pagá-los ou, pelo menos, não muito. (A maioria dos *stagiaires* recebe um estipêndio semanal, exceto, claro, esse que vos fala.) Eu ficava feliz em ser um *stagiaire* porque agora vejo o acordo — cozinheiros em treinamento oferecendo sua mão de obra em troca de trabalhar em um restaurante célebre — como a melhor forma de aprender a culinária francesa. Sylvain, por sua vez, não queria um *stagiaire* de modo algum; será que ele não podia ter ao menos um cozinheiro treinado de confiança?

E havia Florian. O que ele queria de um *stagiaire*, agora que havia sido promovido a cozinheiro? Evidentemente, um escravo ou um elfo, ou um animalzinho que pudesse chutar de vez em quando. Era, devo dizer, uma necessidade perfeitamente compreensível e que um dia poderia fazer de Florian, que obviamente havia sido abusado e humilhado em seus primeiros dias, um cozinheiro melhor e — quem sabe? — talvez um ser humano amoroso. O fato é que Florian, embora tivesse sido transferido para a estação de peixe, estava mais do que nunca em cima de mim.

Na manhã seguinte, ele jogou um saco de batatas na minha bancada assim que o almoço da equipe terminou. "Descasque."

Era para o seu purê: responsabilidade da estação de peixe.

"Aspargos", ele disse antes que eu tivesse acabado as batatas, puxando o grande caixote de plástico laranja. "Limpe."

Eu sabia o que Florian estava fazendo. Só não sabia como impedi-lo. Eu não sofria bullying desde o quarto ano do ensino fundamental, e havia desenvolvido estratégias para nunca mais sofrer bullying de novo: charme, inteligência, piadas e, depois, somente se todas as táticas de bom humor falhassem, a fuga. Mas não era fácil. A cozinha é um lugar pequeno.

"Cenouras. Descasque."

UM DIA — me lembro da data, 14 de julho, Dia da Bastilha (quando, ao contrário da maioria dos restaurantes de Lyon, estávamos abertos) —, vi algo em Christophe que pareceu ampliar meu conhecimento sobre ele. Não me fez gostar dele, mas senti algo próximo de respeito.

Foi por causa de um molho. Christophe tinha pedido chipolatas para o *personnel*, 180 delas. Trata-se de um tipo de linguiça comprida e fina, retorcida e gordurosa, com pedaços de osso e cartilagem que ficam presos no dente enquanto você come, e que tem cheiro de um animal atropelado num dia quente. Chipolatas são nojentas. Os lioneses adoram.

Resolvi assá-las no forno (saltear poluiria a cozinha; as linguiças também exalam uma cola preta que depois é difícil de tirar das panelas). Para os acompanhamentos: batatas cozidas, ao murro, com manteiga e sal, e cebola roxa, fatiada finamente, refogadas com vinagre de vinho tinto (como um *relish*, com uma acidez fortificante: muito boas, pensei, com uma gordura ruim).

Christophe me interrompeu. Queria saber que molho eu estava preparando.

"Para as chipolatas?", perguntei.

"Tem um molho." Ele me mandou subir para ir buscar uma garrafa de vinho do Porto.

Segui suas instruções. Chalotas, um pouco de manteiga, uma garrafa inteira de Porto, reduzir. Era roxo e intenso, tinha cheiro de ameixas e de um lugar diferente daquele.

Segui com o resto da refeição, dando uma olhada no Porto de vez em quando, até estar com menos de três centímetros de profundidade.

"*Monter*", ele disse. Montar com manteiga.

Pensei: um *beurre rouge* com Porto. Montei, batendo, batendo, batendo.

Dei uma olhada nas linguiças. Estavam prontas (isto é, tinham cara de Halloween, dedos ossudos encolhidos, chamuscados em um incêndio). Eu as cobri com papel-alumínio e deixei em uma prateleira alta.

Voltei ao molho.

"Três fatias de *prosciutto*", Christophe disse. Ele tinha um estoque num refrigerador sob o balcão.

"Três?"

"Experimente", Christophe disse.

Acrescentei sal e pimenta.

Experimentei o molho de novo.

"Vinagre?", eu disse.

Ele tirou um jarro de uma prateleira e me passou.

"*Moût de raisin*", disse.

"Como no vinho?" *Moût* é mosto de uva, as cascas que sobram depois da fermentação e podem ser destiladas depois em uma bebida alcoólica, como a grapa (na Itália) ou o *marc* (na Borgonha). Ou transformadas, obviamente, em mostarda. Abri o pote. A mostarda de *moût* era preta e granulada; densa como pequenos caviares.

Acrescentei duas colheradas.

"Experimente."

O molho agora tinha força. Gostei. Acrescentei mais pimenta. Hortense chegou com uma salada. Do lado de fora, no balcão, os garçons arrumavam as mesas. Eram 10h35.

Christophe olhou dentro de uma gaveta e pegou um tremulante e proibido pedaço de *demi-glace* de pato (*"trop cher!"*), um caldo de carne reduzido até se tornar um tijolo de gelatina e sabor. (Em momentos como esse, todos na cozinha fazem barulho de "oba".) Um *demi-glace* acrescentado a qualquer coisa em que você esteja mexendo intensifica tudo na hora: mais corpo, uma suntuosidade ao mesmo tempo frutada e salgada, um toque de carne sem gosto de carne.

O resultado era como uma expressão líquida e comestível de veludo roxo: doce por causa do Porto e levemente (mas apenas levemente) carnoso, talvez devido ao *prosciutto* ou ao *demi-glace*, ou aos dois. As chalotas e a mostarda acrescentavam acidez. Mas o molho também tinha uma qualidade textural que eu não estava esperando, como um tecido, e era agradável de ver.

No fim de semana, tentei as *chipolatas* com os meninos.

Por acaso eu tinha uma sobra de molho congelada, sei lá do quê. Cheirei. Talvez galinha? O *demi-glace* que Christophe me deu era o que ele tinha à mão. Por que não? Taquei lá dentro.

Os meninos gostaram do jantar. Não se levantaram e começaram a cantar *La Marseillaise*. Mas disseram que estava gostoso e comeram tudo, ambos raspando com o garfo a delícia de Porto que tinha restado no prato.

Antes de dormir, folheei um volume de Escoffier. Eu havia imaginado que Christophe tinha inventado o molho, mas ele parecia ter seguido um itinerário de maneira muito fiel, item após item, como se já fosse algo conhecido. Eram as fatias de *prosciutto* que pareciam tão excêntricas. E o encontrei, não exatamente como fizemos, mas em meio a várias preparações que mesclavam o salgado e o doce.

Tive um vislumbre da base mental de dados culinários de Christophe e dos milhares de molhos que ali se poderiam encontrar. Ele havia tirado aquele da cabeça porque sabia que uma coisa meio doce e meio salgada combinaria com uma salgada e nojenta. Fiquei impressionado com a percepção dele. Parecia ao mesmo tempo arcaica e bastante profunda.

Depois do almoço, Christophe e eu estávamos trocando nossa roupa de cozinha juntos. Ele comentou ter me visto algumas semanas antes com meus filhos: "Um pai com seus meninos", disse. Foi a primeira coisa pessoal que ele me dissera sem uma ironia zombeteira. Pensei: posso confiar no que estou ouvindo?

Batemos papo, o que também era algo novo. Mencionei o estudante de *lycée*, o Pequeno Mathieu. Ele havia encerrado seu *stage* de dez semanas. (Ele também tinha reclamado com seu professor, algo inaceitável, e, pior, o professor havia telefonado para Viannay, que então, com ar muito solene, levou o garoto para o pátio — todos nós observávamos da cozinha — e pareceu lhe passar um sermão sobre *la rigueur*, bem como sobre a máxima de que o que acontece na cozinha fica na cozinha.)

O rosto de Christophe parecia abatido. "Ah, o *petit* Mathieu", ele disse. "Foi um equívoco trazer alguém tão jovem." Ele fez uma pausa, parecendo refletir sobre o erro de ter aceitado o garoto. "Eu me arrependo."

Era uma confissão complexa. Christophe não estava necessariamente se opondo ao que havia acontecido na cozinha, o que parecia certo, mas reconhecendo que o Pequeno Mathieu era jovem demais para ser submetido àquilo.

Nos dias seguintes, meus almoços das onze horas para a equipe pareceram, de alguma forma, menos importantes. Continuei a prepará-los, mas eles não eram mais um teste. Sem que eu me desse conta, eu estava me tornando membro da cozinha principal.

NENHUMA ESTRADA DE COMIDA
É MAIS IMPORTANTE

No verão, não consigo dormir, minha cabeça fica cheia com as vozes dos clientes que jantam sob as tílias do jardim. Que mágico. Estamos em meados da década de 1970: Charlie Chaplin vem jantar, assim como Serge Gainsbourg, Jean Piat e muitos outros. As toalhas de mesa, os carrinhos — tudo é suntuoso como num conto de fadas. Da sacada, vejo os pés descalços de Jane Birkin, a elegância dos clientes, a exuberância dos artistas. As pessoas param para nos visitar porque estão a caminho da Côte d'Azur na Route Nationale 7. Salvador Dalí vem sempre. (Lá está ele, desenhando coisinhas para meu irmão, enquanto a esposa de Dalí mantém um olhar atento.) Quando há tempestades violentas, o vento assola tudo no terraço. Os clientes, com guardanapos na cabeça, protegem seus ternos, suas saias e vão se refugiar dentro do restaurante. Eles precisam mudar de lugar, a cozinha para, tudo deve ser refeito. Há berros. Um estresse gigantesco. Sinto pena de todos, mas ninguém entra em pânico. O serviço dá ritmo à nossa vida. Espero os clientes irem embora, balançando no jardim em meio aos cheiros de terra úmida e tomilho.

Anne-Sophie Pic

Daniel Boulud vinha a Lyon de dois em dois meses e, todas as vezes, parecia totalmente diferente da pessoa que eu havia conhecido em Nova York. Lá, ele tinha sido muito duro e assertivo sobre Lyon. Aqui, na cidade, era um filhotinho: terno, empático, às vezes inseguro, solícito, humilde, introspectivo e de uma sinceridade desinibida. Eu levaria um ano para criar coragem e lhe perguntar sobre essa mudança. Tínhamos almoçado no Potager e depois eu o levei de carro a Les Halles para pescar peixes que ele queria cozinhar à noite para seus pais, "porque eles são fazendeiros e nunca comem peixe". Eles moravam na cidade de Saint-Pierre-de-Chandieu, trinta quilômetros ao sudeste de Lyon, em meio a pastos e plantações de vegetais. Assim que ele saiu do carro, fiz a pergunta: você já percebeu como fica diferente quando está aqui?

"Sim", ele disse.

"Percebeu?" Fiquei surpreso. (Não sei bem por quê: por minha percepção ter se revelado certeira ou por ele ter consciência disso?)

"Sim, sim, sei que fico diferente, mas nunca soube que palavras poderiam descrever como isso acontece ou por quê."

Naquele momento, ele tinha no rosto uma pureza de expressão rara de ver num adulto. Ele estava ali, em sua terra natal, com a mãe e o pai, os irmãos, os sobrinhos e sobrinhas, os amigos chefs, e passaria a noite na casa de fazenda onde tinha nascido (e onde o pai e o avô haviam nascido) e que era da sua família fazia nada mais nada menos que 180 anos. Nenhum empreendimento culinário, projeto de negócios, banquete, telefonema urgente, em suma, nenhum negócio nova-iorquino iria atrapalhar o que havia diante dele: a simples perspectiva de preparar comida para os pais na mesa da cozinha deles e deixá-los felizes. Ele parecia pleno.

Boulud começou sua carreira aos catorze anos; era um adolescente difícil ("Eu dava trabalho para meus pais"), que ficava inquieto na escola e entediado na fazenda ("Ele era alérgico a feno", sua mãe, Marie, me disse — "Como você pode ser um menino de fazenda e ser alérgico a feno?"). De repente ele declarou que queria ser chef, embora não soubesse bem o que um chef fazia. Ele nunca havia entrado em um restaurante. Ele nunca havia entrado em um mercado. Nunca havia comido alimentos comprados em lojas. Tudo vinha da fazenda: leite, vinho, queijo, vinagre, legumes, verduras, pães, legumes em conserva, carnes em conserva, carnes curadas (nada congelado), além de frangos, patos e bacon gorduroso servido frio no café da manhã.

Seus pais tentaram ajudar, mas também não frequentavam restaurantes, então chamaram uma vizinha, à qual os Boulud se referiam como "a condessa". A "condessa Volpi", como ela se denominava, gostava de Daniel. Além disso, comia em restaurantes e conhecia os chefs que os administravam. Era uma jovem viúva rica que havia se mudado de Paris para Lyon — solteira, moderna, cabelo comprido platinado, carro americano (um Mustang conversível), um cirurgião muito rico como amante — e se juntou à causa de Boulud. Ela telefonou para todos os estabelecimentos três estrelas que conhecia, chamando os chefs pelo nome e perguntando se alguém precisava de um *stagiaire* (Bocuse, La Mère Brazier, La Pyramide — nada). Ela teve sorte com Nandron, um estabelecimento familiar, pai e filho, em Lyon, às margens do rio Ródano, que fazia pratos franceses grandiosos e elaborados do século XIX em uma época (1969, logo antes do advento da nouvelle cuisine) em que o local era um dos últimos a prepará-los. Boulud conhecia Lyon como a cidade onde ele ajudava na barraca da feira de seu pai aos sábados. Agora estava praticamente se mudando para lá. Conseguiu um quarto na casa de um tio na cidade e desapareceu na cozinha logo depois de seu aniversário de catorze anos. Mais tarde, sairia para trabalhar em outro lugar — Georges Blanc e Paul Bocuse — e, aos dezoito, deixaria Lyon para sempre.

A Lyon de Boulud começou em uma cozinha e terminou em outra. A cidade era um túnel do tempo para ele, os quatro anos mais intensos de sua juventude, a maior parte dos quais passara em ambientes fechados. Então ele partiu, para o Sul (com Roger Vergé), o Sudoeste (com Michel Guérard), a Dinamarca, Washington, Nova York. Às vezes, parecia que ele estava tentando recuperar o que havia perdido ou, ao menos, uma versão do que sua vida poderia ter sido se ele não tivesse ido embora.

Em 1989, ele quase conseguiu. Resolveu voltar a Lyon e abrir um restaurante lá. Boulud tinha uma filha recém-nascida e queria criá-la em Lyon, estava cansado de Nova York, do poder, dos negócios, do dinheiro, sentia falta de sua cidade natal, do eterno apelo de um lugar onde nada era mais importante do que a próxima refeição. Ele procurou alguns locais, se reuniu com autoridades do município (a "Grand Lyon", como a administração da cidade se autointitula, tinha, e ainda tem, um portfólio de belas propriedades históricas), mas não conseguiu levantar o dinheiro. As pessoas ficaram confusas com ele, Boulud me disse, com aquele homem que se dizia lionês, mas — por que então morava em Nova York?

Ele ainda estava tentando voltar. Havia prometido a Gregory Stawowy, ex-chef no Daniel, em Nova York, que abririam um restaurante juntos. Visitei possíveis lugares com eles. Uma brasserie de frente para o Pont La Feuillée, entrada para a áspera Vieux Lyon ("Parece demais um pub."). Uma mansão seiscentista com biblioteca às margens do Saône, uma das propriedades do antigo regime cuja posse a cidade de Lyon estava assumindo e que agora tentava explorar. ("Grandiosa e imponente demais", e Boulud estremeceu diante da perspectiva de trabalhar novamente com as pessoas de posses da cidade.) Mas havia um *bouchon*, La Voûte Chez Léa (construído no perímetro de um antigo mosteiro, no arco ou *voûte* original, e aberto por *mère* Léa em 1943), que o interessou: não era grande demais, mas era histórico, com uma vista ao menos parcial do rio e com suas conexões com as *mères*, que expressavam a boa cozinha básica lionesa. Ele fez uma proposta, 350 mil euros, e voltou para Nova York. Mas Boulud estava sendo usado. O homem que conduzia a venda não conhecia Boulud ("Um lionês em Nova York?") e desde o começo tinha a intenção de vender a propriedade para Christian Têtedoie, uma estrela em ascensão na cidade; ele precisava de alguém com uma proposta para elevar o preço.

Não era muito fácil ser lionês em Nova York. Fiquei pensando sobre essa possibilidade depois, Boulud e Stawowy, e era difícil não se maravilhar com a complexidade psicológica da parceria deles, o chef mais jovem tentando concluir o que o Boulud mais jovem havia desejado fazer.

Quando estava na cidade, Boulud sempre me via. Era um privilégio.

Também era verdade que, para Boulud, eu era alguém como ele jamais havia conhecido. Por mais de trinta anos, ele falava para os americanos sobre Lyon, o coração gastronômico da culinária francesa, e ninguém se interessava. A comida era pesada, diziam. Os lioneses têm fama de antipáticos, diziam. E é uma cidade grande. Seus subúrbios, *les banlieues*, eram feios e industriais. Não é a Provença. Não é a Côte d'Azur. E agora, aparentemente do nada, ele tinha em mim alguém que parecia entender tudo isso ou que, pelo menos, estava se esforçando e havia se mudado para lá com a família e parecia disposto a ficar o tempo que fosse necessário para entender o lugar.

Ele mantinha uma distância respeitosa, como se uma intervenção sua pudesse invalidar minha aparente intenção de me virar sozinho, o que, claro, só era minha intenção na aparência, porque, infelizmente, eu tinha *mesmo* que me virar sozinho — com a ajuda da minha alma gêmea, dos dotes linguísticos dela e de sua suprema capacidade de organização. Boulud se tornou a pessoa que preenchia as lacunas.

Ele via Bocuse toda vez que vinha à cidade — havia prometido a si mesmo fazer isso — e muitas vezes me ligava no último instante. "Venha rápido, estou no Bernachon" — a *pâtisserie* e o *salon de thé* da filha e do genro de Bocuse, no *cours* Franklin Roosevelt, no sexto *arrondissement* —, e eu saía correndo, semivestido, às vezes com os gêmeos, e chegava ou a tempo de dizer um oi, ou já meio tarde demais. Num sábado à noite extremamente chuvoso, em meio a um dilúvio estival que mais parecia uma monção, Boulud me telefonou. Eu não sabia que ele estava na cidade. "Venha rápido, você precisa conhecer Pierre Orsi." Orsi havia começado na cozinha de Bocuse e era um dos grandes da cidade. Naquela noite, não cheguei a tempo, mas o conheceria depois, mais uma vez com Boulud, numa longa noite digressiva nos fundos — fofocas de chef, histórias de Bocuse, pratos. Orsi foi uma das pessoas mais gentis que conheci na cozinha.

Boulud e eu temos a mesma idade, mas ele estava em Lyon quando era adolescente e conheceu uma cidade que poucos de nós tiveram a chance de conhecer.

Ele não conseguia entender por que eu não sabia montar *écrevisses*. *Écrevisses*: "lagostins" (ou "*crawfish*", se, como eu, você for da Louisiana) eram um adorno de prato onipresente nos tempos de Boulud, que se preparava enganchando-se a cauda no maxilar do bicho, como se estivesse sentado em uma cadeira.

Tive que dizer a ele: "Daniel, os tempos mudaram. Ninguém mais espeta um lagostim em um palito de dentes na comida. Não se faz isso".

"*C'est vrai? Non ce n'est pas possible!*"

Ou que eu não soubesse esculpir um cogumelo, uma forma particularmente desafiadora de entalhar a parte de cima do cogumelo de modo a parecer um miniguarda-sol para pulgas delicadamente enfeitado. "O que eles ensinam no Institut Bocuse?", ele perguntou.

Eu (de novo): "Bom, eles não ensinam a esculpir cogumelos porque ninguém mais faz isso".

Ele abanou a cabeça. Não acreditava em mim. A seus olhos, eu não havia recebido uma formação completa.

Uma vez, Boulud aludiu à Route Nationale 7, a Rota Nacional 7. Eu não conhecia.

Ele ficou horrorizado.

Quando descobri o que era, também me horrorizei, mas ao menos descobri que não a conhecia por um bom motivo: ela não existia mais. (De novo, o túnel do tempo.)

Por séculos, a rota (pequena, rural, raras vezes pavimentada, originalmente uma estrada romana, quando Lyon era a capital da Gália, depois uma estrada real no século XVI) foi a principal via para se chegar ao Mediterrâneo para quem vinha do Norte. Recebeu esse nome por ser uma das doze rotas tradicionais que saíam da capital e levavam a uma fronteira. (La Route Nationale 5, por exemplo, leva aos Alpes.) "La Sept", a 7, leva ao corredor oriental do país, passando perto de muitas das principais regiões vinícolas do sudeste, e acabou por representar a essência da culinária francesa, ao menos porque, pela ordem natural das coisas, onde há bons vinhos normalmente há boa comida.

Mas desde os anos 1970 a "RN7", sigla universalmente conhecida, foi sendo suplantada aos poucos por aquela que se tornaria uma enorme via expressa, a A7: uma monstruosidade de seis a oito faixas conhecida na região como L'Autoroute du Soleil e que, no auge do verão (*"Alert rouge!"*), se torna um desfile engarrafado de campistas e peruas com bicicletas no teto, vidros traseiros encobertos por bolas de praia, guarda-sóis, parafernálias de crianças, levando à fantasia de todo mundo: um feriado na praia. Você ainda pode seguir pela Route Nationale 7 sobrepondo um mapa antigo a um moderno: vai descobrir uma estrada simples e antiga de duas vias, às vezes cercada por plátanos históricos, às vezes apenas por raras edificações — um café, um bistrô de vilarejo, uma agência de correios, uma vinícola, uma casa — construídas à beira da estrada, como teria sido num tempo em que o transporte era feito por animais. Muitos restaurantes datam do século XIX, e parte o coração ver quantos pequenos restaurantes familiares ainda estão lá (*por um triz*).

Para Anne-Sophie Pic, nascida em 1969 e filha, neta e bisneta de uma linhagem de chefs veneráveis (incluindo André Pic, celebrado em *Lyon, capitale mondiale de la gastronomie*, de Curnonsky), La Sept tem uma aura de magia. O restaurante de sua família ficava em Valence, cerca de cem quilômetros ao sul de Lyon, e foi, como todos os antigos estabelecimentos, construído à beira da estrada. Na visão dela, La Sept era o alicerce da culinária francesa, *la véritable épine dorsale*, sua espinha dorsal. O pai de Anne-Sophie, Jacques Pic (nascido em 1932), foi da geração da nouvelle cuisine, que se espalhava sobretudo ao longo da Route Nationale 7. "Eles eram mosqueteiros. Nas fotos, sempre dá para ver Pierre Troisgros, Paul Bocuse e meu pai juntos. Alain Chapel também está lá, assim como Roger Vergé."

Em uma das visitas de Boulud a Lyon, ele perguntou a Viannay se podia me levar, junto com Jessica, para almoçar no restaurante de Alain Chapel na Dombes: tecnicamente não pela velha RN7, mas por um desvio consagrado dela. (Eu tinha pensado: de jeito nenhum Viannay vai concordar, mas então me surpreendi com a influência de Boulud. Ele pediu, e aconteceu.) Foi a primeira das muitas incursões culinárias em que Boulud tentou compartilhar comigo sua Lyon frágil, à beira do desaparecimento.

A viagem me ensinou sobre Dombes. Mostrou que, se você não conhece Dombes, não entende Lyon.

A Dombes é um planalto submerso, uma peculiaridade geológica situada entre duas cadeias montanhosas, os Alpes e os morros altos de Beaujolais; é mais uma enorme área esponjosa do que um vale. No mapa, Dombes parece o *bayou* — oitenta quilômetros de lagos e córregos —, ainda que o *bayou* fique na foz do rio Mississippi e Dombes não fique perto de nada. Parece um playground de dinossauros. A região é metade água, praticamente selvagem e vazia. Os alimentos selvagens consumidos em Lyon vêm de Dombes: patos, gansos, javalis, *brochet*, sapos, lebres, lagostins, trutas, galinholas, cervos, coelhos e enguias de água doce. A fazenda onde a *mère* Brazier cresceu ficava em Dombes. Também é onde Alain Chapel, considerado por muitos o maior chef de sua geração (nascido em 1937), cresceu — um intuitivo botânico dos pântanos, observando o lugar como um cientista em treinamento. Chapel era insistente, obcecado, introvertido, inconstante, perturbado, generoso e genial. Gostava muito de livros, traço raro em um chef e era um estudioso da culinária francesa, com uma biblioteca lendária. Ele quase nunca falava, andava por Dombes com seu cachorro todos os dias, ouvia Schubert obsessivamente, adorava participar de caças mas nunca disparava uma arma, era cheio de uma raiva que descarregava longe de todos (depois consertava com as próprias mãos as portas das quais havia tirado lascas quando a manifestava) e comandava uma cozinha que era como um mosteiro cartuxo em toda sua tranquila e silenciosa intensidade. Ele escreveu um livro, *La Cuisine, c'est beaucoup plus que des recettes* [A culinária é muito mais do que receitas], com 510 páginas, uma polêmica, um poema e, apesar do título, uma coletânea de preparações inovadoras que entregava tudo de mão beijada. Ele extraía fígados pequenos de uma criatura do pântano incrível chamada "tamboril de água doce". Fazia suco com a primeira alface da estação dos fazendeiros e cozinhava suas ervilhas nesse líquido. Quando, em uma viagem à Provença, descobriu o serpilho, não se imaginou cozinhando com a erva, mas criando coelhos com ela e, depois, cozinhando *esses coelhos*. Sua comida era regional ao extremo.

"Era aqui que eu passeava", Boulud disse, falando sobre quando trabalhava na região, no Georges Blanc, em 1973, e tinha carro. "No caminho para casa." Todos sabiam que Chapel, na cidadezinha de Mionnay (cuja população na época era inferior a quatrocentas pessoas), estava no epicentro do que viria a acontecer na comida francesa. Boulud conhecia os cozinheiros, e costumava passar ali por causa da atmosfera promissora, da sensação febril da cozinha, da comida perfeita, quando Chapel tinha apenas trinta e poucos anos e tudo parecia possível. Os olhos de Boulud ganharam vida ao se lembrar disso. Seus olhos diziam: você não imagina como era empolgante viver naquela época.

Então, em 1990, Chapel morreu de infarto, "*crise cardiaque*", com 52 anos, a mesma idade em que seu pai havia morrido, também de *crise cardiaque*.

Daniel me apresentaria a outras pessoas. Toda visita sua era um pouco como o Natal: Régis Marcon, chef três estrelas, MOF, mestre na coleta de cogumelos, nas montanhas com vista para Condrieu; Michel Bras, um dos sumos sacerdotes da cozinha, nos sopés desarborizados de Laguiole, Auvérnia; Michel Guérard (chef três estrelas e MOF), na Gasconha, que era o chef mais naturalmente inventivo que eu encontraria na França (ele abriu Le Pot-au-Feu em 1965, em um subúrbio turbulento e sem glamour de Paris, onde adaptou, transformou e improvisou os clássicos franceses, tornando-os melhores, mais leves e mais divertidos, virando aos poucos na personificação do mantra da nouvelle cuisine, "Transforme em algo novo"). Depois da Gasconha, Boulud e eu voltamos para Lyon e ele me fez uma proposta.

Ele estava terminando um livro de receitas que acreditava conter sua visão da culinária francesa, mas faltava alguma coisa, que ele achava que nós dois poderíamos oferecer. Ele queria saber se seria possível cozinharmos juntos em Nova York, lado a lado, fazendo a dezena de preparações que ele via como tendo sido essenciais para sua formação como chef. Essa dezena de pratos era, num sentido ligeiramente poético, icônica para ele. Os pratos o haviam tornado um chef. Tomaria algum tempo para levar o projeto a cabo. A perspectiva era maravilhosa e aceitei participar. Quando peguei o avião, fazia três anos que estava fora. Nova York era tão familiar que me desconcertou, suas conveniências, seus deliveries, seu azul-vivo de inverno, a língua inglesa, que parecia fácil e delicada. Eu ficava olhando para a boca das pessoas quando elas falavam. Me perdi em nosso pequeno apartamento. Onde guardávamos os pratos? Como fazíamos café? Busquei meu estojo de facas e me apresentei na cozinha muito francesa, muito lionesa, de Daniel, onde, para minha surpresa, fiquei imediatamente à vontade.

A lista de pratos era ao mesmo tempo simples e elevada, *haute* e rural, logo muito lionesa: cabeça de vitelo (rústica), mas feita no formato de uma tartaruga (*haute*); um frango assado (um prato básico da fazenda), mas todo desossado e reconstruído para ser consumido em fatias (*haute* e muito prático). Um pernil suíno cozido em feno (vamos ser sinceros, o que poderia ser mais rural?); um pregado preparado como suflê. Fiquei intrigado com a *chartreuse*, um prato que, segundo Boulud, havia de certa forma se perdido, abandonado depois da revolução da nouvelle cuisine. (Era uma especialidade de Carême, inspirado nos monges vegetarianos cartuxos — ou *chartreuses*, em francês —, um prato de caça com a carne da caça escondida dentro do que parece ser um bolo de aniversário de vegetais.) Ou um *coulibiac*, uma importação da Rússia do século XIX, quando russos e franceses eram primos culinários.

Meu relato dos pratos aparece em *Daniel: My French Cuisine*, e não vou descrevê-los aqui. Mas há dois deles que merecem atenção, porque surgiriam depois, em Lyon, numa conversa que seria esclarecedora para mim e para Boulud, ainda que com sentidos diferentes: o "pernil no feno" e o vistoso frango desossado, chamado *volaille à Noelle*.

Boulud comeu um pernil no feno pela primeira vez no Auberge de Paul Bocuse, quando tinha dezessete anos e havia acabado de passar um curto período trabalhando lá. Ele não fazia ideia de que era possívél cozinhar com feno: "Era o que dávamos para os animais comerem". Na confusão e na euforia de encontrar aquilo em seu prato em um restaurante três estrelas Michelin, ele revelou sua formação dividida: seu rústico era muito rústico (fora a eletricidade em sua casa e o uso de motores à base de petróleo nos veículos da fazenda, ele poderia ter saído do século XIX). Sua ideia de viagem era ir a uma feira para vender alho. Mas seu "*haute*" era muito haute. No Nandron, aprendeu a fazer comidas que, aos olhos de sua família, poderiam ter vindo de Marte. A avó de Daniel, que preparava refeições *chez* Boulud, nunca havia servido comida marciana.

A receita de feno não era uma invenção de Bocuse. Aparece em livros de receitas e publicações interioranas desde o século XVIII. Era uma preparação rural de verdade, na qual o "feno" é usado como erva, como um aromático no qual cozinhar o pernil. Na recriação de Boulud, ele fez uma salmoura de feno e deixou o pernil de molho nela durante a noite. Usou um instrumento de penetração, como uma sonda, para bombear mais salmoura dentro do tecido da carne. Amarrou fios de feno com força em torno do pernil.

Nós dois cheirávamos a estábulo e tivemos que trocar de roupa depois da preparação matinal. Quando o pernil ficou pronto, retiramos uma tampa de massa e inspiramos o resultado. O elemento feno havia se dissipado? Talvez, mas era o que era, e estávamos felizes.

A *volaille à Noelle* se baseia na ideia de uma ave inteiramente desossada que então é preenchida com legumes, trufas e sua própria carne, e depois inflada de novo, de modo a parecer a ave original. É consumida em fatias.

Esta era minha nova habilidade: virar uma galinha de dentro para fora e retirar tudo exceto o bico e as patas. A preparação era uma criação de Joannès Nandron — também conhecido como o Nandron pai da dupla de pai e filho — e, como ele nunca escreveu um livro de receitas, as instruções eram mais vagas do que nunca. Além disso, quando Boulud estava lá, com catorze anos, o velho já tinha praticamente se aposentado (e, de acordo com Boulud, costumava estar bêbado). Boulud lembrava que levava aspargos e que o recheio do frango era preparado como uma musse. Existe também um vídeo, a única aparição do Nandron pai na televisão, recuperado pelos Musées Gadagne para uma exposição de gastronomia. (Mostrava um homem obeso e impaciente, sem nenhum carisma, de rosto redondo e bigode curto com a forma de uma taturana, entediado, imperioso e, talvez, bêbado, montando um prato que já tinha feito umas mil vezes, recheando uma ave oca com uma musse parecida com uma lavagem, algumas cenouras, um punhado de ervilhas e bocados de manteiga.) Com esse prato, Boulud estava se virando praticamente sozinho. O resultado ficou crocante e dourado por fora e uma obra de arte por dentro: um milagre de se contemplar. Infelizmente, a ave também estava — o que digo com certo temor, porque vejo Daniel Boulud como meu mentor extraoficial — meio decepcionante, sobretudo seca. Era a evidência de que, de novo, esses pratos não são receitas, mas relações de uma vida toda. (Também me pergunto se havia algo na preparação embriagada do sr. Nandron, com seus punhados de gordura láctea, que desse ao recheio a intensidade untuosa de que ele poderia precisar.)

Quenelles. Elas não estavam no cardápio do Mère Brazier. Mas uma *quenelle* era um prato tão fundamentalmente lionês, e a versão de Brazier tinha ficado tão famosa, que era impossível não se perguntar: por que Viannay não fazia uma?

Pedi que um chef me ensinasse a prepará-las, um dos meus novos amigos, Alain Vigneron, do Café Comptoir Abel, um *bouchon* ao qual se chegava descendo o *quai* de nossa casa, dava para ir de ônibus. É uma estrutura arcana, escura, elaboradamente fechada, inserida em um arco de pedra de um mosteiro do século IX, com ambientes que lembravam um pub inglês: pé-direito baixo, uma lareira em cada sala, história pregada em todos os espaços da parede, um ambiente diferente do outro. Como estabelecimento para refeições, data de pelo menos 1726, e bem possivelmente de antes disso. Passo meus sábados ali. A receita de *quenelle* era fruto de um roubo. Tratava-se de um segredo da *mère* Brazier. (Brazier concedeu entrevistas a Roger Moreau, jornalista especializado em gastronomia que produziu um livro em 1977 com base nessas conversas chamado *Les Secrets de la Mère Brazier*. Mas a receita da *quenelle* encontrada ali é só um blá-blá-blá para encher linguiça, porque obviamente Moreau não poderia deixar de ter uma receita de *quenelle* no livro, mas não é nada como o que ela servia.)

A verdadeira receita foi contrabandeada da cozinha dela quando era dirigida por Gaston, o filho da *mère* Brazier.

"Toda a cidade de Lyon sabe que Gaston era abusado pela mãe", me disse o chef do Abel's, Alain Vigneron, a título de explicação, quando perguntei como ele encontrou a receita. "Toda a cidade de Lyon sabe que ela o esmagava" — ele pressionou a ponta do pé no chão e girou — "como um inseto." (Gaston era, como sua filha Jacotte recorda, um homem que só queria agradar, mas, em sua relação com a mãe famosa, só conseguia enfurecê-la. Ele se tornou o *sous-chef* dela e, ainda assim, isso a irritava, a presença atenciosa dele, seu respeito, o fato de ele ser o braço direito dela.) Qualquer que seja a origem da receita, e depois Viannay me confirmou que de fato ela era verdadeira, Vigneron — na casa dos cinquenta, constituição robusta, cabeleira castanha, rosto delicado e tolerante, nascido em Lyon e cozinhando no Abel havia quatro décadas — parece ser o único na cidade que ainda faz o prato como a *mère* fazia oitenta anos atrás.

COZINHEIRO DE LINHA

Você aprende a cozinhar na estação de carne cozinhando. Não existem outras instruções. "Você deve cozinhar e ser visto cozinhando", Mathieu Kergourlay me disse, num sussurro. Kergourlay era o número três na cozinha. Eu estava parado entre ele e Chern.

"É só entrar?", perguntei.

"Sim. Entre. Agora."

Foi o que fiz. Entrei: e comecei com molejas, aliás, *ris de veau*, que era o primeiro item do cardápio.

"Lembre-se. Você está sendo observado."

Concordei com a cabeça. Viannay e Christophe estavam por perto.

"Você sempre vai ser observado. Nada que fizer vai passar despercebido."

Temperei as molejas, coloquei uma panela no fogo e acrescentei manteiga.

No mesmo instante, Viannay gritou do outro lado da cozinha: "*Tu les fais rissoler*" — Você precisa *rissoler*. "Você sabe o que significa *rissoler*?"

"Sei."

"Sério?" Ele pareceu em dúvida. "A maioria dos americanos não sabe."

Para dizer a verdade, eu sabia, *sim*, o que significava: *rissoler*, cozinhar de uma forma que permita saltear e regar com gordura quente ao mesmo tempo. Eu havia aprendido com o chef Le Cossec. (Pode-se dizer que eu tinha mais observado o processo do que exatamente o executado. Para ser bem sincero, as dúvidas de Viannay se justificavam.)

A manteiga na minha frigideira ficou marrom no mesmo instante.

"Está quente demais. Mostre para ele, Mathieu."

Kergourlay jogou a manteiga fora, limpou a frigideira e a devolveu ao fogão, dessa vez perto da beirada da boca, e acrescentou um monte de manteiga.

Você precisa de muita gordura, porque é com ela que vai regar a proteína, usando uma colher. (Quando acabar o processo, ela terá secado.) Você pode usar manteiga ou azeite, ou manteiga e azeite, porém a manteiga tem a vantagem de dar o alerta quando a frigideira está quente demais, porque muda de cor — é como um alarme de temperatura. Daí você joga fora e começa de novo. A frigideira não deve estar quente demais; isso atrapalha o equilíbrio da técnica, cozinhar debaixo para cima e de cima para baixo. Na verdade, é mais ou menos a mesma temperatura em que se cozinha uma omelete. Você quer, como dizia Le Cossec, ouvir a manteiga cantar.

O tempo todo fica regando, regando, regando.

Regar é mais fácil quando você inclina a frigideira na sua direção, deixando a gordura se acumular na borda. Regando, regando, regando ou, no meu caso, esparramando, molhando, espirrando e, de vez em quando, regando, o que, surpreendentemente, parece um esforço apenas um pouco menos eficiente do que o dos outros, exceto que quantidades impressionantes de gordura caem fora da frigideira. Sempre dá para saber que fui eu que fiz o *rissoler* pelo brilho do piso da cozinha.

Por si só, *rissoler* parece marcar uma diferença simples entre a cozinha francesa e a italiana, em que a carne ou é cozida em altas temperaturas ou braseada lentamente em um líquido. *Rissoler* é um meio-termo.

Assim que as molejas estão douradas e inchadas, elas vão ao forno por cinco minutos e depois são finalizadas em uma nova frigideira, e com novas porções de manteiga. Chern preparava a guarnição, um monte de ervilhas-de-cheiro e favas. Kergourlay finalizava o molho, um caldo de vitela tão reduzido que quase chegava a ser picante. Tinha uma intensidade espessa, preta, salgada. As molejas, porém, eram como ar.

Refleti sobre a interação que eu havia tido com Viannay. Eu o tinha visto me observando. Fiquei à espera de um protesto, de uma objeção à minha audácia, me chamando de arrogante por eu ter me infiltrado na cozinha principal durante o serviço. Mas seus comentários foram de caráter prático; a maioria dos americanos não sabe saltear com uma colher. Ninguém estava duvidando da minha competência.

As manhãs, Kergourlay me disse, consistiriam agora em preparar o serviço de almoço e fazer o *personnel*.

"Sério?" Era inconcebível que eu pudesse fazer as duas coisas.

"Sério."

Pareciam dois trabalhos. Inspirei involuntariamente, como se estivesse prestes a mergulhar em uma extensão de água muito profunda.

Até que: "Nabos. Torneie".

"Não, Florian, não quero tornear seus nabos."

"Faça meus nabos."

Eram nabos bebês brancos que precisavam ser "torneados", a técnica francesa de girar um legume na mão, descascando-o e moldando-o com pequenos golpes de faca, transformando-o, no caso de um nabo bebê, em um ornamento de Natal. Era redondo e branco, com um talo verde em cima. Eu sabia tornear nabos. Mas não queria tornear os de Florian.

No dia seguinte foram aspargos de novo.

Florian estava na cozinha principal, em sua estação de peixe, e eu nos fundos, no *garde-manger*, preparando o *personnel*.

"Bill!" Ele tinha que gritar para que eu ouvisse, havia uma parede entre nós. "Faça meus aspargos." Eu escutei. Toda a cozinha também, assim como quem quer que estivesse passando pela calçada lá fora.

"Não posso. Estou descaroçando cerejas." Eu também tinha que gritar.

"E depois?" *Après*.

"Vou descascar batatas. Para o *personnel*."

"*Et après?*"

"Vou cozinhar as batatas."

"*Et après?*"

"Florian, isso é ridículo. Vou fazer o *personnel*." Sylvain estava perto de mim. Ele tinha parado o que fazia para ouvir a conversa. Até onde eu sabia, todos também haviam parado.

"*Et après?*", Florian disse.

"Depois que eu fizer o almoço da equipe?"

"*Oui.*"

"Bom, aí, assim como você, vou comer."

"*Et après?*"

"Vou preparar o serviço de almoço."

"Ótimo. Faça meus aspargos antes."

"Você quer que eu faça seus aspargos antes de começar a preparar o almoço?"

"Sim. Faça meus aspargos."

Fiquei me perguntando: Florian estava se exibindo? Provando que me tinha à sua disposição?

Sylvain se virou para mim. "Você tem que ir lá e bater nele."

"Em Florian?"

"Sim. Você tem que ir bater nele."

"Sério?" Sylvain era uma autoridade na cozinha. Um mandachuva tinha acabado de me dizer para entrar na cozinha adjacente e bater numa pessoa lá.

"Sim", Sylvain disse. Ele se manteve firme. "Agora. Vá lá e bata nele." Sylvain estava bravo. Cerrou o punho e socou a palma da mão. "Assim. Com força. Derrube aquele moleque."

"Eu posso fazer isso?"

"Pode."

De repente a situação ficou bastante complexa.

"Quer dizer que é permitido eu bater nele?"

"Sim. Por favor. Bata. Nele. Agora."

Era realmente muita coisa em que pensar, as implicações daquilo passando depressa pela minha cabeça.

Por exemplo: Sylvain não era o padrinho de Florian? Ele não o conhecia desde que Florian era bebê?

E também: eu gostava da raiva de Sylvain. Era como ter um amigo me apoiando.

E também: seria possível que, embora todos na cozinha estivessem calados, eles de fato tinham notado que Florian havia se tornado um tirano de mão cheia?

E também: onde eu deveria bater nele? Eu iria até a estação de peixe e então faria o que exatamente? Rugiria?

Já bati em pessoas (duas vezes?), mas não por muito tempo e apenas quando havia um problema, e tinha passado a acreditar que, em geral, bater em alguém, inclusive naqueles que mereciam apanhar, não era uma prática sensata.

"Bata nele, por favor."

Outro pensamento me ocorreu. Meu livro, este livro. Eu tinha um livro para escrever. Pensei: ficaria bem no livro eu bater em Florian, *se* eu acabasse mesmo batendo nele? Sim, com certeza. O incidente seria o que, no mercado, chamamos de "texto bom".

Certo, eu disse. Vou bater nele.

***

Não bati nele.

Não que eu tivesse decidido *não* bater. Eu tinha decidido bater nele *depois*. Havia outra coisa. Quando imaginei como se desenrolaria a cena, eu chegando de peito estufado na estação de peixe, balançando os braços de leve, pegando Florian de surpresa (se tudo desse certo) e batendo nele rapidamente (talvez uma cabeçada, já que ele era bem alto?), desconfiei que alguém (eu, quem sabe?) poderia se machucar.

Para ser franco, eu não gostava da posição em que estava. Não gostava da posição em que Florian havia me colocado: ao ultrapassar, várias e várias vezes, um limite aceitável de comportamento, ele tinha feito com que eu, assim como outros ao meu redor, acreditassem que não havia saída a não ser também ultrapassar um limite aceitável de comportamento. Eu deveria bater nele.

Eu não queria bater nele. Não gostava que esperassem que eu batesse nele.

O que eu não tinha percebido era que, a essa altura, Florian havia ficado doidão. Ele sempre tinha sido instável — tagarelava, murmurava, arfava, apertava o peito —, mas, sem que eu soubesse, estava se tornando ainda mais instável a cada dia. Chern me contou que ele e Florian vinham trabalhando juntos todas as tardes, pulando a *pause* para terminar todos os itens que constavam em sua preparação (cumprindo, portanto, um dia de dezessete horas sem pausa).

"No começo, eu o ajudei a terminar o *purée de pommes de terre* dele, para podermos sair e comer antes do serviço. Mas, depois de um tempo, eu estava sempre ajudando Florian. E não estava mais *terminando* o *purée de pommes de terre*. Eu estava *fazendo* o *purée*."

Era a pressão, Chern disse. "Ele vive dizendo: '*le stress, le stress*'."

Normalmente, quanto mais você faz uma coisa, mais rápido você fica. "Florian ficou mais lento", Chern disse.

É possível que as demandas de aspargos de Florian fossem pedidos de socorro disfarçados?

Depois do serviço de almoço, no dia em que eu tinha sido instruído a bater em Florian, entrei num circuito de aparar alcachofras: todos os cozinheiros, inclusive Christophe, estavam colaborando para ajudar Sylvain a terminar uma pilha de caixas. Florian apareceu bem na hora em que eu estava acabando um coração de alcachofra, o qual mostrei a Christophe para que ele aprovasse e depois joguei numa tigela de água acidulada.

Florian pegou uma alcachofra, cortou-a com uma velocidade de exibicionista, a faca reluzindo, e a atirou na tigela como num arremesso de basquete. Respingou água para todo lado. De forma tácita, parecia uma demonstração para mim, colocando-me no meu lugar. Ou pelo menos foi como entendi. Eu havia pedido a aprovação de Christophe; Florian, não.

Ele pegou outra alcachofra.

"*Qu'est-ce que tu fais?*", Christophe perguntou. O que você está fazendo?

"Estou torneando uma alcachofra."

"Me mostre a que você acabou de fazer."

Florian a tirou da tigela.

"Isto", Cristophe disse, pegando o trabalho de entalhe terminado às pressas e (para ser justo) ligeiramente torto, "é inaceitável." Ele a jogou no lixo. "Faça de novo."

Florian largou a alcachofra que havia começado e saiu andando, resmungando que tinha coisa melhor para fazer. (O comportamento não era necessariamente inaceitável — preparar alcachofras era opcional e quase um evento social —, mas o episódio criou um mal-estar. Uma voz começou a entoar em silêncio na minha cabeça: "Se ferrooou".)

Florian foi repreendido novamente por Christophe, pouco antes do serviço da noite, por outra tarefa feita às pressas.

"Não."

"Não?"

"Não. Não vou fazer de novo."

"Vai, sim."

"Não, não vou."

Florian desamarrou o avental e o jogou no chão. "*Casse-toi!*", disse, o que pode ser traduzido livremente como "Vai se foder".

E saiu. Simples assim: Florian foi embora.

Ele veio ao restaurante uma vez mais para pegar seu pagamento (sem cumprimentar ninguém, passando às pressas pela cozinha e subindo os degraus da escada de dois em dois). Algum tempo depois, sua mãe telefonou.

"Florian?", Christophe disse com um ar de surpresa exagerado. "*Ah, pardon, madame.* Sim, Florian. Agora me lembrei. Não, não o vejo por aqui há duas semanas, desde que ele foi embora de repente antes do serviço do jantar."

Para mim, a vida sem um menino insolente de dezenove anos era libertadora. Sem que eu me desse conta, eu vinha andando por aí com um caco de vidro enfiado no peito do pé. Agora ele não estava mais lá.

Era curioso, pensei, refletindo sobre o episódio, que Florian tivesse sido tolerado. Só que não era curioso. Era uma característica da cozinha. Curiosa era *a cozinha*. A única coisa que importava era que as refeições fossem preparadas a tempo e bem. Tudo mais os cozinheiros deviam resolver entre si. Christophe não sentia falta nenhuma daquilo. Mas também não tinha feito nada a respeito.

A consequência, para mim, foi consolidar minha posição. Eu não apenas sobrevivi ao trote como sobrevivi a quem aplicou o trote. Na primeira noite sem Florian, Étienne, um novo contratado, apenas em seu segundo dia no restaurante, assumiu a estação dele e foi parabenizado no fim do serviço.

A estação de carne ficou surpreendentemente tranquila — sem Florian na cozinha, isso sem dúvida aconteceria —, mas a tranquilidade se devia sobretudo ao fato de ser o que era: uma cozinha francesa. Podia ser rápida, grosseira, agressiva — a adrenalina era esperada —, mas também tinha um sentido primordial de ordem. Era mais cerebral do que física. Você era obrigado a se concentrar.

A maior parte do que se cozinhava era resolvida antes do serviço. O que se fazia durante o serviço era, sobretudo, montar, e a montagem normalmente exigia que três de nós trabalhassem juntos. Um prato de pato era como um quebra-cabeça: o talo de acelga que tinha sido escalfado ao meio-dia para servir como travessa onde colocar o peito; ou a sobrecoxa, desossada de modo a parecer um pirulito salgado com a carne amassada na ponta, que tinha sido cozida como um confit de manhã; ou o molho de cereja roxo-escuro preparado no dia anterior; ou uma tábua de batatas "Maxim", batizada em homenagem ao lendário restaurante parisiense, feitas por este que vos fala ao mesmo tempo em que preparava o *personnel*.

Os resultados eram modestas obras de beleza culinária.

A alma da cozinha eram as aves. Tínhamos escargots, coxas de rã, orelhas de porco crocantes, tutano, porco, molejas e carne bovina. Eu punha as lagostas para dormir com um carinho atrás da cabeça: depois de quatro afagos, as garras pendiam; mais duas, elas estavam apagadas e eram colocadas, em coma, dentro de um forno quente. (Elas apareciam em uma versão de *surf and turf*.) Mas estávamos em Lyon, e Lyon gira em torno das aves, especialmente os famosos frangos de Bresse.

Não cozinhávamos as aves como se cozinham em casa. Não pensávamos nelas como se pensa nelas em casa, porque nunca cozinhávamos uma ave: cozinhávamos duas. Na cozinha, todas as aves são duas, carne branca e carne escura. Uma é cozida rapidamente (o peito); a outra precisa de tempo, seu processo é lento (as coxas). Uma não tem gosto de nada se cozida por tempo demais; a outra é impossível de mastigar se cozida muito rápido. A solução mais simples: retirar os peitos, arrancar as sobrecoxas e cozinhar cada parte separadamente. O *suprême* é o peito escalfado em caldo de galinha, aquecido em uma frigideira e servido com um *beurre blanc* cremoso reforçado com um toque de Porto branco (um segredo de Viannay que é transformador, tornando a preparação já rica em um luxo de sabor etéreo). As sobrecoxas restantes: pode-se fazê-las de diversas formas, desde que não haja pressa; como aquelas que ajudei Sylvain a preparar no meu primeiro dia, a "travessa de brownie" com foie gras e um glacê de gelatina de carne.

O *poulet de Bresse demi-deuil* "assado" também é feito com duas aves. Na verdade, o truque de apresentação é fazer com que pareça uma ave só. Além disso, não é assado.

É escalfado no caldo de galinha, com trufas pretas sob a pele (a viúva de luto etc.) até os peitos estarem *quase* cozidos. A ave então é colocada em uma "fôrma para assar", apresentada à mesa e levada de volta à cozinha para uma rápida cirurgia culinária. Primeiro, o peito é removido: salteado, temperado, empratado e devolvido ao salão. Em seguida as coxas (que estão quase cruas) são removidas, recolocadas na "assadeira", e seguem para ser cozidas com um pouco mais de gordura. Quando estão finalmente macias e suculentas, voltam a ser apresentadas aos clientes como um último prato, servidas em uma salada.

Evidentemente, a *mère* Fillioux, a maior das chefs *mères*, não tratava as coxas e os peitos das aves de maneira diferente. Assim como Viannay, ela as escalfava em caldo de galinha: quanto mais aves na panela (mantidas quentes o bastante para que um vapor subisse da superfície), mais intenso o caldo. Ao contrário de Viannay, ela parecia deixar as aves lá até as duas "carnes", peitos e coxas, estarem indizivelmente macias. Daí o truque de Fillioux à mesa: destrinchar com uma colher. Na realidade, *mère* Fillioux — abençoada seja — conciliou uma eterna contradição da ave, fingindo não haver uma e, com todo o respeito ao sucesso da grande chef, devo declarar que, por mais deliciosas que aquelas sobrecoxas pudessem ser, os peitos com certeza não prestavam. Peitos não gostam de um cozimento longo e lento: isso tira seu sabor. Ficam sem gosto.

LA SAUCE BÉARNAISE

CONDRIEU, RÓDANO-ALPES. Essa cidade de 4 mil habitantes, do outro lado do Ródano para quem vem de Vienne e do La Pyramide, e um pouco depois rio abaixo, é famosa por seu vinho branco deliciosamente floral e pela uva local Viognier, da qual é feito. Em um sábado à noite, depois que Stephen, o "babá" favorito dos meninos, aceitou cuidar deles de última hora, Jessica e eu paramos em um hotel-restaurante ali, às margens do Ródano, Le Beau Rivage, sem planos, sem termos feito reserva, e descobrimos o que já estávamos observando em todos os lugares que havíamos tentado desde que saímos de Lyon. O estabelecimento estava ruidosamente cheio. (O que tínhamos na verdade descoberto era que a prática estival francesa pré-guerra de seguir a velha National Route 7 de Paris para o Sul, parando em hotéis-restaurantes no caminho, estava muito viva.) Examinávamos o salão — parecia haver apenas uma mesa disponível —, quando um maître nos recebeu e perguntou se estávamos hospedados no hotel. Àquela altura, famintos e agoniados, abandonamos quaisquer escrúpulos e dissemos sim, claro (e, sinto muito, ocupamos o lugar de um casal que chegou vinte minutos depois). Pedimos uma garrafa do vinho local (bom, duas, na verdade — um Condrieu, dos morros logo atrás de nós, e um Côte Rôtie, dos morros muito íngremes cinco quilômetros rio acima), e comemos uma refeição surpreendente, cujo ponto alto foi um pregado enorme, o peixe-chato que vive no fundo do mar e se alimenta à base de moluscos (com os olhos flutuando ao acaso em um lado de sua estranha cabeça escamada, faz parte de uma categoria especial de iguaria marinha, fabulosamente feia e fabulosamente deliciosa), cortado ao lado da mesa em um carrinho e servido com um béarnaise suave. O molho não era pingado nem derramado em cima do peixe; parecia se assentar em volta dele como uma névoa misteriosa e perfumada.

Até aquele momento, eu não havia pensado no molho. Era o que as pessoas comiam com rosbife. Eu não o havia comido com um peixe carnudo. Também nunca havia experimentado uma versão preparada com tanta perfeição, com uma acidez de vinagre intensamente vívida que parecia se envolver em torno de todas as moléculas da gordura do molho. Também gostei que fosse diferente da maioria dos molhos franceses, que são baseados em vinho e podem ser manipulados para combinar com a comida com a qual são servidos. Um béarnaise não tem que combinar. Apenas está lá. Poderia ser seu próprio grupo alimentar.

Agora passo vergonha regularmente pelo meu amor descarado por esse molho. Ele jamais, em nenhum sentido, poderá ser considerado bom para a saúde.

Os livros de culinária francesa veem a preparação do béarnaise como facílima ou, pelo menos, dão essa impressão, mas, desde o nosso jantar à margem do Ródano, praticamente todos os molhos que pedi em restaurantes foram uma decepção: cozidos demais, engrossados com farinha, desagradáveis, negligenciados durante um serviço movimentado. Um béarnaise é uma emulsão, uma forma de fazer dois elementos incompatíveis, líquido e gordura, se unirem (na verdade, o segredo da culinária francesa — seu charme — sempre parece envolver fazer dois elementos incompatíveis conviverem um com o outro).

Christophe achava o molho complicado. Tornou-se uma questão entre nós depois que declarei, em um de nossos catecismos de *personnel* (porque eu ainda estava fazendo o almoço), que, para *la sauce*, eu queria preparar um béarnaise, e ele respondeu com um "não" categórico.

"O béarnaise é difícil", disse.

Era uma opinião perfeitamente responsável. Christophe queria alimentar sua equipe.

"Você já fez um béarnaise?", ele perguntou.

"Sim."

"Muitas vezes?"

"Não."

"Então por que fazer um agora?"

"Porque é por isso que estou aqui."

Ele ficou confuso.

"Para aprender. Estou aqui para aprender." *Je suis ici pour apprendre*. Parecia óbvio, mas obviamente não era.

Christophe proferiu um "hmm" quase inaudível. Ele entendeu. Eu não estava passando por um rito de iniciação para me tornar um chef francês. Estava ali apenas para aprender o que um chef francês fazia.

Na semana seguinte, a proteína era bife. "Vá em frente", Christophe disse. "Faça seu molho."

"Ah, o perfume da *mignonette*", ele disse ao entrar na cozinha depois que eu tinha começado "meu molho" (o que, admito, foi encorajador). *Mignonette* descreve a infusão marcada pela especiaria escura e tropical da pimenta-do-reino, pela fragrância de alcaçuz do estragão e por um vinagre branco fortificante, cozida lentamente em fogo baixo. A infusão é um dos três componentes do béarnaise, que, em tese, parece simples. Os outros dois são as gemas de ovo e a manteiga clarificada.

Retirei a infusão do fogo e deixei resfriar. Estava bem concentrada.

Para 25 a trinta pessoas, eu precisava de dois quilos de manteiga, que se deixa derreter até ficar em estado líquido, quando então os sólidos desinteressantes mergulham no fundo. O que você quer é o líquido amarelo-vivo em cima; com cuidado, você o leva a um recipiente, para descartar os sólidos. (A cozinha é tão quente que você nunca precisa derreter a manteiga; basta deixá-la em uma prateleira.) Usei dezoito ovos e separei as gemas, com Christophe olhando por cima do meu ombro para ter certeza de que eu não os estava quebrando em uma quina, mas batendo-os com autoridade em uma superfície plana. Se você for como eu, está praticando essa batida autoritária há um bom tempo: autoridade de menos, e você precisa bater uma segunda vez (quando então ele se espatifa); autoridade de mais, e... bom, com certeza ele se espatifa.

Tanto o molho béarnaise como o holandês estão no coração da cozinha francesa. O holandês, que pode ou não ter vindo dos holandeses (assim como o béarnaise pode ou não ter vindo de Béarn, mas provavelmente não), é um dos cinco "molhos mãe" de Escoffier, as bases a partir das quais se desenvolvem muitas variações. Os outros são o bechamel, o *velouté*, o de tomate e o espanhol, a combinação maravilhosamente intensa de vitela e tomate que dizem ter sido concebida por um cozinheiro espanhol no casamento de Luís XIII e Ana da Áustria em 1615 — e, se foi o caso, tratou-se de um vislumbre da atividade inovadora durante o longo período em que a culinária francesa estava nascendo, *talvez*, embora ninguém tenha pensado em registrar o evento de maneira definitiva. O holandês e o béarnaise são basicamente iguais, diferindo sobretudo em sua acidez particular: o holandês é intensificado ligeiramente com limão, o béarnaise, fortificado pela redução de vinagre. Alguns cozinheiros trocam o vinagre por vinho branco. Em Lyon, o *Béarnaise* é feito apenas com vinagre e somente com a versão mais agressiva dele, o *vinagre branco*, feito não de vinho, mas de celulose (isto é, casca de árvore), o qual as empregadas domésticas usam na limpeza. É um molho que ataca.

Na primeira vez em que fiz o molho no Institut Bocuse, fiquei maravilhado com a forma como, enquanto eu batia, o caldo espumava e borbulhava, e alguma coisa de aparência insubstancial se levantava em minha panela. A diferença entre um béarnaise e outras preparações emulsionadas, como a maionese, digamos, é que no caso do béarnaise você também está aquecendo o ovo enquanto o bate, torcendo para atingir aquela estranha temperatura de creme, *exatamente* entre o cru e o mexido. Qual é a temperatura? Bom, de acordo com Harold McGee, deve ser cinquenta graus Celsius. Mas, segundo o livro didático do Institut Bocuse, é sessenta graus Celsius. E, para Joël Robuchon, 65 graus. Todos esses números são inúteis, porque você não vai enfiar um termômetro na panela enquanto está mexendo freneticamente, com medo de que ele se quebre a qualquer momento. Ponho o dedo bem rápido, e, se me queimo, sei que estou em apuros.

Um béarnaise fracassado é uma mixórdia líquida. Alguns o descrevem como ovos mexidos. Não é. É vômito. É horrível de ver. Sei porque, por motivos que nunca entendi, minhas tentativas em casa às vezes fracassavam. Mas depois, às vezes, davam certo, e eu não sabia por quê. Daí minha determinação agora: eu queria acertar em cheio e entender o molho.

Dessa vez, meu béarnaise parecia estar dando certo e, depois que espumou de maneira impressionante, acrescentei devagar um fio dourado da manteiga clarificada, batendo, batendo, batendo, enquanto o molho, como uma metáfora de seu criador, parecia desafiar a gravidade e inflar.

Experimentei. Acrescentei sal e pimenta. Experimentei de novo. Acrescentei limão. Parecia estar faltando alguma coisa.

Christophe experimentou. "Precisa do quê?"

"Vinagre", eu disse.

"Vinagre?" Ele me olhou, perplexo. "Vinagre, sério?"

O molho já tinha muito. Eu sabia. Nem eu entendi por que sugeri mais vinagre. Eu só falei. Experimentei e pensei: mais, por favor.

Acrescentei um pouco de vinagre, sob o olhar fortemente duvidoso de Christophe.

Experimentamos de novo.

"Você estava certo", Christophe disse.

Foi um bom momento.

Em seguida, um mau momento. Diante dos nossos olhos, o molho estragou. Deu ruim. Virou vômito.

"Olha só", Christophe disse. "Estragou."

"Por que estragou?"

"Não faço ideia." Ele parecia estar achando muita graça.

Para consertar um molho estragado, coloque água fria em uma panela, não muita, um copo (deixe um copo extra por perto, caso precise), aqueça e acrescente seu molho arruinado colherada por colherada, batendo como se fosse um pedaço de manteiga, depois adicione outra colherada, e assim por diante. "O truque é a água", Christophe disse. "Para fazer o *sabayon* do jeito certo."

"*Sabayon*." Claro. Alguém tinha usado a mesma palavra no Institut Bocuse: "Você está fazendo um *sabayon*". Antes eu pensava que, como em todo molho, você o reduz o máximo possível, concentrando-o. Como um excelente caldo de vitela: pegue vinte litros e reduza a duzentos gramas. Ou um molho de fruta: pegue uma garrafa de suco e reduza até um tubo de ensaio. Depois você monta. Mas talvez o béarnaise não fosse francês.

Um *sabayon* é tanto um molho de espuma quanto uma emulsão. Como Harold McGee observa: as gemas espumam muito bem sozinhas, mas vão espumar de maneira *sensacional* com água. O meu tinha dado errado porque não havia água suficiente. Eu havia reduzido demais.

Os dicionários relatam que a palavra francesa *sabayon* surgiu na língua francesa em 1803, embora a técnica provavelmente já existisse. Ela vem do italiano *zabaglione* (vinho doce, normalmente o Marsala, que age como elemento de água, mais gemas de ovo batidas e cozidas). Consta em dois séculos de livros culinários, começando com o *maestro* Martino no século xv. Martino foi o extravagante chef renascentista que impressionou Platina, o bibliotecário do Vaticano que experimentou a comida dele enquanto se hospedava em um retiro de verão do cardeal. Platina, então, escreveu um livro que está entre os primeiros a tratar a culinária como obra de arte. Ele também plagiou metade das receitas de Martino — o manuscrito agora está sob os cuidados da Morgan Library, em Nova York — e criou, assim, um best-seller internacional (em certo sentido) que seria traduzido para muitas línguas, inclusive para o francês. (Em muitos aspectos, foi o primeiro livro a exportar o Renascimento culinário italiano para o resto da Europa.) As origens do béarnaise podem ser encontradas ali, em Platina? Há também uma receita de 1570, de Bartolomeo Scappi, considerado por muitos o maior chef italiano da história. A receita de Scappi inclui elementos salgados, como caldo de galinha, e, para ser sincero, não difere muito do béarnaise. As origens podem ser encontradas ali? Existe alguma prova irrefutável de que os chefs italianos introduziram alguns molhos que viriam a se tornar fundamentos da culinária francesa? Existe alguma prova de que a própria reverência aos molhos, sua importância em uma refeição, na verdade tenha sua origem na Itália? Não, não que eu tenha encontrado... por enquanto. Mas parece bastante provável.

É verdade que o truque para impedir que o molho estrague é não deixar que a infusão reduza demais — você precisa do elemento água —, mas, além disso, não tenha pressa para cozinhá-lo. Você pode alcançar a consistência que imagina que o molho deva ter aquecendo-o em fogo médio e batendo como um italiano maluco. Levará cinco minutos. Mas, pela minha experiência, a emulsão não terá assentado direito, e o molho pode dar errado depois. Você terá mais sucesso se tratá-lo como um *custard*, aumentando a temperatura aos poucos, por dez minutos, quinze, o tempo que for necessário, batendo sem parar, não freneticamente, mas com uma constância comedida, como um francês.

SOBRAS

Ah! Se eu fosse um poeta! Colocaria todo esse esplendor em versos. Como sou apenas um camponês, coloco em saladas.

Alain Chapel no mercado, citado em *Croque--en-Bouche*, de Fanny Deschamps (1976)

SERVIÇO DA NOITE, NÃO SEI QUANDO, talvez uma quinta--feira. Os pratos estavam acabando. Eu precisava buscar alguns na lava-louças nos fundos. Era urgente. A perspectiva? Terrível. O trajeto? Só obstáculos — Christophe, Viannay, garçons, a passagem, pedidos sendo anunciados, gritos, pessoas entrando e saindo correndo do *garde-manger*. Firmei os cotovelos junto ao corpo. Inclinei a cabeça um pouco à frente. Respirei fundo. Na minha mente, eu era um robô de patins. Lá fui eu. Não desviei em nenhum momento: nenhum movimento de cabeça, nenhum movimento de olhos, nada. Peguei os pratos. Voltei às pressas.

Era uma versão exagerada de como as pessoas se movimentam na cozinha, o que eu via como a "corrida de Frankenstein". Tratava-se de uma paródia. Mas seria mesmo?

Em um canto distante, ouvi meu nome e uma comemoração. Era Sylvain. Ele parecia feliz, o que era raro. Ele gritava: "Bravo, Bill! Bravo! Você finalmente aprendeu!". (Fiquei confuso e, então, pouco a pouco fui deixando de estar, porque aos poucos entendi: minha piada não era uma piada.) "Bill, bem-vindo à cozinha!" Ele estava muito animado. "Você tem ideia de como você era no começo?" Então Sylvain fez a *sua* paródia: uma boneca de pano de olhos esbugalhados, balançando para cima e para baixo, olhando de um lado para o outro, para isso e para aquilo, para tudo, e riu alto. Ele podia rir porque estava confiante de que eu estava rindo junto.

E enquanto eu fingia rir (rá, rá, rá) me perguntava: sério mesmo? Eu era assim?

Eu sabia que eu era devagar. E havia realmente mérito na observação de Sylvain: eu *vinha* tentando disciplinar meu cérebro não para mudá-lo, mas para treiná-lo, como um frequentador de academia. Eu o achava destrambelhado.

Isso não ficava óbvio durante o serviço, porque o serviço é rápido e movimentado. Um prato é pedido, você prepara. Vários pratos são pedidos em uma mesa, você prepara. Parece que você tem uma dezena de coisas na cabeça ao mesmo tempo, cada uma em um estágio diferente de preparação. Na realidade, você provavelmente não tem nada. Os pedidos é que têm você na mão, eles é que comandam seu cérebro.

A preparação era mais difícil.

O pior? O dia em que voltamos para a *rentrée* e reabrimos, em setembro. Frédéric cutucou minha barriga quando cheguei ao vestiário, declarando alto: *"Qu'est-ce que tu as fait, Bill? Tu as mangé tout?"* — O que você fez quando estava fora, comeu tudo? Me mandaram preparar o *personnel* para as onze e meia, o que me deixou confuso, até eu enfim entender. Estávamos fechados. Não havia serviço de almoço. Seria preciso uma equipe inteira e quinze horas para estarmos prontos para a reabertura — *tudo* precisava ser preparado antecipadamente — e, sem a adrenalina do serviço, o dia foi árduo. Eu senti falta de saber que o que eu fazia era importante naquele momento, e dos prazeres fundamentais de preparar a comida que as pessoas iam comer naquele momento. Eu não conseguia acompanhar o ritmo.

Como ser mais rápido? Decidido, revisei minhas lições. A de Sylvain: não cruzar as mãos; a de Cros: como usar a faca. Observei Étienne, o menino novo, picando chalotas, como ele preparava cada uma, fatiando-a na vertical, depois na horizontal, o tique-taque na tábua, e como ele as dispunha para que pudesse cortar de cima para baixo sem ter que largar a faca. Eu admirava a paciência de Étienne. Ele era vagaroso, mas rápido.

"*Vite! Vite! Vite, Billou*", Christophe disse. Na cozinha, você nunca fica parado. (Agora eu tinha um apelido, Billou.)

Comecei por sempre querer saber o que eu faria na sequência. Não sei por que demorei tanto tempo para fazer isso. Não sei de onde tirei essa ideia, mas ela era obviamente óbvia. E, para a minha surpresa, resultou em uma concentração levemente aprimorada. Depois de encerrada a segunda tarefa, eu ficava parado pensando: e agora?

"*Vite! Vite! Vite, Billou!*" (Ele precisava mesmo repetir "*Vite!*" tantas vezes?)
Naquele momento, ali parado, pensar "e agora" foi o segredo. Acrescentei outra tarefa. Enquanto trabalhava na tarefa número um, eu repetia em silêncio, comigo, a que viria a seguir. O resultado foi impressionante. Sem dúvida, percebi um novo nível de clareza.

Tentei manter cinco tarefas em mente, e o efeito foi ainda melhor, eu estava cada vez mais rápido, porque parecia correr para chegar à quinta, só para me aliviar de ter que pensar tanto para me lembrar de todas as cinco. Cinco era emocionante. Eu precisava ser rápido. Eu tinha muitas coisas — cinco, aliás — para fazer. Era como uma meditação acelerada.

Quando eu chegava ao último item, fazia uma pausa, expirava e relaxava por um instante. Depois, preparava uma lista nova.

Contei a Jessica minhas descobertas, como se fossem descobertas mesmo, que na cozinha você precisa saber o que vai fazer em seguida, e o que vai fazer depois daquilo, e como deve manter essas coisas na mente, porque não pode anotar, as mãos estão ocupadas, as superfícies estão repletas com o seu trabalho.

(Ela me olhou, sem fazer nenhuma pergunta, com uma piedade amorosa, mas inegável, como quem diz: Ah, pobrezinho, só agora você se deu conta disso?)

Minha lentidão histórica devia estar nas pausas, as quais eu tinha esquecido e precisava recuperar, a organização desleixada de não saber o que viria em seguida. Eu era rápido com a faca. Usava bem a tábua. Tinhas as habilidades técnicas. Só precisava conter os caprichos desgarrados da minha mente civil.

Agora penso que eu estava absorvendo os hábitos daqueles ao meu redor. Concluí que minha corrida de Frankenstein não era uma piada; na realidade, eu estava testando, para ver se dava certo. E deu. E o resultado foi: passei a adorar velocidade.

O que eu mais gostava na cozinha? Fazer o *personnel* às sextas, aquele que não tinha cardápio, que era inteiramente improvisado, o almoço do final da semana que eu precisava inventar na hora com o que tivesse a sorte de encontrar. Antes ele me massacrava; agora, me entusiasmava. E o entusiasmo não estava nas sobras da *chambre froide*. Estava nos ingredientes que poderiam não durar até segunda, e havia uma zona muito elástica de discernimento governando o que constituía um alimento prestes a estragar.

Por volta das nove, os suprimentos começavam a aparecer e eram passados com urgência para mim, como se fosse contrabando, descritos à meia-voz como uma iguaria que "ainda" não havia estragado, mas que claramente estava prestes a estragar. Lula, arenque, garras de lagosta, pombo, foie gras, lagostins, um único caranguejo-aranha. Às dez, mais alimentos haviam se deteriorado de forma inesperada e era improvável que sobrevivessem até o fim de semana. Uma vez, me passaram certa quantidade de caviar. ("*Oh là là*, isto já deve estar estragado", Frédéric observou. "A gente precisa comer agora.")

Uma vez, às dez e meia, ele me deu quatro coxas de frango.

"O que se espera que eu faça com isto?", perguntei. "Aliás, por que você estava com um frango, se trabalha na estação de peixe?"

"É *poulet de Bresse*." Estavam embrulhadas, sem identificação, num papel pardo. De costas para Christophe, Frédéric abriu o pacote para me mostrar como eram lindas, o famoso tom azul-claro nos nervos. "Se você não cozinhar, elas vão para o lixo." *Poubelle. Tu comprends?*

350

Fiquei olhando para elas. "Não tenho tempo para cozinhar coxas de frango."

"Por que não?"

"Por que você não me deu antes?"

"Antes elas pareciam boas. Agora parece que podem estragar, não acha?"

Eu as adicionei ao que estava fazendo, meus últimos trinta minutos malucos, seis panelas ao mesmo tempo e três itens ainda no forno, inclusive um *gratin de pâtes*, que eu tinha feito por via das dúvidas e que dourava, mas ainda não estava crocante.

Mathieu Viannay tinha me dito: "Mandei você cozinhar o *personnel* porque você vivia atrasado. Minha esperança era que ele ensinasse você a ser pontual". E ensinou.

Eu estava amando a velocidade.

Às sextas, havia uma sensação de colaboração entre mim e os outros, de transformar o almoço em uma *fête*. Eles sabiam que eu sabia cozinhar. Não havia trotes nem zombarias.

Johann fez uma torta de mirtilos silvestres. Queijos apareciam. Diversas verduras. Restos de sobremesa. Sylvain também fazia pratos: numa semana, uma tortilha espanhola perfeita; em outra, uma quiche Lorraine. (Também eram declarações. Ele não tinha dito que faria esses pratos nem fazia uma apresentação deles; apenas os deixava ali de modo taciturno e voltava ao *garde-manger*. As tortas diziam: fiz isso enquanto comandava minha estação sozinho. Não vê que estou no lugar errado?)

Às sextas me ensinaram a filosofia francesa das sobras, codificada (descobri depois) em meu livro didático do Institut Bocuse e em livros mais antigos, como *A arte de usar sobras*, de 1899. Havia regras: nunca armazene uma sobra em uma travessa de servir ou na panela de cozinhar; nunca armazene um líquido quente em um recipiente fechado sem resfriá-lo primeiro; nunca reutilize uma preparação feita com ovo cru; nunca mantenha nada por mais de três dias; e, a mais importante: nunca, em circunstância nenhuma, use uma sobra duas vezes. Uma sobra tem uma única chance: tornar-se ainda melhor do que o original.

Fiz uma remolada de aipo-rábano, reaproveitando a maionese da manhã. Fiz blanquette de vitela, reaproveitando um assado de vitela.

E, uma vez, logo depois das dez da manhã, Sylvain deixou uma quantidade de atum cru na minha bancada, sem explicação. *Il y a du thon*, disse ("Tem atum"), e saiu andando.

Examinei o atum: havia bem mais de um quilo, não era pouca coisa, mas não o suficiente para alimentar todos se cortado em filés e salteado. Tive uma ideia. Na despensa, haveria shoyu. No frigorífico, cebolinha-francesa, chalota e limão-siciliano. Perguntei a Johann se na confeitaria havia pães sobrando. Eu faria hambúrgueres de atum, os hambúrgueres de atum de Michel Richard.

Fiz a maionese de limão-siciliano, acrescentando um toque do suco no fim e as raspas (seis minutos).

Fiz uma marinada: chalotas, cebolinha-francesa, shoyu (seis minutos).

Cortei o peixe à mão. Christophe, que observava, porque sempre estava observando, chamaria de *thon au tartare*, atum cortado como um *steak tartare* (seis minutos).

Levei quatro frigideiras ao fogo.

Pus meu atum cortado à mão em uma tigela, acrescentei azeite de oliva e bati com o dorso da espátula de plástico, fazendo uma gosma esponjosa, emulsionando o azeite com as gorduras do peixe, dando liga (três minutos). Acrescentei toques da marinada e moldei a massa emulsionada em 24 hambúrgueres (seis minutos) e os salteei (rápido, eu os queria mal passados) — 45 segundos de um lado, trinta segundos do outro. Então os retirei para esfriar, coloquei dentro dos pãezinhos, servi com a maionese e os empilhei em uma fôrma para assados. Só de olhar já dava vontade de pegar um. *Franchement*, estavam sensacionais.

Depois do almoço, Frédéric me parou. Ele estava sentado em uma bancada, comendo seu segundo hambúrguer. "Delicioso", disse. "Como você fez a maionese?"
"Limão-siciliano mais as raspas."
"Ah. As raspas." Ele assentiu, elogioso.
"Aprendi com Michel Richard."
"Richard? Hmm. Nunca ouvi falar."
Voltei à cozinha.
"Excelente", Christophe disse. "Sabe, também dá para usar ovos. Para fazer liga com o atum. Você pode acrescentar ovos ao atum."

Sim, eu disse, mas daí pensei: por que você faria isso? Com ovos para dar liga, ele não pode ser feito malpassado. As pessoas não gostam de ovo cru.

Em um instante, entendi a preparação de Richard. A prática francesa: dar liga com ovo. Mas desse modo o atum precisa ser totalmente cozido. Enquanto isso, o mundo descobriu o atum selado, o atum malpassado, o atum como sushi, e ninguém se interessa por um atum bem passado com ovo.

"Aprendi a técnica com Michel Richard", eu disse a Christophe.

"Richard?"

Ele também: perplexo.

Foi o *personnel* favorito de todos. Mas o crédito veio injustamente para mim. E eu não queria. Todo o crédito se devia ao reinventor incansável Michel Richard.

Jessica acordou à noite com enxaqueca. Das brabas. Ela não parava de vomitar e se contorcia.

Telefonei para a cozinha. Ninguém atendeu. Deixei uma mensagem. "Vou me atrasar." Parecia perigoso deixá-la sozinha. "Chego assim que possível."

Cheguei depois das onze. O almoço da equipe, que eu não havia preparado, estava terminando. Pedi desculpas a Christophe.

"Você está muito atrasado."

"Eu sei. Desculpa. Jessica teve enxaqueca. Deixei uma mensagem."

"Eu recebi a mensagem."

Eu conhecia o procedimento. *La rigueur.* Na cozinha, nunca existe motivo para faltar.

"Não achei seguro sair de casa."

Christophe assentiu. "Sentimos sua falta, Billou."

"Obrigado", eu disse, e depois repeti a resposta dele na minha cabeça. Sentimos sua falta. *Tu nous as manqué.*

Fazia seis meses que eu estava no La Mère Brazier, bem quando o restaurante entrava em seu segundo ano. Não houve nenhuma despedida oficial porque, quando saí, foi para participar de um negócio — fiz dois filmes de uma hora cada um, para a BBC, sobre meu período em Lyon, chamados *Fat Man in a White Hat* [Um gordo de chapéu branco]. Eu pretendia reassumir meu lugar quando acabasse. Os filmes demoraram mais do que o esperado. Eu passava para falar com Viannay de tempos em tempos, para confirmar a intenção de voltar e só para dar um oi. Uma vez encontrei um espaço nos fundos para praticar um prato que eu o tinha visto fazer: foie gras e corações de alcachofra enrolados como um cilindro em um *poulet de Bresse* desossado e servido, fatiado, na transversal, com aquele molho intenso de vitela e cereja que fazíamos na estação de carne. No verão, eu o preparei para amigos que tinham um filho da mesma idade que George e Frederick. Eles, e principalmente os meninos, devoraram o prato. (O segredo, creio eu, era o molho.)

    Nesse ínterim, Hortense foi embora. Ela havia quebrado o pé e não voltou. Chern foi embora. Ele havia conseguido os créditos de que precisava para completar sua graduação. Frédéric estava no Japão, num cargo de chef. E Sylvain havia saído para trabalhar na Brasserie Le Nord, de Bocuse. ("Monsieur Paul está lá toda quinta às onze da manhã.") Era perto, na Presqu'île. O cargo de Sylvain era *chef de cuisine*. Não seria um passo para trás? Le Nord não tinha estrela Michelin. Não era uma *"grande cuisine"*. E Sylvain não era um chef executivo nem um *sous-chef*. Mas ao menos não era o cara que cuidava sozinho do *garde-manger*.

    "Viannay não quis mandar meu nome para a Copa do Mundo de Pâté en Croûte", Sylvain disse. "Eu precisava de um padrinho. Ele se recusou."

    Sylvain havia embarcado em uma carreira com base nas pressuposições tradicionais da cozinha de trabalho árduo e recompensas justas: se você fosse rigoroso, disciplinado, pontual e atento; se tivesse um conhecimento profundo do repertório francês — Escoffier, pratos clássicos, confeitaria, molhos —; e se, além disso, arranjasse trabalho em um bom estabelecimento, como o Restaurant de Georges Blanc, com suas três estrelas Michelin, podia confiar que iria subir na hierarquia. Você seria recompensado com mais responsabilidades, prestígio e um bom salário. Poderia criar uma família. Era uma coisa para a vida.

    Sylvain era competente? Sem dúvida. Rigoroso, disciplinado, confiável? Mais do que ninguém. Tinha um treinamento clássico? Com certeza. Mas havia um elemento novo para o qual ele não tinha sido preparado: criatividade. Ele era inovador? Talvez não. Ninguém supunha que isso era necessário.

No La Mère Brazier, Sylvain parecia ter perdido seu futuro. Tinha o ar de um homem traído, não apenas pelo restaurante, mas pela cultura da cozinha, pela França.

Perguntei a Viannay sobre ele.

"Sylvain não era bom o bastante", ele disse. Olhou no fundo dos meus olhos para ter certeza de que eu entenderia a mensagem. "Ele não era o que Christophe precisava. Sylvain é um chef de bistrô."

Tive uma conversa com Christophe. Vou voltar, prometi.

"Você será bem-vindo."

Mas demorei quase um ano para vê-lo.

VI. Jantar

À mesa, os lioneses não toleram água com gás. Eles bebem vinho. Quando, por capricho, diluem a bebida com um pouco de água, é apenas a boa água do Ródano. Eles sabem que ela é pura e de boa qualidade.

Os lioneses não gostam de comer rápido. Com isso, provam sua paixão, porque, ao controlar os impulsos do estômago, podem saborear as variedades e o prazer de sua comida...

Os lioneses não revelam suas receitas. Eles as protegem. Nunca pedem as receitas dos outros, porque nunca querem ter que retribuir o favor.

Em Lyon, eles não comem com música, ainda que sejam apaixonados por tal arte. Não gostam, na verdade, de misturar seus prazeres, de que algo os distraia de uma das atividades mais importantes da vida, que é comer sua refeição.

Os lioneses tradicionais tomam café e licor à mesa para prolongar os prazeres e o tempo despendido com eles...

Na política, os lioneses sabem que é com bons jantares que governamos a humanidade e que o melhor documento político é um cardápio bem redigido.

De *La Cuisine lyonnaise*, de Mathieu Varille (1928)

LYON, NATAL. Minha mãe, com 77 anos e recém-viúva, deixou a Flórida em um voo, trocou de avião em Washington e em Frankfurt, onde seu voo chegou tarde e ela perdeu a conexão e não sabia fazer o celular funcionar. Por fim, impassível, chegou a Lyon para visitar os netos nas festas de fim de ano e ver como estavam os pais deles, que haviam lhe dito que passariam seis meses na França, mas já estavam lá fazia muito mais tempo, e que, assim parecia, não tinham planos de voltar. Na véspera do Natal, telefonei à Brasserie Georges para confirmar se estavam abertos. (Eu não sabia; no nosso primeiro Natal não tínhamos ido a lugar nenhum.) O restaurante, construído em 1836, tem pés-direitos altos, banquetas de couro vermelho, garçons de smoking, a política de que crianças com menos de quatro anos não pagam, uma canção de aniversário no *limonaire* a cada quinze minutos, tão cheio quanto a estação de trem ao lado, e capacidade para 2 mil pessoas por noite — e, na minha opinião, um *steak tartare* excepcional preparado na mesa. É um estabelecimento retrô — o tipo de lugar sobre o qual se lê em livros de história, mas que nunca sobrevive — e, evidentemente, era aonde toda a Lyon ia na véspera de Natal. Sim, eles estavam abertos, mas a lista de espera já era tão longa que nem mais um nome seria aceito. Nunca, em nossas muitas idas ao lugar, havíamos sido recusados. Parecia uma impossibilidade física. Eu achava que Lyon era nossa agora, que conhecíamos seus costumes e práticas, mas não estávamos ali tempo suficiente para conhecer suas práticas familiares na véspera de Natal, os rituais de jantar na histórica cidade cristã.

Nos contentamos com um bistrô simpático, não no nosso *quartier*, mas não muito longe, e fomos a pé até lá no que havia se tornado uma noite fresca e serena, com as ruas de paralelepípedos bem mais movimentadas do que eu esperava.

George começou a cantar uma música e, depois de um refrão, Frederick se juntou a ele:

Qui a la barbe blanche
Et un grand manteau?
Qui a la barbe blanche
Et sa hotte sur le dos?*

Era a primeira vez que eu ouvia isso. Quando os meninos chegaram ao refrão, estranhos na rua começaram a cantar junto: um homem na esquina fumando um cigarro, casais a caminho de algum lugar. Todos adultos, sem nenhuma criança sob seus cuidados. Eles pararam, imóveis, e cantaram. Minha mãe não tinha notado, e falei para ela ouvir: um coro conduzido por dois meninos americanos parecidos com elfos, com francês perfeito e vozes frágeis de soprano.

---

* "Quem tem a barba branca/ E um grande casaco?/ Quem tem a barba branca/ E o saco nas costas?" (N. E.)

Qui descend du ciel
Une fois par an?
Qui descend du ciel
Pour tous les petits enfants?

C'est le Père Noël
Père Noël
C'est le Père Noël
Pour mon joyeux Noël.*

Aplausos ecoaram pelas paredes de pedra e pela rua de paralelepípedo e do outro lado da esquina.

O francês tinha vindo com facilidade para os meninos, porém não tão rápido quanto esperávamos. Mas, quando por fim eles se tornaram fluentes, acabaram se mostrando muitíssimo fluentes. Jessica e eu lembramos quando foi: um ano depois de chegarmos, numa noite em que havíamos combinado que Stephen, o turbulento e enérgico "babá" deles, cuidasse dos dois. Os meninos abriram a porta para ele.

"Oi, George e Frederick."

"*Bonjour*, Stephen", eles disseram com um sotaque impecável, e Stephen, depois de lançar um olhar para nós, respondeu em francês. Eles, por sua vez, fizeram o mesmo e, daquele momento aparentemente arbitrário em diante, eles nunca mais falaram com Stephen em inglês. Foi como se tivessem conseguido torcer o cérebro deles, e (*click!*) o francês tivesse tomado a frente e assumido o comando, enquanto o inglês tinha virado um reserva lá

---

* "Quem desce do céu/ Uma vez por ano?/ Quem desce do céu/ Para todas as criancinhas?// É o Papai Noel/ Papai Noel/ É o Papai Noel/ Para o meu Natal feliz." (N. E.)

nos fundos. Se você agora os acordasse no meio da noite, era de sonhos em francês que eles emergiam.

Quando chegamos em casa depois do jantar, os sinos soavam para a missa da meia-noite, todos muito próximos, nas igrejas históricas, como um lembrete de que a cidade havia sido sitiada diversas vezes. No meio da Revolução Francesa, em 29 de maio de 1793, Lyon declarou sua independência, e Robespierre, indignado, determinou que a cidade fosse exterminada (*"Lyon n'est plus!"*). Ele contratou uma tropa de 60 mil mercenários para cercá-la e bombardeá-la diariamente, cortou o fornecimento de comida à cidade, e os sinos repicavam em sinal de resistência, até muitas igrejas serem destruídas e, dois meses depois, a cidade se render. As guilhotinas ficaram na Place des Terreaux, e alguns dos 1684 cadáveres (todos numerados e com seus devidos nomes, pois era uma revolução meticulosa) foram empilhados em um necrotério improvisado na capela mais próxima de nossa casa e ao lado da *boulangerie* de Bob. Os sinos em Lyon eram sempre um pouco lamentosos, mesmo na véspera de um dia que celebrava um nascimento. Eles pareciam reforçar para os lioneses seu espírito lionês.

A manhã de Natal estava clara e intensamente azul. Quando o jovem Frederick viu que o Père Noël havia deixado um presente para ele, correu até a janela, com sua longa vista para o Saône e os céus sobre o Beaujolais e os Alpes, na esperança de vê-lo de relance, como se a visita do barbudo tivesse acabado de acontecer. A expressão de grande expectativa em seu rosto se repetiu vezes e vezes na minha lembrança, como uma repreensão por termos manipulado a inocência de uma criança. Ou talvez seja apenas a nostalgia de um momento na França em que tudo finalmente parecia certo e bom.

Fui à *boulangerie* de Bob, que só no dia anterior havia nos dito que abriria no Natal. Ele tinha virado a noite. O espetáculo de pães e bolos era vasto e sem precedentes. Havia baguetes em aparentemente todas as variações possíveis, inclusive *flûtes*, compridas e difíceis de carregar, e *ficelles*, pequenas como um cordão, e *bâtards*, as gordas, tanto as "curtas" de um metro e vinte (as *joko courts*) como as longas de um metro e oitenta (*joko longs*). Havia pães trançados e pães de fôrma, além de doces e dos *pains au chocolat* sem os quais George e Frederick não viviam. Eu nunca tinha visto Bob produzir tanta variedade. Aquilo demonstrava experiência e um conhecimento de história.

Mas a padaria não estava cheia. Na verdade, só havia um freguês: eu.

"É culpa minha", Bob disse. "Só decidi abrir no Natal no último minuto, e ninguém sabia."

Comprei tudo que conseguia carregar em um braço — simplesmente uma quantidade absurda — e voltei para casa, deixei os pacotes de qualquer jeito na mesa da cozinha, fui pegar um *magnum* de vinho que eu vinha guardando para uma ocasião especial, um tinto do Ródano, desci a escada correndo e o levei para Bob de presente.

Eu sabia que voltaria a trabalhar para ele e que, para meus próprios fins egoístas, precisava completar meu tempo lá, ao menos porque isso concluía uma lista do que eu entendia como sendo os "franceses essenciais" — não "*haute cuisine*", mas os princípios rústicos dos alimentos feitos ali havia milhares de anos, vindos da terra: queijo, *saucisson* e pão. Bob estava cético. A seus olhos, eu agora buscava outras coisas. Ainda assim, tínhamos nos tornado próximos. Nossa família passava tanto tempo em sua padaria que ela parecia ter se tornado mais um cômodo de nossa casa. Bob era parte da família.

Bob tinha um plano e confiava em mim o bastante para saber que eu o entenderia. Ele cresceu com uma ideia do que um *bou-*

langer fazia. Ele tinha um refrão: todos merecem bons pães. Mas não parava por aí. Era como um chamado ou um imperativo social: um *boulanger* era alguém em quem as pessoas que alimentava podiam confiar. Abrir no dia de Natal, de certa forma, era uma das obrigações dele.

Recentemente, entrei em contato com Steven Kaplan, um historiador de *boulangeries*. Seu *Good Bread Is Back* [O pão bom está de volta] me ajudou a entender a raiva que Bob sentia de como os pães industrializados — o tipo, aliás, que La Mère Brazier servia na época (semiassados, depois reaquecidos, com truques de massa e substâncias químicas para simular a maciez e os aromas de fermento de um pão à moda antiga) — haviam privado toda uma geração de franceses de saber que gosto tinham os pães de verdade.

Falei de Bob para Kaplan, disse que o pão dele era reconhecido em Lyon como o melhor da cidade. "Bob", escrevi, "diz que o sabor está todo na farinha. Ele tem um fornecedor na Auvérnia em cujo trigo confia plenamente, não sei se é o fazendeiro que a mói ou outra pessoa, mas a farinha é fresca, sobretudo no verão, e não chega a granel, e sim todos os dias, e há um bode na propriedade do fazendeiro de trigo. Na janela de Bob há uma foto do bode, que se chama Hector."

Kaplan escreveu: "Uau. Seu amigo Bob é um tipo raro". Há muitos bons padeiros na França hoje, mas ele não conhecia nenhum que recebesse a farinha diretamente do fazendeiro que cultivava o trigo.

Um pão não é muita coisa. Farinha, água e a massa da véspera. Mal parece existir. Deixe crescer, pese, molde, experimente, corte, asse, e cobre noventa *centimes*. Talvez o segredo seja mesmo a farinha.

COZINHAR EM UMA BEXIGA DE PORCO

No mercado, Fernand Point nos falou: "Não sou difícil. Eu me contento com o melhor".

Croque-en-bouche, de Fanny Deschamps (1976)

VIENNE, RÓDANO-ALPES. Em uma aproximação razoável da receita original e escabrosamente luxuosa de Fernand Point, Henriroux começa a preparação de seu *poulet en vessie* recheando de ingredientes luxuosos não só a ave como a bexiga: trufas, foie gras, algumas doses de um bom conhaque e uma taça de Condrieu, cujas uvas douradas podem ser vistas crescendo do outro lado do Ródano. (Point também acrescentava Madeira e champanhe, claro, sendo um amante da bebida.) A preparação é mais um exemplo de como os lioneses gostam de altos e baixos: a bexiga rústica, os ingredientes exuberantes.

Depois você costura o órgão, o que me pareceu extremamente desnecessário.

Entendo as virtudes de amarrar as extremidades da ave, asas e coxas, e impedindo que cozinhem mais rápido do que o resto do frango. Isso também torna a apresentação mais atraente: parece um pacotinho de frango, sem asas abertas como um par de bumerangues tortos. Mas nunca ficou inteiramente claro para mim o porquê do método clássico de costurar a ave, e me tranquilizei em saber, depois, na cozinha de Boulud (costurando aves), que Jean--François Bruel, o top chef de Boulud, também não sabia e não se importava em não saber. Ele tinha o jeito dele, até ser interrompido no meio do ato da costura pelo patrão.

"*Non!*", Boulud disse. "Não é assim que se faz! Qual é o seu problema?"

Na realidade, há *duas* metodologias oficiais de costura — uma envolve furar a galinha com a agulha de costura, a outra, não; mas nunca consegui diferenciar as duas, e sigo furando até amarrar bem o bicho, às vezes duas a três vezes, com laços duplos e nós extras.

Mas um frango em uma *vessie*? A *vessie* não faz tudo que uma agulha e um barbante fariam e não mantém as extremidades aconchegadas e o pacotinho de frango arrumadinho?

A *vessie*, quando reidratada (*vessies* são compradas secas no açougue, parecem Frisbees), tem as características de uma meia de borracha, e parece pequena demais para que um frango inteiro caiba dentro dela. Também é grossa e opaca. Com a torneira aberta, você a estica, primeiro com o punho, girando gentilmente, tomando cuidado para não rasgar a boca. O frango deve entrar pela boca. Esfregar manteiga derretida na pele do bicho ajuda. Você o segura firme com uma luva de borracha e, depois de um tempo, consegue fazer com que o frango entre, não com um fácil "ploft", mas com um "ufa".

Você amarra a *vessie* com a ave dentro. Um nó duplo não funciona. Você precisa amarrar como se fosse um balão, de maneira muito simples, prendendo-a no próprio laço, para que a pressão crescente o aperte ainda mais.

Para cozinhar, ponha uma panela de água em fogo baixo, coloque sua *vessie* recheada de frango na superfície e comece a cobri-la com conchas de água. A concha tem o efeito de aquecer a bexiga de cima para baixo, e também a mantém úmida. Se ressecar, ela explode. Alguns chefs usam uma panela com caldo de frango, o que é um desperdício, porque nada desse caldo entra na *vessie*. Por boas razões, as bexigas normalmente não são porosas.

Depois de alguns minutos, a bexiga se expande, devagar a princípio, mas logo mais rápido, tornando-se súbita e assustadoramente muito grande. Você vai cobrindo e cobrindo e cobrindo de água com a concha, começando a se preocupar. Depois de vinte minutos, a *vessie* se transformou: não está mais grossa e opaca, ela agora tem a aparência de uma bola de praia de um dourado lindo e quase translúcido e que, apesar de cheia, algum maníaco ainda insiste em encher de ar. Além disso, dá para ver o frango!

Fiquei pasmo com a visão. Parecia tão estranho encontrar um globo grande daquele jeito na cozinha, e ainda por cima com uma ave dentro, que declarei de forma espontânea: "Cara, imagina quanto xixi essa coisa deve segurar!".

Cinco ou dez minutos depois (concha! e mais concha! e mais concha d'água!), a bexiga está em sua expansão máxima. É um teste da sua preparação. Se você cometeu o erro de fazer um nó duplo, ele vai começar a afrouxar lentamente, e não haverá nada que você possa fazer para impedir a abertura da boca, e o foie e o conhaque vão vazar em uma nuvem de lama marrom. Da mesma forma, infelizmente, se você não tiver costurado a ave, vai ver, através da membrana dourada, transparente e bem espaçosa, as extremidades dela se abrindo aos poucos na perpendicular. Não haverá nada que você possa fazer para impedir que elas perfurem a *vessie*. Mais uma vez, o conhaque, o foie e um lodo marrom poluidor acabarão vazando.

Agora eu costuro.

O frango, no momento em que você abre a bexiga à mesa para compartilhar seus aromas desprendidos, é tremendamente sensual; todos os seus sentidos são ativados: o vapor, a carne, os sabores intensos do Ródano. Os adornos — trufas, foie, vinho — criam um prato macio e intenso. Entendo por que Henriroux tentou me dissuadir de comê-lo. Não é leve. Mas que celebração de prazer!

Depois da minha sessão, continuei ali.

Point morreu no La Pyramide no fim do inverno de 1955, aos 58 anos. O restaurante continuou, de maneira extraordinária, como se Point nunca tivesse partido, graças aos cuidados de sua viúva, "Mado", que dirigiu as operações como se seu marido sussurrasse no ouvido dela.

A cozinha parecia então igual a quando ele era vivo. Depois disso foi reformada, mas estive lá antes da atualização: paredes de azulejos brancos rachados, janelas maciças de madeira de cerca de 1930, bancadas básicas de quatro pés, como uma mesa sobressalente da casa dos nossos avós. Era um desleixo pré-moderno do pré-guerra. Eu esperava encontrar um espaço estreito, amontoado e escuro, onde duas pessoas passavam uma pela outra com dificuldade. Mas a cozinha na verdade era espaçosa e clara, e consegui imaginar Point circulando nela. Era um estabelecimento profissional, mas também a cozinha generosa de uma casa de família do interior.

Parei e tentei imaginar a comida sendo preparada ali na época, tão excepcional que levou as pessoas a ver Lyon, e a região em torno, como a capital gastronômica do mundo. A culinária francesa era tida em tão alta conta na época que, se a melhor comida do país era a encontrada ali, então aquela era a melhor comida do mundo. (Foi essa a premissa da obra de 1935 de Curnonsky, *Lyon, Capitale mondiale de la gastronomie*.) E talvez fosse mesmo. O jovem Paul Bocuse foi trabalhar ali depois de quatro anos no La Mère Brazier. O jovem Alain Chapel treinou ali antes de assumir a hospedaria do pai na Dombes. Os irmãos Troisgros treinaram ali antes de assumirem o restaurante da família em Roanne, cem quilômetros a noroeste da cidade. Esses jovens cozinheiros integravam a primeira geração dos chefs da nouvelle cuisine. Dizem que a técnica deles — que quase pode ser chamada de "ideologia" — foi formulada por Point. O que ele lhes ensinou?

Reli o livro de Point sentado em uma alcova do restaurante, um museu de artefatos de Point. As receitas são descaradamente lacônicas. Os comentadores mencionam que as indicações incompletas de Point provam que ele escrevia para profissionais e não precisava explicar as instruções nos mínimos detalhes. Uma receita de *tête de veau à la tortue*, uma cabeça de vitela preparada na forma de uma tartaruga, não passava de um parágrafo curto. Normalmente, trata-se de uma preparação complicadíssima. O que Point descreveu — forte infusão de ervas, uma taça de madeira acrescentada ao molho, guarnição de azeitonas, fígados e cristas de galo — eram os adornos especiais. Fora isso, tudo era de acordo com a *règle*, a regra. E esta frase, *selon les règles*, poderia ser a tal janela para a alma culinária de Point.

Foi uma modesta epifania. *Selon les règles* — poucas frases são mais francesas do que essa. Todos que trabalharam para Point conheciam os clássicos, assim como eu, a essa altura, aprendera muitos com eles. Na verdade, a palavra "clássicos" não é a melhor descrição. Eles conheciam o repertório. Eles sabiam a maneira como os pratos eram feitos. Esse era o treinamento deles. As receitas de Point descrevem apenas os desvios: as formas sutis como os pratos, nas mãos de Point, eram feitos de modo diferente. Por isso seu papel como padrinho da nouvelle cuisine: ele não apenas perpetuava os velhos pratos; era provocado por eles; ele os tornava melhores. Não era preciso muito para tal, mas nada que ele fazia era inteiramente convencional. Michel Richard já havia me contado que o segredo de Point não estava no que ele dizia. E nesse segredo estava uma definição da nouvelle cuisine: não era o novo pelo novo, mas o velho, o "repertório" francês, tornado um pouco novo. Afinal, em uma ortodoxia, até os menores desvios são atos de rebeldia.

AULAS SOBRE COMO FAZER MACARRÃO

Os lioneses dizem que estão acostumados a parecer frios — para estranhos, estrangeiros, visitantes, para você. Eles não fazem questão de conhecer você. Você não vai entendê-los. Não vai entender a cidade deles e vai sentir aversão pela escuridão áspera dela, pelos cheiros de esgoto, pelas pichações, pelas ruas de paralelepípedos rachados, pela nuvem baixa de melancolia. Vai desdenhar seu povo. "Mal-humorados", "reservados". Fato: a cidade vende a imagem de noites em *bouchons* e restaurantes, e os lioneses, com alegre jovialidade, podem ser encontrados lá nos fins de semana (sem conversar com você), jantando concentrados e com uma determinação rabelaisiana, porque consideram que ser alimentados e servidos são grandes privilégios, e nada negarão a si mesmos: vinho, três pratos, sobremesa, queijo, uma taça de Chartreuse com alto teor alcoólico. Normalmente, os lioneses comem em casa, o que você não vai saber, porque eles não vão convidá-lo. (Henri Béraud escreveu em 1944: "Lyon não dá grandes jantares. O que estou dizendo? Eles simplesmente não dão jantares".) Você os verá voltando dos mercados na *quai* com seus legumes e frangos, sentirá o cheiro de suas refeições sendo preparadas quando passar por seus apartamentos, os caldos, os molhos, e no verão, com as janelas deles abertas, ouvirá os sons de seus jantares. Mas você não vai comer com eles.

Isso, sem que notássemos, tinha sido a nossa Lyon também.

A revelação demorou para acontecer. Não bastasse isso, nosso primeiro convite lionês não foi convencional. Foi um convite às avessas: nossas amigas lionesas — sim, elas *são* nossas amigas (agora) — não nos convidaram para a casa delas; elas se convidaram para a nossa.

Estávamos comendo no Bouchon des Filles, numa movimentada noite de quinta-feira, e Isabelle anunciou que ela e sua sócia, Laura, iriam jantar no nosso apartamento. (Pensei: não estou entendendo bem, mas isso parece complicado.)

"Laura e eu concordamos que você vai fazer macarrão para nós", ela esclareceu.

"Vou?"
"Vai. Está na hora de entendermos sobre macarrão. Você vai nos ensinar. Você está livre na sexta que vem?"
"Hmm..." Olhei para Jessica.
Ela deu de ombros: por que não?
Isabelle depois confirmou que os namorados delas também iriam: Gérard (da Laura) e Yves (da Isabelle).
Na segunda-feira, Isabelle telefonou para confirmar que a gerente do *bouchon* também iria. "Não podemos comer macarrão sem ela."
Claro, eu disse.
Na terça, Isabelle nos disse que mais duas pessoas viriam, Sonia Ezgulian (escritora, dona de restaurante, consultora culinária) e seu marido, Emmanuel. No evento, dez pessoas se reuniram em volta da nossa mesa de jantar da IKEA, inclusive Stephen, que conseguiu pôr os garotos para dormir tão profundamente (logo depois de um antepasto e uma massa) que eles não acordariam nenhuma vez naquela que se revelaria a noite mais barulhenta de nossa estadia, até então, no apartamento.

Preparei cinco pratos de massa: seca, caseira, recheada (dois raviólis diferentes) e assada. Jessica enfileirou as garrafas de vinho e incluiu (para deixar todo mundo no espírito italiano) dois *magnuns duplos* de um Morellino di Scansano, um Sangiovese da costa oeste da Toscana, e calculou que cada um beberia, em média, uma garrafa, o que parecia inteiramente contrário à nossa experiência com os lioneses. (Quando eles não estavam nos *mâchons*, costumavam beber de maneira determinadamente moderada, e a moderação deles havia muito nos deixava perplexos. Seria porque haviam crescido bebendo vinhos tão excelentes que uma garrafa a mais seria, sabe, indiferente? Seria medo de ficar bêbado?) Depois de um *apéro* inicial cheio de bolhas, seguido por duas garrafas de um vinho leve para acompanhar a primeira massa (um *linguine alle vongole*), nossos convidados partiram para o Sangiovese e, sem notarmos, terminaram os dois *magnuns* duplos logo depois do segundo prato. Uau!

Outros vinhos foram encontrados, a refeição prosseguiu e, fiel à minha missão, expliquei como os pratos haviam sido feitos — a "alma" do ragu italiano, do *tortellini* —, mas ninguém pareceu particularmente interessado até eu trazer um prato de ravióli de pato. O recheio era um ragu compacto, quase seco, que preparei braseando lentamente as coxas das aves, cobertas por um molho intenso de cereja e vitela e carcaça de pato, outra variação do que eu havia aprendido no La Mère Brazier. Isabelle, cética de que uma comida como aquela tinha sido feita à mão, insistiu que eu a levasse até a cozinha para ver as provas (o que, sinceramente, foi um desafio delicioso).

A sala foi ficando mais quente, sobretudo para o cozinheiro, que entrava e saía às pressas com cada prato novo, louças sendo tiradas da mesa, lavadas rapidamente, trazidas de volta, e, com a conversa alta ficando cada vez mais alta — tagarelice, algazarra, arengas sobre comida, fazendas, pratos, quem estava abrindo o próximo lugar, quem estava para fechar —, passamos para a sala de estar. Então abri as portas da nossa sacadinha — a lua cheia, o rio de uma calmaria cintilante — e percebi, pelo burburinho feliz da conversa de todos, que aquilo poderia continuar por horas. Olhei o relógio. Eram quatro da manhã. Droga! De manhã (e, claro, já era de manhã) pretendíamos voltar a Lavis Trafford, aquela antiga alfândega nos Alpes. Então fiz uma coisa contra todos os códigos de anfitriões e que eu nunca havia feito: disse que todo mundo precisava ir embora e, fico feliz em dizer, eles foram.

O que havia acontecido?

Parecíamos ter feito alguma coisa inadvertidamente significativa. Tínhamos recebido chefs e donos de restaurantes lioneses e os alimentado generosamente. Durante uma refeição de nove horas, fizéramos da nossa mesa um lugar feliz de se estar. De algum modo fundamental, havíamos demonstrado que, quando o assunto é alimentar amigos lioneses em sua casa, nada nunca é demais. Para eles e para você, existem poucos privilégios maiores do que esse. Nenhum esforço é excessivo, nenhum esbanjamento é generoso demais, nenhuma aspiração de fazer da ocasião um acontecimento único é ambiciosa demais. Assim, confirmamos para nossos convidados, agora reconhecidos formalmente como amigos, que compartilhávamos do comprometimento deles, que era quase como uma ideologia, com a cultura da mesa.

Não foi a refeição mais ambiciosa que já preparei. Afinal, macarrão não estava em um ponto alto da lista de pratos franceses que eu treinava para aperfeiçoar. Mas foi a mais consequente. Tornou-se um "jantar fundador" para o que se tornaria um rodízio de refeições festivas nas casas uns dos outros, um tipo de clube informal de jantares — uma prática lionesa que remonta ao século XIX. O nosso continua até hoje. O jantar mudou nossa relação com a cidade.

Em tudo isso, havia também o fato arrebatador das *filles*. Eu gostaria de dizer que, durante nosso período em Lyon, vimos o equilíbrio de gênero na cozinha se reajustar, e que as *filles*, de alguma forma, estavam no primeiro plano desse reajuste. Mas isso não é bem verdade. Elas estavam no primeiro plano para ser desafiadas. Por mais retrógradas que as cozinhas nos Estados Unidos ou na Grã-Bretanha pareçam, elas raramente vinham tão direto da Idade da Pedra como as francesas. Até a tradição das *mères* não era tão progressista como parecia. Sim, a chef era uma mulher, mas junto vinha a noção de que ela não era uma grande chef. Ela fazia pratos locais — que aprendia em casa —, enquanto muitas vezes o homem estava à frente da casa, cuidando do dinheiro, dirigindo as operações. (Brazier era uma exceção complexa.)

Isabelle e Laura se conheceram quando trabalhavam como garçonetes no Café des Fédérations, cujo dono é Yves, o homem que depois se tornou companheiro de Isabelle. O café, na verdade, não era um café, mas um autêntico museu em forma de *bouchon* (parafernálias de porco, fotos em preto e branco de pessoas comendo, bebendo, colhendo uvas, um mictório autêntico pré-Primeira Guerra Mundial ao lado da cozinha). A postura de serviço do café, que dependia de garçonetes insolentes, era irreverente, respondona, sedutora e quase descontrolada, e imbuída do entendimento implícito de que ninguém ali falava sobre namorados ou namoradas, maridos ou esposas, nem filhos, porque a filosofia fundamental do lugar era que você estava lá para se divertir e se comportar apenas um pouquinho mal, e que nada mais importava. Para as *filles*, chegou o dia em que elas pensaram: poderíamos fazer isso melhor. O *bouchon* que abriram era um ato modesto, mais consciente, de revolta. O Bouchon des Filles não é meramente um restaurante de *mère*. É dirigido pelas filhas que sabiam melhor o que fazer. O restaurante delas, seu nome, suas práticas, numa cidade gastronômica com uma longa história de mulheres na cozinha, era mais do que um conceito inteligente. Era uma declaração de propósito.

Em Lyon, o modelo disso é Anne-Sophie Pic. No Institut Bocuse, as estudantes mulheres de certo nível (competentes, ambiciosas, talentosas) desejavam trabalhar para ela. Todas queriam ser Anne-Sophie. E todas conheciam sua história.

A história começa em 1889, em um vilarejo nas montanhas Cevenas perto de Saint-Péray (120 quilômetros ao sul de Lyon, de onde vem o vinho branco favorito de Bob), onde a bisavó (Sophie) abriu um café-restaurante de *mère*, l'Auberge du Pin ("pin" é pinheiro). E termina mais de cem anos depois — após uma quase falência, uma morte trágica, a expulsão de um irmão e a justiça sendo feita de maneira heroica por uma filha. Poucas histórias ilustram com mais emoção o drama das chefs mulheres na França.

André Pic, o filho da bisavó, é um chef celebrado com especial entusiasmo por Curnonsky ("PIN! PIC! Lembre-se dessas duas sílabas!"), que, em 1935, premiou o restaurante da família com três estrelas Michelin. André então o transferiu das montanhas para a cidade de Valence, naquela extensão ainda estreita da Route Nationale 7. Mas, embora encantador, André era incompetente nas finanças, e em 1946 uma estrela Michelin foi retirada — foi uma das poucas vezes na história do *Guide* que um estabelecimento três estrelas foi rebaixado. Ele persistiu, recusando-se obstinadamente a ceder sua posição a quem quer que fosse, em especial a seu filho, Jacques, que saiu de casa e foi adquirir suas habilidades culinárias em outros lugares. André ficou tão obeso que não conseguia mais subir as escadas para ir para a cama (um elevador foi instalado) nem ficar na passagem (uma plataforma foi construída para que pudesse provar os pratos). Ele perdeu outra estrela, e o restaurante estava à beira da falência quando, em 1956, Jacques voltou e, lenta e respeitosamente, assumiu a cozinha e tirou o negócio da família do fundo do poço. Ele levou dezessete anos para recuperar as três estrelas e garantir uma estabilidade financeira.

Anne-Sophie, compreensivelmente, relutou em seguir os passos do pai, Jacques, na profissão — na família Pic, a cozinha era um lugar de muitos episódios complicados — e foi para o exterior. Formou-se em administração de empresas. Mas, em 1992 teve uma epifania — ela tinha 22 anos — e voltou a Valence para aprender com o pai a ser chef. Ela o venerava. Três meses depois, ela estava na cozinha quando Jacques, depois de um dia particularmente árduo, teve um aneurisma e morreu diante do fogão, com 59 anos.

A *brigade*, todos homens, todos com "formação francesa", tinha sido contratada por Pic havia pelo menos dez anos. Eles viam Anne-Sophie como uma criança. Não se começa a treinar com 22 anos. "Os cozinheiros nem consideravam a possibilidade de que eu deveria estar lá", ela recorda em uma entrevista. "Eu não tive coragem para insistir. Virei recepcionista." Seu irmão mais velho, Alain, tornou-se o chef. Por dois anos, ela cuidou da contabilidade e viu que o restaurante estava endividado de novo. Então, perderam a terceira estrela.

Houve um confronto em torno do futuro. O avô foi citado; o pai invocado. O filho perdeu, se demitiu e se mudou para Grenoble. Ele tem sido mencionado depois disso, mas não com frequência. Nas histórias da família e no site do restaurante, ao menos no momento, ele parece ter sido apagado (um texto descreve que Jacques Pic teve apenas uma criança, sua filha). Anne-Sophie Pic, sem treinamento formal, foi para a cozinha e enfrentou a mesma *brigade*. Mas agora ela estava mais forte ("*Je suis plus forte*"). "Sou uma mulher, autodidata, a filha do *patron* que não está mais aqui. Sou proprietária e aprendiz."

Anne-Sophie me pareceu diferente de seus colegas homens da culinária quando a conheci em Lyon, dois anos depois de ela ganhar a terceira estrela (ela conseguiu, afinal, dez anos depois de assumir a cozinha, recuperar a estrela que seu irmão havia perdido). Ela era espontânea, à vontade em ser quem era, sem nada da armadura de macho alfa que a maioria dos chefs usa em público. Não cruzava os braços diante do peito. Lia livros. Gostava das palavras. Seus relatos sobre o pai e a vida que tinha na infância com ele e a mãe são como poesia. Sabia ser espirituosa. Era astuta, rápida, moderna. Tinha 39 anos na época, com cabelo escuro liso, casaco de chef feito sob medida, estatura pequena e uma atitude despretensiosa. Ela era mãe. Seu filho tinha a mesma idade dos nossos meninos. Conversamos sobre crianças e comida.

No ano seguinte, Jessica e eu passamos um fim de semana no estabelecimento de Anne-Sophie, ainda localizado junto à Route Nationale 7. Quando a vi no salão, ela era a mesma pessoa que eu conhecera, uma personalidade bem-sucedida, urbana, despretensiosa. Dava para imaginá-la administrando... bom, quase qualquer coisa.

Mas na cozinha ela era diferente.

Eu fiz um esforço para vê-la lá, atravessei um pátio e parei. Pela estrutura do lugar, a cozinha era visível do lado de fora, e Pic aparecia como uma figura sem som e furiosa vista por uma janela do tamanho de uma tela de cinema de vilarejo. Ela estava com o rosto vermelho e, a julgar pelos músculos do pescoço, gritava, com uma postura ereta e braços e mãos gesticulando com indignação e fúria. Os membros de sua *brigade*, que em outras circunstâncias pareceriam gigantes diante ela, estavam de cabeça baixa, humilhados. À medida que a surra verbal continuava, eles pareciam se encolher mais e mais. Pic está entre as chefs mais articuladas e civilizadas que já conheci. Sua persona na cozinha foi uma surpresa. No restaurante, uma hora depois, ela reassumiria sua identidade de anfitriã afável. Mas fiquei feliz por ter visto a persona da cozinha sem censura. Isso só a validava ainda mais.

Pic descreve sua culinária como comida da emoção. É arrebatador comer o que ela cozinha porque é impecável. (O preço também é alto — saiu mais caro comermos lá do que no Auberge de Paul Bocuse.) Sua culinária é precisa. A composição dos pratos, a temperatura da comida, as texturas, o apelo fascinante: tudo é perfeito. As emoções que Pic expressa em sua comida devem ser muitas: saudade, tristeza, ternura, perda. Também raiva. Raiva da mortalidade. Raiva da injustiça, do charmoso avô dela que fez tanta merda, da genialidade do pai que passou quase despercebida, de seu irmão e do privilégio que ele teve. Raiva da cozinha e de seus preconceitos instintivos. Uma raiva que ajudou a torná-la uma grande chef.

Em um verão, durante uma viagem à Itália em família, paramos no caminho em um estabelecimento de Alain Ducasse nos Alpes da Provença, perto de Verdon, o parque regional natural. Estávamos famintos — era tarde demais para o almoço — e fomos recebidos com um piquenique em uma mesa do lado de fora, perto da cozinha. Uma entrega chegou nesse meio-tempo: caixotes com tomates mornos da horta, dispostos cuidadosamente de ponta-cabeça, irregulares, listrados, malformados, com uma fragrância evocativa do verão do sul da França. Estávamos cercados por flores e abelhas. Jessica e eu tomamos uma taça de vinho branco. Era bucólico.

De repente, ouvimos um *crac* na cozinha: "*Putain!*" Outro *crac*. "*Qu'est-ce que vous faites? Eh?*"

Os meninos riram discretamente. Até aquele dia eles ainda não tinham dito, que eu tivesse ouvido, *putain*.

O estrondo na cozinha continuou, raiva, fúria, outro *crac* ("*Mais vous faites chier*" — Vocês só fazem merda), culminando num xingamento fulminante. "*Vous êtes des crapauds. Vous comprenez quoi? Des crapauds. Putains.*" (Vocês são uns sapos. Estão me entendendo? Sapos. *Putains*.)

Na cultura masculina da cozinha, há poucas humilhações piores do que ser chamado de sapo por sua chef da pesada. Foi demais; os meninos desataram a rir. A chef era Julie Chaix.

As mulheres que atualmente dirigem as cozinhas francesas parecem mais duras do que os homens. Você sabe pelo que elas passaram para chegar lá. Se decepcioná-las, elas vão humilhar você. Vão chamar você de sapo. Mas não vão atirar panelas na sua cabeça nem jogar você contra a parede nem sussurrar pornografias no seu ouvido.

Por que não intervim?

Dava para dizer que ninguém foi gravemente ferido. Nenhum sangue, nada se quebrou.

Mas não daria para dizer que as pessoas não sofreram danos, em sua personalidade, sua autoimagem. Vide o Pequeno Mathieu. Testemunhei como, dia após dia, ele foi se transformando, passou de um menino esperançoso a um aprendiz de tirano maldoso e resmungão.

Hortense...

Sou, por formação, jornalista, e jornalistas *relatam* histórias, não as *modificam*. Mas àquela altura minhas credenciais de jornalista pareciam irrelevantes. No restaurante de Michel Richard, todos sabiam quem eu era. No La Mère Brazier, me tornei membro de uma equipe de cozinha. Eu tinha mudado de lado, mas, na travessia, parece que deixei minha consciência para trás. Na vida real, eu teria intervindo. No mínimo, teria dito: Pare! *Arrête!* Uma mulher tímida e pequena, na cozinha em que eu estava trabalhando, quase ao meu alcance, estava se desviando de panelas sendo arremessadas contra sua cabeça. E eu não fiz nada. Não disse *Arrête!* Olhei ao redor, para as pessoas que estavam no comando, busquei no rosto delas uma orientação, e não encontrei nada. Será que eu estava tentando aprender como se faz? Entender o código? Talvez só estivesse com medo.

PEQUENAS VACAS MARRONS EM ALTAS MONTANHAS VERDES

> Bruno não gostava de pensar em problemas práticos. Ele nunca falava comigo sobre dívidas, contas, impostos, taxas de hipoteca. Preferia falar sobre seus sonhos, sobre a intimidade física que sentia quando ordenhava ou o mistério do coalho.
> "O coalho é um pedaço pequeno do estômago de um bezerro", explicou. "Imagine a parte que permite ao bezerro digerir o leite da mãe. Nós o pegamos e usamos para fazer queijo. É certo fazer isso, não acha? Também é horrível. Mas sem essa parte do estômago o queijo não se formaria."
> "Quem será que descobriu isso primeiro?", perguntei.
> "Deve ter sido o homem selvagem."
> "O homem selvagem?"
> "Um ancião que morava na floresta. Cabelo comprido, barba, coberto de folhas. De vez em quando, ele aparecia nas vilas e, embora as pessoas tivessem medo dele, sempre deixavam alguma coisa para ele comer, para agradecer a ele por ter lhes mostrado como usar o coalho."
>
> Paolo Cognetti, *As oito montanhas* (2016)

PRALOGNAN-LA-VANOISE, ALTA SABOIA. Ainda é madrugada. Estou hospedado em um chalé na montanha, pouco mais de 2100 metros acima do nível do mar, isolado, sem árvores, na beira de um parque nacional protegido e através do qual seria necessário percorrer um longo caminho a pé para encontrar outra habitação. Estou de bota branca e capa de chuva, como se preparado para um dilúvio. Estou em um espaço limpíssimo e retangular. As paredes são brancas, o piso é vermelho, e um caldeirão de cobre pesado preso por três correntes pretas foi preenchido com setecentos litros de leite morno. Estou prestes a testemunhar um dos atos mais antigos e milagrosos do já muito antigo e milagroso processo molecular conhecido como fermentação: o período de um ou dois minutos que leva para converter esse leite em queijo.

Bob costumava acrescentar um pedaço da massa da noite anterior, que guardava todas as leveduras de que ele precisava para fazer todas as baguetes de um turno. Aqui eles usam a mistura láctea, já quase queijo, da noite anterior (*le lait de la veille*). "É chamada *lactosérum*", um dos meus anfitriões, Claude Glise, me diz. Ele enche um balde e o despeja no caldeirão. O líquido branco, o macacão branco, o balde — ele podia ser um pintor de casas. "Como é *lactosérum* em inglês?"

"Whey." É daí que vem o suplemento esportivo. É alguma coisa como "água de queijo".

"A *présure*", ele explica, "está no *lactosérum*. Qual é a palavra para *présure*?"

Présure descreve uma enzima produzida pelo revestimento do estômago do animal. O francês faz a distinção entre a enzima e o revestimento. Em inglês, ambos são descritos de maneira intercambiável como "*rennet*" ["coalho"]. É o que os ruminantes filhotes — bezerros, cabritos, corças, antílopes etc. — produzem para ajudá-los a digerir o leite de sua mãe. Os humanos possuem enzimas semelhantes, sobretudo a lactose; às vezes os adultos perdem a capacidade de produzi-la, desenvolvendo, então, intolerância à lactose.

Glise mexe seu caldeirão por um minuto, talvez dois. Estou fazendo perguntas a ele e não noto o que aconteceu: o líquido branco está mais espesso. A mudança é tão rápida que me faz duvidar que tenha ocorrido. Mas no instante seguinte ele está ainda mais espesso. Não é queijo, ao menos não de maneira reconhecível, mas já não é leite. É mais como um iogurte. Quero passar o dedo naquilo, o que Glise parece intuir. Ele pega uma espátula larga, enche bem o utensílio e puxa o líquido em ondas lentas. O som é como o de um xarope escorrendo.

"Isto é *fromage blanc*." O leite está começando a coalhar.

Fromage blanc é o queijo mais simples que se pode obter: a primeira expressão do leite com coalho. Cru, não envelhecido, não muito firme, sem aditivos. Em Lyon, você espera comê-lo quando está fresquinho, fresquinho, fresquinho — recém-chegado das montanhas. É servido no final de uma refeição nos *bouchons*. Era o favorito de Rabelais. Ele comia com creme de leite. Outros acrescentam açúcar ou geleia. Na escola, nossos meninos comiam puro.

Devo esclarecer que um "chalé na montanha" não é nada grandioso. Muitas vezes não passa de uma cabana. Não tem wi-fi e raramente oferece eletricidade ou gás, a menos que você leve um botijão. A casa de Glise — com quartos, cozinha e uma cave para armazenar cilindros de queijo — é imensa e, no verão, é onde ele mora com a mulher, Caroline, e os dois filhos. Claude e Caroline fazem Beaufort, o queijo duro e "cozido" da montanha, parecido com um Gruyère. Na extensa literatura sobre Beaufort, você lerá que seus proprietários são famílias de camponeses — há dezoito delas hoje — que fabricam o queijo há séculos, passando esse conhecimento de geração em geração. A família Glise é uma exceção. Claude e Caroline trabalhavam na cidade e abandonaram seus empregos para se mudar para as montanhas. Penso neles como *nouveaux paysans* — não de forma pejorativa. Na realidade, felizmente, a cada ano que passa parece haver mais *nouveaux paysans* na França, todos eles entusiastas carismáticos e heróis da culinária, como Bob.

Os Glise fabricam outros queijos — *reblochon* (cru), *tomme*, *sérac* (a ricota francesa, que é cozida duas vezes) —, porém o mais premiado é um Beaufort chamado Chalet d'Alpage. É o mais raro (nunca o vi fora da França), o mais caro (mas, nossa, como vale a pena) e o mais elegantemente delicioso. Como outros queijos do verão alpino, é feito do leite de vacas alimentadas exclusivamente com grama silvestre das montanhas altas. Um Chalet d'Alpage não é apenas das montanhas altas, mas das mais altas.

Tenho uma noção dessa altura. Depois da ordenha, feita muito antes do nascer do sol, alguns animais de Glise desapareceram. Ele não ficou nem um pouco preocupado, por isso também não me preocupei, mas agora estou curioso e, no crepúsculo da manhã, começo a procurar por eles. Quando enfim os avisto, eles são minúsculos pontos marrons em uma vasta encosta verde e alta, o repicar abafado de seus sinos parece um eco que se perdeu no caminho, e a uma altitude que descubro ser de cerca de 3700 metros.

As vacas permanecem nas montanhas altas — e precisam permanecer, é uma das regras — por cem dias, um número que soa quase bíblico. Há outras regras, tantas que a produção de um Beaufort d'Alpage parece um rito pagão, incluindo a de que o queijo deve ser feito *in situ* — no campo ou pasto ou no alto da montanha onde as vacas foram ordenhadas — e com muita rapidez. Ninguém mais corre de maneira frenética das vacas até o caldeirão (Claude enfiava seus galões de leite em uma caminhonete, descia a encosta íngreme em alta velocidade e literalmente corria para sua fábrica de queijo) pela crença de que é preciso converter o leite em queijo na exata temperatura da vaca (o que, sinceramente, é impossível, a menos que você a ordenhe na sala de sua casa) a fim de não perder alguns de seus delicados sabores.

As próprias vacas são uma curiosidade: apenas duas raças, Tarentaise e Abondance. São nomes irrelevantes, até você descobrir que as duas são praticamente veneradas e únicas: pequenas, com pulmões enormes e patas musculosas, e uma capacidade impressionante de se alimentar de pastos praticamente perpendiculares (uma visão desconcertante é ver um animal assim postado, em ângulo reto, pastando). Elas devem ser ordenhadas duas vezes ao dia, no escuro antes do amanhecer e à tardinha. Tentei ordenhar uma delas e, para o espanto de meus anfitriões, não consegui persuadir o úbere a me ceder sequer uma gota. (Também aprendi que cada vaca tem um nome e vem quando é chamada, exceto Minette, que é malandra e está sempre tentando voltar para a ordenha para uma segunda rodada de ração como recompensa, e que Claude me pediu para afugentar, o que *também* não consegui fazer, com o inútil banquinho de ordenha de duas pernas ainda amarrado à cintura, e ele teve que intervir batendo palmas para Minette de maneira ameaçadora.)

Esse queijo de Alpage é radical, e foi por esse motivo que eu vim. Me peguei pensando: como não amar os franceses? Sério. Sem ironia. Como *não* amar um povo que, isolado em um campo, estábulo ou vinhedo, longe da sociedade normal, sem ninguém olhando, entregue à própria sorte, é obcecado por sua comida ou bebida, trabalhando arduamente nela em busca de uma manifestação de pureza que seria não apenas desnorteante, mas incompreensível para outros agricultores e criadores em quase qualquer parte do mundo?

Enquanto isso, o *fromage blanc* pode agora ser transformado em Beaufort por meio de um processo simples: aumentando o calor, vinte graus Celsius a mais, e não por meio de um aparelho com um botão. Ali, a 2 mil metros de altitude, empilhamos lenha para uma fogueira.

Ajudo, me sentindo desajeitado, um intruso na rotina eficiente que outra pessoa faz duas vezes por dia, e busco gravetos do lado de fora para empilhar embaixo do caldeirão. Eles pegam fogo rapidamente. Claude mexe e remexe sua papa engrossada, tentando não ficar no caminho da fumaça. Por fim, ele submerge um quadrado grande de tecido morim sob os flocos coagulados flutuantes e os ergue, trazendo-os para fora pelos quatro cantos do tecido, que vai drenando a água, centenas de galões respingando desleixadamente por toda parte. Daí a capa de chuva.

Depois Claude me oferece uma tigela de leite ainda quente. Vou para fora e acho uma pedra plana onde me sentar. Fica adjacente a um córrego cortante e à margem de um prado verde e comprido. O verde é muito brilhante. O céu também tem um azul peculiarmente escuro, como se o espaço sideral transparecesse. Será a rarefação do ar? Os pastos abertos ao longe sem pontos de referência? Tudo ao redor parece magnificado, especialmente o sol e sua luz alpina de aparência perigosa. O córrego ligeiro soa como água gritando.

Nunca bebi leite de uma vaca que acabou de ser ordenhada. Será que vai me dar enjoo? Fico olhando para o leite. Terá gosto de verde?

Glise me disse que existem sessenta variedades de grama selvagem aqui, em um único metro quadrado. "*Là!*", ele disse, apontando para onde quer que estivéssemos no momento. "*Les herbes sauvages.*" É por causa dessas gramas, ele disse, que ele traz suas vacas para cá.

Aos meus pés, há um florescimento impressionante na altura do joelho: flores amarelas amontoadas junto a flores brancas, rosa, depois vermelhas, depois um afloramento de coisas altas, felpudas e taludas. Será que há mesmo sessenta variedades? É possível, no entanto a "grama" se parece com folhas, não com grama, e cada folha tem um formato diferente. Uma delas pode ser uma rúcula--selvática. Que ideia: o gosto de Beaufort, um dos queijos franceses mais franceses, *le prince du fromage*, se originar da dieta de verduras italianas que as vacas passam o verão inteiro comendo.

Esse espaço, "*là*", amontoado e sem um padrão, parece uma aula de botânica sobre hipercrescimento: pegue um pedaço de terra, prive-o de luz, enterre-o na neve e depois — finalmente, *agora* — o exponha de modo extremo a uma temporada extremamente alta. Já vi isso antes. É uma característica de montanhas altas e de latitudes altas, onde as plantas, conforme a terra se inclina na direção do sol pleno, passam da germinação à floração e ao fruto no que parece uma questão de horas. Sazonalidades extremas, como os trópicos, produzem frutos extremos. Mas os sabores das altitudes elevadas encontrados aqui — na proliferação de frutos silvestres (morango, amora, framboesa, mirtilo, amora-branca, arando-vermelho, uva-ursina) ou de ervas e flores, como a minha favorita, *génépi* (*genepì* em italiano), uma das mais aromáticas utilizadas na Chartreuse, colhidas apenas em agosto, apenas a pouco mais de 3 mil metros de altitude e apenas em uma única semana — são de uma suavidade rarefeita. Possuem qualidades mais sutis do que descreve o nosso vocabulário convencional de sabores. Parecem, de alguma forma, expressar "luz do sol" e "gratidão".

Deixo minha tigela de lado e saio andando.

O ritual de conduzir animais rumo a terrenos elevados se chama "transumância", palavra latina (*trans* + *humus*, "chão", "terra"), e remonta a uma antiga prática camponesa. Os animais, vestidos com colares de flores, sinos extras e mantas coloridas, desfilam pela vila e, com muita comoção e música, sobem a montanha. Depois de uma viagem recente às Montanhas Rochosas Canadenses — onde os ruminantes selvagens da floresta, alces, carneiros-selvagens e uapitis descem para o vale no fim do inverno, mas logo sobem para as montanhas altas a fim de pastar assim que a neve derrete —, passei a desconfiar que a prática da transumância antecede a humanidade, que ela remonta a uma era em que os auroques vagavam pelo que hoje conhecemos como França, que animais selvagens sempre souberam como e onde comer, e que foram os primeiros camponeses que aprenderam com os animais e não os animais que precisavam ser guiados pelos camponeses.

O apelo de um mito da montanha — o coalho descoberto por um homem selvagem vestido de galhos — é que ele provavelmente é verdade. Acredita-se que um dos instrumentos mais antigos para a fabricação de queijo tenha estado na Sicília: o estômago de um bebê cabra. É nele que o processo de coalhar ocorre. E antes? A produção de queijo foi descoberta pelos caçadores-coletores. É o eterno princípio da caça: coma tudo. O queijo estava na barriga dos bebês de animais que eles matavam. Obtivemos nosso know-how do processo com eles, os caçadores-coletores, os homens selvagens.

Talvez seja a altitude ou a claridade estranha da luz, ou simplesmente o fato de que dormi pouco, mas me vejo à beira de traçar conexões que não devem ser inteiramente lógicas ou sensatas, mas que quase parecem ser.

Como o fato de haver muitos tipos diferentes de queijo na França, mais do que em qualquer lugar do mundo, 1200 das 2200 variedades únicas da Europa, segundo Michel Bouvier, o antigo curador de comida e bebida do museu galo-romano, perto de Vienne. E agora, com as mãos ainda cheirando a leite, acho milagroso haver tantas variedades. O milagre não é a França ter uma paisagem variada e práticas variadas de produção de alimentos decorrentes disso, embora tenha; o milagre está implícito na pura antiguidade da produção dos queijos aqui, cada um se originando da especificidade de um lugar provavelmente pré-civilizatório, quando o horizonte nada mais era do que o perímetro de uma região onde se podia andar em um só dia. Cada queijo é necessariamente diferente de qualquer outro e poderia muito bem remontar a mil anos, aos caçadores, coletores e matadores de auroques. E cada queijo foi essencial para a sobrevivência, principalmente durante o inverno ou na fome, uma proteína eficiente que atendia às necessidades calóricas de uma família faminta quando não havia mais nada.

O que o queijo francês é agora, eu me pego refletindo, parece mais complexo. Isso porque, mesmo a maioria das famílias tendo comida suficiente para atravessar o inverno, essas famílias continuam, como num rito, a terminar suas refeições com um queijo. São treinadas a encerrar as refeições dessa forma. Os meninos fazem isso na escola. É um imperativo cultural. Por quê? Será que comer um pedaço de queijo, mais do que qualquer outro alimento, é uma atitude similar a honrar parte de um lugar? É porque, preservando e continuando a cultivar 1200 queijos únicos, em sua maioria artesanais, os franceses expressam seu respeito pela comida e por sua relação com a terra de onde ela vem?

Claude aparece. Sinto que estou vendo algum tipo de conexão também com a sazonalidade extrema e a magia desse sol alpino, e me esforço para transmitir essas divagações a ele. Ele parece entender e até, quem sabe, concordar.

Em seguida, ele chuta um afloramento denso de folhas verdes. O solo se parte um pouco — é menos terra e mais uma rede de raízes — e ele arranca algumas plantas com a mão. É o solo que ele quer que eu olhe, o caos subterrâneo do solo. É espumoso, intrincado, há coisas fibrosas da decomposição.

"Húmus", ele diz.

"Húmus", repito. É a mesma palavra em francês, inglês e latim: *humus*.

Húmus: a fertilidade do solo. É o capital das nações. É como a terra morre e renasce. De acordo com Albert Howard, agora considerado o padrinho da agricultura orgânica (morreu em 1947), é o que se encontra na natureza não manipulada, na floresta, em um prado aberto, em meio a extensões de altitude elevada do *alpage* e em fazendas rústicas, onde os camponeses "conseguem identificar com um simples olhar se o solo é rico ou não" e onde a vida vegetal — no que é talvez a observação mais peculiarmente brilhante de Howard — desenvolve "algo próximo de uma personalidade". Howard escreveu sobretudo nos anos 1920 e 1930, quando a ciência, tendo descoberto a agricultura, apenas começava a torná-la mais eficiente, mais rentável. Ele testemunhou, em primeira mão, as consequências dos pesticidas e dos fertilizantes químicos, o descaso com o húmus — para não dizer sua destruição —, o envenenamento vagaroso de nossa terra, o qual é, nas palavras dele, "uma das maiores calamidades que já sobreveio à agricultura e à humanidade".

Húmus. Ele se apresentou a mim e a Jessica, com os meninos em nossos ombros, enquanto atravessávamos aquele campo de trigo silvestre depois da nossa degustação de *saucissons*, em nossa primeira primavera em Lyon, a terra bagunçada, cheia de coisas grudentas se decompondo e insetos picando nossos tornozelos.

Ele aparece em um filme, *Resistência natural*, de Jonathan Nossiterg, em uma cena no norte da Itália que mostra um vinicultor, Stefano Bellotti, em uma estrada de terra que separa duas propriedades. Uma é a de Bellotti.

"Estamos na mesma encosta da mesma colina e esses dois solos", Bellotti aponta para a sua terra e a do vizinho, "são idênticos."

As vinhas de seu vizinho são como esperamos que um vinhedo seja. As fileiras entre elas não têm ervas daninhas. Estão arrumadinhas. A terra parece ter sido arada. É bonito de ver.

O terreno de Bellotti é o caos. Um emaranhado de ervas daninhas e gramas.

"Vamos pegar uma pá", Bellotti diz. *Andiamo a prendere una vangata di terra.*

Ele caminha até um ponto entre as vinhas e enfia a lâmina na terra e a revira. Está solta, vermelha e marrom e amarela. É confuso olhar: raízes, palha, boa parte se decompondo, adubo, minhocas. "Há muitas gerações de grama aqui." A do último verão, a do ano anterior. "Um tipo de digestão está obviamente em ação", ele diz. Albert Howard usa a mesma palavra, "digestão".

"Vamos olhar a do meu vizinho", Bellotti diz.

O câmera segue, para e pergunta, nervoso: "*Vado?*". Não é invasão de propriedade?

Bellotti dá de ombros.

Ele caminha entre as vinhas e tenta enfiar a pá na terra. Ela não cede. Ele pisa em cima da pá e a sacode, então, a crosta se racha. Ele a revira. Sua cor e textura são uniformes. Cinza. Compactada. Parece cimento. Nada se mexe.

"Cheire", Bellotti diz, instruindo o câmera. "Tem cheiro de detergente de lavanderia."

"Vinho é uma commodity cultural", Bellotti explica, "e demanda um preço excepcionalmente alto." Bellotti é um pequeno produtor que cultiva vinte hectares de terra e assim ganha a vida. Ele é ameaçado pelos vizinhos, importunado e multado por não usar pesticidas — "Este ano as multas podem chegar a 150 mil euros" —, mas consegue se virar por causa do valor comercial do que produz.

"Mas os produtores de cereais são mais vulneráveis."

Em minha mente surge a imagem da minha viagem de carro através do "celeiro" francês, quilômetros e quilômetros de uma monocultura monocromática, árida, imóvel, como a morte.

Finalmente bebo um gole do leite. Não tem um gosto verde. Nem é claramente corduroso. Mas é bom. Dou mais um gole. Fica um bom tempo na boca, sua lactescência perdura depois de engolido. É um pouco frutado? É definitivamente doce. É sobretudo bom por ter um gosto puro de leite. Fico surpreso com isso. Parece saudável e vivo, e tem um gosto enorme de si próprio.

Saio da pedra e dou um pulo. A terra é esponjosa. Tomo o restante do leite num só gole, tento avistar as vacas na montanha e não consigo.

PARIS

Numa das minhas fantasias habituais, Michel Richard voa para Lyon. Conversamos em francês. Eu o levo ao La Mère Brazier, peço que se sente ao balcão e faço um jantar para ele, talvez o *caneton* com gotas espessas do molho de cereja e vitela, ou o *poulet de Bresse*, com as trufas embaixo da pele. Sugiro que se hospede não no Villa Florentine, porque ele ficaria ofendido com a italianidade do lugar, mas no Le Royal, na Place Bellecour, onde os alunos de Bocuse preparam o café da manhã agora. De manhã, visitamos Bob — nascido na Bretanha, assim como Richard — e discutimos o que torna seu pão especial. No almoço, vamos ver Paul Bocuse. Na minha fantasia, mostro a Richard que, inspirado por ele, fiz de Lyon e das cozinhas da cidade a minha casa.

Quando comecei no La Mère Brazier, telefonei para ele. Insisti que viesse.

"Talvez."

Liguei de novo, por volta do Natal.

"Talvez no verão", ele disse.

Em agosto, ele telefonou. "Estou indo", falou, mas não para Lyon. Paris. "Meu hotel é sempre o George v", acrescentou, com ares grandiosos de extravagância. "E depois vamos a Ardenas, onde cresci e trabalhei em uma cozinha pela primeira vez."

Richard pousou em Orly, por um serviço experimental exclusivamente de classe executiva no qual Richard era o chef "visitante" da temporada e foi recompensado com viagens aéreas de primeira classe. Esperei na frente das portas automáticas perto dos agentes de imigração e alfândega. Na última vez em que eu o tinha visto, quando ele me deixou na Union Station, a França era uma ideia abstrata e intimidadora.

Richard surgiu, vestido com uma enorme camiseta roxa, uma bolsa a tiracolo como bagagem, os odores familiares de vinho e suor: era uma visão milagrosa, tagarela, estava emocionado por estar em Paris, tomado por uma efervescência explosiva. Viajava com seu empresário, Carl, que contou que Richard havia entretido os passageiros com histórias do seu primeiro *stage*, trabalhando para monsieur Sauvage. "Michel não dormiu", Carl disse, "mas ninguém dormiu também."

Fomos jantar em um bistrô, Le Petit Marius: cadeiras bambas de madeira, mesas pequenas, cardápio em um quadro-negro, ruidoso, quente, perfeito. Richard, ainda muito performático, interagiu com todas as mulheres ao alcance de sua voz: a garçonete (elogiando o inglês dela), uma mulher sentada em uma mesa próxima que esperava o namorado ("Como ele pode fazer você esperar? Você não sabe que todos os homens aqui largariam tudo para passar o resto da vida com você?"), uma mulher em outra banqueta ("Desculpe, *mademoiselle*, mas você é tão linda que não consigo me concentrar na comida").

Os clientes, parisienses, ficaram confusos com a extroversão de Richard, com sua desinibição, sua falta de caráter francês e seu sotaque.

"De onde você é?", um homem perguntou. (Richard tinha acabado de cantar uma ária de vulnerabilidade e paixão.)

"Daqui! Assim como você!"

"Mas seu sotaque. Não é canadense, mas não é…"

"Sim! É francês, assim como o seu!"

Eu nunca entendia o francês de Richard quando estava na cozinha dele. Em uma língua que eu agora compreendia, Richard adquiria uma dimensão mais plena, como se antes eu só o conhecesse pela metade. Ele atacava as frases mais triviais com um vigor irônico (dizendo como os funcionários de seu hotel eram "*très gentils*", ou o restaurante era "*très joli*" e o vinho "*très, très bon*"). Eu disse "*Loire*" como "Loá", sem pronunciar o último "r", e Richard urrou a palavra em resposta com um enrolar todo gutural no fim.

"*Feuilletée*", ele me corrigiu, quando eu disse que finalmente estava fazendo massa folhada — "Não, não é '*fói*', é '*fôi*'" —, e fez o que o jovem Frederick consegue fazer, transformando o que parecia uma palavra simples no equivalente sonoro polissilábico de uma lagarta.

Quando nossos *plats principaux* chegaram, frango assado para mim e Richard (o teste da competência de um bistrô) — ele pediu "*le plus grand*", a porção maior, e eu pedi "*le meilleur*", o melhor —, Richard soltou uma gargalhada aguda e jovial.

"Amanhã", disse, "vamos fazer uma viagem ao passado."

Embarcamos em um trem local que passava pelos vinhedos de Champanhe: telhados de ardósia, um brilho úmido por causa da névoa matinal, os campos tristes de batalha da Primeira Guerra Mundial e a famosa floresta das Ardenas. Fazia quarenta anos que Richard não passava por aqueles trilhos. "Meu rosto ficou coberto de cinzas pretas quando coloquei a cabeça para fora da janela na época." Uma lembrança do motor a vapor. A linha terminava em Charleville-Mézières, onde Richard conseguiu seu primeiro trabalho em tempo integral como chef de confeitaria. Encontramos o lugar, Richard se apresentou, exultante, ao dono da confeitaria, assustando-o consideravelmente, experimentou seus chocolates (e depois os cuspiu quando ele não estava olhando). "São muito duros. Fiquei com vontade de falar como deixá-los mais macios, com óleo de nozes para dar leveza, mas de que adianta?" Ele olhou para uma vitrine. Era uma bagunça, as cores se misturavam de maneira nebulosa entre pilhas malformadas de macarons.

Alugamos um carro e fomos para o norte, com o rio Meuse à direita, na direção da Bélgica. Fumay, a sessenta quilômetros de distância, uma cidade em cima de um penhasco, era nossa primeira parada e para onde a família dele havia se mudado depois de deixar a Bretanha, uma cidade cercada por fábricas, "todas as treze" a uma curta distância. Ele apontou para as janelas no último andar de uma casa. "Aquela era a nossa casa. Uma família de seis prestes a se tornar sete" (porque a mãe dele estava grávida de novo).

"Foi lá que meu pai chegou em casa, foi até a cozinha e começou a bater na minha mãe, que estava grávida, jogando-a no chão e chutando sua barriga. Quebrei uma garrafa de vinho e tentei atingi-lo. Eu queria matá-lo." Ele fez uma pausa. "Fico pensando se ele tinha acabado de descobrir que minha mãe teve uma filha e um filho antes de conhecê-lo. Provavelmente."

Um prédio quadrado, pré-fabricado, a alguns quilômetros dali era antigamente a discoteca onde Richard, com uma camisa nova sem colarinho, inspirada no *Sgt. Pepper*, apareceu numa noite de sexta em outubro e conheceu uma garota chamada Monique. Eles dançaram, se beijaram, fizeram "bongue-bongue", ele passou a noite com ela, fizeram "bongue-bongue" no dia seguinte e mais "bongue-bongue" no outro, e ele voltou a Charleville-Mézières, porque tinha que trabalhar. Depois ela foi atrás dele e anunciou que estava grávida.

Em Givet, Richard quis parar na igreja onde os dois haviam se casado em 1967, no Dia da Bastilha. Entramos e ele acendeu uma vela.

Givet é onde Richard se lembrava de haver passado a infância — ele tinha oito anos quando chegou —, uma cidade-fortaleza na fronteira com a Bélgica. A fábrica na qual sua mãe trabalhava ficava na periferia, uma construção térrea, agora abandonada, onde havia uma linha de montagem e que parecia um mosteiro antigo com um pátio. Havia uma fileira de casas geminadas. Paramos perto de uma mureta e, dos fundos, olhamos dentro da casa de infância de Richard: o jardim era uma abundância de legumes de verão, com alfaces enormes, abobrinhas, berinjelas, pimentões verdes e amarelos. Pelo relato original de Richard — ele descrevia galinhas, coelhos, patos, peixes pescados em um córrego do outro lado da rua —, eu tinha imaginado um lugar muito próximo da natureza. O campo não era longe ("Minha mãe via rastros de coelho na neve e montava uma armadilha"), mas aquilo não era nem um pouco campestre. O modo como sua mãe economizava e reaproveitava os alimentos (conservando vagens, morangos, tomates e carnes em vidros de conserva) é que se baseava nas práticas campestres que ela conhecia e que podiam ser aplicadas na cidade; tratava-se de uma família grande em uma sofrida comunidade fabril tentando se sustentar.

"Havia um professor que achava que eu tinha criiiiatividade", Richard disse, estendendo a palavra em tom autodepreciativo. "Ele morava ali." Ele apontou para uma casa logo descendo a rua. Alguma coisa na janela da casa de seu ex-professor chamou a atenção de Richard e, por um momento, ele ficou distante. Era uma mesa de cozinha. Richard olhava fixamente para ela e parecia se imaginar mais jovem, sentado ali.

Voltamos ao carro. Monsieur Sauvage era nossa próxima parada.

Perguntei a Richard: "Quando você se deu conta de que tinha um talento pelo qual as pessoas estavam dispostas a pagar?".

"Ah, não ganho tanto assim."

"Mas você tem a habilidade de surpreender, tem inventividade, uma *criiiiatividadeee*, e isso significa que você tem algo que os outros não têm, e você sempre vai ser pago para abrir restaurantes, alimentar pessoas em trens ou aviões. Sua confeitaria em Los Angeles, seus muitos restaurantes..."

"É verdade; por duas vezes ganhei mais de 1 milhão de dólares por ano." Ele refletiu. "Não se ganha muito como cozinheiro. Ou como chef. Você precisa ser *patron*." Ele conferiu à palavra sua forte pronúncia francesa. "Quando cheguei a Nova York para trabalhar no Gaston Lenôtre, eu ganhava setecentos dólares por mês. Um mês depois, estava em Santa Fé, dirigindo minha própria confeitaria e ganhando 5 mil dólares por mês."

Ele pensou mais um pouco. "Na verdade, foi Gaston Lenôtre. Ele me mostrou que eu tinha alguma coisa."

Seguimos em frente.

À medida que nos aproximávamos de Carignan, fábricas foram surgindo, do tamanho de hangares de aeroporto, agora abandonadas. Quando chegamos, Richard declarou: "Cadê todo mundo? Aos sábados, aqui era tão lotado que mal dava para atravessar a praça. Tinha festivais, feiras, danças. Para onde foi todo mundo?".

Visitamos a pâtisserie original, agora pertencente a uma rede e administrada por um casal, marido e mulher. "Fiz meu primeiro *stage* aqui!", Richard disse aos dois, sempre exuberante, e eles se encolheram, apreensivos, como se a qualquer momento Richard fosse apresentar um documento comprovando que o lugar era seu e não deles.

Depois disso, ficamos sentados em um estacionamento logo atrás da pâtisserie. A família estava almoçando, e nos observava com desconfiança através de uma janela nos fundos.

"Cheguei em 29 de agosto de 1962." (Richard se lembrava de todas as datas importantes de sua vida com uma exatidão anormal de calendário.) "Meu primeiro dia foi 1º de setembro. Começávamos às sete da manhã e antes da meia-noite tínhamos que estar numa pequena cama no andar de cima, com um jarro de água e uma bacia, sem nenhum dia de folga, exceto meio período no domingo."

Léon, com dezoito anos, era o chef. "Ele gostava de me bater. Se você comete um erro, leva um tapa. 'Você queimou os croissants!' Tapa. 'Você não limpou esse canto!' Tapa. 'Você cozinhou o merengue em uma panela de cobre!' Tapa. 'Você moeu as amêndoas rápido demais e as lâminas ficaram emperradas! *Imbécile! Putain de merde!* Não cometa erros!'" Educação pela humilhação.

"Eu estava na minha estação, de costas para a cozinha, e uma faca passou voando perto da minha cabeça e perfurou a parede na minha frente. O chef achava engraçado."

Richard bateu na cabeça do chef com um rolo de massa e o deixou inconsciente. Finalmente, os dois estabeleceram uma relação.

"Durante três anos, não fui para casa em momento nenhum. Não vi nenhum filme. Aprendi tudo: *apprendre, apprendre, apprendre.*"

Em 3 de setembro de 1965, Richard fez suas provas de proficiência em pâtisserie. O sistema francês: você faz um estágio, faz uma prova e ganha um certificado. Ele então era um chef formado.

"Monsieur Sauvage nunca trabalhava, exceto no Natal, quando começávamos às quatro da manhã e trabalhávamos até as dez da noite. Mas monsieur Sauvage me adorava. Ele nunca disse isso. Mas eu sabia." Depois que Richard foi embora, ele telefonava todos os anos para monsieur Sauvage, um pouco antes do Ano-Novo, agradecendo pelo emprego. "Ele me deu algo, me transmitiu todo um conjunto de conhecimentos." Quando Richard estava vivendo em Los Angeles, já consagrado e muito bem-sucedido, ele continuou telefonando — "Com os melhores votos de Ano-Novo e gratidão por ter sido meu primeiro professor de pâtisserie" —, até um dia receber a notícia de que monsieur Sauvage não podia atender porque havia morrido.

O dia seguinte foi nosso último dia, estávamos voltando a Paris.

No trem de volta, me pus a tagarelar.

Falei sobre os ácidos nas comidas francesas ("Nos Estados Unidos, ninguém usa vinagre; na França, ninguém não usa"), sobre meu novo amor por mostarda, o amor dos meus filhos por mostarda *muito* picante, sobre o gosto deles por maionese e como eu a preparava em casa, e sobre como Frederick, de tanto comer maionese na escola, conseguia sentir o cheiro dela do outro lado do apartamento, quando eu a estava fazendo.

"Você sente cheiro de maionese?", Richard perguntou. (Entrei em pânico: como assim? Você não?) Ele acrescentou, baixinho: "Eu adiciono um pouquinho de *crème fraîche* no fim". Depois dessa dica, respondi: "Ah. Que interessante". E continuei a tagarelar. Falei sobre como a comida francesa gira em torno de fazer opostos darem certo: molhos de manteiga (gordura suspensa e líquido) ou espumas como o *sabayon* (gordura e ácido), ou a magia da massa folhada.

"Tenho uma teoria sobre quando a comida francesa se tornou francesa", eu disse.

"Sério?", Richard disse.

"Nostradamus, anos 1550. O tratado dele sobre a preparação de geleia."

"Sério?"

"Açúcar", eu disse.

Descrevi o sabor das cerejas do Vale do Ródano, a intensidade delas nas tortas doces, o molho de Mère Brazier que acompanhava o pato, e como então eu fazia uma geleia com as cerejas e ficava fascinado com a mudança molecular que ocorria diante dos meus olhos, a proporção do açúcar finalmente tornando a água mais quente do que a fervura.

Richard concordava com a cabeça (e pensei: ele me acha demais, hein?).

Falei das minhas irritações.

"Grande parte da história da culinária francesa é anedótica e não examinada. Por exemplo, por que todos espetam um cravo na cebola quando fazem caldo de galinha?"

"Cravo na cebola?"

"Sim, você vê isso em toda receita de caldo de galinha de chefs franceses. Descasque a cebola e espete um cravo nela. Por quê?"

"Ah, sim, é verdade." Ele assentiu com a cabeça, um gesto pequeno, como um professor escutando um aluno muito agitado. O que eu estava tentando provar? Parei.

"Você já comeu no Alain Chapel?", ele perguntou.

"Sim!", respondi.

"Comeu o *foie blanc*?"

Eu comi o *foie blanc*? Não me lembrava.

"Sério? É um prato famoso. E o Marc Meneau, em Vézelay?"

"Sim! L'Espérance!" Foi onde Jessica, quando tinha dezesseis anos e passava o ano letivo no exterior, havia tido a experiência de sua primeira refeição feita por um grande chef. Fomos lá num dos nossos aniversários de casamento.

"E os bombons de foie gras?"

"Sim!", eu disse, como se tivesse acertado a resposta de um quiz.

Se eu tinha comido em L'Auberge de Paul Bocuse?

Tinha!

"Você comeu o *bar en croûte*?" Robalo em massa folhada com *sauce Choron*.

"Não, mas já fiz."

"Sério? A massa ficou completamente cozida?"

"Sim!" A massa não tinha sido o problema. Foi a aparência dela. Parecia um girino pré-histórico pisoteado por um dinossauro.

"E o *filet de sole Fernand Point*?"

"Não." Eu não tinha comido ainda. Depois comi. O prato desafia a compreensão, de tão delicioso: solha cozida e perfeitamente misturada com *tagliatelle* fresco, mais quantidades copiosas de manteiga. Ninguém na Itália faria algo assim com um prato de massa, e a ideia, para um italiano, seria horrível. Mas confie em mim: é genial.

"E você comeu no La Pyramide?"

"Sim!"

"Mas não é mais o mesmo, é?", Richard disse. "O rapaz lá… qual é o nome dele?"

"Patrick Henriroux…"

"Isso, Henriroux. Ele é bom. Mas não é Point. Point era um *grand chef*." Ele estendeu a palavra *grand*, conferindo a ela todo o seu peso cultural. Richard fez uma pausa nesse momento, como se estivesse deslumbrado, por instantes, com a montanha de realizações que Fernand Point tinha sido.

"Quando você fez massa folhada", Richard perguntou, curioso, "usou água?"

"Para fazer o *pâton*?" *Pâton* é a massa que você dobra em volta da manteiga. "Sim."

"Eu nunca uso água. É uma regra. Às vezes uso um vinho doce como um Sauternes, ou suco de maçã, ou pera. Amo pera."

Fiz uma anotação no caderno: não usar água.

"Você faz com manteiga?"

"A massa folhada? Sim, ué."

"Às vezes faço com foie gras." Ele fez uma pausa. "Você precisa entender o que está produzindo o efeito em uma receita. Que tipo de farinha você usa?"

"Farinha normal, T55." Na França, a farinha é vendida de acordo com seu teor de proteína. A farinha de confeitaria é a mais leve (T35), a de panificação está entre as mais altas (até T110).

"Eu uso farinha de panificação."

"Farinha de panificação?"

"Porque o glúten precisa se desenvolver. Para a massa esticar e inflar."

Ele continuou.

"Molho de peixe? Fica melhor se você acrescentar suco de mexilhões no fim."
Madeleines?
"Sim! Faço com as claras que sobram."
"Ah, eu também uso as gemas. Minhas medidas são um, um, um e um. Um ovo. Uma xícara de manteiga. Uma xícara de farinha. Uma xícara de açúcar. Fermento?", ele perguntou.
"Não."
"Ótimo. Elas ficam tetudinhas?"
"Tetudinhas? Sim, acho que sim. Ficam bem tetudinhas."
"Tetudinha é bom."
"É batendo que elas ficam tetudinhas?", perguntei.
"Bato só a manteiga. Às vezes uso um pouco de bicarbonato."
Mencionei que tinha feito um béarnaise para o *personnel*.
"Faço o meu com azeite de oliva e manjericão."
"Uau. Um béarnaise com azeite de oliva?"
Maçãs: ele as descascava submergindo-as em uma fritadeira, depois mergulhando as frutas em gelo e removendo a casca com uma toalha. "É a maçã perfeita, sem marcas de faca. Faço o mesmo com tomates-cerejas."
Eu havia comprado um livro. Vivia esquecendo de mostrar para ele. Era o primeiro de Gaston Lenôtre, publicado em 1975.
Richard olhou fixamente para ele. "Eu escrevi nesse livro." Ele continuou a olhar, como se tivesse medo de abri-lo. Uma lágrima brotou no canto de cada olho, que ele secou com o dorso da mão. David Bouley havia me dito que Richard escrevia anonimamente. "Eu testei todas. Escrevi muitas."
"Você se lembra de quais?"
Ele refletiu. "Não."
Ele colocou o livro dentro da bolsa.
Eu tinha vindo à França, aprendido a língua, frequentado uma escola de culinária, trabalhado em cozinhas de restaurantes,

e só agora estava entendendo o que Richard havia conquistado. Em Washington, ele parecera um mágico. Não era. Mas talvez um gênio ele fosse.

Acompanhei Richard de volta ao George v. O fim de semana marcava a *rentrée*, e a cidade, tão vazia e linda quando saímos, agora estava congestionada e barulhenta.

"Como está o Citronelle agora?", perguntei.

"Ah, você não sabia?" O Citronelle havia fechado. O hotel fora considerado inseguro — alicerces afundando, paredes inclinadas, telhado com vazamentos. "Tivemos que evacuar."

O Citronelle tinha fechado e eu não sabia? Na companhia de Richard, eu tinha sido transportado de tal forma a outro tempo, o tempo *dele*, que em momento nenhum pensei em sua vida nos Estados Unidos.

"E David?"

"Está no Central." O bistrô franco-americano de Richard.

"Mas, Michel, você não tem um restaurante?"

"É verdade. Vou encontrar alguma coisa. Sempre tenho um restaurante."

VII. Itália (obviamente)

Como assar e guarnecer rolinhas e codornas de diversas maneiras

Pegue a rolinha na temporada, que é entre junho e novembro, e, assim que estiver morta, depene-a e cozinhe-a brevemente sobre carvão, sem destripá-la, depois a coloque em um espeto sobre um fogo robusto, virando-a rapidamente para que a gordura não pingue; quando estiver quase pronta, empane-a com farinha, pólen de erva-doce, açúcar, sal e farinha de rosca. Quando estiver totalmente cozida, deve ser servida quente.

Para diferenciar as rolinhas jovens das velhas, você precisa saber que as jovens têm carne mais escura e patas mais brancas, enquanto as velhas têm carne branca e patas vermelhas.

Você pode assar uma codorna da mesma forma, quando ela estiver gorda e na sua temporada, que começa em meados de agosto e vai até o fim de outubro. Embora na primavera se possa ver muitas revoadas sobre Roma, e ainda mais perto de Ostia e Porto, elas só ficam boas se estão na temporada.

Às vezes, codornas gordas são curadas com sal e pólen de erva-doce; deixe-as em uma tigela de madeira ou barro por três ou quatro dias e depois as salteie em banha de porco com cebolinhas e sirva quente com pimenta-do-reino em cima. Você também pode dividi-las em duas e marinar por cerca de um dia; depois, empane-as e frite em banha derretida. Sirva-as quentes com açúcar e suco de laranja amargo ou com a marinada.

Bartolomeo Scappi, *Opera dell'Arte del cucinare*
[Sobre a arte de cozinhar], 1570

Quando Jessica e eu morávamos em Panzano, na Toscana, e eu trabalhava em um açougue, eu andava por lá de manhã numa estradinha chamada Via Giovanni da Verrazzano. Verrazzano foi um explorador italiano que descobriu a baía d'água atualmente conhecida como Porto de Nova York. A longa ponte suspensa que hoje liga Staten Island a Long Island é batizada em homenagem a ele e atravessa a baía onde o explorador provavelmente ancorou. Verrazzano nasceu em um castelo fortificado com vista para a cidade mercantil de Greve, dezesseis quilômetros ao norte da aldeia de Panzano, e eu gostava da relação entre minha casa na aldeia italiana e minha casa americana na cidade.

Em Lyon, minha caminhada até o La Mère Brazier começava com o mural do outro lado da rua de casa, o *fresque* dos lioneses, a história da cidade em imagens. Uma das pinturas ficava na altura do olhos em nosso apartamento no terceiro andar, e eu a via toda vez que abria as cortinas. Era um homem barbudo com um casaco de pele de arminho, um compasso em uma das mãos e um globo terrestre na outra. Quem era ele? Depois de algum tempo, descobri um quadrado de texto discreto ao pé do mural. Era uma legenda para as imagens. O homem barbudo, segundo ela, era "Jean Verrazane, o famoso explorador lionês que descobriu o Porto de Nova York".

Verrazane? É um Verrazzano afrancesado? O herói do Porto de Nova York vinha de um castelo perto da minha aldeia em Chianti ou era um francês do meu mais novo lar em Lyon? Ele era os dois.

Quase todos os historiadores de comida conhecem o mito já mencionado de Catarina de Médici: a noiva florentina foi à França, por terra ou por barco (o mito tem diferentes versões), e passou a ensinar os pobres galeses a cozinhar. Há um homem na lua, há uma fada do dente e há a Catarina italiana, inventora da *cuisine française*. Essa ideia já não pode sequer ser debatida. Não merece sequer uma nota de rodapé. Está morta.

Considerando a longevidade do mito — há referências a ele desde o século XVIII —, seu desaparecimento é relativamente recente. Isso se deu em 1983, ano em que a bibliotecária americana Barbara Ketcham Wheaton o matou. Wheaton é a curadora da coleção culinária do Radcliffe Institute for Advanced Studies, em Cambridge, Massachusetts. Em 1983, ela publicou *Savoring the Past: The French Kitchen and Table from 1300 to 1789* [Saboreando o passado: A cozinha e a mesa francesas de 1300 a 1789], uma das primeiras tentativas de tratar receitas antigas como documentos históricos, no qual aborda essa baboseira da rainha Catarina em duas desdenhosas e rápidas páginas.

Ela pergunta: quantos anos Catarina tinha quando foi para a França?

Catorze.

Quem ela era? O equivalente Médici de uma princesa: uma *criança* em um casamento arranjado com um príncipe.

O que, sério, ela poderia saber sobre cozinha? E com *essa* idade, *naquela* família, a caminho de um casamento *real*, ela também atravessou os Alpes? Não, Wheaton diz, chega de mitologias, isso não me convence. Além disso, ela pegou um barco para Marselha.

Foi uma lorota, mas lançada com tamanha convicção que foi aceita como verdade histórica e agora é citada em livros de referência em inglês e em francês, mas sobretudo em francês. *Savoring the Past* foi publicado na França em 1994, onde é celebrado em círculos acadêmicos por ter liquidado *o* mito. Serve de base a *Un Festin en paroles* [Um banquete de palavras], famosa história literária da gastronomia escrita por Jean-François Revel, filósofo e jornalista já falecido. Seu capítulo sobre os italianos é intitulado "Os fantasmas dos Médicis".

Agora, depois de cinco anos na cidade, tenho um ponto de vista diferente.

Sim, na verdade os italianos *realmente* ensinaram os franceses a cozinhar. Mas isso não foi apenas obra da rainha italiana, embora ela tivesse, *sim*, um interesse manifesto pela culinária e empregasse, sim, chefs italianos nas cozinhas reais de Blois. Ela não foi a agente ativa. Seu sogro francês, François Premier, é quem foi. Ele queria tanto a Itália, ou pelo menos suas províncias do Norte, que foi à guerra três vezes para tentar se apossar delas. Mas ele não queria apenas o território. Queria o Renascimento italiano. Queria sua cultura, seus edifícios (todos aqueles châteaux ornamentados construídos por italianos à margem do rio Loire), sua música, seu espírito festivo, suas especiarias e sedas (ele contratou os dois maiores fabricantes de seda, Turquet e Naris, do Piemonte, para se mudarem para Lyon, e os recompensou de forma tão generosa que um deles comprou uma residência na Vieux Lyon, no fim de uma viela que ainda se chama Impasse Turquet). François Premier abrigou pintores, poetas, escultores e arquitetos em sua residência real, e falava em italiano com eles à mesa. E, claro, fez de Leonardo — *o* Leonardo da Vinci — seu vizinho próximo e amigo.

Com Catarina de Médici, François Premier queria (e acabou conseguindo) a noiva italiana mais cobiçada para seu filho. O casamento foi a culminância do Renascimento na França: e seu futuro.

Lyon, nas palavras de um historiador local, já era, por mais de cem anos, o lar de uma colônia de italianos. Em 1467, alguns deles, em sua maioria moradores da Vieux Lyon, o *quartier* em frente à nossa casa, do outro lado do Saône, conferiram a si mesmos uma constituição e se declararam uma nação: *la nation florentine de Lyon*. Somente depois que descobri "Verrazane" é que passei a entender o grau da influência deles na cidade. Quando Catarina de Médici chegou à cidade como rainha — 81 anos depois, em 1548, após seu marido ter sido coroado rei Henrique II —, Lyon já tinha uma extravagância italiana. A cidade comemorou a visita real com uma semana de bebidas e banquetes, desfiles de barco no rio Saône (uma barcaça decorada como um dragão cuspindo fogo), publicações de poesia, fogos de artifício e apresentações de música e teatro tão estravagantes que mercadores faliram depois do evento. Na prática, a cidade celebrou a ocasião com uma versão relâmpago caríssima de um Renascimento italiano afrancesado. (O extraordinário *The Entry of Henri II into Lyon* [A chegada de Henrique II em Lyon], de Richard Cooper, retrata uma Lyon tão dominada, para não dizer infestada, de italianos com sua extravagância do Alto Renascimento que se torna difícil, hoje, confiar em historiadores que ignorem a influência deles.) Ou, parafraseando o que um diplomata estrangeiro disse em uma de suas cartas para casa, depois de três dias sem dormir durante uma das visitas (posteriores) de Catarina: "Esses franceses italianos sabem dar uma festa".

Os lioneses florentinos incluíam membros da família Médici e dos rivais dos Médici, os Gadagne. Eles fundaram bancos e casas de câmbio em uma escala nunca antes vista na França. Ampliaram a ideia de um mercado atacadista, sobretudo com as *foires*, em grande medida financiadas por eles. Graças ao investimento italiano, centenas de toneladas de especiarias (e sedas, vinhos e comidas) entraram em Lyon tanto por barcas que subiam o rio Ródano quanto por animais de carga (vindos de Turim) através do desfiladeiro alpino. Por causa dos italianos, Lyon parecia uma versão em miniatura de Florença com a influência de uma Veneza francesa. Ela continua, como num set de filmagens, sendo um labirinto de becos e prédios periclitantes, com túneis subterrâneos infinitos e vilas secretas com jardins privativos, telhados vermelhos e muros altos de pedra que evocam tempos de outro modo inalcançáveis. A Unesco a homageia como o maior exemplo da arquitetura renascentista do mundo.

A capitalização de risco, outra especialidade dos Médici e dos Gadagne, incluía financiar guerras. Eles também financiaram, ou contribuíram para o financiamento, de explorações feitas através do Atlântico, na esperança de encontrarem uma passagem para o Extremo Oriente, ou de tomar posse de um novo território. Quando Verrazzano visitou os Médici e os Gadagne em busca de fundos para velejar para o Novo Mundo (como muitos italianos de Lyon, ele mudou seu nome para soar francês), os banqueiros italianos persuadiram François Premier a financiá-lo.

E a comida? Uma revisão da cronologia *pré*-Catarina é esclarecedora.

Em 1494, 25 anos *antes* de Catarina nascer, as *foires* foram restabelecidas.

Em 1505, catorze anos *antes* de Catarina nascer, uma gráfica lionesa imprimiu a primeira tradução francesa de Platina, o plagiador do talentosíssimo *maestro* Martino. (A impressão teve início em Lyon em 1473, e Lyon se tornou a principal gráfica cultural da França até a Revolução.)

Em 1528, quando Catarina tinha nove anos, outra gráfica lionesa publicou uma "tradução" aprimorada de Platina. (Não havia direitos autorais, e o editor, que era praticamente tido como autor, podia fazer o que quisesse.) Nos vinte anos seguintes, haveria muitas outras edições. Tomasik, meu historiador culinário americano, analisou as *catorze* traduções diferentes de Platina para o francês, "cada uma delas uma versão aprimorada da anterior". Cada tradução sucessiva, Tomasik disse, "se distanciava mais e mais do original e se tornava mais e mais francesa, até o livro finalmente deixar de ser italiano". Platina se tornou, pouco a pouco, um dos primeiros textos importantes da cozinha francesa. Sobre a questão da influência italiana, era ao mesmo tempo uma metáfora e uma evidência.

Em 1532, quando Catarina tinha treze anos, o médico, poeta, produtor cultural do mundo narrativo e contador de histórias glutônicas François Rabelais chegou à cidade e publicou seu primeiro livro, *Pantagruel*. Era um hino à comida — daria para chamar de "variações sobre o tema do excesso" — documentando o cardápio lionês original: porco, frango, *saucisson*, incluindo a nova "*rosette*", e muitos e muitos vinhos tintos.

Em 1541, quando Catarina de Médici tinha 22 anos e era agora uma princesa francesa (então Catherine de' Médici), outro livro de culinária foi traduzido do italiano: *Bastiment de receptes, nouvellement traduict de italien en langue françoyse*. Lyon, onde o interesse por comida era... bem, rabelaisiano, a essa altura era a capital dos livros sobre culinária.

Em 1547, Rabelais, a convite do cardeal francês Jean du Bellay, compareceu à celebração do nascimento de um príncipe em Roma e escreveu sobre o banquete que presenciou, com diversos pratos e apresentações extravagantes, diferente de tudo que ele já tinha visto na França.

Em 1548, aquele banquete dado para receber os embaixadores suíços em Lyon foi tão extraordinário em termos de ambição e alcance (os diversos pratos, a extravagância, a graça), que um registro da refeição foi feito e publicado.

Foi também em 1548, no dia 23 de setembro (poucos meses depois de mais uma edição "aprimorada" de Platina ser publicada), que Henrique II e Catarina de Médici entraram em Lyon pela primeira vez. Será possível que, no meio de tudo isso, no séquito de Catarina, que descia o Saône de forma majestosa, houvesse um barco com cozinheiros italianos? Será provável que, ao longo do *quai*, um grupo de mulas marchasse em fila, trazendo alforjes com legumes, queijos e carnes curadas que os italianos dizem que ela apresentou à França?

Não. Eles já estavam lá.

Blois. Em outra viagem ao Loire, descobri uma posse secreta de Catarina de Médici.

Estávamos no Castelo Real de Blois para uma exposição incomumente específica, "Les Festins de la Renaissance", sobre comidas e bebidas do século XVI, exatamente o período em que a cozinha francesa estava prestes a nascer. Um *festin* é um banquete comemorativo, ou baile de gala, um festim. Blois foi a residência real de, entre outros, Catarina de Médici e seus filhos. A exposição foi no castelo e reunia duzentos anos de artefatos de cozinha, sobretudo da Itália e da França: livros, utensílios, pratos, cardápios. Mostrava como os franceses comiam no início do período, com uma *tranche*, um pedaço de pão no lugar da colher, depois com uma faca para cortar (os convidados traziam as suas de casa) e, no fim, com os primeiros exemplos ornamentados de garfos comprados da Itália, inclusive um que podia ser guardado no bolso (você o levava quando era convidado para um jantar). Na exposição havia um longo pergaminho de cozinha, no qual Niccolò Alamanni, o chef de Catarina de Médici, anotava as refeições da família. Quase poderia ser considerado a prova irrefutável — o chef (italiano) escrevendo as instruções (em italiano) de pratos (italianos) para os filhos de uma mãe italiana e futuros reis da França. O pergaminho era algo maravilhoso de contemplar, o papel matizado, o cuidado na apresentação, sua letra exuberante, aquele ato de alimentar a França.

Conhecemos o historiador do museu do castelo e nos juntamos a ele em um almoço de reconstituição do Renascimento (galinha-d'angola de panela, carpa em molho, favas em açafrão, marzipã segundo a receita de Nostradamus). Então soubemos que a exposição era apenas um pretexto. A verdadeira agitação era a conferência motivada por ela. Seria a primeira vez que historiadores se reuniam para discutir quem havia inventado a culinária francesa: os franceses? Os italianos? Ou os franceses e os italianos?

"Não haverá uma resolução", ele prometeu. "Os franceses não escutam os italianos. Os italianos não escutam os franceses."

Depois do almoço, pus minha família no carro e descemos o rio em direção a Amboise. Eu queria mostrar a eles a casa de Leonardo da Vinci. Ali, os meninos correram pelos jardins entre recriações das invenções dele. Ver as duas exposições na mesma visita — os tesouros, na maioria italianos, da cozinha francesa do século XVI e os tesouros, todos italianos, de um gênio do Renascimento — foi de uma força impressionante. Havia três quadros, releituras históricas, do rei segurando a mão de um Leonardo debilitado em seus últimos dias. Leonardo, a personificação de um gênio incompreensível do Renascimento italiano, morreu em uma cama que François Premier havia lhe dado.

Na conferência, fiquei sabendo da obsessão dos italianos do século XV por limões-sicilianos. Fiquei sabendo, para minha surpresa, que Catarina de Médici, durante sua regência, introduziu uma raça de vacas italianas na França e implementou inovações no cuidado dos animais. Timothy Tomasik leu um documento sobre as muitas traduções francesas de Platina. Marjorie Meiss--Even, estudiosa da Universidade de Lille, leu suas conclusões baseadas em um inventário de cozinha que ela havia descoberto nos arquivos da poderosa família Guise. Nela, os ingredientes italianos começaram a surgir aos poucos, por volta dos anos 1550, alguns adquiridos nas *foires* em Lyon, outros de viajantes — aspargos, alcachofras, chalotas, frutas cítricas, Parmigiano, chamado na época de *fromage de Milan* —, até por fim se tornarem itens essenciais na dieta francesa. Era uma pesquisa impressionante, e um silêncio reverente dominou o salão durante a leitura.

A certa altura, me peguei pensando quantas "*preuves incontestables*" seriam necessárias até que as provas fossem, de fato, incontestáveis.

Em muitos aspectos, a conferência insistiu em focalizar um personagem: Scappi. Scappi era o fantasma. Ele estava lá e não estava.

Bartolomeo Scappi — graças a uma obra de diversos volumes escrita em 1570, no fim de sua vida profissional, chamada simplesmente *Opera, os trabalhos do cozinheiro particular do papa* — é reconhecido universalmente como o maior chef do Renascimento europeu. A obra tem novecentas páginas e é meticulosamente detalhada. É o primeiro livro de culinária ilustrado de que se tem notícia, uma celebração evocativa de como era uma cozinha grandiosa do século XVI, e se tornou uma referência de como a comida era preparada então e com quais utensílios. Traz cardápios para banquetes de três dias, banquetes de uma semana, banquetes extravagantes sem carne, só peixe, para as sextas-feiras, e um banquete de mais de dois meses, que começou em 29 de novembro de 1549, depois da morte de Paulo III, e terminou em 7 de fevereiro, com o anúncio do novo papa. O leque de Scappi inclui úberes de vaca em suas muitas variações, testículos (recheados e assados) e pavões (desossados, reconstruídos, "repenados" e servidos em fatias, antecipando a *volaille à Noelle* lionesa moderna de aparência mais modesta que Daniel Boulud me ensinaria). Muitos molhos que agora são a base da cozinha francesa (como o béarnaise e o holandês) e muitas técnicas (como a *pâte feuilletée*) foram publicados pela primeira vez por Scappi. O que ele representou, de maneira mais vívida do que qualquer outro chef de seu tempo, foi o jantar como espetáculo e a refeição como uma expressão da alta cultura.

Mas ele nunca foi traduzido para o francês. Não há evidências de que o livro tenha sequer chegado à França e, para Florent Quellier, copresidente da conferência, essa falta de evidências era reveladora.

Quellier fez o discurso de abertura da conferência. Não foi bem um discurso. Foi uma invectiva. Foi como começar um encontro religioso ateando fogo em um monte de pólvora. Foi emocionante. Entre os diversos temas de Quellier havia o refrão: onde está Scappi? A suposição: se a Itália realmente influenciou a culinária da França, sem dúvida seu livro mais famoso deveria ser uma influência óbvia. No entanto, o argumento atribui peso demais a um livro que chegou bem tarde na extensa fila de textos surgida na França. Mas era *mesmo* curioso.

Quellier, da Universidade de Tours, tinha cerca de cinquenta anos (mas parecia ter trinta), cabelo curto e óculos de tartaruga, e vestia camisa branca de algodão de manga curta e gravata preta com um nó firme. Seu ar era de uma objetividade inflexível. Durante toda a conferência, Quellier não conversou com ninguém. Tomou notas. (Ele não é de conversa fiada, um colega me disse, ele faz declarações de missão.) Em aparência e atitude, poderia ser um engenheiro ou matemático. Você não olha para ele e pensa: ei, por que não vamos jantar e tomar umas? Você pensa: nossa! Que braveza!

Barbara Ketcham Wheaton havia abordado o mito de Catarina de Médici com sarcasmo. Mas ela não teve acesso à versão em cartum, um item da apresentação de Quellier, uma tirinha dos anos 1950 do Pato Donald como um chef italiano gordo fazendo pizza, o toque caindo da cabeça, a barriga derramada por cima do cinto, ensinando a cozinhar a vários indivíduos que eram versões do Pateta, eretas e atentas com seu ar francês. Os cachorros franceses ficavam perplexos, mas agradecidos. Foi o clímax do discurso de Quellier. Foi bem engraçado.

Quellier era da facção anti-italiana. Não sei se vou encontrar alguém tão franca ou agressivamente pró-francês. Seu posicionamento básico é: sim, até o advento do livro de La Varenne em 1651 — *Le Cuisinier françois*, o texto que mudou tudo —, a cozinha francesa ainda era medieval; e, sim, ela foi influenciada pelos italianos — um pouco, ele não podia negar —, mas também pelos espanhóis, em termos de etiqueta à mesa, por exemplo, assim como pelos belgas e até pelos alemães. O que ele não conseguia encontrar, disse, eram "*preuves incontestables*", sua frase recorrente, de que a influência italiana importava mais do que as outras.

A prova, evidentemente, não está nos muitos livros de culinária traduzidos do italiano, nem no fato de que os italianos tiveram seu Renascimento antes dos franceses, tampouco no protocolo de apresentação de uma refeição — roupas de mesa, o garfo — que os italianos tiveram antes e os franceses imitaram, nem nos textos de Rabelais e nas traduções de Platina, nem nos chefs italianos presentes nas cozinhas de Catarina de Médici e Henrique IV, nem na popularização de ingredientes italianos nas *foires* de Lyon, nem nos châteaux da região construídos por italianos às margens do mesmo rio perto do qual estávamos, nem no fato de que Leonardo morou nas proximidades ou de que o italiano era falado à mesa de François Premier. A prova incontestável que faltava estava em um único texto: a *Opera* de Scappi, o maior livro da culinária italiana, nunca traduzido para o francês.

La Varenne, o antepassado da cozinha francesa, não é italiano, Quellier disse. Alguém encontrou uma passagem em La Varenne que mencione Scappi? Uma receita de Scappi, talvez? Uma expressão de gratidão ao meu querido amigo monsieur Scappi?

Um acadêmico belga o contestou, o que achei corajoso e bastante arriscado. "Há a *Ouverture de cuisine*, de Lancelot de Casteau! O texto é cheio de receitas de Scappi!"

Quellier o ignorou.

(O acadêmico belga está correto. O texto, publicado em 1604 em Bruxelas, é uma das tentativas mais abrangentes de codificar uma nova culinária francesa e inclui a primeira descrição, em francês, de uma *pâte feuilletée*. E, sim, há muitas receitas de Scappi. Há também as primeiras versões de preparações francesas com nomes italianos, como a *pâte Poupelin*, em homenagem ao chef italiano de confeitaria Popelini, ou *fèves de Roma*, para as vagens agora chamadas de *haricots verts*, ou a *tourte genoise* para o que se poderia denominar "torta de espinafre".)

Quellier continuou.

"Há alguma tradução de Scappi? Alguém, no século XVI, ou mesmo no século XVII, tinha uma cópia? Onde está Scappi? Onde está Scappi?" *Où est le Scappi?*

Na verdade, havia um livro pertinente na exposição — em uma sala que Quellier parecia ainda não ter visitado —, com uma encadernação elegante em couro branco, uma cópia com uma apresentação artesanal única. Dedicada a Catarina de Médici, era da biblioteca particular dela. O título era *Il cuoco segreto di Papa Pio V* [O cozinheiro secreto do papa Pio V] e seu autor, Bartolomeo Scappi.

Até eu me choquei ao ver aquilo, já que tinha começado a acreditar (incorretamente) que Catarina de Médici não passava de uma metáfora do Renascimento italiano e que as lições da cozinha italiana tinham sido difundidas na França da mesma maneira como qualquer movimento culinário atravessa fronteiras: não por meio de traduções, mas pelo boca a boca de cozinheiros e pelos pratos que se aprendem aos poucos, em conversas entre pessoas que fazem comida. Mas então, ao ver o volume, uau. Parecia um tipo de mensagem.

Para ser justo com Quellier, de fato é curioso que Scappi não tenha sido traduzido para o francês, ao passo que tantos outros textos menos importantes o foram. Mas Scappi também quase não foi traduzido para outras línguas. Agora, tudo indica que, em 1570, seu livro famoso era publicado já no fim de uma era: era o que também acontecia com o próprio Renascimento italiano. O fim do Renascimento culinário italiano costuma ser marcado pelos historiadores com a publicação, cem anos depois, de Antonio Latini (foi ele quem persuadiu seus leitores de que o tomate não era venenoso), mas poucos textos dignos de nota foram publicados no século XVII. Quando Scappi se sentou para escrever seu livro, estava descrevendo uma cozinha que não existia mais. O livro era uma obra retrospectiva.

Na verdade, a dominação italiana da cozinha entrou em declínio exatamente quando a cozinha francesa estava nascendo.

VIII. França (finalmente)

> *Os jovens de hoje não têm gota, mas vivem em dieta: macarrão sem manteiga, manteiga sem pão, pão sem molho, molho sem carne, carne sem trufas, trufas sem aroma, aroma sem buquê, buquê sem vinho, vinho sem embriaguez, embriaguez sem alegria... Santos do Paraíso! Eu preferia ter gota a me privar de todos os encantos da vida.*
>
> Édouard de Pomiane, *Vingt plats qui donnent la goutte* [Vinte pratos que dão gota], 1938

Comprei uma edição fac-similar de La Varenne e me sentei para ler — uma escrita do começo do século XVII, de estilo obscuro. Não consegui passar da segunda página. Eu lia bem em francês — achava um texto do começo do século XIX (como Carême) tão acessível quanto qualquer livro impresso hoje em dia —, mas a página do século XVII era obscura demais. Também havia muitas palavras que não existem mais, como os dez termos que descrevem "pato"; não o mesmo tipo de pato, evidentemente, mas dez patos diferentes. Uma tradução moderna para o inglês de Terrence Scully era útil por sua pesquisa e suas notas, mas parecia estranhamente rasa, como se o original bruto tivesse se perdido ao ser tão distorcido a ponto de se tornar inteligível. (O que eu deveria ter lido, sei agora, era a tradução que apareceu em Londres dois anos depois da publicação na França de *Le Cuisinier françois*, um trabalho heroico que capta a dificuldade e a engenhosidade do original.)

Encontrei uma referência a um texto de La Varenne que eu não conhecia, *L'École des ragoûts* [A escola de ragus], publicado em Lyon em 1668. Eu precisava de uma cópia. O próprio título parecia misturar em uma palavra as duas culturas do meu estudo, Itália e França. Em italiano, se escreve *ragù*, e poucas palavras expressam *la cucina italiana* de maneira mais contundente. A bolonhesa em seu espaguete: um *ragù*. Qualquer carne braseada até se tornar um molho para seu macarrão: *ragù*. O fundador da cozinha francesa promovendo uma escola de *ragù*? Mesmo que o título não tivesse nada a ver com o conteúdo, ao menos era um testamento cultural: o que a gráfica achava que iria vender.

Mas não consegui encontrá-lo. Nem mesmo a Gallica, a coleção digital da Biblioteca Nacional da França, tinha uma cópia. (Agora tem.)

Depois, encontrei uma cópia no eBay.fr, não era cara demais, então comprei. Fiquei animado quando ela chegou, um milagre em um envelope comum, entregue normalmente na caixa de correio de nosso apartamento. Era pequena, oito por doze centímetros, mas grossa, 425 páginas, encadernada com um couro ornamentado rachado, desgastada nas pontas, com alguns túneis deixados por traças. Era a décima quarta edição. Será possível? Ou se tratava apenas de uma estratégia de vendas na folha de rosto?

Numa das orelhas do livro, um de seus antigos proprietários havia escrito, com aquela caligrafia impecável e fluida de caneta-tinteiro que meus filhos haviam aprendido na escola, uma lista das compras de comida de um dia em que gastou seis francos e sessenta cêntimos com passas, bacalhau, um frango, vagens, linguiça, banha e salada. O bacalhau custou 1,20 franco, enquanto o frango saiu por 2,78 francos, mais ou menos o que se pagava em Paris por volta de 1890 (eu sabia porque tinha o equivalente a uma década da publicação quinzenal *Pot au Feu*, um manual sazonalíssimo de culinária francesa para a dona de casa francesa, onde havia atualizações de preços sobre o que se podia encontrar no mercado).

A primeira receita que abri tinha três páginas e era perfeitamente fácil de ler: um *pâté* no estilo italiano envolto em massa folhada, recheada com vitela, três perdizes e ingredientes do Renascimento italiano (passas, castanhas-portuguesas, *pinoli*, canela, açúcar e um pedaço de limão-siciliano curado). Segurei o livro na mão, aquele espécime dos primórdios das máquinas de impressão, um tesouro na época, um tesouro agora, produzido mais de cinco décadas antes da Declaração Americana de Independência, fechei os olhos e imaginei... bom, tudo.

Só mais tarde descobri que o livro era uma fraude. O texto não era nem de La Varenne. Ninguém sabe quem escreveu. (Um bom escritor, porém.)

Fiquei intrigado demais. Eu conseguia sentir o princípio do que provavelmente se tornaria uma obsessão. Quem era La Varenne e por que não sabíamos mais sobre ele? Ele era o Shakespeare da cozinha francesa. Tudo havia começado com ele.

Ele foi o chef de um personagem importante, um militar, um marquês, Louis Châlon du Blé.

Du Blé era governador de Châlon, às margens do Saône, mais ou menos no meio do caminho entre Lyon e Mâcon, e residia em um château grandioso, Cormatin. O castelo estava na família desde que tinha sido construído por seu avô, um protegido (coincidência, claro) de Maria de Médici. Du Blé havia nascido em Cormatin, como seu pai, e era o primeiro filho de Du Blé, cujo nascimento foi registrado na ata da igreja local, no inverno de 1652, ano seguinte à publicação de *Le Cuisinier françois*. Terence Scully observa que parece provável que La Varenne cozinhasse no castelo, embora sua cozinha tenha infelizmente sofrido um incêndio e sido reconstruída depois. O château, aberto ao público, ficava a menos de uma hora de casa, às margens do nosso rio. Parecia apropriado que o padrinho da culinária francesa fosse realmente lionês. Em um sábado de verão, levei a família até lá para ver o que poderíamos encontrar, uma carta, um artefato, algum tesouro oculto inesperado.

Além de *Le Cuisinier françois*, La Varenne escreveu dois outros livros, *O chef de confeitaria francês* e *O doceiro francês* (de novo preparação de geleias), embora, assim como *A escola de ragus*, seja possível que o nome La Varenne fosse mais uma marca do que um nome. A maior parte do que sabemos sobre ele está em seu primeiro livro: nas referências internas (o capítulo sobre o frango de campo de batalha, fascinante por sua indisfarçável praticidade — por exemplo: pegue cinco ovelhas...) e no prefácio, que traz alusões a colegas de cozinha e expressões de gratidão ao seu empregador, Du Blé.

O château agora pertencia a três famílias. Em troca de salvar um edifício histórico da ruína, eles foram recompensados com o que na prática era uma casa de férias de alto padrão e status. Eles davam bailes à fantasia, bailes de máscaras, jantares e, no fim do dia, estacionavam seus veículos na propriedade, fechavam os portões e desfrutavam do local como se fosse deles.

Havia um fosso e um jardim labiríntico, onde nossos filhos se esconderam atrás de arbustos de uma altura que chegava à nossa cabeça, e por um tempo tão longo que chegou a ser preocupante. Eu me peguei analisando a cozinha que tinha uma porta de serviço, onde comerciantes teriam batido (suas visitas estavam implícitas nos ingredientes de La Varenne): couteiros, jardineiros, pescadores de rio, caçadores, trazendo enguias de água doce e mexilhões, pássaros-pretos, galinholas, cisnes, javalis e os muitos tipos diferentes de patos, como os *allebran*, que não apenas é a variedade selvagem como a variedade selvagem *jovem*.

Um proprietário estava no pátio, remendando um pedaço comprido de linho branco. Parecia inconcebível que nada da cozinha de La Varenne tivesse sido preservado. Alguma coisa deve ter sido recuperada do incêndio, uma fatura, um inventário, um esconderijo de cartas, um diário. Ele também foi importante.

Eu me apresentei e mencionei meu interesse.

"La Varenne", ele disse. "Sim. Já ouvi falar."

"Ele era o chef que trabalhava para o marquês Du Blé", continuei. "Muitos consideram La Varenne o fundador da cozinha italiana."

O proprietário ficou olhando para mim. Ele era espanhol. Monsieur Olvidaros. Talvez culinária francesa não fosse seu forte.

"Acredita-se que ele cozinhava aqui, mas a cozinha em que trabalhava pegou fogo no século XVIII."

"Sim, um incêndio destruiu a ala sul."

Descrevi o que gostaria de encontrar, algum registro, algum papel, um arquivo.

"Quando foi isso?"

"De 1630 a 1650."

"Não."

"Não?"

"Eles não estavam aqui na época. Estavam em Paris."

"Em Paris? Por vinte anos?"

"Ninguém estava aqui."

Não fazia sentido. "Não é possível."

"O château estava praticamente abandonado."

"E Nicolas du Blé, o filho primogênito?"

"Não sei sobre ele."

"Dizem que ele nasceu aqui, em janeiro de 1652. De acordo com os registros da igreja. Em Chalon-sur-Saône."

"Não sabemos." *On ne sait pas.*

"E o pai dele", insisti, perplexo, "era um militar, sempre em batalha…"

"Sim."

"Como ele poderia reunir um exército em Paris?"
"*On ne sait pas.*" Ele ficou me encarando. "De qualquer forma, não há nada."
"Nada?"
"Nada."
Não acreditei nele. Não que estivesse mentindo. Só achei que ele não soubesse. Mas em que eu acreditava ou não era irrelevante. A cozinha era coisa do passado e os registros eram coisa do passado. Até a casa: coisa do passado. Minha busca por um tesouro enterrado? Já era.
O prefácio de três páginas e meia de *Le Cuisinier françois* contém tudo o que sabemos sobre La Varenne.
Eu voltaria depois.
Até lá, eu tinha uma distração. O MOF: a competição mais disputada da culinária francesa. Não, eu não era um competidor. No entanto, em certo sentido, era sim.

TORTA DE PATO

Não me inscrevi para o MOF porque não me via como um dos cozinheiros mais treinados e disciplinados da França, e não via graça nem mérito em fracassar (mais uma vez) de forma espetacular.
O MOF é designado pelo colarinho fodão da bandeira francesa usado por Viannay, Bocuse, Le Cossec, Michel Guérard e por praticamente todos os grandes chefs do país. Foi concebido em 1913 para homenagear o bom trabalho feito pelos muitos artesãos e profissionais até então não reconhecidos, *les meilleurs ouvriers de France*, os melhores trabalhadores da França, e, depois de ter sido realizado uma vez a cada quatro anos, como uma Olimpíada, foi adquirindo, para o pessoal da cozinha, uma estatura impre-

vista que apenas a França, com o valor místico que o país dá à comida, poderia ter promovido e recompensado socialmente.

Você é nomeado um MOF e está feito na vida, e todo mundo — Christophe, o jovem Mathieu, Frédéric, Ansel, dois chefs da cozinha de Boulud de Nova York, e até Florian — havia se inscrito, porque, afinal, o que tinham a perder?

Mas eu não.

Quando os pratos foram anunciados, não me pareceram muito difíceis. Havia um peixe de entrada, um pato na sequência, e os dois pareciam perfeitamente factíveis (me lisonjeei em acreditar nisso), sobretudo o pato, preparado de duas formas: os peitos eram fatiados em *aiguillettes* e cobertos com um molho à base de cidra, e as coxas, apresentadas em uma "torta" de massa folhada. E é exatamente *assim* que era chamada: "torta".

Pensei: eu sei fazer o peito. Você o remove, salteia devagar, vira e pronto. Remover é a parte complicada, e o salteamento precisa ser bem vagaroso, a gordura voltada para baixo, de quinze a 25 minutos, ou mais, até a pele ficar crocante e a camada branca cremosa de baixo estar pronta.

O peito: a parte fácil. O desafio: a "torta".

Mas pensei: eu sei fazer torta. Não apenas achava que sabia fazer, mas também queria ter aquela torta no meu repertório. (Viannay a chamava de *tourte*, termo advindo da mesma raiz italiana que nos dá *torta* e, daí, *tortelli* e *tortellacci*. Uma *tourte* é a peça central em uma tapeçaria do século XVI sobre uma refeição real exibida naquela exposição em Blois; passei a vê-la como um prato de intercâmbio entre Itália e França.)

No sábado depois que os pratos foram anunciados, encontramos Christophe e Viannay por acaso em nosso bistrô Potager, e nos sentamos com eles. Christophe estava em treinamento; Viannay era seu treinador. Christophe estava temporariamente dispensado do serviço na cozinha para praticar a técnica, a velocidade, a massa folhada, a preparação do molho. Seu centro de testes ficava em Marselha. Todos os competidores, para que não fossem conhecidos pelos jurados (que eram chefs na região), eram enviados para longe de casa.

Christophe havia se tornado meu amigo. *Tu nous manques*, ele disse de novo, baixo, mas de maneira inequívoca. Eu aprenderia que essa não era uma transformação incomum, os sentimentos inesperados de respeito mútuo entre mestre e novato e, embora eu não possa endossar o sistema francês de aprendizagem — o bullying e a humilhação não regulados —, eu era obrigado a admitir que havia aprendido muito. Esse sistema tinha me transformado num cozinheiro. E as lições pareciam ter se gravado na minha psique de maneira permanente, de uma forma que não sei se teriam sido gravadas caso tivessem sido mais gentis e humanas. (Até hoje, escuto os berros de Christophe quando estou limpando: "*Pas propre!*" "*Sale!*" "*Pas propre!*".)

A refeição do Potager — como eu estava à mesa, Viannay pediu um *magnum* de um bom vinho da Borgonha — foi inesperadamente inspiradora. Olhei para as instruções de MOF. Não eram bem uma receita, mas uma série de condições: os ingredientes que podiam ser usados, outros que eram proibidos, o tamanho da porção, o peso do pato. Para a torta, não se podia fazer a massa folhada de antemão. Mas você podia chegar com um *pâton*, aquela massa úmida em que você envolve a manteiga. Caldo: era proibido usar vitela, mas permitido levar caldo de galinha. O número de cogumelos era especificado (doze básicos, chamados de *champignons de Paris*, apenas as tampas), assim como o número de ameixas secas (seis, descascadas, de Agen), mas não o de nabos. E quanto ao pato: seu peito deveria ser removido, cozinhado sozinho e servido em fatias finas cobertas por um molho à base de cidra; a carne das coxas era para a torta, cozida da maneira que bem se entendesse ("*cuisson libre*"). Era um teste, mas também uma charada.

Eu tinha continuado a praticar massa folhada e havia congelado os resultados das minhas tentativas. No freezer, também havia uma boa quantidade de caldo de galinha. *Pensei*: eu consigo fazer isso. Comecei a procurar a travessa requerida, mas não havia nenhuma na cidade. Os competidores haviam comprado todas. (Também tinha havido uma grande procura por peixe — *carrelet*, solha —, que estava fora de estação. O noticiário local exibiu uma reportagem sobre o aumento de preço por causa da demanda do MOF: o quilo tinha passado de um a cinco euros para 113 euros. Obviamente, era o custo de viver numa cidade de aspirantes a chef.)

Procurei receitas em Escoffier, depois em todos os outros. Os pratos específicos do MOF não estavam em lugar nenhum, mas estavam em toda parte... talvez. Encontrei muitos pratos que usavam cidra. Havia umas duzentas receitas de pato com nabo. Decidi cozinhar as coxas para um recheio de torta como um *ragoût*, embora eu sempre pensasse nele como *ragù*, na grafia italiana.

Minha primeira tentativa não foi desastrosa. Comecei desossando o pato. Assim como se dá com o frango, você primeiro remove as patas. Para o peito, remove a fúrcula e as asas e retira os "filés"; eu, pelo menos, penso neles como filés. Eles são separados por um esterno comprido, e você começa dali, passando a faca em um lado, soltando a carne do peito, raspando e raspando. A cavidade peitoral de um pato é diferente daquela da galinha, menos oval, e a carne lembra mais a forma de um lombo.

Reservei o peito. Ele seria para depois.

Piquei a carcaça, assei, coloquei em uma panela, acrescentei um toque de cidra reduzida e cobri com caldo de galinha. Esse seria meu *jus* básico.

O recheio da torta viria principalmente das coxas, bem como de pedacinhos que eu conseguisse tirar de outros lugares, inclusive as "ostras", que os franceses chamam de *sot-l'y-laisse* (o que apenas um tolo despreza). O desossamento das patas rendeu uma pilha decepcionantemente modesta de pedacinhos. (Como iriam rechear uma torta?) Eu os dourei e cozinhei em fogo brando em uma quantidade pequena do *jus* de pato. Lembrei que havia um ponto em que a carne, mesmo depois de cozida por um longo tempo, mantinha sua forma e textura. Depois há um momento, *logo* em seguida, em que ela fica molenga. A minha ficou. Estava mais para *ragù* do que para um *ragoût*, e ficaria mais apropriada sobre um *pappardelle* fresco.

Revisei minhas instruções, inclusive o comunicado de imprensa, e notei algo que não tinha visto antes: no dia da prova, os jornalistas poderiam visitar um *centre d'épreuves* (um centro de provas), desde que chegassem depois que o cozimento tivesse começado e não atrapalhassem os candidatos. Pesquisei uma lista de centros. O mais próximo ficava em Dardilly, nos arredores de Lyon. Por que não?

Era em um *Lycée*, uma escola de ensino médio — adolescentes com livros, deitados na grama, parecendo tão relaxados que a imagem deles, seu lazer juvenil, era ao mesmo tempo desconcertante e nostálgica. A cozinha de provas ficava em outro lugar, em todos os sentidos possíveis. Você seguia até o fim de um longo corredor escuro, subia uma escada ainda mais escura, abria uma porta e a atmosfera atingia você: odores corporais, fumaça de cozinha e uma forte sensação de que as coisas iam dar muito errado.

Os administradores eram casados, ambos com sessenta e tantos anos e com aquela relação irritável de duas pessoas que haviam passado juntas a maior parte de uma vida lá não muito agradável. Estavam às voltas com uma prancheta. Alguns candidatos haviam submetido seus pratos sob o número errado, e não conseguiam descobrir que números deveriam ter usado. Os dois estavam coordenando tudo desde as cinco da manhã, estavam atordoados, me olharam com um ar inexpressivo e perguntaram o que eu queria.

Eu tinha uma carta de credenciamento.

"Sou jornalista. Estou aqui como observador."

A mulher, com as mãos no balcão, baixou a cabeça. "*Merde*", sussurrou. "Ache o Pierre", ela disse, e o marido saiu em busca dele.

A cozinha ficava nos fundos, com um nicho para os jurados na lateral, atrás de uma "passagem" onde um candidato tinha acabado de aparecer trazendo uma bandeja com seis pratos, um para cada jurado — fatias finas de pato dispostas em leque, um molho marrom-avermelhado vivo e uma fatia de "torta". Era a primeira vez que eu via o prato finalizado. Passava a impressão de algo que faria um cliente muito feliz em um restaurante. Não parecia particularmente ambiciosa ou difícil. Parecia apenas correta. O candidato — seu avental balançava em volta dele como uma pipa; também havia uma mancha no casaco — tinha evidentemente fracassado. Estava vinte minutos atrasado. Um candidato avança para a final com uma pontuação perfeita, ou quase perfeita — dezenove ou vinte pontos de um total de vinte. Devido ao atraso, por mais elegante que a apresentação do pato pudesse estar, ele foi desclassificado.

Pierre apareceu nesse momento: era uma figura idosa e angelical com um casaco branco impecável e a bandeira radiante no colarinho. Eu o conhecia! Era Pierre Orsi! Querido Pierre! Todos conhecem Pierre. Eu o tinha visto diversas vezes, com Boulud e no salão; Jessica e eu comemos lá para celebrar um dos nossos aniversários de casamento e ficamos impressionados com a atenção dada por ele. Pierre me recebeu como um amigo e me chamou para o nicho dos jurados, como se estivesse me oferecendo a melhor mesa da casa (o que realmente era).

O rosto dos jurados dizia: não deve ser esse o protocolo. Mas Pierre era o MOF no comando e tinha, por suas maneiras corteses, tomado uma decisão executiva de forma irrefletida. Além do mais, eu já conhecia três dos seis jurados: William Jacquier (um dos meus primeiros professores no Institut Bocuse), Christian Têtedoie (a ambição em pessoa e que, ao longo de meses, havia aberto quatro restaurantes diferentes, numa sucessão impressionante, sem contar o *bouchon* que arrancara de Boulud) e ninguém menos do que Jean-Paul Lacombe, o chef proprietário de Léon de Lyon, que, em uma versão da minha aventura, poderia ter sido o lugar onde comecei na cozinha. Michel Richard me veio à mente: uma lembrança do nosso último dia juntos, quando ele me disse que, em Lyon, eu iria conhecer todos os chefs da cidade, e eu havia descartado a ideia; eu nem conseguia falar francês na época. Mas ele estava certo, afinal.

Lacombe e eu havíamos nos tornado amigos depois de uma nova visita ao Léon de Lyon, quando lhe contei que conhecia Michel Richard. Lacombe, como todos que o conheciam, considerava Richard um membro da elite das elites, e mais uma vez fui contagiado pelo brilho de sua glória. Lacombe era o único chef sem um colarinho de MOF, o que o fazia parecer claramente malvestido.

Roger Jaloux era outro jurado, um dos anciões da cidade. Eu não o conhecia, mas havia ouvido falar de sua reputação: ex--Bocuse (chef executivo por quatro décadas) e dono de dois bistrôs históricos na cidade. Não registrei o nome dos outros jurados, mas não pedi que eles repetissem. Mantive a caderneta embaixo da mesa. Ela estava quase queimando na minha mão.

Os jurados já estavam terminando com o candidato de número catorze. Discutiam sobre o molho dele. Jean-Paul Lacombe, que havia se sentado à frente de Têtedoie, gostou. Deu cinco pontos. Cada inscrição era avaliada segundo quatro critérios, e cada um deles valia até cinco pontos.

"Como você pode achar o número catorze 'bom'?", Têtedoie perguntou. "O molho estava insípido."

"Não estava insípido."

"Estava."

"Não, não estava. Eu gostei. Tinha sabor de maçãs." Parecia que "maçãs" era uma referência a uma conversa anterior e algo que os jurados esperavam encontrar em um molho feito com cidra. Lacombe tinha um ar maroto.

"Maçãs! Não tinha gosto de nada. Era banal."

Lacombe sabia que o comentário provocaria Têtedoie. Ele persistiu. "Cinco."

"Não. Quatro."

"Cinco."

"Quatro."

Uma pausa longa. "Está bem", Lacombe cedeu, "quatro."

A diferença entre quatro e cinco poderia ser suficiente para impedir que um candidato avançasse.

"A torta?"

"Cinco", Lacombe disse.

"De maneira alguma", disse Têtedoie. "Você experimentou os cogumelos?"

"Claro que experimentei os cogumelos."

"Comi um e estava duro." *C'était dur.* "Não estava cozido de um lado." Os cogumelos eram fatiados e salteados. Alguém — quem quer que fosse o número catorze — devia estar com pressa e, sem querer, deixou um lado de um cogumelo malcozido.

"Quatro", Têtedoie disse.

"Está bem, está bem. Quatro."

O anônimo número catorze jamais saberia que um cogumelo o havia impedido de ir para a final.

O grupo avançou para o número quinze. Afastei discretamente a cadeira da mesa, abri minha caderneta e comecei a escrever com ela apoiada no joelho.

"*Le visual de la pie?*", perguntou Roger Jaloux. A apresentação da torta, o visual dela?

"*C'est bon. Une belle présentation*", Jacquier disse. Estava boa. Bonita. Cinco pontos. Quatro jurados concordaram. Eles deram cinco.

Têtedoie foi o último e estava furioso. Sua fúria — ele espumava de raiva — era direcionada a Lacombe. "*Non. Non, et non.*" Era irrelevante que os outros houvessem gostado tanto da torta que tivessem lhe dado cinco pontos unanimemente.

"Ah, Christian", Lacombe disse, soltando um suspiro. O tom era: relaxe, por favor.

"Quatro!", Têtedoie insistiu.

Um jurado que eu não conhecia baixou a cabeça, resignado. Fazia horas que o grupo estava julgando.

"Está bem, quatro", Jaloux disse. "Mas, Christian, por favor, se comporte, *s'il te plaît*? Tem um jornalista aqui. Ele está tomando notas."

Eles continuaram. Com a torta, a preocupação era ou o recheio (precisava de *fondant* — uma densidade que derretia na boca, uma leveza — e a maioria dos resultados não tinha isso), ou a massa folhada, mencionada durante o julgamento como *le feuilletage*, que normalmente não estava bem cozida ("*Pas cuit*"). Você nunca seria um MOF se não conseguisse cozinhar uma massa folhada de modo apropriado.

"*Le feuilletage* do número 21 tinha *un soufflé très beau*", Lacombe disse, um belíssimo inchaço, um belo sopro, e ele estendeu as vogais de *beau* como um poema.

"Não", disse Têtedoie, "estava grande demais."

"E o molho", Lacombe continuou, ignorando-o descaradamente, "era *ravissante*", arrebatador.

"*Ravissante?* Sério, Jean-Pierre? Não tinha personalidade nenhuma." (E ainda tinha isto: como dar personalidade ao molho?)

Quanto mais os jurados continuavam, mais óbvio ficava que a discussão entre Lacombe e Têtedoie era sobre alguma coisa além dos pratos. Seria porque Lacombe não era um MOF? Ele era delicado ao toque, parecia bastante cafona, quase fofinho. (Seria apenas vaidade? Seu cabelo parecia tingido de loiro.) Ele também parecia um saco de batatas. Tinha má postura.

Têtedoie, doze anos mais jovem, era elegante, com uma postura infatigável, cabelo grisalho curto e traços finos. Era o equivalente humano de uma camisa engomada. A aparência não era militar. Era ferrenha. Seu chef executivo tinha acabado de receber a honra de representar a França no próximo Bocuse d'Or, uma honra que era tanto de Têtedoie quanto do candidato. Têtedoie parecia estar se preparando para ser o futuro da culinária lionesa, e esse futuro era de disciplina e rigor. Era exigente. Nenhum competidor conseguiu uma pontuação perfeita, embora alguns pudessem ter conseguido se Têtedoie não estivesse lá, elevando um padrão que seus colegas achavam incômodo de tão alto. Nenhum candidato a MOF de Dardilly chegaria à final. E o que eu sabia a respeito? Talvez isso fosse o certo.

"Número 22?", Jaloux perguntou.

"*Absenté.*" *Absenté* não era ausente. Era um ausente na prática: atrasado.

"Número 23?"

"*Absenté.*"

"Número 24?"

"*Absenté.*"

"Número 25?"

"Catastrófico", Têtedoie disse.

A sessão terminou. Guardei minha caderneta, agradeci aos jurados (Jaloux parecia acanhado e envergonhado) e me dirigi à saída. Os administradores me viram e perceberam que eu havia passado o tempo todo lá — em sua agitação, haviam se esquecido de mim — e que eu tinha acabado de vir do nicho dos jurados. E estava sentado no júri! "*Mon Dieu!*", a esposa declarou. "Mas pelo menos você não estava tomando notas."

Na manhã seguinte, entrei em contato com Têtedoie e perguntei se podia vê-lo.

Nós nos encontramos no bar do Restaurant Christian Têtedoie, no meio da íngreme colina Fourvière, em uma estrada antiga, idiossincrática e sinuosa — muralhas de pedra, mosteiros e prédios renascentistas. O restaurante era uma estrutura moderna, bastante atraente justamente por destoar de tudo que havia ao redor, com ângulos retos de vidro, um banner de quase quatro metros parabenizando o chef executivo de Têtedoie e uma vista panorâmica aparentemente ilimitada da cidade lá embaixo.

Expliquei que o MOF havia me intrigado pela insistência de que a comida francesa devia ser feita com perfeição. "Os pratos já não são, por si mesmos, bastante difíceis?"

"Não, não são. Mas são difíceis de fazer com perfeição."

"Também são bastante franceses."

"Bastante."

Perguntei por que, durante a sessão do júri, ele insistiu em baixar as pontuações dos colegas.

Ele pareceu satisfeito por eu ter notado. "Meus colegas eram generosos demais."

O que havia entre ele e Jean-Paul Lacombe?

Têtedoie pareceu satisfeito de novo. "Não é nada pessoal. Jean-Paul é um chef de bistrô muito bom. Mas um MOF cozinha no nível mais alto possível. Não pode ser apenas 'bom'."

Contei que eu vinha praticando o pato com nabos, assim como a torta. "Posso cozinhá-los para você? Julgaria meu prato com todo o rigor de julgamento que você levou à sessão de júri?"

Ele concordou.

Fui embora, entusiasmado e assustado. O prato era como um ato de graduação. Depois, fiquei sabendo que todos os meus amigos tinham sido reprovados: Christophe, Frédéric e os dois chefs da cozinha de Boulud — todos. Nenhum avançaria para as finais.

Meu desafio era aquela qualidade *fondant*.

Olhei o Escoffier de novo e encontrei duas receitas que me pareceram úteis. Uma era um *civet de lièvre à la française*. *Lièvre* é lebre. *Civet* é uma forma de cozinhá-la: marinando-a em vinho, braseando a carne na marinada e, depois, misturando a marinada com o sangue do animal para fazer o molho. É intenso e profundamente francês. A preparação não era muito diferente do que eu já vinha fazendo (exceto o sangue): eu estava cozinhando uma carne dura num molho delicado até ficar macia e muito saborosa; isto é, como um *ragoût* (ou *ragù*).

A segunda receita era coelho (o primo menor e mais magro da lebre). Também pedia calvados, o brandy feito na Normandia à base de maçãs (e com um quê de maçã intensificado) e era tratada como um ragu — "*traités en ragoût*" (braseado, líquido forte, molho etc.).

Pensei: eu estava certo! *Ragoût*! Ou *ragù*! Eram basicamente o mesmo processo.

Também pensei: calvados! Claro! Não havia nenhuma menção a ele nas instruções de MOF, o que me fez parar e pensar. Mas também não havia menção para *não* usar. Se você estava preparado para aceitá-lo, por que parar por aí? Cidra → calvados → vinagre de maçã (por que não?) → marmelo, o fruto medieval entre maçã e pera = um quê de maçã muito, mas muito, intensificado (e, minha nossa, meu molho teria uma personalidade absolutamente descomunal).

Comecei a trabalhar: desossando as coxas, fazendo uma marinada de calvados com vinagre de maçã, dourando a carne, depois acrescentando meu *jus*, mais um toque de calvados (*pourquoi pas?*), não o suficiente para submergir a carne, mais uma pocinha do que um lago, e então fui jogando o líquido em cima com a colher, não por muito tempo, cerca de trinta minutos, o suficiente para deixá-la macia. O resultado?

Muito melhor do que da última vez. Ficou menos molenga e mais identificável como carne (você nunca serviria aquela preparação sobre um espaguete). Mas o que me surpreendeu é que ficou decepcionante de tão seca. Estava seca de verdade. Parecia até cartolina.

Era um exemplo do que agora chamo de Paradoxo do *Bœuf Bourguignon*: como, quando se braseia a carne (em um líquido), ela fica o oposto de úmida. E com gosto de desidratada. Pode ser um problema ao se fazer *coq au vin* (braseado em uma garrafa de vinho tinto). A solução é gordura (o que significa dizer que o que falta, depois de um longo brasear, é gordura, e sua ausência cria a sensação de secura). Julia Child entendia isso: ela ficou famosa por ter proposto cozinhar o *bœuf bourguignon* com *lardons* — pequenos retângulos de *poitrine*, o equivalente francês da *pancetta* —, ou seja, bacon.

Mas em Lyon não se usa *poitrine*, normalmente vendida como um produto industrializado, pré-cortado em cubos e dentro de um recipiente de plástico rígido. Eles usam um pedaço muito animalesco, suado e ligeiramente fedorento de *couenne*.

Até para o *bœuf bourguignon*, nosso açougueiro local me disse, usa-se *couenne*. "É o original." (Ele também recomendou não usar carne de ensopado — ombro, pata, traseiro —, e sim as bochechas do animal: por serem músculos bem fortalecidos, o colágeno demora mais tempo para derreter; é uma carne mais cara, porém com um gosto superior *e* muito mais prolongado. E ele estava certo! Agora só faço dessa maneira.)

Couenne (se pronuncia "cuene") é uma camada fina que fica logo embaixo do revestimento externo da pele do porco. Limpe-a mergulhando-a brevemente em água fervente, depois a leve ao fundo da panela e deixe que derreta, entrando na carne enquanto esta cozinha. A *couenne* substitui o que o vinho evapora. Ela cria uma carne que brilha. As receitas na minha edição de 1894 do *Le Pot au feu* pedem *couenne* com tanta frequência que, assim como o sal e a pimenta, ela quase nunca é mencionada nos ingredientes. Parte-se do princípio que você a tem em casa. Em Lyon, compra-se *couenne* em qualquer açougue, na feira de domingo e na rede de supermercados Monoprix. Ela faz pratos braseados darem certo. Um "pub" atrás de casa, logo depois da escola dos meninos, subindo a colina, se chamava La Couenne. Era uma referência gastronômica tão interna que, ao ver a placa, eu me apaixonei por Lyon outra vez. (Dá para imaginar um bar no centro da cidade chamado O Revestimento Estomacal?)

Arrisquei mais alguns truques. Havia tanto líquido que tentei fazer um *roux* para engrossá-lo. (Partes iguais de farinha e manteiga — só um pouco, 25 gramas de cada, batidas agressivamente em fogo baixo até alcançar um amarelo amarronzado.) A maioria das receitas do século XIX pedem *roux*. A maioria das receitas do fim do século XX o proíbe. Os editores da *Gault & Millau Nouvelle Cuisine* o condenam: por que usar farinha para engrossar um molho se, em vez disso, você pode reduzi-lo e intensificar seu sabor? Se você mencionar *roux* para os chefs de hoje, eles fazem sons de uma mastigação pegajosa, imaginando uma massa gosmenta e seca aderindo ao céu da boca. Mas eu estava fazendo um recheio de torta, não um molho, e havia muito líquido, o que pedia um engrossamento *fondant* e resistente.

Os nabos também acrescentaram uma sensação *fondant* e macia, porque eu os cozinhei polvilhados com farinha e finalizei com uma concha do meu *jus* de cidra e caldo de pato. Essa era *outra* preparação de Escoffier (quem poderia imaginar que o velhote tinha tantas dicas boas, hein?) e, ao experimentar uma colherada direto da frigideira, fiquei surpreso com sua doçura radical. Eu havia cozinhado nabos novos de primavera no La Mère Brazier, mas eles ficavam sempre como eu imaginava que ficariam, fibrosos, aguados, com pouco sabor. O gosto era mais saudável do que divertido. Mas aqui a panela havia transformado os amidos. E o resultado não era apenas doce: era o equivalente tubérculo de uma fruta. Mesmo hoje em dia, quando o pato é preparado em muitas variações exoticamente competitivas — coberto por ginjas, ou cerejas ácidas encontradas apenas em agosto, ou mirtilos selvagens da montanha marinados em um xarope saboiano de flores de *génépi* —, você ainda vai encontrar, na França, a ave servida com nabos. A combinação, tão antiga quanto a própria agricultura, tem uma harmonia rústica, gordurosa e doce, de ave e terra, que funciona.

Em um fim de semana em Mâcon, Jessica tinha compartilhado uma foto com seus amigos candidatos da WSET que me mostrava no fim de uma refeição de *bouchon* abraçado a três chefs com restaurantes nos Estados Unidos — Daniel Boulud, Thomas Keller e Jérôme Bocuse, filho de monsieur Paul. Olivier, um franco-suíço que morava em Londres, ficou impressionado.

"Caramba", ele disse, "olhe por quem seu marido está cercado. Quando vamos ser convidados para jantar?" Depois que eles passaram em suas provas finais e ela recebeu seu diploma, ficou combinado: eu cozinharia meu prato de MOF para eles celebrarem; seria meu primeiro teste.

    E havia Bob. Torta de pato não parecia um exemplo de grande culinária, mas, se era o que os organizadores do MOF haviam considerado digno de ser preparado, então provavelmente era grande o bastante para Bob. Ele seria o próximo.

    Enquanto isso, fiz três tentativas antes do meu primeiro teste. Todas as vezes, eu não cansava de me admirar com o simples fato de que eu havia feito uma torta crocante e dourada que cheirava a manteiga e um pato braseado em cidra de maçã outonal. Era uma obra de arte de uma beleza absurda. Caramba, eu que fiz. Puxa vida.

    Eu gostaria de acreditar que minha determinação para identificar o motor, o coração, o ponto de partida da cozinha francesa, aquele momento que engendrou uma poderosa cultura culinária, é que me fez voltar várias vezes a La Varenne e me tornou um estudante de seu livro, buscando as refeições que mudaram tudo. Na verdade, o que me fazia pegar seus livros eram as palavras *ragoût* e *ragù*. Meu entendimento de *ragù* não era exatamente o mesmo que um cozinheiro francês entendia por *ragoût*. Quando eu cozinhava meu pato como um *ragù*, ficava uma papa deliciosa. Quando eu o cozinhava delicadamente, colocando meu caldo de pato com uma colher sobre ele, aquecendo-o por baixo e por cima, não tentando obter um molho italiano (um *sugo*), mas alguma coisa com uma maciez embebida, então eu conseguia ver que estava fazendo algo diferente, que eu *via*, possivelmente, como um *ragoût*. A incerteza era que a palavra "*ragoût*" tem uma indefinição peculiar. Não é muito usada hoje em dia, mas por quase três séculos, de 1651 até por volta dos anos 1930, era tão comum que raramente fora (se é que foi) definida. Depois de uma pesquisa bastante abrangente em quase três séculos de livros e dicionários de culinária, não consegui encontrar nenhum autor ou chef que definisse o significado de "*ragoût*". Supunha-se que o leitor soubesse. (Finalmente, encontrei uma definição contemporânea em meu livro didático do Institut Bocuse, que inclusive descrevia um *ragoût* como sendo cozido de cima para baixo e de baixo para cima e o qual se regava por cima com uma colher. A ideia é que o molho dê sabor à carne e que a carne dê sabor ao molho; ou seja, o que meu livro didático descreve, dubiamente, como "o fenômeno da osmose".)

Também parece provável que a primeira aparição impressa da palavra, no sentido que se aplicava à comida, tenha sido com La Varenne. Eu precisava voltar ao Château Cormatin com urgência. Eu estava buscando o tesouro errado.

Era o patrão de La Varenne que era importante, o empregador, Du Blé. Sem ele, não teria havido livro de culinária nenhum. (Afinal, La Varenne era empregado de Du Blé; ele não telefonou para seu agente em Paris pedindo que lhe arranjasse um contrato com uma editora.)

Havia uma pintura de Du Blé sobre a cornija de uma lareira num cômodo em algum lugar. Uma biblioteca? Um escritório? Eu não havia prestado muita atenção. Era um homem de armadura. Agora eu entendia que ele era o segredo.

Voltamos e fomos conduzidos ao que se chamaria hoje de sala de estar, um amplo espaço teatral para receber convidados, e o quadro era tão proeminente que fiquei surpreso por não tê-lo notado antes: tratava-se de um oval simples, com a representação de seu objeto da cintura para cima, um rapaz de armadura preta com uma faixa vermelha no peito, um elmo de cavaleiro na mão esquerda e uma gorgeira que eu associava à Inglaterra elisabetana. ("Totalmente ultrapassada", observou a estudiosa Jessica. "Os franceses estavam muito atrasados em relação ao resto da Europa.")

Eu havia me enganado a respeito do marquês.

Na longa saudação que La Varenne lhe dirige em sua introdução ("Ao poderoso senhor, milorde Louis Chalon du Blé, conselheiro do rei em seus conselhos privados de Estado, cavaleiro de suas ordens" etc.), ele havia assumido uma forma vaga na minha mente, um tipo, algo como um fidalgo rural conforme a descrição de Henry Fielding: arrogante, pomposo, grandioso, parecendo muito mais velho do que sua idade real, qualquer que fosse ela. Mas Du Blé era um menino quando o retrato fora feito. Aqui ele é jovem, tem pele clara, cabelo ruivo na altura dos ombros, lábios cor-de-rosa delicados — é "garboso", para usar o clichê — e não mais do que 25 anos; talvez seja ainda mais jovem, quem sabe um adolescente, porque (finalmente entendi) ele era *mesmo* muito jovem. Claramente, era mais novo do que La Varenne.

Du Blé nasceu no dia de Natal de 1619. Participou de uma batalha, sendo logo promovido a comandante de seu primeiro regimento, aos dezenove anos. Segundo as referências internas que constam na introdução, tinha cerca de vinte anos quando contratou La Varenne, e trinta quando La Varenne terminou *Le Cuisinier françois*. Du Blé, eu descobriria, muito próximo ao poder, era o futuro juvenil da França numa época em que a nação pensava constantemente no que significava ser francês. Comida o interessava — sabemos disso porque La Varenne nos fala que foi assim. Du Blé lhe ensinou uma técnica que se tornaria uma peça central da culinária de La Varenne. É a primeira coisa que ele menciona na introdução, assim que termina o discurso de gratidão habitual de abertura como "seu humilde servo":

> Nos dez anos que estou empregado pelo senhor, descobri em sua casa o segredo de preparar carnes com elegância.

I'ay trouué dans vostre Maison par un employ de dix ans entiers le Secret d'aprester delicatement les Viandes.

Até aquele momento, antes de La Varenne, a carne, grosso modo, era cozida de duas maneiras: em um brasear ou pelo calor direto (grelhada ou assada), o que contrai o tecido e endurece a carne. A mesma coisa ocorria na Itália: *brasato* ou *ala griglia*. Uma é cozida; a outra, assada em vários estágios possíveis.

La Varenne parece estar se referindo a cozinhar a carne como um *ragoût*. (O francês do século XVII é diferente da língua moderna; *Viandes* não significa necessariamente "carne" e *délicatement* era mais como "com elegância" ou "com cuidado". Mas no *Le Cuisinier françois*, e de forma muito clara, *Viandes* tem o mesmo sentido de hoje; e até *délicatement* parece ser muito próximo do nosso "delicadamente".)

Um *ragoût*, descobri em minha própria implementação improvisada dele, é um modo de cozinhar que fica entre o *brasato* e o *ala griglia*: a carne é cozida gentil e cuidadosamente, de baixo para cima e de cima para baixo.

Ragoût é uma palavra do começo do século XVII. Aparece impressa pela primeira vez para descrever uma peça exuberante, uma pintura emocionante ou um texto extravagante com certa qualidade extra que desperta o espectador, o apreciador de arte ou o leitor. *Ragoût* é um *goût* exagerado (o prefixo *ra-* é um intensificador), e *goût* é uma palavra essencial na língua e na cozinha francesas. Significa "gosto" ou "prazer" ou "sabor". La Varenne é o primeiro a empregar a palavra *ragoût* na comida — impressa e com um sentido específico. Minha suspeita, porém, é que ele não foi o primeiro a usá-la. Por quê? Porque ele nunca diz o que ela significa.

Os *ragoûts* abundam ao longo do *Le Cuisinier françois*. De acordo com a minha contagem, há consideravelmente mais de duzentas menções. Se você ler o capítulo sobre o que cozinhar no campo de batalha (63 *ragoûts*), vai descobrir, caso tenha a sorte de encontrar uma vaca enquanto está às voltas com um combate armado, as diferentes formas de preparar cada corte. Por exemplo, o ombro, que pode ser assado ou preparado como um *ragoût*; ou o peito, que você pode rechear, enrolar e cozinhar como um assado; ou picar e cozinhar como um fricassê, ou preparar como um *ragoût*. A língua, você pode mariná-la, ou fazê-la como um *ragoût*. A cabeça: *muitas* possibilidades — incluindo um *ragoût*.

Onde La Varenne teria ouvido a palavra pela primeira vez? De outros cozinheiros, seus colegas de profissão, os mesmos a quem se dirige como leitores. E graças a Du Blé: era "*le secret*" de cozinhar a carne até ficar macia. Ele havia aprendido o que acontecia então na cozinha francesa porque estava em uma posição especial de comer o que havia de melhor nela. Du Blé, em Paris, entre uma batalha e outra, vivia em um círculo exclusivo. Em sua introdução, La Varenne menciona ter cozinhado para membros desse círculo e se atreve a dizer ("*J'ose dire*", na grafia francesa medieval) que executava seu trabalho com tanta maestria que recebia grandes elogios ("*grande approbation*") dos convidados que se reuniam à mesa de seu empregador: princesas, grandes marechais da França e uma "infinidade de pessoas" de prestígio. Era um grupo formidável. A França vivia um período prolongado de reformas que envolviam política, guerra, cultura, a língua, as artes e a cozinha. De certa forma, o período se assemelhava ao que o norte da Itália havia passado nos primeiros dias de seu Renascimento. E no texto de La Varenne temos essa nova palavra feliz, *ragoût*, um vislumbre, talvez, do que estava acontecendo durante esse período não documentado antes de a culinária francesa se tornar tão especial como é hoje.

A palavra se originou na Itália, eu supus, como a maioria dos outros itens antigos do estilo da culinária francesa.

Os dicionários italianos tendem a ser vagos sobre a origem da palavra, porém destacam sua importância: afirmam que o *ragù* é um dos pratos italianos mais famosos do mundo ("*sicuramente uno dei piatti italiani più famosi sia in Italia che nel mondo*"), que é tão antigo quanto a própria antiguidade, mas que só aparece impresso no fim do século XVIII ("*nascita alla fine del 1700*"). Na realidade, é possível datar as origens da palavra com exatidão: no caso, 1682, o ano em que *Le Cuisinier françois* foi publicado em italiano na cidade de Bolonha como *Il cuoco francese*.

Ragoût não vem de *ragù*. *Ragoût* é uma palavra que os italianos tomaram emprestado do francês. Esse é o ponto de virada.

Na cultura da cozinha, o momento marca uma virada colossal, como um rio que passasse a correr em sentido contrário. Até então, os termos culinários (*zabaglione* → *sabayon*, *becamele* → *béchamel*, *pasta* → *pâte*), os ingredientes (alcachofras, chalotas, melões, frutas cítricas, vagens, aspargos), as preparações (mortadela → *rosette*), o serviço de mesa (*forchetta* → *fourchette*) e a noção profundamente renascentista de *convivium* (*festa* → *fête*) entraram na França a partir da Itália. Com La Varenne, e em particular com a palavra *ragoût*, as descobertas culinárias começaram a emanar da França.

Quanto ao teste da preparação de pato para Jessica e seus colegas enólogos: mais uma vez não foi um desastre, mas tampouco saiu exatamente conforme o planejado, talvez porque não tenha sido exatamente planejado. Na prática, eu ainda estava reformulando a receita. (Além disso, trapaceei, admito, e acrescentei algumas coxas extras ao ragu — para não ficar tão miserável.)

Reidratei as ameixas secas com calvados. Depois, achando o recheio da torta doce demais, acrescentei azeitonas salgadas para compensar: azeitonas e pato, uma combinação quase tão antiga quanto pato com nabo — por que não?

Comecei a cozinhar os cogumelos, mas decidi salteá-los na gordura da *poitrine* em vez de na manteiga, porque agora eu estava acrescentando *lardons*, além da *couenne*, ao meu *ragoût* (para aumentar a gordura e o sal, porque a preparação parecia precisar). Então, sentindo-me liberado, decidi acrescentar um pouco de canela (por causa de suas associações com maçã) e baunilha (idem) e depois mais vinagre de maçã para compensar as associações adocicadas.

Então, já atrasado, querendo levar a comida à mesa, porque, quanto mais a refeição demorava para chegar, mais todos bebiam as garrafas que haviam trazido para celebrar a obtenção de seus diplomas, eu me virei da boca do fogão com meu molho na panela exatamente quando um dos convidados (o já incrivelmente bêbado Olivier) apareceu na cozinha para ver se podia ajudar, e o líquido cuidadosamente curado entre doce, amargo, salgado, umami e inebriante saiu voando da panela, respingou em Oliver e aterrissou, reluzente, no chão da cozinha.

Fiquei olhando, arrasado.

Olivier se limpou, pegou a panela e disse alegremente: "Ainda sobrou um pouco de molho!". (Mas só um pouquinho.)

Quão embriagado foi o jantar? Em si nem tanto, mas ninguém durou até a sobremesa, porque a essa altura não havia mais ninguém à mesa. Estavam todos na sala, onde o sofá, duas poltronas e um apoio para os pés estavam cobertos, como uma manta volumosa e pesada, por um convidado comatoso.

Eu precisava de mais um teste — com Bob — e depois cozinharia para Têtedoie.

ANTES DISSO, NO VERÃO, tínhamos levado Bob para passear. O convite demorara a ser feito. Entendo agora que ele teria preferido a comunhão de uma refeição em nossa casa, o que era um rito lionês de amizade, mas ficou feliz com o convite. Escolheu o dia: uma terça, no dia seguinte não haveria aula (Bob fechava às quartas, assim como as escolas, para ficar com a filha; ele tinha tomado banho e se barbeado, uma imagem radical). Ele também planejou o itinerário, que começava com seus amigos no L'Harmonie des Vins, porque Bob sabia que eles tinham acabado de receber uma entrega do novo Saint-Péray, um vinho branco de produção reduzida feito por Alain Voge. Bob nos explicou que, onde morávamos, um vinho às vezes tem data de lançamento, como a noite de estreia de uma peça, e existe o entusiasmo de estar entre os primeiros a prová-lo.

Bob falou, falou, falou. Falou sobre seu pai, ainda vivo, um filho de fazendeiro ("Meu avô, meu bisavô, meu tataravô, todos eles, por gerações, foram *paysans*") que virou um padeiro renomado na cidade, um patriarca com quem seus muitos filhos buscavam conselhos antes de tomar grandes decisões e que, por motivos que ninguém entendia, não falava mais com a mãe de Bob. Fazia cinco anos que ele não dirigia uma palavra sequer a ela. ("Era estranho. Ele falava com o resto de nós.")

Falou sobre a mãe, de 85 anos, que fingia não se angustiar com o fato de o marido, com quem era casada havia 59 anos e que era o pai de seus sete filhos, não falar mais com ela.

Sobre a esposa, Jacqueline, que era mãe solo de um filho quando ele a conheceu em uma viagem que fez sozinho a Cuba, por quem se apaixonou e que, depois de um tempo, ele pediu em casamento, o que ela aceitou, mas apenas se fosse abençoado pelo sacerdote dela, um discípulo da santeria, a religião caribenha da época da escravidão.

Sobre ter se empenhado na bênção do casamento, voltando a Cuba para participar da cerimônia, com pessoas dançando e cantando, muitas entrando em transe, até o sacerdote interromper os trabalhos: "Ele segurou meu rosto entre as mãos, olhou no fundo dos meus olhos e declarou: 'Sua família vendeu a carne de nossos ancestrais. Você não pode se casar com Jacqueline. Saia da minha frente'.".

Sobre seu retorno à França, de coração partido, e sobre ter descoberto depois, por meio da mãe, que havia alguma verdade na declaração do sacerdote, por mais estranha que ela parecesse: pois tinha havido uma ruptura terrível na família, porque uma linhagem dela vendia escravos da África Ocidental e a outra achava a prática inaceitável, o que levou a uma cisão raivosa; os dois lados nunca mais se falaram.

Sobre como Bob voltou a Havana e explicou sua história ao sacerdote, que então abençoou o casamento, e Bob e Jacqueline (junto com a criança do primeiro casamento dela) se mudaram para Lyon.

Sobre seus seis irmãos — a essa altura estávamos no Les Oliviers, outro restaurante, outro amigo —, Bob falando mais e mais rápido, com cada vez mais urgência, havendo tanto que queria compartilhar: Marc, o advogado em Paris que arranjou um emprego para Bob em uma biblioteca jurídica (o que ele adorou); Jacques, que morava em Genebra, fazendo de tudo um pouco; duas irmãs, das quais não guardei o nome por causa da pressa de Bob; outro irmão, e *então* Philippe, o querido Philippe, o segundo mais novo da família, um ano mais velho do que Bob e aquele com quem ele menos conversava porque era em quem mais pensava. Todos os membros da família trabalhavam na *boulangerie* do pai deles no Natal e na Páscoa. Apenas Philippe se tornou padeiro, um grande padeiro, havia aberto meia dúzia de padarias, trabalhava nos resorts de esqui no inverno, no Caribe durante o verão, em navios de cruzeiro se o pagamento fosse bom. Bob disse: "Philippe é meu melhor amigo. Ele é metade da minha alma".

Bob sabia muito sobre nós. Agora, queria que soubéssemos sobre ele.

Estava tarde quando voltamos devagar ao Quai Saint-Vincent. O cerne da noite, refleti, foi a história da família dividida de Bob e a mensagem implícita aí — na visão de Bob, sua linhagem tinha um imperativo, em seu DNA moral, de estar do lado dos justos e dos bons. Era seu mito de origem e como ele se explicava, o membro caçula da família, o sétimo filho, "o bebê", com uma missão: não existem muitas pessoas com uma noção profunda de justiça altruísta. Ele fazia pão. Era apenas pão. E também não era.

Bob pediu que o deixássemos em sua *boulangerie* — ele precisava pegar alguma coisa —, mas, pelo retrovisor, vi que ele entrou direto no bistrô Potager para mais um drinque e — quem sabe? — talvez outro jantar. Havia uma pungência naquela imagem, capturada pelo retrovisor, da necessidade de Bob de preencher todos os minutos de uma noite sem trabalho, sua única folga. Parecia haver solidão.

Duas semanas depois, o pai de Bob morreu.

"Não foi inesperado", ele disse, e partiu para o funeral em Rennes.

"Ele nos falou para comprarmos a *boulangerie*", Bob recordou ao voltar. Seu irmão Jacques tinha estado em Lyon e encontrado a propriedade à venda, situada em frente à ponte sobre o Saône, e no térreo do edifício onde a história da cidade estava pintada, com o *La Fresque des Lyonnais*. Era onde três ruas se encontravam, o *quai*, a rue de la Martinière e a estrada romana do Reno. Tinha sido habitado por milênios, pelo menos desde os alóbroges, pelas tribos nativas da Gália.

Jacques convocou o pai, Bob (que morava em Paris) e Philippe. Eles vieram imediatamente de trem.

"Meu pai olhou para a propriedade de fora e disse: 'Sim, é uma boa *boulangerie*'." Tinha dois andares, paredes de pedra antiga, uma escadaria de pedra desgastada. "Ele disse: 'Fazem pão aqui há muito tempo'." Havia um fogão a lenha. Philippe limpou a fuligem. Estava escrito 1805.

Roberto Bonomo, o chef proprietário do restaurante italiano do *quartier*, descreve o espaço como "espiritual". "Você entra ali e sente que está se conectando com algo maior."

A família comprou a *boulangerie* por 60 mil francos, cerca de 11 mil dólares na época.

Philippe disse: "Bob, venha me ajudar a abri-la". Bob deu o aviso prévio na biblioteca jurídica, e os dois irmãos arrumaram o lugar. Deve ter sido — não pude deixar de pensar — a última vez em que os pisos foram limpos. (Descobri depois que essa é uma insinuação difamatória. Os pisos eram limpos uma vez por ano, quando a *boulangerie* fechava; porém, ao menos nos três anos de nossa estadia, ela nunca tinha fechado.)

Por insistência de Bob, uma placa foi colocada — PHILIPPE RICHARD ARTISAN BOULANGER. Parecia improvável que Philippe tivesse a intenção de continuar. Ele tinha família e um negócio em Rennes, a oito horas dali. Ele era experiente em novas empresas. A ocasião, aquele momento, era diferente. Ele estava treinando seu irmão caçula: "*une formation*". Estava ajudando-o a encontrar sua vocação.

Philippe ficou. Por quanto tempo? Bob não lembrava. "Seis meses? Um ano?" Depois de algum tempo, Philippe anunciou que precisava regressar a Rennes; sua esposa estava insistindo. Mas ele voltaria a Lyon, disse.

Até hoje, Philippe não voltou nenhuma vez; ainda não. Faz quinze anos. No papel, os irmãos são sócios. Na prática, a *boulangerie* é de Bob. Mas a placa não mudou. "Nunca vou tirá-la."

Em uma manhã no começo do verão, com uma brisa de montanha vinda do Saône entrando pelas janelas abertas, fui até nossa sacada, inspirando os aromas da *boulangerie* a trinta metros de distância. Quando você mora ali, não tem escolha: o pão de Bob entra em sua casa, depois em seus pulmões, depois em seu coração. Havia muitas razões para gostarmos de estar onde estávamos, mas Bob era uma das maiores. A *boulangerie* era o equivalente urbano de uma fogueira. Ela aproximava os restaurantes. Unia chefs e clientes. Fazia do *quartier* um destino gastronômico.

Pensei: será que existe alguma chance de conseguirmos comprar nosso apartamento?

Então, sem qualquer aviso, Philippe, o querido irmão de Bob, morreu.

Eu fui a primeira pessoa a quem Bob contou.

Entrei na *boulangerie* no final da manhã. Bob estava nos fundos. Não havia mais ninguém lá. Esperei alguns minutos até ele vir para a parte da frente.

"Eu estava ao telefone com minha mãe. Meu irmão Philippe. Ele teve um aneurisma hoje de manhã. Morreu."

Il est mort.

Bob estava pálido, os olhos inexpressivos, sem afetação; conseguia transmitir a notícia do telefonema, repetindo um constructo linguístico, mas parecia incapaz de entender o que estava dizendo. "Ele tem 47 anos. *Tinha* 47 anos. Um aneurisma. Hoje de manhã. Falei com ele na semana passada. Philippe morreu."

Bob viajou para ir ao funeral. Voltou quatro dias depois. Ele estava mudado. Estava pesado, em suas atitudes, em seus movimentos, tudo. Certa manhã, não apareceu na *boulangerie*. Outra vez, eu o vi parado na frente de um semáforo no fim da *rue de la Martinière*, parecendo olhar para o nada. O farol abriu. Ele não atravessou. Fechou. Abriu de novo. Ele não atravessou. Uma vez, estava vindo bem na direção do nosso apartamento. Ele costumava estacionar o carro numa rua atrás da nossa. Esperei por ele.

Ele não me viu. "Bob", eu disse, e ele passou reto. "Bob", repeti, e ele parou, se virou e me olhou como se tivesse sido acordado com um tapa.

"*Bonjour*, Bill", ele disse baixo e saiu andando.

Seus pensamentos eram como uma maré negra subindo e descendo dentro de sua cabeça. Ele não parecia estar de luto; parecia estar deprimido. Temi por ele.

"Sem Philippe", Bob disse, "eu não seria nada."

Ele compartilhou sua angústia com Jessica. "Estou trabalhando demais. Tenho que mudar minha vida. Preciso transformar Lucas em meu sócio." Lucas era o primeiro padeiro que Bob havia empregado, alguém em quem confiava, que "entendia" e tinha o toque tão leve quanto o de Bob. "Preciso dividir a carga de trabalho."

Em outra ocasião, disse: "Vou tirar férias".

Ele parecia ter ganhado peso de uma hora para outra. Não era preocupante, ele sempre havia sido pesado, mas chamava atenção. Bob não estava dormindo; normalmente ele já dormia pouco, então aquilo significava que ele devia estar sofrendo fisicamente, minuto a minuto. As noites, Bob disse, eram o pior. "É quando penso nele. Nunca fui tão próximo de outro ser humano como naquelas noites fazendo pão."

Certa manhã, Bob me disse: "Converso com ele à noite".

Nosso amigo de Liverpool, Martin, passando tarde pela *boulangerie*, a caminho de casa, ouviu Bob chorando até soluçar.

Em um sábado à noite, um menino atirou uma pedra na janela de um cômodo dos fundos, estilhaçando-a. Nos sábados à noite, todos vêm a Lyon — é a única cidade grande no Vale do Ródano —, o trânsito no *quai* sempre engarrafa e continua engarrafado até o amanhecer. É barulhento, há muita gente embriagada, e coisas acontecem. Nesse sábado em particular, Bob estava nos fundos, pensando no irmão. A janela quebrada foi uma afronta. Bob perseguiu o menino pelo *quai* Saint-Vincent.

Ele achou mesmo que conseguiria perseguir o vândalo? Que repentino impulso da imaginação tinha feito Bob se julgar um corredor?

O fato de haver tentado parecia um sintoma de seu desespero e solidão. O *quai* ali era mal iluminado e o meio-fio estava coberto de tábuas irregulares deixadas por uma construção abandonada. Bob correu uns trinta metros, tropeçou e machucou feio a perna, que se quebrou em dois lugares. Precisou se arrastar até a calçada estreita para escapar do trânsito. Bob, cujo trabalho exigia ficar em pé, teve que se afastar da *boulangerie* por dez inconcebíveis e longas semanas.

Ele precisava de um pouco de amor e afeto. Eu tinha certeza de que ele iria adorar um pedaço de torta de pato.

Roberto mantinha contato com Bob e nos atualizava. Ele ainda estava em repouso, Roberto nos disse, embora as fraturas parecessem estar, enfim, cicatrizando. Bob vinha tentando andar de muletas.

A *boulangerie* continuou com uma consistência impressionante — o pão de Lucas era impecável —, mas havia um problema persistente: a farinha vivia acabando. Lucas não sabia com que frequência Bob a encomendava. Na maioria das padarias, a farinha é um item básico do estoque. É comprada no atacado, você consegue o melhor preço, está sempre lá, você não pensa nela. Mas Bob comprava sua farinha daquele pequeno agricultor que valorizava seu frescor. Bob comprava um pouco no começo da semana. Na sexta-feira, pedia mais. Ou na quarta. As encomendas ficavam empilhadas perto da escada ou, quando não havia ameaça de chuva, do lado de fora da porta dos fundos. Não muito. Quarenta sacos grandes empoeirados, cinquenta. Lucas, de repente sem farinha, precisou fechar.

Roberto, enquanto isso, estava transferindo seu restaurante do *quartier* para o outro lado do Ródano. Agora teríamos que ir até lá de carro, achar um lugar para estacionar, lembrar de não beber demais porque depois teríamos que pegar o carro para voltar e encontrar outra vaga para estacionar. Além disso, ele foi o primeiro no *quartier* a ir embora, o que parecia filosoficamente incorreto.

"Vocês têm que ir", ele disse. "A comida vai ser tão boa quanto."

Num domingo, quando ele normalmente estava fechado, Roberto deu uma festa de despedida só para os clientes habituais. "Bob prometeu vir. Ele ainda está usando muletas, mas virá."

Era hora de começar minha preparação para o jantar de pato para Bob.

Eu não faria o pato como se fosse um candidato a MOF, cozinhando contra o tempo, tudo feito na hora. Esse era para Bob; eu faria minhas provas de tempo contra o relógio para Têtedoie depois. Decidi, como qualquer chef de restaurante, fazer o máximo possível com antecedência, a começar pela massa folhada. Peguei meu caldo de pato (eu tinha de sobra no congelador), misturei com um litro de cidra e reduzi até o ponto em que se transformava em meu "*jus* faz-tudo" (ele seria acrescentado ao *ragoût*, ao molho e aos nabos). Também fiz o *ragoût* com antecedência e o congelei. Mas adiei minhas guarnições — as ameixas embebidas em calvados, os cogumelos, os nabos de Escoffier — até o dia D, quando prepararia cada uma separadamente e as adicionaria no fim.

Arranjamos uma babá, embora só fôssemos atravessar a rua para o restaurante de Roberto. Também vestimos nossos casacos de inverno, embora só fôssemos atravessar a rua. Era a primeira ventania alpina da estação, e o restaurante estava quentinho quando entramos. Roberto havia retirado as mesas e alinhado as cadeiras ao longo da parede, como no Réveillon. Ele nos deu uma brusqueta com tomates e alho fresco e uma taça de um bom vinho.

"Bob *provavelmente* não vem", ele disse. "Ele não conseguiu uma babá."

Lamentei não termos sabido disso antes. Suzanne, a filhinha linda de Bob e Jacqueline, poderia ter ficado com nossos meninos e nossa babá.

"Mas eu o vi!", Roberto disse. "Ontem, no Potager. Foi a primeira vez que ele saiu. De muletas, mas andando. Ele vai voltar em breve."

Graças a Lucas, não sentimos falta do pão de Bob. Sentimos falta de Bob. Sua alegria, sua presença absoluta no presente, seu afeto generoso. Também sentimos falta do que tínhamos perdido: a perseguição noturna dele, seus ferimentos, o irmão, o pai, os detalhes de seu suplício.

As oferendas de comida de Roberto continuaram: porções de torta de queijo e lardo, pequenos pratos de massa — *cacio e pepe*, tagliatelle caseiro com trufas brancas. Ele estava no modo hospitalidade total.

Onde você arranja esses ingredientes? Consegui perguntar em italiano. Roberto insistia em falar italiano com a gente. O de Jessica continuava fluente. O meu quase havia sido erradicado. O cérebro de Jessica conseguia abrigar sete línguas ao mesmo tempo. No meu só existia um compartimento para língua estrangeira, o equivalente a um quartinho de fundos estreito. Não havia espaço suficiente para o italiano, se eu quisesse manter ali também o francês. (Além disso, havia o fato de Jessica ser muito mais inteligente.)

Um prato de polvo grelhado surgiu, assim como um prato de carne braseada em vinho tinto. O salão, agora alegre e cheio, com todas as cadeiras ocupadas e pessoas tendo que ficar de pé, parecia surpreendentemente lionês. A comida não era lionesa, claro, mas as pessoas que a comiam definitivamente eram. Avaliei os convidados, todos franceses, parecendo adorar a vadiagem exótica de uma culinária do outro lado das montanhas. Eles respeitavam comida artesanal, qualquer que fosse sua origem, e entendiam que coisa maravilhosa acontecia quando pessoas se reuniam para comer juntas, mesmo que não se conhecessem. E a maioria não se conhecia. O restaurante de Roberto tinha sido o segredinho de cada convidado. Só agora estávamos descobrindo quantas pessoas compartilhavam o mesmo segredo.

Fiquei à vontade com aqueles estranhos — havia uma filosofia de comida em comum entre nós, que eu havia aprendido com as *filles* — e, de alguma forma, eles tinham passado a me parecer a minha gente. Quando travei conversa com um homem ao meu lado e mencionei que era americano, outra pessoa, uma mulher, tendo ouvido a conversa do outro lado do salão, falou alto que não era possível. "Você é lionês. Seu rosto. Seus olhos. Tudo em você. Você só pode ser lionês." Ela se virou para o homem ao lado dela. "Olhe só para ele. Ele é lionês, não é?" O homem concordou, e a estrangeirice que eu havia sentido desde que chegamos à cidade, como um casaco desnecessariamente pesado que eu vestia todas as manhãs antes de sair, pareceu se desfazer num instante.

Refleti sobre a observação dela. Era a minha aparência. Jessica, com sua pele clara, seu cabelo ruivo, seu perfil definido, não tinha tal aparência. As pessoas não lhe pediam informações na rua. Eu era parado regularmente. Motoristas, gente perdida paravam no meio do trânsito quando me viam. "*Pardon, monsieur, je cherche...*"

Uma vez, num ônibus, analisei ao acaso a fisionomia dos passageiros. As mulheres, todas elas, de todas as idades, estavam conscientemente bem-apresentadas, tinham cuidado com sua aparência. Eram tão atraentes quanto qualquer clichê sobre a mulher francesa o faria imaginar. Mas os homens? Me perdoe a franqueza. Eram feios pra cacete. Até os que pareciam ser os parceiros daquelas mulheres bonitas: a disparidade entre os sexos era inequívoca. Todos os homens eram carecas ou quase carecas, corpulentos (ombros largos, tronco forte ou simplesmente gordos) e *muito* peludos. E não apenas muito peludos, mas carecas *e* muito peludos, como se o corpo fosse uma planta que houvesse sido podada com agressividade excessiva em cima e tivesse compensado embaixo com uma expansão preta e vigorosa por toda parte.

Augusto César, 2 mil anos atrás, observou que os locais, "aqueles alóbroges", tinham uma aparência semelhante à dos romanos, exceto num aspecto: a quantidade abundante de pelos em toda parte, no peito, nos braços, nas costas, no pescoço, nas orelhas. Eles eram como uma espécie não muito evoluída de animal — eram pessoas com pelagem.

Aqueles homens do ônibus, aqueles *mecs*, eram primos neandertais: eu me parecia com eles. Nós nos entendíamos. Reconheci o tipo no primeiro dia, quando Jessica e eu chegamos ao aeroporto. Na realidade, se eu tivesse me deparado com qualquer um deles na história — 50 mil anos atrás, por exemplo, todos saindo cautelosos de nossas cavernas na primeira manhã quente de primavera —, tenho certeza que teria identificado nossa afinidade, teríamos baixado nossas clavas e grunhido daquela forma branda e murmurada que os homens dessa espécie entendem como sinal de afeto e solidariedade.

Jessica e eu voltamos tarde para casa, zonzos e felizes pelo vinho tinto de Roberto, sentindo-nos absolutamente bem sobre absolutamente tudo. Eu não cozinharia para Bob naquela semana. Mas o faria em breve; minha preparação estava congelada. O início do prato agora parecia distante — errar a massa, o recheio ficar molenga, descobrir o que eu queria que o molho expressasse, descobrir que o molho deveria expressar algo, para começo de conversa. O prato e minha relação com ele me colocavam na mente de Alain Chapel — e como cozinhar é muito mais do que receitas. Chega-se a um prato não seguindo uma série de instruções, mas descobrindo tudo sobre ele: o comportamento de seus ingredientes, sua história e um traço que alguns chefs veem como a alma do prato. (O chef sueco Magnus Nilsson já me descreveu algo semelhante — falávamos sobre a culinária de Michel Bras —, no caso, como uma essência parece irradiar, quase espiritualmente, de certos pratos.) Agora minha torta de pato era minha. Têtedoie poderia rejeitá-la por ela desviar demais do que havia sido prescrito. Mas era o que eu desejava que o prato fosse. Era o que eu serviria para Bob.

Jessica comentou que tinha combinado um café no dia seguinte com nossa amiga americana Jenny Gilbert. Queria conversar com ela sobre o novo empreendimento de Jenny, um restaurante que ela e sua colega música Tamiko pretendiam abrir: uma casa de noodles, algo que não se vê muito em Lyon, mas sobre o que as duas, que iam com frequência a Tóquio, pensavam entender. Jenny havia encontrado uma propriedade na Place Sathonay, no coração de nosso *quartier*.

De manhã, com muito vento e um frio brutal, Jessica saiu. Eu me sentei à mesa de trabalho. Vinte minutos depois, ela ligou.

"Tenho más notícias", Jessica disse. "Por favor, senta." Ela fez uma pausa. "Bob morreu."

Ele morreu enquanto esperávamos por ele. Enquanto bebíamos nosso vinho e comíamos nossa brusqueta, Bob estava em apuros. Tinha ficado tempo demais deitado. Um coágulo se desenvolveu em sua perna. Assim que ele voltou a andar, o coágulo se soltou, correu até uma artéria e se alojou nos pulmões. Ele sabia que isso estava acontecendo, Roberto nos contou depois. Bob soube na hora que estava com um problema fatal. Jacqueline chamou uma ambulância. Ele ficou inconsciente antes de ela chegar.

Desci correndo para a *boulangerie*. Eu não sabia o que fazer. Abri a porta, a campainha tocou, e Ailene, uma das ajudantes de Bob, veio dos fundos, porque a rotina era essa ao ouvir campainha. Ela me viu e parou, o lábio inferior tremendo, tentando aguentar firme. Também parei. Pensei: pouquíssimas pessoas sabem. Pensei: se ela continuar como se nada tivesse acontecido, se Lucas continuar como se nada tivesse mudado, se ele fizer pão às quatro da manhã, como fez hoje, e ela o vender, será que podemos todos fingir, por mais um tempo, que Bob ainda está em casa se recuperando?

A campainha tocou, e uma das pessoas do mundo dos restaurantes do *quartier* apareceu, um garçom do Restaurant Albert. Ele sempre tinha sido reservado. Era calvo, discreto, magro, uma das cinco pessoas (contando com o proprietário, o chef e o lavador de pratos) que cuidavam de um lugar pintado de roxo, decorado com imagens de galinha e que servia uma comida caseira nada radical e absolutamente honesta. O garçom trazia um saco grande de pão, vazio, que precisava ser enchido. Entregou-o a Ailene e disse que viria buscar mais tarde.

"*Bisous à Bob.*"

"Bob morreu." *Bob est mort.*

O garçom parou. Ele se empertigou, impassível, assimilando a declaração simples da notícia, que parecia ecoar na padaria silenciosa e pacata não como um som, mas como uma ideia. *Bob est mort.* Eu o observei. Ailene o observou. Ele continuou em pé e sem dizer nada, embora parecesse que a qualquer instante fosse dizer alguma coisa. Ficou tanto tempo em silêncio que observá-lo começou a parecer invasivo e íntimo demais, embora o assunto fosse a morte, e a intimidade e a privacidade parecessem não importar quando se tratava de morte. Quanto mais o silêncio conti-

nuava, mais eu me pegava admirando-o. Ele não pediu que Ailene repetisse. Não perguntou "como", nem "quando", nem "onde", e havia um inesperado heroísmo em não perguntar. As perguntas, quaisquer perguntas, teriam sido uma fuga, uma tentativa de preencher com ruído aquele vazio súbito.
Bob est mort.
"*Putain de merde*", ele disse por fim.
Putain de merde. Uma frase sem sentido. Dois palavrões em um, como se fosse a pior coisa que se poderia dizer. Ou era apenas o que se dizia quando não havia palavras.
Putain de merde.

Eu não sabia que, quando se vive à beira de um rio, você nunca deixa de pensar nele. Você o vê ao acordar, você o escuta nas barcaças que o atravessam à noite, sente-o na umidade do ar. Ele nunca é o mesmo, subindo, correndo, baixando, lento quando enevoado, denso no verão, e também é sempre o mesmo. É uma metáfora tão fácil que me pego insistindo em não permitir que seja uma. É um rio. Bob jogava ali as baguetes que não vendia. A imagem não era uma metáfora. Era apenas melancólica, pura e simplesmente. Só agora me ocorre que, com os pães que ele tinha feito com as próprias mãos, ele não poderia fazer o óbvio e jogá-los na lixeira. Ele parecia ter a necessidade de reproduzir a criação dos pães com sua "descriação", jogando cada baguete, uma por uma, no ar, como se as devolvesse à natureza, para pássaros e peixes. Nunca verei essa imagem de novo, e tal constatação é ainda mais melancólica.

Lyon, mergulhando cinzenta no inverno, tinha uma fumaça levemente pútrida e nauseante que vinha de algum lugar rio acima e pairava no ar: folhas queimadas, uma lareira distante, lenha úmida, carvão pungente e pegajoso. No fim do outono, havia os cheiros de mortalidade da cidade. O rio está prestes a se tornar perigoso, rápido, frio alpino. Corpos serão retirados dele passado o Ano-Novo (quase sempre), depois dos fins de semana (com mais frequência do que eu pensava ser possível).

Eu estava em pé na nossa sacada, no frio.

Fiquei pensando o que teria sido possível ouvir ali, ou no que quer que houvesse ali antes, uma capela, o quarto de um monge, um armazém de oleiro. Eu nunca havia morado tão perto de tantos acontecimentos históricos. Teria sido possível ouvir o rumor do rifle de um franco-atirador durante a ocupação nazista? Nosso *quartier* ostenta placas de membros da Resistência assassinados. Em 1943, estudantes foram retirados da escola para rapazes, a École Robert Doisneau, incluindo Rita Calef, de treze anos, e seu irmão caçula, Léon, por serem judeus. Eu ouviria os lamentos da mãe quando ela aparecesse para buscá-los e levá-los para o almoço em casa?

A Place des Terreaux, a ampla praça administrativa da cidade, fica a três minutos daqui, a pé. Eu teria ouvido a multidão eufórica reunida ali nas noites quentes do verão de 1553? Seus gritos devem ter ecoado pelos prédios que ainda estão em pé. Protestantes haviam aparecido em Lyon, fazendo proselitismo, e foram capturados e queimados em uma fogueira levantada na praça. (Eu teria sentido o cheiro da carne derretendo? Isso teria dependido do rio e do vento.) Quando os protestantes voltaram depois, foi para dominar a cidade, saquear igrejas e expulsar os italianos que moravam em Lyon fazia três séculos. Os gritos de uma revolta: aconteceram bem aqui.

Lyon tinha motivos históricos para tratar os estrangeiros com desconfiança.

Em 177 d.C., oficiais romanos prenderam uma jovem cristã chamada Blandine por se recusar a renunciar a sua fé; eles a açoitaram e amarraram em um poste no Anfiteatro das Três Gálias para servir de comida aos animais. Eles não tocaram nela. Houve outras tentativas — uma cadeira com carvões incandescentes, um touro —, mas como também essas foram malsucedidas, um oficial cortou a garganta dela. Eu não a teria ouvido, dado seu silêncio estoico, apenas os gritos da multidão, amplificados pela acústica do anfiteatro.

Um rio às vezes é apenas um rio.

Nunca cozinhei meu prato para Christian Têtedoie. Esqueci completamente.

QUAI SAINT-VINCENT, LYON. A *boulangerie* foi reaberta pela mulher de Bob, Jacqueline: era um ato de bravura, de determinação e necessidade. Sua filha mais nova, Suzanne, estava sentada em um banquinho num canto, mordiscando um croissant, tão tímida que não abria a boca.

Jacqueline disse que daria um jeito. Ela havia dedicado suas horas a ficar atrás do balcão todos os domingos, e fazia muito tempo que vivia de acordo com o relógio de Bob e os ciclos inescapáveis da fermentação. Lucas concordou em ajudar; a essa altura, ele trabalhava em outra *boulangerie*, mas não seria o primeiro lionês a ter dois empregos. O primeiro fim de semana de Jacqueline foi um sucesso. Pareceu ser a continuidade do legado de Bob. Pareceu dar continuidade a Bob. Voltamos a ter bons pães.

Os dias de semana foram mais difíceis, com o volume dos pedidos dos restaurantes, as entregas, o entra-dia-sai-dia de tudo. Numa sexta-feira, a *boulangerie* não abriu. Era incompreensível: uma *boulangerie* simplesmente nunca deixa de abrir. O dia todo, uma fila infinita de clientes apareceu e leu o aviso colado à porta trancada ("Por razões além do nosso controle...") e abanou a cabeça. Estavam todos confusos.

Jacqueline contratou ajudantes. Num fim de semana, ela tinha três *boulangers* nos fundos, uma equipe talentosa, eram todos novos para mim. Eu não sabia onde nem como ela os havia encontrado, mas a competência deles era evidente.

"Vamos dar um jeito!", Jacqueline gritou. A loja estava movimentada como antes, barulhenta como antes com a trilha sonora de salsa de Bob, ela se mostrava entusiasmada e confiante — eu nunca tinha visto tanta confiança —, e havia dinheiro aos montes.

Mas Jacqueline cometera um erro de cálculo. O dinheiro que ganhou não equivalia ao dinheiro que tinha que pagar. Parece extremamente improvável que Bob falasse com Jacqueline sobre fluxo de caixa, como as margens dele deviam ser estreitas e quanto trabalho ele precisava empenhar para manter o preço de uma baguete abaixo de um euro. Os *boulangers* dos fundos ficaram sem pagamento e nunca mais voltaram.

O que Bob fizera a respeito disso ficava agora mais do que evidente. Nas horas trabalhadas, na garra, em sua determinação de fazer todo o trabalho sozinho. Se você se desviasse do modelo de negócios do tipo "faça-você-mesmo" de Bob, o negócio não funcionava. Na verdade, Bob não tinha um modelo de negócios. A *boulangerie* de Bob era Bob.

"Odeio Jacqueline", Roberto disse. "Ela destruiu aquele lugar." Roberto estava sendo injusto. Ele sentia falta de Bob. Todos sentíamos.

Mais uma vez, a *boulangerie* fechou. Depois, perto do fim do mês, abriu de novo, mas apenas por alguns dias. Talvez o aluguel de Jacqueline estivesse para vencer. Depois, o lugar fechou outra vez — para sempre, imaginei. Até que, inesperadamente, houve alguma coisa para celebrar: a cidade iria pôr uma imagem de Bob em seu famoso mural.

A cidade de Lyon havia encomendado uma pintura e encontraria um espaço para ela no meio do *fresque* dos lioneses históricos, o mesmo *fresque* onde estavam o imperador Cláudio, Paul Bocuse, os irmãos Lumière, Verrazzano, Antoine de Saint-Exupéry, dois santos e outras 23 figuras essenciais para a autoimagem dos lioneses. Era um gesto magnífico, o reconhecimento que Bob merecia e mais uma prova de que seu pão tinha sido mais do que apenas pão.

Um poster anunciou a "inauguração", às sete horas da noite de uma quinta-feira, 29 de março, de *"Yves 'Bob' Richard sur la Fresque des Lyonnais"*.

No dia, mais de duzentas pessoas apareceram. Era primavera, estava quente, Jacqueline instalou alto-falantes na rua e tocou salsa bem alto — era a música de Bob, a música dela e, agora, era a nossa música, todos dançando, todos se trombando.

"Ele nos ouve", Jacqueline me disse. "Está dançando também." Ela distribuía pizzas pequenas, fatias torradas de pão cobertas com molho de tomate e garrafas de cerveja.

O lugar do *fresque*, porém, era pequeno, virando a esquina da exibição principal, e o espaço era bem ali na base, quase na altura da calçada. Dava para chutá-lo. Uma cortina (bem pequena, como um teatro montado para um gatinho) se ergueu. Era... o quê? Eu precisei me inclinar e torcer a cabeça para entender. O espaço, de cerca de vinte a 25 centímetros, reproduzia um livro de capa dura em uma prateleira com outros livros. Bob era o assunto da capa. Por que colocá-lo entre autores lioneses menores? Ele lia, mas não muito; não tinha tempo. Na verdade, o que ele mais lia era o jornal da cidade. O retrato era fiel: gorducho, um brilho malandro no olhar e um sorriso cômico e silencioso. Os meninos tocaram as bochechas pintadas dele. E ficamos todos muito mais felizes por ele estar ali do que se não estivesse. Mesmo assim, sentimos que nós, e Bob, tínhamos sido um tantinho enganados.

Foi a última vez que vi Jacqueline e Suzanne.

ix. A capital gastronômica do mundo

Nessa conexão, jantamos na outra noite com Curnonsky, de oitenta anos e que na festa foi um chato dogmático que se considera um gourmet, mas que não passa de um charlatão. Eles estavam falando sobre o beurre blanc, *que é um mistério, que somente poucas pessoas conseguem fazê-lo, e que somente pode ser feito com chalotas brancas da Lorraine e em fogo a lenha. Até parece. Mas isso é muito típico, transformar em um maldito mistério coisas perfeitamente simples só para se dar ares de importância. Eu não falei nada, como sou estrangeira não sei nada, afinal. Esse dogmatismo na França é irritante (na verdade, essa é minha única crítica; no mais, eu os adoro).*

Julia Child, *As Always, Julia: The Letters of Julia Child and Avis Devoto*

BRON, RÓDANO-ALPES. Daniel Boulud me ligou cedo. Ele estava em Bruxelas, com Jérôme Bocuse. Eles tinham participado de um evento de arrecadação de fundos para o Bocuse d'Or, e um patrocinador rico havia lhe emprestado um jato para virem a Lyon ver suas famílias. Eu poderia buscá-los no pequeno aeródromo em Bron?

Era um pedido exótico: Saint-Exupéry costumava decolar daquele aeródromo, então claro que aceitei. Por um instante, pensei: por que ele não pega um táxi? Mas deixei a pergunta para lá — vai saber por quê —, e além do mais eu me sentia lisonjeado.

Primeiro deixei Jérôme, que estava hospedado no Croix-Rousse com a mãe, Raymone Carlut, amante e companheira de viagem de seu pai.

"A vida amorosa de Paul é complicada", Boulud disse a título de explicação.

Seguimos para o outro lado da colina, por uma estrada sinuosa e íngreme que eu não conhecia, Boulud me direcionando.

De repente, ele pegou o celular e ligou para o grande homem, ali mesmo, e disse que o veria em cinco minutos.

"Você se importa?", ele me perguntou. "Toda vez que venho a Lyon, tenho de ver Paul, antes de tudo."

Só agora, olhando para trás, percebo que esse foi mais um exemplo do aperfeiçoamento silencioso que Boulud fazia na minha vida em Lyon. Ele já sabia que veria Bocuse. Não precisava de uma carona do aeroporto.

Talvez eu estivesse dirigindo devagar — ou talvez houvesse um atalho que eu não conhecia —, porque, quando chegamos ao L'Auberge, Jérôme já estava lá, tomando uma xícara de café com o pai. Evidentemente, Jérôme também precisava ver "Paul antes de tudo".

Um café da manhã foi servido — bolos, principalmente, e torrada —, e ficou evidente que os três — pai, filho e Daniel (que poderia ser chamado de "outro filho postiço") — se encontravam com frequência, falavam mais e estavam extremamente à vontade uns com os outros.

Monsieur Paul tocou o peito, depois de uma tosse discreta que os dois filhos notaram, e explicou que andava tendo dificuldade para respirar.

Daniel e Jérôme ficaram imediatamente solícitos. ("Já foi ao médico?", "Tentou o nebulizador?")

Bocuse era frágil, e todos entravam em pânico quando ele ficava doente. "Mas não", ele disse, "não é um problema médico." Ele insistiu: "Não é nada, verdade".

"É a poluição", eu disse, talvez um pouco alto, encorajado por ter tido o mesmo problema e poder contribuir, ainda que de forma modesta, numa conversa entre representantes de três gerações de grandes chefs lioneses a uma mesa.

Bocuse se virou para mim. "É isso." *C'est ça.* "Você tem razão", disse. "É a poluição."

"Vocês dois não moram em Lyon", eu disse. "Vocês não sabem."

"É verdade", Bocuse repetiu, e gostei que estivéssemos de acordo, nós dois emissários da cidade, cada um a seu modo, e dispostos a dizer o que nunca era dito: que Lyon, aquela cidade preciosa de alma única e evocação histórica que raras vezes era visitada, um castelo de areia entre grandes rios, ignorada e que necessitava ser defendida, tinha poluição. A cidade não tinha culpa, a menos que pudesse ser culpada pelos acidentes geográficos. Os poluentes são emitidos pelas fábricas ao longo do leste da França, bem como pelos veículos do tráfego norte-sul na Autoroute du Soleil. Eles se afunilam no Vale do Ródano e, em dias quentes e calmos, parecem se adensar como uma pestilência marrom, flutuar sobre o Saône lânguido de verão, e não sair dali.

Durante o café da manhã, que ninguém além de mim estava comendo — eu não iria perder a oportunidade de experimentar alguma coisa *chez* Bocuse —, parecia que Jérôme e eu estávamos assistindo a um tutorial interminável entre monsieur Paul e monsieur Daniel. Boulud e eu tínhamos finalizado nosso projeto, os doze "pratos icônicos", e, sem que eu soubesse, ele havia mantido um contato regular com monsieur Paul para garantir que estava acertando nos pratos.

"O *poulet en vessie*", Bocuse disse. "Você resolveu o nó?"

A equipe da cozinha de Boulud havia encontrado dificuldade para impedir que as bexigas desinflassem.

Boulud confirmou que sim.

"A *volaille à Noelle*?", ele perguntou, aludindo à performance milagrosa do frango completamente desossado e depois reinflado com recheios variados em forma de musse.

"Ficou bonita", Boulud disse. Realmente bem chamativa.

"Você se lembrou dos aspargos?", Bocuse perguntou.

"Sim, obrigado, Paul." Uma musse era feita com aspargos.

"Brancos ou verdes?"

"Verdes."

"Johannès usava brancos", Bocuse disse, aludindo ao Nandron mais velho.

"Brancos?", Boulud perguntou.

"Sempre."

"Ah", Daniel disse. (Ele se voltou para mim e murmurou: "*Merde!*".)

"E *o jambon au foin*?"

"Sim, obrigado, Paul", Daniel confirmou. "O *jambon au foin* ficou muito bom."

"E as ervas?" *Les aromatiques*?

"As ervas?", Daniel disse.

"Sim, porque feno não é muito perfumado."

Daniel olhou para mim de novo, em pânico. Também havíamos feito esse prato juntos, com o equivalente a um trator de alfafa, mas os aromas de celeiro haviam se dissipado no cozimento. Nós dois tínhamos notado isso, mas não demos muita importância, porque era o que era: feno. Possuía um aroma doce talvez, se você enfiasse o nariz, mas era mais como um campo de futebol enlameado no inverno do que a poesia de grama cortada num dia de verão, e nada parecido com a manjedoura de animais que esperávamos.

"Sempre acrescento alecrim", Bocuse disse.

"Alecrim?"

"Sim." *Beaucoup*. "Enormes quantidades de alecrim."

"*Merde, merde, merde*", Boulud sussurrou.

Daniel e eu voltamos para o carro. "Como fui esquecer que era aspargo branco?" Ele estava arrasado. "Eu sabia que era branco. Eu tinha visto."

Bocuse conheceu Gérard Nandron, o primeiro patrão de Daniel. Conheceu o pai de Nandron, Johannès. Conheceu Jean-

-Paul Lacombe quando ele abriu o Léon de Lyon, porque conhecia o pai dele, Paul Lacombe. Conheceu Anne-Sophie Pic quando ela começou em Valence, porque conhecia tanto o pai dela, Jacques, como o avô, André. Ele conheceu não apenas o grande Alain Chapel, mas o pai desse grande homem, Roger. Bocuse tinha estado lá. Sabia exatamente que comida se fazia em Lyon nos últimos cem anos — e muito mais — porque conhecia as pessoas, gerações atrás, que haviam aprendido a cozinhar com a geração anterior a elas. Eu não conheci mais ninguém com esse tipo de experiência ocular em primeira mão. Bocuse, ele próprio filho e neto de chefs que haviam preparado comida no mesmo lugar onde estávamos agora, era um guardião do registro culinário histórico da região.

Num instante, entendi um prato de Bocuse — não a preparação, que era frango cozido em uma bexiga, mas o nome, *poulet à la Mère Fillioux*. Bocuse não havia trabalhado para a *mère* Fillioux. Ela morreu em 1925, um ano antes de ele nascer. Ele havia trabalhado nas cozinhas de Eugénie Brazier e Fernand Point. No La Mère Brazier, ele comandava as operações de frango. Gostei da conexão: eu tinha estado nos mesmos lugares, em ambos os restaurantes, e havia aprendido o prato exatamente como Bocuse havia feito (ou seja, *mère* Brazier → Fernand Point → Paul Bocuse → eu!!!). Mas eu estava perdendo o foco.

Em Lyon, Fillioux segue sendo um ícone culinário, embora nenhuma pessoa viva tenha provado sua comida. Ela continua aparecendo em murais e fotografias, com as mesmas roupas exageradas, pudicas e bufantes, o cabelo em um coque, servindo um frango milagrosamente macio. E, claro, Eugénie Brazier, antes de se tornar a *mère* Brazier, trabalhou na cozinha de Fillioux. Foi onde Brazier aprendeu o prato. E depois Bocuse o aprendeu pelas mãos de Brazier.

Bocuse foi o elo.

Ele é conhecido como o líder da nouvelle cuisine, o membro mais proeminente de um grupo de chefs inovadores que, tendo herdado uma culinária codificada havia 150 anos e que praticamente não havia se modificado, se reunira para soltar um grito de guerra pela renovação. Na realidade, Bocuse não era um cara da nouvelle cuisine. Ele nunca se considerou um "chef da nouvelle cuisine". Era apenas o membro mais proeminente de uma geração de chefs em que as muitas formas da culinária francesa, nouvelle e não tão nouvelle assim, tiveram um florescimento maravilhoso no pós-guerra, um renascimento que vinha sendo preparado ao longo de duas ou três gerações. Na realidade, Bocuse foi apenas o cara mais carismático do grupo.

Antes de tudo, ele era um chef lionês. Sua comida era o que as pessoas comem em Lyon há muito tempo (renovada, às vezes, e às vezes apenas bem preparada).

Michel Richard era um chef da nouvelle cuisine: não da primeira geração, mas tinha sido fortemente liberado por ela. Suas influências: Fernand Point (pela filosofia), Michel Guérard (pela inventividade) e Gaston Lenôtre (pelo credo: "Desde que você transforme o prato em algo melhor"). Bocuse abriu um restaurante com Lenôtre. Foi um bom amigo de Guérard. Gostava da companhia deles, mas não era o mesmo tipo de chef. A visão de mundo de Bocuse era local. Todos os itens de seu cardápio tinham uma arqueologia: o *poulet en vessie* de *mère* Fillioux, o robalo *en croûte* de *mère* Brazier, o linguado comum sobre tagliatelle fresco e artesanal de Fernand Point. Depois havia os pratos locais: o frango de Bresse, o frango *au vinaigre*, a *quenelle* do peixe do rio local, o peixe do lago, o lagostim da região.

O que torna a comida lionesa excepcional é — assim como Bocuse havia me dito quando o conheci — o acesso do chef aos ingredientes da região. Lyon é um acidente geográfico de boa comida e de boas práticas alimentares. As Dombes, com suas aves, enguias-d'água-doce e tamboris; os rios, com seu *brochet*; os lagos montanhosos (Lac du Bourget, Lac d'Annecy), com suas variedades únicas de peixe, encontradas apenas ali; a culinária de fazenda de Vienne, Condrieu e Ampuis, com seus porcos e cabras; os Alpes, com seus queijos; e em toda parte e em cada lugar, um vinho local. Todos os ingredientes podiam ser transportados por carroça — a uma distância entre cinquenta e 75 quilômetros —, como a comida era carregada antes da era dos veículos motorizados, a pé, no lombo de animais ou de barco; era basicamente a rota para uma cidade mercantil desde a invenção da roda, da domesticação de animais e da descoberta de que madeira flutuava.

A comida lionesa é bastante simples. A simplicidade é o que dá reputação à região. Não é necessariamente uma culinária elaborada. São pratos locais, que são bons, servidos com vinhos locais, que são bons, e as refeições têm sempre um valor muito bom.

x. A maior aventura na vida de nossa família

> *Os pensamentos deles, em sua maioria, se resumiam à fome e seus assuntos, à comida. Assisti a essa histeria coletiva no campo imenso de Petrisberg — todos os prisioneiros conheciam ou haviam passado por isso — e ela consistia em reminiscências maníacas de banquetes passados. Eles se reuniam em grupos pequenos e febris com o único objetivo de falar sobre comida. Um camponês recitava o cardápio de seu jantar de casamento e as especialidades de seu terroir, e os glutões descreviam com detalhes os cardápios do La Mère Poulard, do Le Restaurant Larue e do Le Chapon Fin. Cozinheiros amadores trocavam receitas com uma precisão que intimidaria um graduado do Cordon Bleu, enquanto outros tomavam notas…*
> Francis Ambrière, *Les Grandes Vacances*, 1946

AO PÉ DA GRANDE MONTAGNE DE VIRIEU, BELLEY. Seis anos depois de ler o famoso livro de Brillat-Savarin em meu cubículo urbano no escritório da *The New Yorker* e prometer que, um dia, eu reproduziria sua caminhada em direção às montanhas altas para visitar um mosteiro, eu estava fazendo a caminhada. Finalmente! Lá estava eu! Na trilha! Subindo! Até que me perdi.

Eu não me perdi no sentido de "estou numa floresta e não consigo achar o caminho de volta para casa". Também não me perdi no sentido de "agora não sei para que lado vou". Basicamente havia uma única direção — para cima. Mas tinha havido várias possibilidades para cima entre as quais escolher, até que a trilha simplesmente desapareceu, reduzida a nada pelo que parecia ter sido uma grande manada de elefantes que decidiu de repente tirar uma soneca em grupo.

Além do mais, e isto me pareceu peculiar, não havia ninguém ao redor. Desde que eu havia começado: nenhuma viva alma. Achei a situação bem... assustadora, na verdade. Era sábado: uma manhã bonita, o céu azul de outubro, o clima bom, as brisas suaves. Onde estava todo mundo? Eu realmente era o único visitante daquelas ruínas? Estar tão inequivocamente sozinho, *e* perdido, ainda que soubesse, aproximadamente, em que direção estava seguindo, não era lá muito agradável. Armas estavam sendo disparadas — caçadores de pássaros, imaginei, o que pareceu sazonalmente apropriado, embora não muito tranquilizador.

Jessica havia me comprado um mapa topográfico de trilha no qual cada floresta encantadora, prado parcial e riacho seco estava representado com precisão — o documento, publicado pelo Instituto Geográfico Nacional da França, na minha opinião, era um dos maiores acontecimentos da navegação desde a invenção dos pés —, e depois de consultá-lo vi que eu havia confundido a grama achatada com a trilha (vacas, e não elefantes, eram os culpados mais prováveis). Retracei meus passos, localizei a rota e retomei minha jornada.

Havia uma estrada pavimentada, a D-53, que Brillat-Savarin obviamente não tinha percorrido porque ela ainda não existia, então tentei evitá-la. A que eu escolhi tinha a chance de ser a trilha que ele havia seguido simplesmente porque não parecia haver outra melhor. Ela começava na cidade de Virieu-le-Grand, ao pé da montanha. Brillat-Savarin a descreve como uma subida de um quilômetro e meio. Olhei para cima — uma face rochosa branca (do tipo que você pegaria um elevador mecânico para chegar ao topo ou da qual saltaria com um paraquedas) — e pensei: eita porra.

Brillat-Savarin, devo esclarecer, não tinha feito a caminhada sozinho. Ele era membro de um grupo de músicos de sua cidade natal, Belley, que ficava pouco mais de onze quilômetros ao sul, e eles tinham sido convidados pelo abade para celebrar o Dia de São Bernardo, o santo do mosteiro. Nenhuma boa música havia penetrado aquele isolamento nas alturas, o abade dissera, e uma apresentação musical agradaria não apenas os monges, mas também os vizinhos (*"nos voisins"*).

Quanto à minha tentativa, eu não estava procurando seguir os passos de Brillat-Savarin, por assim dizer — depois de mais de dois séculos, o que eu esperaria encontrar lá? Minha caminhada era mais uma homenagem reflexiva. Brillat-Savarin tinha visitado o mosteiro numa época em que as tradições do lugar ainda estavam intactas, isto é, por cerca de mil anos, comidas e bebidas muito boas haviam sido feitas ali. Ele escreveu sobre isso trinta anos depois, e foi claro sobre o motivo. Nesse intervalo, ocorreu a Revolução Francesa, os mosteiros foram saqueados e os monges, expulsos. Muitos da geração atual, ele diz, nunca viram um mosteiro nem encontraram um monge, e não fazem ideia de como eles contribuíram para a culinária nacional.

Meu plano era subir e descer a montanha no mesmo dia, começando cedo e voltando meio tarde. Estava hospedado em um hotel, não em Virieu-le-Grand, mas na próxima aldeia do vale, Artemare, por causa de uma informação sobre a boa comida de lá: era um albergue que ficava em uma antiga escola de vila, com um venerável carvalho na frente, bagunçado, atulhado (no fim do meu corredor havia um aspirador de pó e um confessionário de padre) e descaradamente antiquado. Uma noite antes da caminhada, eu tinha comido *féra*, um dos peixes de lago mais apreciados e com uma carne de textura extraordinariamente firme (oriundo do lago Léman — você quase não o encontra em Lyon), que tinha sido cozido *à la meunière*, servido com *épinards au gratin* e coberto com quatro legumes igualmente torneados, uma cenoura, uma batata, uma abobrinha e um nabo. A refeição confirmou a eterna expectativa francesa de que, quando você se hospeda em um hotel de vila, não vai ter a ostentação de um Michelin, mas poderá contar com uma comida muito boa.

Assim como o hotel, a região, conhecida como o *massif de Bugey*, também era deliciosamente anacrônica. Brillat-Savarin vinha aqui todo outono para caçar aves, prática obviamente mantida até hoje. As vilas ainda possuíam bebedouros comunais e fornos coletivos para assar o pão, os quais eram muito usados, escurecidos, com uma pilha de lenha perto, uma pá de forneiro ao lado (a espátula larga que você desliza sob um pão para tirá-lo quando está pronto). A imagem disso tudo reviveu em mim a conexão com Bob e com o que ele havia tentado recriar em seus fornos no Quai Saint-Vincent, um sabor pré-industrial vindo da terra com o qual ele havia crescido e eu não. Jacques Pépin já me disse que a melhor comida de sua vida era o pão de sua infância, recém-saído do forno, com manteiga, e lamentei que hoje ninguém na vila estivesse fazendo um pão nos fornos.

Depois do jantar, eu me aproximei dos donos do albergue, marido e mulher — eles estavam jantando em mesinhas dobráveis, tomando um vinho local da montanha e assistindo ao noticiário — e perguntei se não seria um incômodo eu pedir que me fizessem um sanduíche para a trilha.

"Frango?", a mulher quis saber, e na manhã seguinte eles me deram a carne de um *poulet de Bresse* assado entre duas fatias de pão rústico envoltas em papel-alumínio. Eu o coloquei na mochila. Tinha cheiro de almoço de domingo. Meus outros itens eram uma garrafa grande de água, protetor solar, um mapa do lugar feito depois de uma escavação arqueológica no século XIX e dois livros: meu volume de Brillat-Savarin e uma pequena coletânea de receitas artesanais. Eu a tinha comprado no eBay.fr. O autor, que não é identificado (embora haja pistas de quem seja), era um prisioneiro de guerra francês mantido em um campo da Alemanha nazista. As receitas foram reunidas quando tudo indicava que a Europa estava caindo nas mãos dos nazistas e pareciam, assim como Brillat-Savarin, ter sido escritas na esperança de preservar alguma coisa sob forte ameaça: a comida francesa e tudo que ela havia passado a representar.

Em tudo isso — o mosteiro, o livro de receitas artesanais e até meu sanduíche de frango — havia, para mim, um pressuposto simples que me sinto obrigado a esclarecer: que nascemos com a necessidade de comer, mas sem saber preparar a comida.

Entre as funções essenciais para nossa sobrevivência (por exemplo, beber, respirar, evacuar, dormir, nos reproduzir etc.), comer, ao menos desde a invenção do fogo, é algo diferente. Cozinhar — como e o quê — é ensinado; um conjunto de habilidades passado adiante por aqueles que sabem para aqueles que não sabem, e de uma geração a outra (o que uma avó passa a um neto, a um pai, a tia ou tio para as crianças, o que Julien Boulud aprendeu com os tios oitenta anos atrás e passou para seu filho Daniel). Antes da era moderna, esse conhecimento era diário; era o comportamento do seu pedaço de terra, das modulações das estações. *Esse* é o alimento que vai sustentar você no inverno. *Esse* é o modo como se cura a carne para que haja o que comer quando não houver mais nada. *Esse* é o modo como se faz queijo, vinho, pão. *Esse* é o gosto da comida. E esse é o conhecimento do qual os mosteiros foram grandes repositórios, como era o caso daquele para o qual eu me encaminhava, a abadia de são Sulpício (fundada em 1033). Se o conhecimento não é passado adiante — por causa de guerra, fome, indústria, revolução ou de um poderoso vulcão que enterra sua civilização sob as cinzas —, a cadeia se parte, e o conhecimento pode se perder.

São Sulpício só obteve proteção e a condição de tesouro nacional em 1994. Foi reconhecido oficialmente como um *monumento*, no sentido mais amplo da palavra: identificava um lugar onde havia acontecido alguma coisa que não existia mais.

Durante a caminhada, fui surpreendido por outros lembretes, monumentos que eu não esperava encontrar, inclusive uma placa de trilha amarela para uma *stèle*, um marco na altitude elevada de lugar nenhum. Eu a segui e me deparei com uma bandeira francesa, uma rocha branca alta e uma inscrição na rocha revelando que, em 15 de junho de 1944, quinze soldados da Resistência tinham sido emboscados ali e mortos por soldados alemães. Parei e li cada nome. Deviam ser rapazes da região, provavelmente descendentes dos *voisins* do mosteiro, que conheciam a floresta, as entradas e saídas dela, melhor do que qualquer estrangeiro.

Encontrei outra lembrança da guerra, dois ou três quilômetros adiante, era uma placa com um texto simples: em 15 de junho, um tal de Émile Clayet tinha sido torturado e morto.

Pensei no tipo de coisa a que ele havia sido submetido e nas informações que os soldados alemães queriam que monsieur Clayet revelasse. Torci para que não fossem relacionadas à emboscada.

Fiz outras descobertas de uma natureza mais prosaica; por exemplo: nunca se deve, jamais, fazer uma trilha com uma bota que não foi laceada antes. Também descobri que água nunca é demais. Minha garrafa havia terminado fazia muito tempo. No começo vi cachoeiras e um córrego um pouco difíceis de alcançar pela trilha, e não quis me arriscar. Estava certo de que encontraria outras fontes depois, o mapa me dizia isso. E encontrei, mas ali, onde o maciço se aplainava, havia pastos, a água era meio parada, as vacas estavam dentro dela, e cheguei à conclusão de que eu nem estava com tanta sede assim.

Também aprendi o seguinte sobre o mosteiro: ele não estava lá.
Que coisa curiosa.

Havia uma capela, então eu sabia que havia chegado ao lugar certo. (Esta seria a primeira pergunta de Jessica quando eu contasse sobre aquilo para ela: tem certeza de que não se perdeu de novo?) A capela talvez marcasse a entrada original do mosteiro — era dedicada a são Vital — e foi desenterrada apenas recentemente, nos anos 1970 (por isso escapou de pelo menos um século de pilhagem). Um esforço de reconstrução — um carrinho de mão, uma tábua de madeira sobre a qual empurrá-lo, uma pilha de pedras — estava bem visível. Sim, eu parecia estar no lugar certo. Mas onde estava escondido o mosteiro?

Havia uma placa escrito "sem saída" — o único indício por ali da existência de alguma autoridade civil — em uma estrada que subia a colina. À esquerda: uma banheira de cerâmica descartada, uma pia, sacos plásticos azuis. À direita: uma cerca elétrica. Foi então que eu a vi do outro lado do portão: ela não apenas dizia para você se manter longe dali como prometia eletrocutá-lo se desobedecesse.

Ou ao menos pensei tê-la visto. *O que eu vi* (isto é, um pedaço de terra estranhamente erguido, como um morro comprido com telhado de terra) não era bem uma ruína, mas uma ruína enterrada. Era uma formação alta em cima do morro mais alto, com partes pontudas, não muito diferentes de túmulos funerários, com cerca de sessenta metros de comprimento por quinze de largura. Escavações arqueológicas históricas confirmaram a estrutura. Mas o que quer que tivesse sido descoberto na época havia voltado a ser coberto depois.

A cerca elétrica era desconcertante. Os habitantes da propriedade também: quatro jovens touros. Eles estavam à sombra no topo da colina. Pareciam guardar o mosteiro. Eu realmente não esperava encontrar quatro jovens touros.

Eles se posicionaram em fila e me encararam. Eu não seria dissuadido pela cerca ou pelos animais, e me recusei a ver esse impedimento como grande coisa. Mas na verdade era grande coisa.

Olhei o celular. Tinha bateria, mas nenhum sinal.

Continuei subindo a estrada sem saída até o perímetro externo da propriedade, seguindo a cerca elétrica. Eu procurava um lugar onde conseguisse passar por baixo.

Os touros se viraram, ainda em fila e me encarando.

Acompanhando a cerca, entrei na floresta num trecho mais íngreme e acidentado, e encontrei um lugar. Deitei de barriga para baixo, me arrastei e passei por baixo. Eu estava dentro da propriedade.

Enquanto isso, os touros tinham se virado 180 graus a fim de me manter em seu campo de visão. Eram extraordinariamente atentos.

Eu agora estava sob o sol, sentindo muito calor, e os touros, no terreno mais alto, na sombra, em meio às ruínas do mosteiro — bem onde eu queria estar.

Estavam parados em fila, dessa vez bem mais próximos uns dos outros. Um touro se pôs mais à frente. E fixou os olhos em mim.

Ele encarou. Eu encarei também.

Isto é ridículo, pensei. Bati palmas, alto, depois fiz um barulho, dei um grito. O touro deu um passo à frente. Seu olhar tinha uma intensidade impressionante.

Ele bufou. Nenhuma dúvida: aquilo era um bufo. Depois pareceu bater a pata no chão. Bateu uma segunda vez. Bateu uma terceira. Ele estava se preparando para o ataque.

Pensei: este pode ser um bom final para meu livro.

Pensei: este pode ser um péssimo final para mim.

Mudei de plano e, devagar, desviando os olhos, desci pelo outro lado do morro na direção da capela. Fiz um círculo bem grande e não olhei para trás. Pensando bem, concluí, aqueles touros podiam ficar com o mosteiro só para eles.

Depois de um tempo, me reaproximei pelo outro lado, para onde os touros não olhavam. A essa altura (tinha sido uma caminhada longa) eles comiam grama e haviam descido o morro, cedendo a posição para mim.

Encontrei o lugar onde pensei que o altar da igreja pudesse estar enterrado e me sentei encostado ao tronco de uma árvore; sentindo que vinha prendendo a respiração havia muito tempo, expirei longamente. Quando Brillat-Savarin chegou ali, teve pensamentos extraordinariamente refinados — ele conta a respeito de um passeio noturno, entre o segundo e o terceiro banquete do dia, e fala sobre respirar "o ar puro daqueles prados altos" — e descobriu que aquilo renovava "a alma de um homem e predispunha sua imaginação a pensamentos tranquilos e ao romantismo". Mas ele provavelmente não teve que lidar com um touro.

Eu me acalmei, abri a mochila e contemplei meu tão esperado almoço. Naquelas circunstâncias, e talvez por causa do ar puro daqueles prados altos, aquele sanduíche de frango foi o melhor sanduíche que comi na vida.

Consultei o mapa de uma escavação do século xix e concluí que, sim, eu estava bem em cima do altar. Também estava perto de um cemitério que abrigava oito séculos de monges. Pensei: são monges mortos pra caramba. Abri meu Brillat-Savarin.

Ele errou em algumas coisas. A altitude, por exemplo, não era de 1500 metros, mas, segundo meu mapa de trilha, algo mais próximo da metade disso. (Mas, enfim, depois do meu esforço para subir, posso atestar que pareciam 1500 metros.) Fora isso, os arredores basicamente não haviam mudado muito. Brillat-Savarin descreve pinheiros a oeste — a mesma floresta que atravessei para encontrar minha entrada sob a cerca elétrica — e como o mosteiro estava situado em um planalto entre duas cordilheiras quase montanhosas, com um pasto entre elas. E era bonito — naquela tarde fresca de outono parecia um paraíso do mundo natural — aquele vale aberto, a grama de um verde-vivo, a floresta, o isolamento absoluto. O mosteiro começou com doze monges. Na época da Revolução, havia mais — duas dúzias? três? — cuidando de 4 mil hectares, que incluíam vinhedos e um lago artificial. Eles faziam tudo que comiam — ou colhiam fresco com as próprias mãos.

De acordo com Brillat-Savarin, havia uma farta variedade de alimentos. Ele descreve a primeira refeição ("um *déjeuner* verdadeiramente clássico"), um banquete de dimensões tão generosas quanto o próprio mosteiro: um patê se erguia no meio da mesa como uma igreja, cercado ao norte por vitela, ao sul por carne suína, a oeste por alcachofras e a leste por uma bola monumental de manteiga. (Os monges, que jejuavam em homenagem a seu santo, haviam preparado o banquete com antecedência, totalmente comprometidos com o elevado princípio da hospitalidade, ainda que não pudessem participar.) Depois da missa, durante a qual os músicos se apresentaram, preparou-se um jantar inspirado pelo gosto (*le goût*) dos anos 1500, que trazia várias carnes preparadas sob a forma de *ragoûts* simples ("*une bonne cuisine*") e legumes da montanha da região com mais sabor do que os moradores da cidade já haviam experimentado, seguidos por catorze travessas de assados ("abundância era a regra"). Às nove, houve uma ceia leve. Os vizinhos apareceram para uma longa noite de bebedeira, cantoria e jogos que culminou na última refeição da noite: pão quente com manteiga e um tonel de *eau-de-vie* adoçado que chegou em chamas.

A vizinhança das aldeias da região voltou sete anos depois. Thézilieu, que eu conseguia ver de onde estava, encostado no tronco da árvore, era a aldeia mais próxima, e imaginei ver a chegada de seus moradores, *les foules*, a multidão, numa noite quente de agosto de 1789, atravessando o pasto aberto, carregando tochas e armas rústicas. Eles devem ter escorraçado os habitantes de sandálias para fora da abadia e montanha abaixo. Em seguida, começaram a destruir os edifícios — a demolição parece ter levado muitos e muitos anos — e carregaram tijolos para construir suas casas e celeiros com eles. Atearam fogo em tudo: arquivos, manuscritos, livros, oito séculos de história.

Brillat-Savarin não menciona essa noite, nada que estragasse a pureza da caminhada que ele fez para chegar a um mosteiro intacto e perfeitamente funcional. Mesmo assim, a visita não parece ser o que ele queria mostrar; e sim o fato de que nenhuma visita como aquela voltaria a acontecer. Aquele mundo se foi. Em todas as vezes que imaginei minha visita ali, jamais imaginei que não restaria nada.

Guardei meu exemplar de Brillat-Savarin e peguei meu livro manuscrito de receitas. Na capa, o autor havia escrito *Recettes* com letras inclinadas, e sublinhado a palavra. Não sei ao certo se era um título ou apenas uma declaração de objetivo.

Cheguei a ele por um interesse que havia desenvolvido por livros de receitas antigos de segunda mão, especialmente aqueles da variedade *"mère"*. Tudo começou quando Michel Richard me disse que um deles o havia inspirado a começar a cozinhar. Quando tinha dez anos, enquanto sua mãe estava no trabalho, ele leu o exemplar dela de *La Véritable Cuisine de famille*, de "Tante Marie", e naquele momento decidiu que dali em diante faria o jantar da família, então com seis pessoas. (Ou sete? Ou talvez nove? Nunca ficou claro, sobretudo porque pelo menos dois eram "extraoficiais".) Encontrei uma cópia publicada em 1948, ano de nascimento de Richard, possivelmente da mesma edição com base na qual ele cozinhou: a lombada estava obviamente apagada, a contracapa, colada por uma frágil fita amarela, e custava cinco euros. A tradução do título é "A verdadeira cozinha de família", e o livro poderia ser considerado semelhante, no que se refere a seu peculiar sentido francês, ao que *Joy of Cooking* se tornaria nos

Estados Unidos: um guia prático para preparar jantares e refeições de festas que muitas famílias precisavam ter. Mas "Tante Marie" era muito mais informal do que sua contraparte americana e, confrontada com o desafio de representar a culinária francesa para cozinheiros domésticos, o enfrentou com leveza em vez de peso, com parágrafos vigorosos e curtos, três ou quatro receitas por página, sem lista de ingredientes e sem muitas firulas sobre as medidas: um copo disso, uma xícara de café daquilo. A filosofia dela era evidente em cada página: "Você consegue fazer isto!".

Adquiri muitos livros de *mères*. Eu cobiçava edições manchadas, usadas, sujas, e sentia um prazer quase viciante em folhear as páginas que haviam sido estudadas, em alguns casos, mais de um século antes. Eram os exemplares mais usados da casa e pareciam revelar as histórias delas, de pessoas reunidas em volta das mesas, de celebrações, de crianças crescendo, e a intimidade que a comida parece promover. Eles também tinham uma qualidade que quero descrever como "aura". A culinária francesa, como eu sabia perfeitamente bem, precisa ser aprendida e, definitivamente, não é hereditária, embora seja um elemento importante do patrimônio francês. Aqueles livros tinham um propósito. Havia urgência entre professores e leitores, mais evidente no que foi publicado por volta de 1890 aos anos 1920, quando as famílias francesas pareciam achar que seu verdadeiro "espírito francês" dependia de elas serem capazes de preparar uma refeição francesa. Havia também um florescimento das revistas de instruções, de "gazetas", cartazes, palestras públicas. Era um momento histórico único, quando a culinária, a culinária *francesa*, já não era uma conversa entre chefs, mas também entre famílias.

O primeiro livro de culinária familiar manuscrito que encontrei foi iniciado durante a Primeira Guerra Mundial. Fiquei espantado ao descobrir que essas coisas existiam e podiam ser compradas, também com pouco dinheiro; ninguém tinha interesse. O livrinho — ele media oito centímetros por dez — transmitia mistério e tristeza: o mistério de alguém, invariavelmente uma mulher, tentando fazer uma casa funcionar e ser francesa, um artefato ele próprio cheio de artefatos, instruções de pratos de amigas anotadas em pedaços de papel, o cartão-postal de um general na frente da batalha, uma lista de compras, a escassez de manteiga, carne, açúcar, um plano de cardápio para o Natal. Jessica e eu nos sentamos à mesa da cozinha e examinamos as páginas, e tudo mais que encontramos nelas, e nos sentimos transportados para um inesperado veículo de viagem no tempo, rumo ao espaço culinário de alguém que não tinha refrigeração e onde um fogão a gás era novidade.

E a tristeza? O fato de ele estar agora nas minhas mãos. Tinha sido um instrumento de cozinha por pelo menos três gerações, começando por volta de 1915, uma conversa de setenta anos entre avó, mãe e filha, até finalmente ser varrido para fora de casa e parar em um leilão de bens de tudo quanto é coisa e acabar no eBay.

Colecionei essas coletâneas de receitas caseiras — a essa altura devo ter quase quarenta — na esperança de um dia encontrar um texto inesperado que pudesse me ensinar algo novo sobre a culinária francesa, um estalo, uma surpresa. Talvez eu tenha encontrado alguma coisa no livro de receitas manuscrito que trazia comigo.

O livro é, inevitavelmente, feito à mão. Um pedaço de cartolina foi dobrado ao meio. Folhas de um papel muito fino de outros tempos foram dobradas e colocadas dentro, e numeradas até a página 68. Cada folha está coberta, com perfeição, com leveza, dos dois lados, a lápis. Nada é revisado, nenhuma correção, exceto por algumas palavras riscadas. Contei cinco. Não há um erro de ortografia ou de acentuação. Apenas uma página tem marcas de dedo, de três dedos, interrompendo um relato denso da receita borgonhesa de escalfar ovos no vinho tinto (*œufs en meurette*, um dos meus pratos favoritos para o almoço no inverno). O esforço é meticuloso. O livro é encadernado com barbante vermelho e branco, envolto na lombada. Eu o trouxe comigo porque parecia combinar com o livro de memórias de Brillat-Savarin.

Há pistas quanto às origens do livro, todas frustrantemente incompletas, como as iniciais na capa, comprimidas como se o autor estivesse experimentando um logotipo. Também estão manchadas, como se ele tivesse tentado apagá-las, e são difíceis de ler. Poderiam ser "MR". O outro lado da cartolina revela que foi recortada de uma caixa de mantimentos da Cruz Vermelha. ("De: Cruz Vermelha Americana, EUA. Para: Comitê Internacional da Cruz Vermelha" — a última letra fora recortada para fazer a capa.) Há um endereço, "Stalag IX, Ziegenhain", e um destinatário, apenas as primeiras cinco letras: "M O I S O".

Poderia ser esse o nome do autor? Talvez sim, talvez não. Ziegenhain era um campo de prisioneiros de guerra ocupado principalmente por soldados franceses capturados quando a Alemanha invadiu a França em 1940. Os prisioneiros que concordavam em cuidar da horta dos nazistas eram recompensados com uma caixa de mantimentos. Será que nosso autor era um desses jardineiros? Ou apenas ficou com a cartolina depois?

Não temos como saber. Eu não sabia. Eu não sabia de nada, na verdade, a não ser que este livro feito à mão agora nas minhas mãos parecia estar entre os livros de culinária mais especiais que eu já havia segurado. Gastei noites examinando-o, absorvendo seu cheiro, lendo-o, passando os dedos nas páginas para sentir as impressões feitas pelo lápis que escreveu as receitas, imaginando as circunstâncias, a concentração, a fome de seu autor, sua exaustão, e uma vida fantasiosa que consistia em recordar pratos franceses com detalhes impecáveis de tão precisos.

Descobri depois que houve um contexto. Li num livro de memórias escrito por um oficial francês que, capturado perto da fronteira depois que a Alemanha invadiu a França, passou o restante da guerra em diversos campos desse tipo, incluindo um período de seis meses em Ziegenhain, quase todo em confinamento solitário. O livro, *Les Grandes vacances* [As longas férias], de Francis Ambrière, foi publicado em 1946, ganhou o Goncourt (embora não fosse de ficção nem pretendesse ser) e se tornou um best-seller instantâneo, saciando a curiosidade de uma nação que ansiava saber, e lamentava ao descobrir, o que havia acontecido com pais, filhos e irmãos capturados (estimados em 1,8 milhão de pessoas).

Ambrière me mostrou que meu autor anônimo não estava sozinho. Ele escreve que, no primeiro ano de seu cativeiro, os franceses, famintos, ficavam obcecados pelas lembranças da culinária deles. "Nos primeiros dias de cativeiro, centenas de livros de receitas foram escritos na esperança vingativa de retornarmos à França em breve." Ambrière sempre havia apreciado a culinária francesa. Mas na Alemanha, em um campo de prisioneiros em Petrisberg, ele descobriu a poesia dela, expressa com tons atormentados de nostalgia e ternura: "Ela transmitia não apenas fome, mas algo mais profundo: rebeldia, a revolta da razão, um prazer na vida".

Será que meu livro feito à mão era um entre centenas? Quantos sobreviveram? Até agora não encontrei outros. E por que esse? (Entrei em contato com o vendedor. Ele não sabia de onde o livro tinha vindo. Estava em uma caixa de recordações de guerra.)

Há, *sim*, semelhanças entre a recordação de Brillat-Savarin e as *"recettes"* do meu autor anônimo; no mínimo, as duas obras podem ser descritas como relatos de um luto culinário num período de terrível turbulência. Mais profundamente, os dois livros parecem se esforçar para transmitir como a comida na França passou a ser bem mais do que comida: em muitos níveis, a comida se tornara quem você de fato era.

As diferenças também são importantes, inclusive a mais básica: Brillat-Savarin escreveu de barriga cheia; o chef anônimo escreveu morrendo de fome. Uma hipótese que fantasiei — ele teria se tornado chef para os oficiais alemães e esse volume havia sido seu livro de receitas — foi descartada quando descobri os verdadeiros hábitos alimentares de lá, graças aos esforços documentais dos últimos prisioneiros mais robustos, os americanos. Ninguém comia bem, nem mesmo os oficiais da prisão, embora comessem. Suas sobras, quando *havia* sobras, eram transformadas numa sopa feita uma vez ao dia, que, perto do fim da guerra, "alimentava" cerca de 20 mil prisioneiros. A maioria dos prisioneiros em Ziegenhain morreu de fome.

Quem era o chef anônimo?

Li e reli o livro em busca de mais pistas. As primeiras páginas eram dedicadas a pratos clássicos — duas maneiras de preparar lebre, por exemplo, uma assada com um purê de castanhas portuguesas e a outra *à la royale* (um *civet de lièvre*, o animal lentamente cozido no próprio sangue). Muitas preparações são bastante discursivas. Em um relato especialmente longo de como fazer massa folhada, o autor observa no fim que, como se deve fazer com todas as massas, você precisa polvilhar sua bancada com farinha, para impedir que a massa grude. (Li isso e pensei: sério? É isso que você pensa quando está passando fome num campo alemão?) Da mesma forma, ele nos lembra de não esquecermos de fazer uma chaminé na crosta de um *pâté en croûte*, para que o vapor consiga escapar.

Um chef ou apenas um obsessivo?

De onde ele era? Há receitas de frango, mas não de pato — ou nenhuma que ele tenha chegado a escrever. Há molho de peixe — um "normande", o mesmo que faziam para os meninos na cantina da escola, com caldo de peixe, suco de ostra e creme de leite fresco —, mas nenhuma preparação de peixe. (Então ele talvez não venha do mar?) Há um cassoulet do sudoeste e um *cervelas de Strasbourg* da Alsácia, no nordeste. Mas há tantas receitas da Bretanha que me fazem pensar: talvez ele fosse de lá?

As últimas páginas chegam a incomodar de tão impactantes. Elas têm uma aparência diferente. A caligrafia ornamentada do início (o autor tinha o hábito de começar cada parágrafo com um floreio ortográfico) desapareceu. A escrita não se torna desleixada, mas fica pequena, comprimida. Há muita coisa que ele quer dizer, mas só tem 68 páginas, ele quer colocar toda a culinária francesa nelas, para fazer um registro, escrever tudo. É quem ele é. Seu espírito francês. Mas ele não termina: três páginas vazias na seção "Molho", seis em uma seção chamada "Culinária", doze em "Fruta", provavelmente representando todo um grupo alimentar a ser abordado depois. Há 23 páginas em branco.

Recettes é urgente. A comida francesa está prestes a ser apagada. Não pode ser. É importante demais. A comida, *la cuisine*, não é mais a obsessão de um cabeça de vento aristocrata, mas de todos, camponeses e glutões. Ela precisa ser preservada, como a civilidade, como a dignidade, como a mesa, como um abrigo que nos protege do terror à nossa porta — da rudeza, da crueldade, do egoísmo, da injustiça incompreensível. A culinária, como o autor de *Recettes* reconhece, protege nossa humanidade.

Que coisa a comida francesa se tornou desde La Varenne. E como ela é radiante, triste e bela.

A ÉCOLE DE ROBERT DOISNEAU. George e Frederick entraram no que chamamos de "escola dos grandinhos", um prédio diferente, não mais um jardim de infância. O primeiro dia deles foi como um desfile, todos conscientes do rito de passagem que a escola representava, alunos e pais chegando quase ao mesmo tempo, com uma festividade exuberante. Todas as crianças estavam com mochilas novas, tão enormes que a parte de baixo batia nas panturrilhas. Eles eram pessoinhas pequenas prestes a se tornar menos pequenas. Jessica sabia o que a "escola dos grandinhos" representava. Eu não estava preparado para aquela emoção. Os meninos não eram mais bebês. Era uma manhã mágica de testemunhar, ainda mais porque... enfim, era a França.

Os meninos haviam aprendido a ler e a escrever. Foram ensinados a juntar letras e a formar palavras com elas, cada caractere traçado com habilidade, uniforme, e a seguir a linha reta de uma régua. Eles tinham lição de casa. Estavam aprendendo os números, números franceses.

De nossa parte, seguíamos em frente, com a diferença de que o tempo que antes considerávamos como de "pesquisa" era agora a nossa vida: nossa vida em Lyon. Jessica, agora diplomada pela WSET, decidiu se tornar Master of Wine, uma empreitada de muitos anos, amplamente definida como a credencial mais difícil num mundo de credenciais que dizem "eu sou melhor que você". Continuei fazendo bicos em cozinhas, para aprender um prato aqui, uma preparação ali. Estudava documentos históricos. Escrevia.

Um dia, os meninos estavam junto à pia do banheiro, na frente do espelho, com um pente, uma escova, uma torneira aberta e gel de cabelo. George, no modo mandão, havia assumido o comando, dizendo para Frederick o que fazer, como molhar o cabelo, amassar e aplicar quantidades gigantescas de gel com um pente. Frederic, no modo defensivo, ignorou o pente e pegou uma escova. Jessica se juntou à plateia. Comecei a filmar.

Eles estão falando em francês um com o outro, totalmente concentrados em suas imagens no espelho. Jessica faz uma pergunta a eles em inglês. Eles mudam de língua, mas seus primeiros pensamentos vêm errados e têm que ser corrigidos. "*La prochaine...*", George diz e para. "*Next time...*" Mas então ele esquece o que ia dizer ou não consegue traduzir o pensamento. O inglês deles é palavra por palavra.

Os meninos estão longe de Nova York há mais tempo do que vivem aqui. Faço questão de que escrevam para as avós naquela letra maravilhosa, eles tentam, mas não sabem escrever em inglês. Tento ensinar algumas palavras, mas eles acham difícil demais.

"Precisamos voltar aos Estados Unidos", Jessica diz. "Não queremos, mas precisamos."

Reflito sobre a proposta.

Sugiro escolas bilíngues.

Elas não são exatamente bilíngues, Jessica diz. Com aulas de inglês dadas por uma pessoa francesa? Além disso, elas são particulares. E mesmo que pudéssemos pagar, e não podemos, não haverá muçulmanos, ciganos, negros, marroquinos, argelinos, croatas, toda a mistura que faz a escola dos meninos parecida com a vida, uma vida lionesa de verdade.

Mas eles são jovens demais para abandonar o francês. Têm sete anos. Dizem que a idade mágica é nove: se as crianças conseguirem manter dois idiomas até essa idade, provavelmente se manterão bilíngues até a vida adulta. Não quero perder o que nossa aventura lhes proporcionou.

Em Manhattan, há um "*lycée*" famoso. Jessica manda um requerimento para a diretora; Daniel Boulud, cuja filha frequenta a escola, escreve uma carta de recomendação para os meninos. Nunca recebemos uma resposta.

Menciono entrar com um pedido de cidadania francesa.

"Sério?"

Sem que eu soubesse, Jessica já tinha procurado um diretor de admissões em uma escola bilíngue que havia aberto em nossa ausência, a École Internationale de New York (EINY para encurtar), que, surpreendentemente, ficava a apenas um quarteirão de nosso apartamento em Nova York. Também sem que eu soubesse, Jessica (não exatamente de maneira "clandestina", mas não exatamente de maneira *não* "clandestina") envia os históricos escolares dos meninos e descobre que, com a educação francesa deles, poderiam ser admitidos, *se* houvesse vagas. Eles são colocados numa lista de espera.

"Eles não podem ir a uma escola pública", ela diz de repente. "Eles não sabem ler nem escrever em inglês."

No meio de agosto, três semanas antes de o semestre das escolas de Lyon recomeçar, o diretor de admissões entra em contato com Jessica, e depois disso ela me informa (desafiadora e definitivamente) que vamos voltar para os Estados Unidos. ("Vamos? Como isso aconteceu?")

Então, de repente nos preparamos para voltar. É tão rápido que não temos tempo de nos despedir de ninguém. É tão rápido que não temos tempo de levar nossos pertences. É tão rápido que de repente estamos indo para o aeroporto na última terça-feira de agosto, para um primeiro dia de aula dois dias depois (por causa da perversidade de uma escola que seguia o calendário francês — era *la rentrée!* — e não o americano, que começa depois da primeira segunda-feira de setembro).

Tiro uma última foto dos meninos em nosso apartamento às cinco da manhã, nosso longo corredor com seu piso de madeira encerado, a porta pesada da frente, o braço de Frederick nos ombros do irmão, os dois de shorts e moletom, faz um tempo bonito, mas friozinho. Os meninos têm um ar otimista, como se fosse véspera de Natal. Quando chegamos ao aeroporto JFK, em Nova York, faz um calor úmido e sujo, lá está o céu marrom de agosto, o que parece totalmente certo.

O regresso acontece de maneira tão impetuosa e leve que tem um ar de inconsequência.

Antes de os meninos seguirem, de manhã, para seu primeiro dia na escola nova, paramos na frente de nosso prédio em Nova

York, sob o típico toldo nova-iorquino, o cabelo deles bem cortado e lavado, a gravata com um nó volumoso feito pelo pai, o começo de um novo ritual matinal: calça cinza, blazer azul-marinho com único botão dourado, e uma nova geração de bolsas de livros gigantes. Eles são menininhos franceses, magrelos, com cinturas angelicais, ombros delicados, braços finos, boa postura e a capacidade de olhar nos olhos dos adultos que falam com eles. No primeiro dia de sua nova vida americana, eles não estão nem apreensivos nem esperançosos: estão confiantes. Na École Robert Doisneau, os meninos eram os célebres *New-Yorkais*. Agora eram nova-iorquinos em Nova York.

Eu vou buscá-los. Eles falam pouco. Assim que chegam em casa, ao verem a mãe, largam as bolsas ao mesmo tempo, os nós desfeitos, as camisas para fora das calças, se jogam no chão e abrem o berreiro.

A escola deveria ter sido uma reentrada suave. Era francesa, tinha turmas pequenas, bons professores, ficava perto de casa. Mas agora me pergunto se não se parecia *demais* com o lugar de onde eles vieram. Uma escola pública americana normal, com todas as suas diferenças radicais, teria sido mais fácil, porque os meninos teriam chegado lá sem expectativas de que fosse algo parecido com o que eles conheciam.

Eles tiveram problemas com a comida. Na escola, os "chefs" não usavam toque, George reclamou ao jantar. Além disso, não cozinhavam, ele disse.

"Eles usam micro-ondas", Frederick explicou. As expressões dos dois mostravam assombro por um usuário de micro-ondas ter a audácia de se chamar de chef.

A comida era francesa? Americana?

Eles não sabiam. Sabiam apenas que não era nada como o que comiam em Lyon. (Eles também não sabiam que o que comiam em Lyon estava entre as experiências culinárias sem igual no planeta.)

Em Nova York, eles descobriram a pizza de fatia, os cheesebúrgueres da Shake Shack e cookies de chocolate, mas ficaram perplexos pela forma como eram consumidos.

Na primeira sexta à noite após o regresso, George e Frederick se encontraram com uns gêmeos da mesma idade deles para ver filmes, um passeio cinematográfico com amigos novos. Os pais dos meninos haviam passado em Lyon para nos ver no caminho de volta de uma viagem pela Provença. Quando os meninos chegaram à casa deles no West Village, os gêmeos anfitriões, sob a supervisão de uma babá indiferente, já tinham comido. Havia sobras de pizza no balcão, gordura no papelão da caixa de pizza. George e Frederick ficaram embasbacados, sentaram-se sem jeito nos banquinhos da cozinha e comeram sozinhos.

"Aquilo não é jantar!", Frederick me disse quando fui buscá-los.

Senti um prazer perverso com a pureza lúcida do choque inicial dele e a sorte que eu tinha por haver presenciado isso, apesar de todas as tribulações da noite.

Seus colegas em Nova York eram, na maioria, parisienses. George e Frederick nunca haviam conhecido parisienses. Não gostaram deles. A pronúncia era diferente, as palavras cheias de gíria. "Eles são todos brancos", George disse. Eram ricos ou pareciam ser. Um chegava à escola de Uber; um vinha de uma família com aviões. Lyon — sua população heterogênea, improvisada, o cheiro generalizado de refeições sendo feitas em casa, os sons, vindos das janelas abertas, de famílias terminando o jantar — parecia exótica e distante.

Um professor avaliou o domínio de inglês dos meninos. Fui convidado a participar. Ele pediu que cada um lesse uma página em voz alta, o professor confiante de que não haveria problema com filhos falantes de pais americanos literatos. Os meninos ergueram os olhos, perdidos. Não entenderam nada. Foi doloroso ver a carinha deles. Uma repreensão estava a caminho: ao insistir que eles fossem o mais nativos possível e mantivessem seu francês intacto por muito tempo, para que a língua fosse retida pelo que eu gostaria que fosse o resto da vida deles, eu tinha por fim prejudicado a educação deles?

Eles foram mandados para uma turma de inglês como segunda língua, e todos os dias saíam da aula de humanidades em inglês das dez da manhã para irem para a outra aula. George se acostumou rapidamente com o inglês e, dez semanas depois, voltou à turma de humanidades em inglês. Frederick tinha mergulhado fundo no francês. Em um sábado no fim da primavera, no meio do segundo semestre de Frederick, eu me sentei com ele num parque, ajudando-o com sua lição de casa, um livro infantil simples em inglês que ele precisava ler em voz alta. O esforço o fez chorar. Depois de dois parágrafos, estava exausto.

Eu tinha um medo novo: não que Frederick precisasse de muito tempo para aprender inglês, mas que nunca o aprendesse bem. Ele bateu com o livro na cabeça.

Recentemente, ele nos disse, num jantar em família, que teve tantas aulas fora de suas humanidades em inglês que havia deixado de aprender informações cruciais e ainda não sabia muita coisa, como certas tabelas de multiplicação ou mesmo o calendário básico. Ele não sabia o que vinha depois de agosto. (George, cético, lhe perguntou em francês: "*Donc, qu'est-ce que c'est que le mois après août?*". "*Septembre*", Frederick respondeu, pensativo.)

Uma vez, George, sentado sozinho, pegou uma fotografia da sua turma de escola da Robert Doisneau. Ele a havia trazido na mochila. Olhou para ela com intensidade e passou o dedo em cada colega na foto. Seus olhos se encheram de lágrimas; não resisti e tentei fotografar aquilo, uma primeira experiência de perda e saudade, e discretamente tirei uma foto a uma distância que pensei segura.

George me viu. Ele ficou envergonhado. Perguntou por que eu estava fazendo aquilo, tirar uma foto dele daquele jeito, quando ele estava triste. Ele ficou bravo, e teve razão em ficar bravo. Eu não tinha justificativa para tirar a foto.

Mas ele não largou a foto dos colegas e, quando olhou para ela de novo, ela imediatamente ocupou toda a sua atenção. George continuou olhando fixo para ela, abertamente, sem inibição, sem prestar atenção em mim, e, admito, tirei mais algumas fotos.

LAGO DO BOURGET. Voltei à França sozinho por uma semana. Eu não tinha feito peixe. Não tinha ido ao lago. Queria passar alguns dias no lago do Bourget, o maior lago da França e o lugar de onde vem a maioria dos peixes que comemos em Lyon.

Eu tinha um contato, um pescador, e um chef que prometeu me apresentar a ele. Jessica conseguiu um lugar para eu ficar. Chamava-se La Source. Era uma casa de fazenda transformada em restaurante com quartos administrados por marido e mulher, em um vale fluvial arborizado que dava para o lago. O marido era membro dos "Maîtres Restaurateurs", um coletivo de chefs que segue um código de autossuficiência e prepara toda a comida possível internamente. Descobrimos o lugar por acaso, numa viagem ao vale do Loire, com os meninos, que tinham ficado famintos depois de uma demorada visita a um vinhedo. Paramos no primeiro lugar que encontramos, um restaurante na Île Brochard, onde a manteiga era batida à mão, o pão, assado ali mesmo e o sorvete, feito do zero todos os dias. Os Maîtres de Cuisine são mestres das comidas que a maioria das cozinhas compra já prontas. Para nós, aqueles eram mais do que restaurantes. Eram escolas de culinária "à moda antiga", e pesquisamos sobre elas.

Quando me sentei para jantar no La Source, onde eu era o único cliente, a noite estava fresca e outonal. Ao me retirar para o quarto, eu também era o único hóspede do hotel. Abri as janelas e não vi nada. Entre o fim da minha refeição e a subida para o quarto, uma névoa saída do lago havia tomado o vale e cercado o hotel, e estava tão densa que não dava para ver o chão lá embaixo. O isolamento — o hotel situado no fim de uma estrada de cinco quilômetros, sem vizinhos, sem nada — era emocionante.

Eu me levantei às seis. O marido, Éric Jacquet, já estava na cozinha, fazendo meu café da manhã. Ele não me parecia um tipo estranho: cinquentão, corte de cabelo militar, calculadamente sisudo, desconfiado. Não que ele fosse pouco acolhedor — afinal, tinha acordado antes do nascer do sol para cuidar de mim —, mas não era um declarado embaixador da prática evidentemente superestimada da hospitalidade francesa.

Ele pôs os itens na mesa, se afastou para o outro lado do salão e, encostado no batente da porta, me disse o que havia preparado: pão (feito por ele), manteiga (batida por ele), geleia (*groseille et framboise sauvage*", groselha e framboesa silvestre — "fiz em agosto" —, suco de pera ("fiz hoje de manhã") e um ovo.

Perguntei (não me contive): "Você fez o ovo?".

Ele cruzou os braços diante do peito. "Não", disse.

"Não. Claro que não." Comecei a comer. Ele ficou observando. (Na sala silenciosa de café da manhã, apenas monsieur Jacquet e eu, os sons da minha mastigação pareciam ecoar alto no meu crânio.)

"De onde você é?", Jacquet perguntou.

Engoli. "Estados Unidos."

"Sim, eu sei. Mas seu francês...?"

"Ah. Lyon. Moramos em Lyon nos últimos cinco anos."

"Imaginei. É o seu sotaque."

"Obrigado."

"Odeio os lioneses."

Lyon é a sede administrativa de uma região à qual os saboianos pagam impostos. Os saboianos são conhecidos por seu orgulho. "Por que eu deveria pagar impostos a Lyon?", ele perguntou. "O que Lyon sabe sobre a Saboia?"

"Concordo totalmente", eu disse. Admito que eu nunca havia parado para pensar por que os saboianos deviam pagar impostos a Lyon.

A Saboia, um reino alpino desde o começo do século XI, foi anexada à França em 1860 — o que, em termos históricos relativos, é quase o mesmo que ontem — e os bons saboianos ainda se irritam com essa situação. Você vê placas exigindo a independência, árvores e pedras estão pintadas com a bandeira saboiana, uma cruz branca sobre um fundo vermelho. Gostei da imagem das bandeiras, da beligerância ideológica delas. E de fato a Saboia não se parecia com a França. Também não se parecia com a Itália. Tinha uma pré-modernidade carismática.

"Minha mulher acha que sou saboiano", eu disse, animado, positivo.

Jacquet não disse nada.

"E, de acordo com meu avô, há uma chance em 5 bilhões de que nossa família venha de Saboia."

Jacquet, ainda de braços cruzados, encostado na porta, tinha, reconheci agora, o jeito polêmico de alguém em uma missão. É o que eu estava reconhecendo. O jeito de alguém com um propósito, do tipo que não cede.

"Por que você está aqui?", ele perguntou.

Expliquei que havia muito tempo eu estava intrigado com o lago e especialmente com seus peixes, que ninguém fora daquela parte da Europa tinha a chance de experimentar, e que eles eram um dos elementos fundamentais do cardápio lionês.

Ele me encarou.

"E", continuei, "eu adoraria sair para o lago com um pescador. Tenho um nome."

"Quem?"

Olivier Parpillon, um amigo de um amigo.

"Conheço Olivier. Todo mundo o conhece. Ele não vai levar você."

"Ah."

"Você está perdendo seu tempo."

"Nenhuma chance?"

"Nenhuma", ele disse.

Tomei um gole do suco. Fiquei surpreso. Era a versão líquida de uma pera perfeita. Terminei o copo.

"É das nossas árvores", Jacquet disse.

"Imaginei!"

Peguei um pouco de manteiga com a ponta da faca e experimentei. Era gordurosa e de uma beleza bovina. O pão era curioso. Era uma fatia retangular e, para meu olhar preconceituoso, parecia comprado em loja e industrializado. Dei uma mordida. Não era industrializado. Uau, pensei. Que pão bom.

"Os americanos não gostam de pães fatiados", Jacquet disse. Tinha havido reclamações no Yelp. "Eles acham que não fui eu que fiz se está fatiado. Acham que não é fresco se não foi assado no dia. *Alguns* pães só ficam bons por um dia. *Outros* duram mais. Esse pão fica bom por uma semana."

"Os americanos podem ser ignorantes", eu disse, enquanto pensava: quê? Pão de uma semana? Eu não vim até aqui para comer pão de uma semana.

Experimentei um pouco da geleia. Intensa, frutada, não muito doce.

"Odeio os lioneses", Jacquet disse.

"Entendo", eu disse.

"Odeio Lyon."

"Faz todo o sentido", eu disse.

Terminei o pão. "Será que eu podia comer mais uma fatia?"

Depois do café da manhã, antes de sair, para não perder mais tempo, liguei para Olivier Parpillon. Eu vinha telefonando para ele todos os dias fazia algum tempo. Ele não atendia. Deixei mensagem toda vez. Ele não atendeu hoje, e deixei outra mensagem. Então pensei em sair para dar uma volta, esperando encontrá-lo em seu barco.

O trabalho de Parpillon ficava no fim de um abastado beco sem saída, no lado oeste do lago. Ele não estava lá, o que parecia aceitável, e me apresentei aos membros de sua equipe. Eles eram os equivalentes pescadores de açougueiros, três homens e duas mulheres de capa branca de chuva conversando entre si em um patoá local que estava mais para uma fala saboiana das montanhas do que para o italiano ou o francês, limpando os peixes do dia (descamando, cutucando, fatiando, destripando). No caso, era uma redada de *lavaret*, peixe só encontrado aqui e em nenhum outro lugar: quarenta centímetros de comprimento, carne branca suave, citado em textos desde o século xv e com uma delicadeza apreciada pelo voraz Rabelais.

"Nenhum *féra*?", perguntei. Eu estava puxando assunto. *Féra* era um peixe do qual eu passara a gostar muito. Também não é encontrado em nenhuma outra parte do mundo. Eu o havia comido no hotel em Artemare, na minha trilha de Brillat-Savarin.

O *féra*, me disseram, não é encontrado nesse lago, e sim no lago Léman (o *Lac de Genève* é chamado de lago Léman na França), e eles não gostam dele. "O *féra* come outros peixes, cresce rápido e é maior do que o *lavaret*, com um sabor diferente." *Goût*. "Mais forte, carnudo."

"O *lavaret* é daqui, e eu prefiro", disse um membro da equipe. "Ele não come outros peixes. Vive a partir da saúde do lago. O *goût* é muito delicado."

Concordei com a cabeça, embora me sinta na obrigação de observar que esse Pessoal do Lago, com seu patoá e seus preconceitos regionais, era obviamente de um tipo chauvinista culinário cujo paladar tinha sido arruinado por uma excessiva dieta de ecopeixes delicados (ou seja, menos saborosos), e que, por mais que eu quisesse ser amigo deles e pedir que me levassem ao lago com eles, suas opiniões sobre o sabor do *féra* eram teimosas e erradas. Além disso, embora ele venha de um lago muitas vezes visto como suíço (isto é, o *Lac de Genève*), e portanto talvez esteja fora do escopo deste livro, o *féra* tem um *goût*, ou seja lá como você quiser chamar, bom. Tem um gosto bom que deve vir de todas as criaturas que ele devora, e é extraordinário e diferente de qualquer outro peixe de água doce de que me lembro, e, se *um dia* você tiver a oportunidade de comê-lo, não hesite: *aproveite*. Mas essa é apenas a minha opinião.

Continuei observando.

Eles limpavam um peixe em dez segundos. Limpavam sem pensar. Limpavam sem olhar para as mãos. Enquanto fiquei lá, limparam quinhentos *lavarets*. A atmosfera parecia à beira-mar — um lago tão grande quanto um oceano, a capa branca de chuva, o volume da redada —, mas os peixes não duravam muito tempo. Você sentia o cheiro da fragilidade deles. (Os peixes marinhos parecem durar, os de lago, não, porque os peixes do mar são preservados pela salinidade; os peixes de lago são melhores quando comidos à beira do lago.)

Parpillon apareceu e saiu ressabiado de seu veículo. O que eu estava fazendo, fraternizando com seu pessoal?

Defendi meu caso: disse que o mundo nunca ia conseguir comer o peixe encontrado ali, que eu queria descrevê-lo e que aquela era minha última parada. Eu voltaria para Nova York em dois dias.

"O que você quer?", ele perguntou.

Parpillon era um homem robusto de trinta anos, cabelo escuro, em forma, mais como um nadador do que como um jogador de rúgbi, tinha cavanhaque, cabelo cortado rente, e um ar objetivo.

"Quero ir com você no seu barco", eu disse.

"Não posso levar você." Ele foi prático. "Olha o tamanho da nossa redada. Preciso de outros três trabalhando comigo. Não tem espaço. Vamos emborcar."

Fiz como ele instruiu, e dei uma boa olhada no volume de peixes. "Claro", eu disse.

Perguntei se poderia observar, e fui tolerado. Na hora do almoço, todos voltaram para comer com suas famílias em casa, e eu comprei um crepe na cidade. Voltei à tarde, e continuei observando.

Mais tarde, Parpillon chegou e pareceu, não sei bem por quê, um pouco mais amigável.

"Pensei sobre a sua ideia", ele disse. "Talvez possamos fazer um peixe menor, como a perca. Por que não volta amanhã no fim da tarde? Vamos sair juntos."

Acordei mais cedo no La Source e desci. Éric Jacquet esperava por mim, não havia mais ninguém na sala de café da manhã, ninguém na cozinha, ninguém no hotel; ficou com os braços cruzados, encostado no batente da porta, depois de me servir sua oferenda habitual.

Agradeci e me sentei, meu lugar posto de maneira que, assim como antes, eu me sentasse bem de frente para ele.

"E então?", Jacquet perguntou.

"Hoje?"

Ele respondeu com seu aceno invisível. (Será que vi mesmo esse aceno?)

Eu queria contar sobre minha visita aos pescadores, mas estava com fome, e as urgências locais dispostas ali eram particularmente atraentes, sobretudo a geleia, que hoje era de marmelo, pera e maçã, todos os sabores da estação do pomar em um pote. Eu a espalhei, com a manteiga caseira de Jacquet, em uma fatia de pão, dei uma mordida e me peguei estudando a cor da minha fatia: clara, mas não branca, porém mais branca do que marrom, e não parecia trigo integral nem grãos integrais. Mesmo assim, saciava perfeitamente, era leve ao paladar e também frutada. Comi meu ovo, mas nem teria sido necessário. O pão, por si só, era uma refeição.

Pensei: quando foi a última vez que classifiquei um pão como uma refeição? Eu já tinha comido esse pão antes.

"De onde vem a sua farinha?", perguntei a Jacquet, que tinha assumido sua posição, braços cruzados, apoiado no batente da porta. Eu meio que esperava que ele dissesse: "Auvérnia". Eu queria que ele fizesse esta confirmação excêntrica: "Na verdade, meu trigo vem da Auvérnia, assim como o do seu amigo Bob".

Mas Jacquet não entendeu a pergunta. É possível que eu fosse o primeiro americano a lhe perguntar isso. É possível que eu fosse a primeira pessoa a lhe perguntar isso. Repeti a pergunta.

"Da região."

"Onde exatamente?"

"Le Bourget-du-Lac."

Eu conhecia a cidade. Ficava do outro lado do lago, não muito longe da autoestrada para Genebra.

"O trigo é moído aqui mesmo?"

"Claro. Tudo no seu prato é daqui."

Ele me falou o nome do moleiro, Philippe Degrange. Anotei. Não podia ser verdade. "Grange" é o lugar onde se armazenam cereais. Degrange? Sério mesmo?

"E o trigo?", insisti. "Qual é?"

"Sessenta e cinco gramas."

Ele se referia ao teor de proteína. "Não, não estou falando da farinha. De onde vem o trigo mesmo? Antes de ser moído." *Le blé.*

Ele me olhou com desconfiança. O que eu estava perguntando? "É local", ele disse.

"Sério?"

Longe de mim parecer cético. Eu só tentava lembrar se tinha visto algum campo de trigo por perto. "O trigo é cultivado aqui." *Ici!* "O trigo é moído aqui. A farinha é daqui. É local. É tudo local. É tudo daqui." *Ici!* "É saboiano."

Terminado meu café da manhã, eu me levantei, e aí me lembrei que, na euforia com o pão, tinha esquecido de dar a notícia.

"Ah, Parpillon concordou em me levar."

"Eu sei", Jacquet disse.

"Sabe?" Fiquei encarando Jacquet, e tive certeza de que vi o canto de seu lábio superior se erguer de leve. Era quase o início da intenção de sorrir. "Você ligou para ele, não ligou?"

O aceno quase imperceptível.

"Obrigado."

"Falei para ele levar você."

Esses saboianos… eles são um pouco ardilosos.

Eu precisava ir buscar uma coisa na farmácia. Lembrei que havia uma do outro lado do lago. Cumprida a missão, parei em um café na praça.

Jacquet disse que o moleiro ficava aqui, em Le Bourget-du--Lac. Será que os moinhos de grãos modernos agora eram tão compactos e computadorizados que podiam coexistir com vizinhos ricos? Le Bourget-du-Lac tem casas modernas, praças bonitas, gramados aparados e uma ciclovia. É arborizada.

Pensei: Degrange? Sério? Seria como se um leiteiro se chamasse Laticínio. Se Degrange estivesse aqui, daria para encontrá-lo pelo Google. Lá estava ele. Minoterie Degrange. O que era *minoterie*? Pesquisei. "Moinho de farinha." Um moinho de farinha bem aqui na mesma estrada onde eu estava tomando café? Parecia que dava para ir andando.

E lá fui eu.

A farinha recém-moída era um dos motivos pelos quais o pão do Bob era diferente. O pensamento do fazendeiro *paysan* (e quase todo o pensamento de Bob era de um fazendeiro *paysan*) era moer conforme a necessidade. Dava para sentir o gosto do frescor da farinha.

Depois de meia hora de caminhada, minhas dúvidas voltaram. Os endereços eram erráticos, e a rua — canteiros de flores, sebes aparadas, garagens para estacionar o carro da família — não podia ser mais residencial. Haveria mesmo alguma atividade de moagem de cereais da região aqui? Mas aí, bem quando decidi dar meia-volta, *voilà*! À sombra escura das árvores altas, encoberta por folhagens densas, havia uma pequena caixa de correio, sem nenhum número de rua, mas com um nome, Minoterie Degrange. E também uma companhia limitada chamada Le Moulin du Prieuré. O Moinho do Priorado. Parei, concentrado no nome.

As árvores e um portão alto de metal coberto de pichações escondiam o que havia atrás. Ao lado da caixa de correio havia um interfone. Apertei o botão.

"*Oui?*", o interfone disse, uma voz de mulher.

"*Bonjour*", eu respondi. "Eu comi um pão feito com a sua farinha e gostaria de conversar com o proprietário, monsieur Degrange."

Nada.

"Mas é horário de almoço", o interfone disse por fim.

"Claro. Desculpe. Eu espero."

Outro silêncio prolongado. Então o portão se abriu e revelou um pátio industrial, completamente fora de sintonia com a vizinhança. Havia diversos caminhões a diesel estacionados, dois com tanques de armazenamento e um com reboque, que tinha sido erguido hidraulicamente para ter seu conteúdo esvaziado em um armazém. Era como encontrar de repente uma fábrica de automóveis no seu guarda-roupa. Foi impressionante. Havia uma diversidade de edificações, inclusive o moinho, que, embora tivesse três ou quatro andares de altura, não podia ser visto da rua por causa das árvores na frente da casa. Um homem surgiu de trás de uma porta de tela, calvo, roliço e robusto, com o jeito direto de um capataz de fábrica, emanando uma autoridade de "o-que--você-quer?", limpando a boca com um guardanapo. Ele me lançou um olhar duro. O olhar dizia. "Você está interrompendo o momento supremo do meu dia."

"Monsieur Degrange?", confirmei. "Peço desculpas. Comi uma fatia de um pão que acredito ter sido feito com sua farinha, e ela me lembrou do pão que meu amigo Bob fazia."

Ele apontou para um veículo. "Entre no carro."

Entrei.

"É tudo por causa da farinha", ele disse. "Vou levar você à Boulangerie Vincent. Já ouviu falar dela, certo?"

"Não", eu disse.

"Não é possível. Você já esteve aqui?"

"Sim."

"E não sabe sobre a Boulangerie Vincent? As pessoas vêm de Paris só para comer na Boulangerie Vincent."

Ela ficava alguns quilômetros descendo a estrada pela qual eu havia caminhado, pouco antes da rampa para a autoestrada que levava a Genebra. A *boulangerie* era mais do que uma *boulangerie*. Também era bar, pub e um restaurante com toalhas na mesa.

A porta dava diretamente para o *four*, o forno da *boulangerie*, e para uma grelha de resfriamento embutida na parede. As duas fileiras de cima eram para as *boules* ("bolas", a maneira antiga de assar pão): 1,5 quilo cada, apoiadas de lado, cerca de trinta delas. Na parte de baixo ficavam as *couronnes*, 2,5 quilos cada, enormes, cada uma moldada na forma de uma argola como uma coroa. Uma mulher, vestida com capricho, com cara de rica, negociava com o padeiro.

"*Mais, Pierre, s'il vous plaît*. Só uma *boule*, por favor. Vou receber convidados à noite."

"Sinto muito, madame, mas cada pão tem o nome da reserva. A senhora sabe disso. Se a senhora não reservou, não posso lhe dar um."

"Por favor!" Ela fez como se fosse se ajoelhar no chão.

Degrange sussurrou: "As pessoas vêm por causa do pão".

Pierre olhou para seu livro de pedidos. "Alguém cancelou. Tenho uma *couronne*."

"Mas, Pierre, não posso servir uma *couronne*. É grande demais!" *Trop gros!* Mas ela aceitou a *couronne* e foi embora parecendo se sentir ao mesmo tempo frustrada e com sorte. Pierre voltou com sua pá ao forno, irradiando o brilho vermelho e negro de brasas queimando. Uma lista de preços estava fixada em uma parede de tijolos; tudo era 3,20 euros o quilo. Havia um pedido de desculpas escrito no pé da página, dizendo que o *boulanger* nunca sabe o tamanho ou o peso que o pão terá, e que haveria variações de preço.

"Ele faz dois fermentos", Degrange disse, "e começa às sete da noite. O pão precisa de dez horas. Ou doze. Às vezes catorze."

Lá dentro, o bar e café era como um pub inglês: o "salão", e sobretudo os homens — técnicos, eletricistas, pessoal de TV a cabo, metalúrgicos, pintores, *mecs*. O salão ecoava camaradagem. Também tinha a arrogância acidental de um lugar que sabia estar sempre movimentado, e você precisava empurrar as pessoas para se fazer notar — até mesmo Degrange, que obviamente era conhecido. (Tive a impressão de que todos eram clientes regulares e, portanto, ninguém era especial.) Degrange pediu *diots* para nós e uma taça de vinho, um Mondeuse da região. *Diot* é uma linguiça saboiana. Pela porta que dava para a pequena cozinha, vi centenas de *diots* secando no ar, ponta com ponta, enrolados com um barbante. São feitos de porco, gordura e sal, e não são muito diferentes das linguiças que eu fazia num açougue na Itália (exceto pelo alho — desde os tempos de Shakespeare, os franceses são conhecidos como "comedores de alho", só que ninguém come alho como os italianos). Os *diots* eram cozidos em frigideiras grandes e fundas com cebola, vinho tinto e duas folhas de louro, e servidos dobrados em uma massa de pão feita com a farinha de Degrange.

Era o que eu havia comido no café da manhã. Pedi outro pãozinho, abri a *croûte* e enfiei o nariz na *mie*, o miolo, o ritual de Frederick. Tinha cheiro de levedura, dos aromas caramelizados de forno e de mais alguma coisa, aquela nota frutada que eu pensava ser exclusiva do pão de Bob. Ali estava ela. Eu a havia identificado de manhã, sem conseguir apontar o que era. Fechei os olhos. Bob.

"Você reconheceu", Degrange disse. "Vem do trigo, que é uma planta viva e não um amido industrial."

"Onde você compra?"

"Em fazendas pequenas. Nada mais do que quarenta hectares."

Devo ter feito uma cara estranha. Degrange interpretou como ceticismo.

"Ridículo, não é? Restam poucos de nós." O filho dele estava em Israel, ele disse, e tinha acabado de telefonar contando ter experimentado um pão parecido com o que ele comia desde criança. "Falei para ele descobrir de onde vinha o trigo. Mas ele já havia perguntado. 'De fazendas muito pequenas', ele disse."

Quarenta hectares. Lembrei da minha viagem ao celeiro da França, o Panier de France, onde as "fazendas" eram medidas por unidades de milhares de hectares.

"Onde ficam as fazendas?"

"Aqui na Saboia. E no Vale do Ródano. Eles cultivam um trigo antigo, um trigo de qualidade. E na Auvérnia. Adoro o trigo da Auvérnia. Todos adoram. O solo vulcânico, a terra rica em ferro. Dá para sentir o gosto dele no pão."

Tomamos mais uma taça de Mondeuse, e Degrange propôs que voltássemos. "Quero lhe mostrar a fábrica."

Na saída, parei para encomendar uma *boule* para o dia seguinte, quando eu voltaria através de Genebra. Pensei na perspectiva de chegar a Nova York levando para meus filhos uma *boule* feita ali, perto de Le Lac-du-Bourget, naquele mesmo dia.

Os Degrange moíam farinha ali, e também num local mais perto do rio, desde 1704, uma operação cuja energia, até os tempos modernos, tinha sido fornecida pela água e pelo vento. Por mais de três séculos, esse foi o verdadeiro moinho do priorado. Em uma parede havia uma foto granulada e em preto e branco do pai e do avô de Degrange sentados na frente de uma roda de moinho enorme, cuja altura era três vezes maior do que a deles. Hoje não existem rodas de moinho. Esse processo agora é incompreensível para um novato — escondido entre rangidos de canos, geradores e telas de computador —, a não ser pela matéria-prima, o trigo recém-colhido que estava sendo entornado do reboque erguido hidraulicamente. Segui Degrange pela escada íngreme até o terceiro piso, onde ele abriu a tampa de um tubo e tirou um copo cheio de cereais dourados.

"Experimente."

Pareceu se dissolver na minha boca, cremoso e doce e com um sabor prolongado. "O que é?"

"Gérmen de trigo."

Quis levar um pouco para casa. "Você vai precisar refrigerá-lo. É como farinha, porém mais extremo. Tem gordura, que estraga rápido."

"É raro conseguir uma boa baguete na França", ele disse. Estávamos em sua sala. Ele tinha pedido que seu assistente lhe trouxesse um exemplo. Queria me mostrar os bolsões de ar, pequenos e uniformes, que se conseguem em um bom miolo. "As melhores baguetes francesas são feitas hoje na Argélia e no Marrocos, usando farinha fresca do trigo de pequenas fazendas onde ela é cultivada da mesma forma há milênios."

Perguntei o que as fazendas pequenas tinham.

Aqui na França, elas costumam ser as únicas com um solo que não foi destruído.

Ele descreveu a produção da farinha convencional, como nas fazendas enormes no celeiro francês ou no centro-oeste americano. Alguns usam uma planta chamada "trigo anão", de raízes curtas, sede voraz, crescimento rápido, plantada em solos tão manipulados que parecem ter sido criados em laboratório. Ela então é moída em quantidades tão vastas que o trigo, que afinal é uma planta, vira amido. Ele não é refrigerado. Seu prazo de validade é totalmente errado. Não tem valor nutritivo.

"O pão feito com esse trigo tem textura e cheiro de pão. Mas não tem o gosto, o *goût*." Ele tirou outro pedaço da baguete e olhou para ela com ar de aprovação.

"No campo, não mudamos tão rápido quanto as pessoas da cidade", Degrange disse. "Para nós, a refeição ainda é muito importante. Não fazemos lanches", disse, usando a palavra "snacks", em inglês. "O que aprendi com meu pai e meu avô é o que eles aprenderam com seus pais e avôs antes deles. É passado de geração em geração." A palavra que ele usou foi *transmettre. Le goût et les valeurs sont transmis.* Sabor e valor: essas são as qualidades transmitidas. Apenas na França "sabor" e "valor" teriam o mesmo peso moral.

Num aspecto muito simples, Degrange completou minha educação francesa. Eu tinha vindo para aprender muitas coisas — cozinhar, o espírito francês, história, o papel dos italianos —, mas sabia que minha educação começava pelo sabor. Eu tinha vindo para descobrir que sabor a comida deveria ter. E descobri. O que só me dei conta agora era que eu havia descoberto isso já no começo, com o pão de Bob.

Degrange me deu um saco de dez quilos de sua farinha. Era um presente. Eu o levaria na minha bagagem de mão junto com minha *boule* de 1,5 quilo. Mas o que eu faria depois que ela acabasse? Voltaria para buscar mais? Ou desistiria do pão?

Eu me despedi com um abraço afetuoso, sentindo uma proximidade inesperada com aquele homem com quem eu havia entrado em contato apertando um botão de interfone poucas horas antes, que na mesma hora soube do que eu estava falando e que admitia que pouquíssimas pessoas o sabiam, e que depois conseguiu resumir em uma palavra o que eu vinha aprendendo desde que cheguei. *Goût.*

Ao amanhecer, a caminho do aeroporto, parei na Boulangerie Vincent. Não havia luz acesa lá dentro, apenas o brilho vermelho do forno. Peguei a *boule* que havia reservado. Estava quente e tinha uma fragrância irresistível.

Em Nova York, cortei algumas fatias grossas e coloquei manteiga à mesa.

"Acho que vocês vão gostar", eu disse.

Frederick pegou uma fatia, cheirou, cheirou de novo e depois a enfiou na cara, inspirando fundo. "Parece o do Bob."

George comeu uma fatia, pediu outra e passou manteiga.

Quando o pão acabou, fiz mais com o saco de dez quilos. Ficou bom — não tão bom quanto a *boule* da Boulangerie Vincent, mas ainda assim estava bom. Tinha o sabor, o elemento frutado, a complexidade e a sensação de ser algo nutritivo. Um mês depois, a farinha acabou e parei de fazer pão.

"Vou comprar mais na próxima vez que formos lá."

Há uma citação de Curnonsky que diz: *"La cuisine, c'est quand les choses ont le goût de ce qu'elles sont"*. Ou seja, a culinária é quando as coisas têm o gosto do que elas são. Será que uma versão moderna da citação poderia ser: culinária é quando as coisas têm um gosto que poucos de nós conhecem hoje em dia?

Entre as muitas coisas que aprendi na França há uma bem simples: a valorização do gosto da comida que não foi prejudicada por artifícios industriais, substâncias químicas, aromas artificiais, pesticidas, açúcar, a manipulação da esteira transportadora de proteína ou amido ou as melecas doces que são ou endurecidas ou torradas ou cobertas e embaladas e distribuídas, a panóplia de técnicas para fazer render que caracteriza a fabricação de produtos alimentares em massa em praticamente todos os lugares, mas em nenhum lugar de modo mais generalizado e ameaçador do que nos Estados Unidos.

Aprendemos o gosto da comida boa. Isso vem de um lugar, como ocorre há milhares de anos, de um solo que é testemunha de sua história ancestral. A comida boa tem gosto dela mesma. Eu tinha ido à França para aprender o básico. O básico da cozinha do país. O básico do lugar, o que é cultivado aqui e o que não é cultivado ali. Eu queria chegar o mais perto possível das minhas fontes, de onde as palavras vêm, como chegamos ao sabor. Queria reexaminar minhas ideias preconcebidas sobre a cozinha, recomeçar minha formação, alcançar o caráter mais elementar e primário possível. Calor. Água. Trabalho. Lugar. E sua terra.

Epílogo
Quase todo mundo morre

Augusto, meu amigo brasileiro do Institut Bocuse (o "montador" da entrada de *prosciutto* e abobrinha que foi reconstruída de maneira tão fulminante), agora tem um restaurante com o apropriado nome de Augusto! Fica no coração de Lyon, ocupando o espaço de um antigo *bouchon de mère* (cozinha nos fundos, perto do banheiro, como de costume), onde ele faz comida italiana. Saiu na capa de uma revista lionesa. Todas as mesas estavam ocupadas e havia pessoas esperando na frente quando o encontrei nos fundos com cara de quem não tinha dormido, adrenalina a toda, um único *stagiaire* do Institut Bocuse como assistente. "Augusto!", exclamei. "Este era o seu sonho! Quantas pessoas realizam seus sonhos?" (Depois, em 2019, ele realizou seu sonho em dobro e abriu um segundo restaurante, agora brasileiro, o Doppio Augusto.)

Mathieu Kergourlay ("Jovem Mathieu") agora tem um pedaço enorme do paraíso com o apropriado nome de Restaurant et

Hôtel Mathieu Kergourlay: um château com quartos e um salão exuberante de alta gastronomia, em meio a milhares de hectares, em sua maior parte tomados por uma floresta protegida, perto da costa da Bretanha. Depois que terminou seu treinamento em Lyon, ele voltou à cidade natal, casou, teve filhos, ganhou uma estrela Michelin e agora era reconhecido como um *grand chef* talentoso em ascensão, *e* tinha um troféu como prova disso, concedido pela *Gault & Millau*: ele era um "Grand de Demain" [Um grande do amanhã].

Hwei Gan Chern (também conhecido como Jackie Chan) se mudou para a Borgonha e abriu um restaurante. Ele lhe deu o nome curioso de Le Parapluie (O Guarda-Chuva). Ele não sabia o significado da palavra quando a ouviu pela primeira vez, mas gostou do som ("Achei bonito") e prometeu a si mesmo que daria esse nome a seu primeiro restaurante. Na Borgonha, ele se destacou por seu estilo, uma abordagem Oriente-Ocidente invertida: em vez de pratos indonésios com técnicas francesas, ele fazia pratos franceses com princípios asiáticos: menos sal, menos gordura, mais vegetais e um compromisso absoluto e inflexível com a sazonalidade. Le Parapluie é sagaz e anarquicamente sutil, como seu proprietário.

Mesmo sem nunca sorrir, *Christophe Hubert* tem um restaurante de sucesso — ou ao menos teve por um tempo. Ele persuadiu duas pessoas do La Mère Brazier a trabalhar com ele (o melhor cozinheiro e o melhor garçom do restaurante), não avisou Viannay de nada ("Nunca", Viannay disse, "em todos os meus anos de cozinha fui tratado com tanto desrespeito") e, com 10 mil euros, abriu um estabelecimento com janelões e vista para um enorme estacionamento de concreto. A vista era compensada pela alegre e entusiasmada recepcionista, uma enóloga e garçonete onipresente (Ewa, a morena sorridente que eu tinha visto na frente do pub escocês na companhia de Christophe, e que agora era sua esposa). Ele batizou o restaurante de L'Effervescence, um nome adequado a qualquer pessoa, menos ao chef que o administrava. A comida era esplêndida, tranquilamente do nível do La Mère Brazier, mas o restaurante não tinha clientes e, depois de um ano difícil, se viu prestes a fechar (a equipe aceitou ficar um mês sem salário; Christophe se preparou para a falência) quando a *Gault & Millau* lhe concedeu dezoito dos vinte pontos possíveis, o homenageou com o troféu Jeune Talent (Jovem Talento) e lhe deu as boas-vindas no panteão dos grandes lioneses. O *Guia Michelin* seguiu o exemplo e concedeu uma estrela a Christophe. Fiquei extasiado de orgulho. "Christophe! Você conseguiu, agora vai lotar, lotar muito!", exclamei quando fui vê-lo enquanto ele cuidava da preparação. Depois o fotografei, filmei e, tirando sarro da sua seriedade, quase arranquei um sorriso dele, até por fim ele exclamar: "Billou, pare. Eu não gosto de fotos".

O casal teve um filho, uma alegre expressão do sucesso dos dois, e Ewa continuou à frente da casa. Teve um segundo filho, também uma alegria, porém foi mais difícil e, embora Ewa tentasse continuar, foi demais para ela, com duas crianças pequenas ao mesmo tempo, e ela saiu. E com a ausência dela...

Comi lá sozinho uma noite. A comida estava boa como sempre. A atmosfera? Talvez nem tão efervescente. Os garçons eram homens, e azedos, ecoando pelos corredores a solenidade missionária de seu chefe. O comportamento deles passava a seguinte mensagem: "Aqui está o seu prato, é uma obra de arte". Não havia ninguém para me distrair do enorme estacionamento de concreto. E de repente o restaurante fechou. Acabou. E Christophe?

"Desapareceu", Viannay me contou quando perguntei sobre seu ex-chef executivo, e depois sorriu.

***

Os outros? Não consegui acompanhar todos eles. *Frédéric* fez um bico no Japão e agora era chef de um bistrô na Place Carnot em Lyon.

Perguntei a Chern. *Florian* ainda estava em alguma cozinha? Ou *Michael*, o cozinheiro do *garde-manger* que desapareceu depois de bater o carro com a namorada? Ou *Ansel, o cuzão*?

"Não faço ideia", Chern disse, "mas você tem razão sobre Ansel. Ele é um cuzão."

Sylvain Jacquenod, um exemplo tão eloquente de foco, disciplina e frustração, tinha ido parar num lugar feliz. Ele havia sido convidado a sair da Brasserie du Nord de Bocuse para ser o chef do L'Argot, um novo empreendimento em Lyon, em parte restaurante, em parte açougue. Em uma noite de sábado incrivelmente cheia, pedimos bifes que Sylvain selecionou e cozinhou para nós. Ele finalmente era chef, e toda vez que alguém o tratava assim ("Chef! Chef!") seu peito perceptivelmente parecia inflar de orgulho. Sua foto foi publicada no *Le Progrès* e suas conquistas, registradas em guias de comida locais. Seu sorriso gigantesco voltou a ficar radiante e intacto. (Viannay, como era típico dele, ofereceu seu típico resumo Viannay: "Sylvain encontrou seu nível. Enfim está satisfeito".)

Hortense? Ela terminou sua formação no Institut Bocuse, se formou e parou de cozinhar. Tornou-se executiva de moda, casou-se e mora em Paris. Será que ela deveria ter virado cozinheira? Ela estava, assim como Chern, desenvolvendo seu estilo? Ela era inteligente, corajosa, tímida e ambiciosa, e seu espírito culinário fora destruído. Ela foi a única mulher num empreendimento que se tornou famoso graças a uma das chefs mulheres mais extravagantes da história da França. Ela estava lá exatamente quando a cozinha francesa começava a mudar.

***

Lyon também estava mudando.

Nosso bistrô regional, o Potager, foi comprado por um casal de donos de restaurantes do Panamá por 1 milhão de euros. Os proprietários, *Franck e Mai Delhoum*, depois abriram mais dois restaurantes na cidade. Em Lyon, o sucesso deles foi celebrado com uma alegria incontida.

Nosso amigo *Yves Rivoiron* (o namorado de Isabelle, do Bouchon des Filles) vendeu seu restaurante histórico, o Café des Fédérations. Ele comprou um barco e foi visto pela última vez num porto em algum lugar do Mediterrâneo. Seu filho, que havíamos conhecido apenas recentemente em uma de nossas festas anuais, era agora chef de um famoso restaurante antissistema na antissistema cidade de Barcelona.

Jean-Paul Lacombe vendeu o Léon de Lyon — que estava em sua família desde antes de ele nascer — para um comediante de televisão; a soma não foi revelada, mas ele disse ter sido muito dinheiro. Lacombe e a mulher parecem empenhados em viajar pelo mundo várias vezes.

Uma de nossas primeiras amigas lionesas, a música americana *Jeny Gilbert*, vendeu sua casa de noodles.

Lyon sempre havia sido uma cidade onde todos poderiam abrir um restaurante. Você precisava de um espaço, gás e (normalmente) energia elétrica. O aluguel era um item quase irrisório no fim das contas, e lugares pequenos de uma criatividade peculiar proliferavam. Não era uma cidade onde restaurantes eram comprados e vendidos por especulação ou lucro. Não podíamos negar: a notícia havia se espalhado. Lyon antes parecia nosso segredo — um epicentro gastronômico histórico que, desde a Segunda Guerra Mundial, parecia ter sido negligenciado pelo resto do mundo comercial, mas que não era mais tão particular nem tão secreto.

***

Em Nova York, *Michel Richard* virou nosso vizinho! Depois de mais de quinze anos em Washington, ele estava, de repente, aos 65 anos, em Manhattan! Ele aceitou um cargo suntuoso e bem remunerado como chef supervisor do restaurante, bistrô e pâtisserie do Palace Hotel, talvez o endereço mais grandioso de Nova York.

Manhattan era onde sua vida americana havia começado, em 1974, como líder do primeiro empreendimento estrangeiro de Gaston Lenôtre, o Château France, na rua 59. Quando, um ano depois, Lenôtre foi obrigado a fechar, Richard aceitou o primeiro emprego que lhe ofereceram (na distante Santa Fé) e deixou Nova York com a promessa de voltar um dia. Mas não voltou. E agora: *voilà!* Ele estava de volta. Era um momento fantástico na carreira de Richard.

Fiquei entusiasmado com isso. Richard havia sido meu começo. E agora: talvez meu fim?

Eu me encontrei com ele, sua assistente Mel e sua esposa, Laurence, no primeiro dia. O entusiasmo de Laurence era inocente e sincero. "Hoje", ela disse, "vou fazer compras no centro. De metrô!"

Mel entrevistaria empresas de relações públicas "na minha suíte!".

As cozinhas fechariam para reformas, "de acordo com as especificações", Richard disse; ele fez uma pausa, parecendo pensar sobre o que essas reformas poderiam requerer, e riu. Seu humor era delicioso.

Depois disso, segui Richard até o *"labo"*, *le laboratoire*, o espaço de produção de pâtisserie com temperatura controlada, onde, por duas semanas, eu o observei ensinar todos os itens básicos a seu novo chef de confeitaria americano — massa folhada, éclairs, *pain au chocolate*, *pâte sablée*, croissants —, todos adaptados, se não totalmente improvisados.

No meio do primeiro dia, dei um passo para trás, deliciado com a perspectiva histórica — todas as receitas que Richard estava ensinando tinham se mantido inalteradas por pelo menos duzentos anos, até serem aprimoradas por Richard agora —, e declarei: "Michel, essas inovações são geniais". Me ocorreu um pensamento que agora parece gritante de tão óbvio. "Você não consegue fazer uma comida se não puder modificá-la, consegue?"

"Não."

"Tipo... de jeito nenhum", continuei. "Se você não puder melhorar uma receita, você não encosta nela. Não tem graça. Não é a sua missão…"

"Preciso sentir que a estou fazendo melhor."

"Até uma massa de manteiga. Uma unidade fundamental da cozinha francesa. Se não for para torná-la melhor…"

"Não consigo fazê-la."

Eu nunca o havia entendido tão bem. Depois de ir a Lyon e ser treinado lá, depois de aprender como *a coisa* era feita, seja lá de que *coisa* se tratasse, eu agora conseguia reconhecer que Richard não fazia *a coisa* em si. Ele fazia a coisa *dele*.

Saímos daquele tranquilo *labo* para ter uma recepção sinistra na cozinha. Música alta, melodias diferentes e confusas ao mesmo tempo, uma pessoa cantando, outra assobiando. Um homem que empurrava um carrinho em alta velocidade não viu Richard, ou viu e achou que ele sairia do caminho, ou não deu bola — devia ser apenas mais um chef (tinha havido muitos, muitos chefs) —, bateu nele por trás e depois o xingou.

"Ei, *puto*, sai da frente, caralho."

O restaurante ficava em um hotel, e o hotel era parte de um sindicato hoteleiro que havia durado mais do que todos que haviam trabalhado lá. O chef não estava no comando. Todos sabiam que ele acabaria sendo apenas uma visita. E, o mais importante, ele não tinha permissão para tocar na comida.

O chef Alain Ducasse me contou que havia tentado dissuadir Richard: "'Michel', eu disse, 'você não pode aceitar esse emprego. Você não vai ter controle. Você não vai poder experimentar a comida. Não abra um restaurante em um hotel de Nova York. Você vai se arrepender. Recuse'".

"'Mas não posso'", Ducasse disse que Richard respondeu. "'Preciso do dinheiro'."

Compareci a um jantar de ensaio geral de casamento para "amigos e familiares", uma semana antes de o restaurante abrir, no quarto mais ornamentado de toda Manhattan. Eu conhecia os pratos. Eu já os tinha feito — alguns, como o frango empanado frito, eu fizera em casa. Havia seis pratos. Eram bons. Mas, e não havia como fugir desta constatação, eram apenas "bons". Os pratos de Michel Richard não funcionam se forem bons. Eles precisam ser perfeitos. Eles não aspiram a nada menos do que o espetacular.

O *The New York Times* avalia os restaurantes com uma a quatro estrelas. Richard recebeu zero. A comida, escreveu o crítico Pete Wells, era horrível. "O sr. Richard não é o chef que eu pensava? As críticas extasiadas, os cinco prêmios da James Beard Foundation, a entrada para os Maîtres Cuisiniers de France, tudo uma ilusão em massa?" Wells desceu até Washington para experimentar os pratos no Central, o bistrô franco-americano de Richard, onde David estava no comando agora. Eram "esplêndidos". Seria "um sintoma da cultura de negócios que aflige o ramo de restaurantes"?

Quatro meses depois, o restaurante fechou. Richard voltou para Washington.

Ele estava mudado. A força que movia aquele homem desapareceu. Problemas de saúde o afligiam; ele não se cuidava. Um médico diagnosticou diabetes (o que era evidente a todo mundo), obesidade (idem), doença cardíaca (seus dois derrames) e demência, o que não era evidente, e aqueles que conheciam Richard acreditavam que a maneira idiossincrática, imprevisível, extremamente distraída como seu cérebro normalmente funcionava tinha sido confundida com doença. Seguindo a sugestão de um médico, Laurence pôs Richard em uma casa de repouso. Depois pediu o divórcio. Eles discutiram sobre o valor do patrimônio, a maior parte do qual já havia sido gasta. Eles ainda estavam discutindo quando ele morreu, três anos depois, de um derrame, seu terceiro, numa manhã de sábado em agosto. Tinha 68 anos.

Ele é lembrado por tornar Washington uma "capital da gastronomia", por ensinar os americanos a brincar com a comida, por estar entre os raros grandes chefs (como Carême, Point, Lenôtre e Michel Guérard) que trouxeram as imensas habilidades técnicas da confeitaria para toda a cozinha. Do que os amigos dele sentem falta? Da inventividade de Richard, de sua confiança assombrosa de que conseguiria tornar cada prato melhor (e conseguia mesmo), de seu espírito francês (porque, finalmente, quase tudo era provocado por alguma coisa do repertório clássico) e, sobretudo, de sua alegria na cozinha. E de sua companhia à mesa: nunca na minha vida dividi uma refeição com alguém mais divertido do que ele.

Quatro semanas depois, *Dorothy Hamilton* morreu.

A responsável pelo French Culinary Institute (agora rebatizado de International Culinary Center), uma leve ex-antagonista minha, por fim se tornara uma boa e forte amiga. Eu agora era devoto de Hamilton. Ela mimava George e Frederick, que a chamavam de tia Dorothy. Ela nos deliciava com histórias de Julia Child e nos fazia sentir uma vívida conexão com ela que me surpreendia e emocionava. Hamilton confiava sabiamente na influência que Jessica teria sobre uma nova geração de mulheres apreciadoras de vinho. Ela e Jessica organizaram um jantar para planejar uma espécie de empreendimento conjunto e o marcaram para a semana seguinte à volta dela da Nova Escócia. Ela havia crescido numa vila de pescadores, Fourchu, e estava fazendo uma campanha para promover um célebre crustáceo da cidade, a lagosta de Fourchu. Era uma campanha típica de Dorothy: um ato financeiramente altruísta para beneficiar uma comunidade local (os pescadores não faziam ideia da própria riqueza) que, em essência, girava em torno da pureza natural de um sabor simples do oceano Atlântico Norte. A caminho de uma reunião do Conselho Municipal de Fourchu, ela colidiu com uma caminhonete-reboque. O motorista estava correndo com tamanha irresponsabilidade, acelerando em curvas, que testemunhas depois se apresentaram para atestar a negligência dele. Hamilton estava em uma dessas curvas quando foi atingida de frente. Essas coisas acontecem, nós morremos, mas as circunstâncias — o egoísmo do motorista, o altruísmo da vítima (com tantas boas ações pela frente), o fato de que o motorista e seu amigo foram retirados da cabine em chamas e sobreviveram, enquanto Hamilton, presa em seu veículo, morreu — eram de uma indiferença caprichosa e brutal.

  Depois do serviço fúnebre, de uma tristeza monumental, uma banda funerária de *dixie* de Nova Orléans, com percussão alta e baixos irrestritos de Dixieland, conduziu os enlutados pelos paralelepípedos da Crosby Street até o International Culinary Center. Lá houve um banquete em todos os andares da escola de cinco andares de Hamilton, cada um sobre a culinária de uma região diferente da França. Uma semana separou a celebração de Dorothy e o funeral de Michel.

Estávamos em Lyon no verão de 2017, os meninos tinham onze anos, e havia dois restaurantes que eu queria que eles experimentassem. Um era o La Mère Brazier, onde eles comeram o almoço que Viannay havia me dito, em nosso primeiro encontro, que eles mereciam comer.

Incluía, finalmente, tanto a *quenelle* de Viannay (o suflê aerado de peixe do lago parecia uma fatia de torrada francesa exótica, com uma crosta caramelizada amarronzada) e seu *poulet en vessie*, cozido no saco rústico, como manda a tradição, mas coberto por uma versão verde de *sauce suprême*, como não manda a tradição. O molho era intensamente vívido de olhar e de cheirar, parecia um tributo a um jardim de verão verdejante. Foi servido com ervilhas reluzentes perfeitamente tiradas da pele. Gostei sobretudo das ervilhas. Eu as saboreei devagar, uma por uma, meu prazer intensificado por saber quanto tempo alguém nos fundos havia passado tirando a pele de cada uma delas apenas para *mim*.

"Ela está aqui, sabe. *Mère* Brazier. Todos sentimos a presença dela na cozinha, seu espírito, seja o que for. Ela sempre estará aqui. Ela esteve aqui antes de mim. Estará depois."

"Claro", eu disse.

Um garçom nos entregou os cardápios. Antes eles eram prateados e cinza, e transmitiam uma sofisticação urbana (e bastante masculina). Agora eram vermelhos como fogos de artifício. Impetuosos. A história do restaurante era contada no verso (também vermelho — ou melhor, *VERMELHO!!!!*) e trazia um ensaio breve da neta Jacotte e uma fotografia de Viannay dando um beijo na bochecha de uma boneca de Brazier quase em tamanho real. A imagem dela, em fotos e desenhos, parecia estar por toda parte. A sensação era espalhafatosa, talvez um pouco rústica, beirando a caricatura. Era como se Viannay tivesse estabelecido uma relação com um espírito que, sim, todos havíamos sentido no lugar, e que o lugar o tivesse recompensado com um sucesso retumbante.

E a comida já não era mais dele. Era a versão dele da comida dela.

Viannay era alegre, autodepreciativo, franco e fácil de conviver. À noite, viajaria para Dubai a fim de assinar um contrato para abrir um restaurante lá, e exibia, acima de tudo, o ar de um homem prestes a tirar férias luxuosas *e* receber um dinheiro alto. Nem os meninos batendo as colheres nos pratos de Limoges o incomodaram ou, para ser bem exato, apenas o incomodaram *depois*, quando, de repente, ele parou de falar e lançou um olhar incisivo para os dois.

"*C'est bien, garçons?*", ele perguntou. (George, num momento de espontânea insolência, respondeu: "*Très bien, et vous?*".)

"Vou levá-los depois, ainda neste mês, para comer pela primeira vez no Paul Bocuse", eu disse, e Viannay assentiu. "Eu sempre quis saber: como você o conheceu?"

"Aqui. Assim que cheguei a Lyon, peguei o carro e fui até o L'Auberge e perguntei se poderia ver Bocuse."

"Quando você estava fazendo sanduíches?"

"Sim, quando eu estava fazendo sanduíches. Expliquei a ele que eu considerava Lyon o meu lar culinário e espiritual." O tio de Viannay, o irmão de seu pai, era daqui, tinha uma casa nas Dombes úmidas, e Mathieu tinha passado verões lá com os primos.

Bocuse gostou de Viannay. "Você sempre será bem-vindo no L'Auberge", ele disse. "Sempre poderá me ligar no celular."

Quando Viannay abriu seu primeiro restaurante, Les Oliviers, teve um cliente famoso no primeiro dia, Paul Bocuse. Quando abriu o M, Bocuse estava no salão de novo. Quando Viannay se preparava para abrir o La Mère Brazier, Bocuse perguntou se poderia almoçar lá antes de todo mundo. Para Bocuse, o La Mère Brazier estava no coração do que Lyon representava.

Ele comeu lá com Jacotte Brazier, a neta.

"Havia operários lá embaixo", Viannay disse. "Na saída, Bocuse teve que passar por cima de tábuas de madeira, mas já estava ao celular. Estava ligando para François Simon."

Simon, que na época escrevia para o *Le Figaro*, era o crítico de restaurante mais temido e influente da França. Simon ligou para Viannay no dia seguinte, véspera da abertura do restaurante. Ele estaria lá às seis da tarde, disse, e precisava estar num trem para Paris às oito. Escreveu a crítica no caminho. Foi a manchete da edição do final de semana: LA MÈRE BRAZIER IS BACK! (em inglês, por nenhum outro motivo além do impacto da manchete). Foi emocionante. Foi, por assim dizer, um toque de clarim para o espírito francês. O *Le Monde* veio em seguida, depois o *L'Express*, o *Libération*, o noticiário local, o noticiário nacional da noite, o noticiário nacional da tarde e a imprensa francesa em inglês. O La Mère Brazier não apenas estava de volta. Tinha sido relançado.

"Tudo por causa de Paul Bocuse", eu disse.

"Tudo por causa de Paul Bocuse."

Tínhamos feito uma reserva para as sete da noite no L'Auberge no último dia de nossa visita a Lyon. Os meninos estavam elétricos de ansiedade. Era como ir ao Polo Norte.

Bocuse vinha fazendo raras aparições. No inverno anterior, ele havia faltado ao Bocuse d'Or porque estava no hospital com uma infecção pulmonar, bem quando parecia possível que uma equipe americana ganhasse o troféu, o que era o sonho dele. (No evento, os americanos *realmente* levaram o troféu, uma façanha que ninguém entendeu, e durante todo o verão nossos amigos lioneses resmungaram: "Houve manipulação. Fizeram isso pelo monsieur Paul".)

Depois, Bocuse reapareceu aqui e ali, mas não era sempre.

Telefonei para Boulud em Nova York. "Os meninos não conheceram Bocuse. Você pode ajudar?"

"Vou ligar para ele", Boulud disse. Na verdade, ele acabou telefonando para muitas pessoas antes de falar comigo de novo. "Paul está cansado. Mas vai tentar ir. Mudei sua reserva para as seis. Chegue cedo."

Até aquele momento, eu não havia parado para pensar por que eu queria tanto ver Bocuse. Eu não era um total estranho para ele. Ele me reconhecia em eventos e fazia pequenos gestos de cumprimento. Mas eu estava longe de ser um amigo de longa data. Eu não era um amigo nem de curta data. A verdade, que eu não me sentia muito confortável para admitir, era que eu queria vê-lo antes que ele não estivesse mais lá para ser visto. Eu não era o único. O gerente e os maîtres do restaurante se ocupavam com pessoas que iam prestar homenagens antes que chegasse a hora de prestar condolências. O que queríamos? Tocar na mão do cara na hora de ele passar o bastão? Sentir que estávamos entre os escolhidos para dar continuidade à missão?

Cheguei com a minha família e fui colocado em uma mesa de frente para o canto de onde ele viria. Fizemos os pedidos. Os meninos, agora treinados em assuntos da culinária francesa, estavam à vontade e famintos. Mais uma vez, senti uma admiração suprema pelo que tornava a comida daqui diferente: a meticulosidade. Você podia comer praticamente qualquer prato do cardápio em qualquer lugar de Lyon, ou nas redondezas, ou no vale do Ródano. Mas ninguém fazia os pratos com a mesma precisão. De todas as muitas qualidades que dizem que Bocuse personificava, uma raramente mencionada era a mais óbvia: ele fazia a comida lionesa perfeita. Eu tirava os olhos do prato a toda hora. Ele não viria. Eu o imaginei no andar de cima, em seu quarto, dormindo.

Era um outono triste, quando Lyon é solitária como nenhum outro lugar que já conheci, e úmida e decadente, e o inverno chega com alertas irregulares, com aquelas rajadas frias. A cidade parecia estar em vigília por um pai doente, tenso, que não morria, e você não queria que ele morresse, não queria imaginar uma vida sem ele, mas ele morreria um dia, então, por um breve momento, contra a sua vontade, relutante, você imagina como seria, e daí ele morre. Paul Bocuse morreu em 20 de janeiro de 2018.

Num instante, você se pega pensando não no fim da vida dele, mas na vida toda dele: o menino na fotografia aos pés enormes do pai, o bigode que ele usava nos seus trinta anos, os pneus Michelin sempre em seu carro, o sucesso durante a extraordinária "era dourada" da França — o fim dos anos 1960 e os 1970 (Brigitte Bardot, o Club Med, Serge Gainsbourg, os Gauloises sem filtro e *la libération*). Havia uma foto para a qual eu continuava olhando, vezes e mais vezes, do jovem Bocuse seguindo uma jovem de guarda-sol num dia quente, Raymonde, que se tornaria sua esposa. Outra o mostrava fazendo um tour com *mère* Brazier pelos porões do L'Auberge (a expressão dela de puro horror diante da sujeira e da imundície do lugar). Havia outras fotografias, um monte delas, nunca publicadas, e descobertas por Mathieu Viannay numa gaveta da casa que, com sua nova prosperidade, Bocuse havia comprado em Beaujolais. Elas mostravam uma festa que a antiga proprietária da casa, uma vinicultora, havia oferecido a Bocuse em seu château — com Georges Blanc, Michel Guérard, os irmãos Troisgros, outras pessoas, todo mundo em vários estágios de nudez. Passei por elas rapidamente: todos se beijando, sendo beijados, comida e bebida, provavelmente a ideia no centro da vida de Bocuse de que coisas boas e barulhentas acontecem em volta de uma mesa.

Daniel Boulud estava entre os amigos reunidos no L'Auberge na noite anterior ao funeral — nenhum discurso, uma refeição solene, Bocuse ainda no andar de cima em seu quarto, vestido de branco, num caixão. De manhã, sob uma chuva fria de inverno, um cortejo de trezentos policiais conduziu o carro fúnebre ao longo do Saône agora cinza até a catedral Saint-Jean-Baptiste, onde Henrique II e Catarina de Médici haviam sido recebidos, onde Henrique IV e Maria de Médici tinham se casado, onde o canalha hipócrita Charles-Maurice de Talleyrand foi ordenado bispo, onde Napoleão e Joséphine foram homenageados, onde um jovem Mozart se apresentou e onde Paul Bocuse faria sua última aparição. Havia 1500 pessoas lá dentro e uma modesta multidão do lado de fora, empunhando guarda-chuvas.

O funeral teve pompas militares, como se um grande general tivesse falecido, e seguiu uma hierarquia rígida: os bancos centrais ocupados pelos MOFs de colarinho francês, os chefs não condecorados de branco nas alas laterais, a família Bocuse na frente, os civis no fundo, mas esses não eram muitos. A cozinha se despedia de seu chef. O melhor discurso, o mais comovido, talvez tenha sido o de Gérard Collomb, o prefeito da cidade, que detinha o dom da retórica de um político virtuoso, honrando o falecimento do homem que entendia Lyon e lembrando que tanto o homem quanto a cidade haviam sido moldados por sua história, pelas gerações antes de Bocuse, assim como ele moldara todos que lá estavam para homenageá-lo. Paul Bocuse era lionês. (Dois anos depois, em 18 de janeiro de 2020, o *Guia Michelin* removeu uma das estrelas de Bocuse, e pela primeira vez desde 1965 seu restaurante, o Auberge, ficou com apenas duas. Embora o *Michelin* tenha como prática retirar uma estrela quando um chef morre, ainda assim foi um choque.)

Mais condizente, e fiel ao espírito da cidade, foi a realização de Andrea Petrini, um italiano transplantado para Lyon (como tantos italianos antes dele), agora empreendedor culinário regional e o capitão maluco por trás do World's 50 Best Restaurants, que montou um festival de comida na cidade dois meses depois da morte de Bocuse. Havia "performances" de cozinha em doze restaurantes novos, uma "Cantina Noturna" exibindo um prato novo de hora em hora, das dez da noite às quatro da manhã, uma festa da cabra, exposições de chefs visitantes (todos grandes empreendedores) e, como era de esperar, um tributo a Bocuse, com uma dezena de mestres, inclusive Têtedoie, reinterpretando os maiores sucessos de monsieur Paul. A festa durou uma semana e teve a participação de praticamente todas as cozinhas convocadas. Era uma resposta à morte de Bocuse. Os restaurantes da cidade nunca tiveram uma gastronomia tão vibrante. Lyon cria chefs. E, sim, essa façanha é resultado da localização de Lyon, situada entre vinhedos, rios e lagos de montanha, entre aves, porcos e peixes; mas resulta, principalmente, da convicção, compartilhada por todos aqui, de que o que acontece à mesa está entre as atividades mais importantes da civilização. Tem a ver com intimidade, *convivium*, criatividade, apetite, desejo, euforia, cultura e as alegrias de viver.

O papa de Lyon morreu. Mas que cultura ele deixou para trás! Que privilégio ser membro dela.

Agradecimentos

A citação do começo de "Nenhuma estrada de comida é mais importante" é de *Mémoires de chefs* (2012), compilado e editado por Nicolas Chatenier. A história antiga do queijo ("Pequenas vacas marrons em altas montanhas verdes") se baseia em conversas com Michel Bouvier, historiador de vinho e de comidas da antiguidade, e em seu livro *Le Fromage, c'est toute une histoire* (2008).

O texto de *Le Cuisinier françois* é da edição de 1651, introduzida por Mary e Philip Hyman (2001). O tratado de Nostradamus de 1555 sobre geleias, *Traité des confitures*, é editado por Jean-François Kosta-Théfane (2010). A edição fac-similar de *Ouverture de cuisine* (1585) de Lancelot de Casteau é editada por Léo Moulin (1983). O texto do *Livre fort excellent de Cuysine*, de 1555, publicado em Lyon, é uma edição bilíngue traduzida e editada por Timothy J. Tomasik e Ken Albala (2014). A maioria das outras fontes primárias está disponível on-line no Gallica, site que reúne as propriedades digitais da Bibliothèque nationale de France.

Entre as fontes secundárias, as seguintes são dignas de nota: Ali-Bab, *Gastronomique pratique* (1928); Dan Barber, *O terceiro prato* (2015); Joseph Favre, *Dictionnaire universel de cuisine pratique* (1905); Henry Heller, *Anti-Italianism in Sixteenth-Century France* (2003); R. J. Knecht, *Renaissance Warrior and Patron, The Reign of Francis I* (1994); Giles MacDonogh, *Brillat-Savarin, the Judge and His Stomach* (1993); Marjorie Meiss, "L'Italie à la table des Guise (1526-81)", em *Table de la Renaissance: Le mythe Italien*, editado por Florent Quellier e Pascal Brioist (2018); Marie-Joseph Moncourgé, *Lyon 1555, capitale de la culture gourmande au XVIᵉ siècle* (2008); Prosper Montagné, *Larousse Gastronomique* (1938); William W. Weaver, *Beautiful Swimmers: Watermen, Crabs, and the Chesapeake Bay* (1994); Edward White, "Cooking for the Pope", na *Paris Review* (3 de março de 2017); e Ann Willan, *The Cookbook Library* (2012).

Sou privilegiado por ter podido me consultar com Dan Barber, Alain Ducasse, Allen Grieco, da Villa i Tatti, em Florença (o Harvard Center for Renaissance Studies), Thomas Hauck, Jean-Pierre Jacob (chef do agora fechado *Le Bateaux Ivre* no lago de Bourget), Steven Laurence Kaplan, Harold McGee, Magnus Nilsson, Alain Vigneron e Jean-Georges Vongerichten. Tenho o privilégio especial de ter tido Michel Richard, Daniel Boulud e Mathieu Viannay como meus professores na cozinha.

Em sentidos fundamentais, essa aventura teria sido impossível sem a ajuda de nossos amigos lioneses, e devo expressões de gratidão às seguintes pessoas: nossos vizinhos de baixo, *la famille* Azouley; Julien ("Papi") e Marie ("Mami") Bouloud; Roberto Buonomo; Martine e Marc Broyer de Lavis Trafford; a diretora de l'École Robert Doisneau (que até hoje conheço apenas como "Brigitte"), além dos alunos Ambre, Marcel, Ben Omar, Salomé, Tristan e Victor; Isabel Comerro e Yves Rivoiron (Le Bouchon de Filles); Franck e Mai Delhoum (Le Potager); a escritora e cozinheira

Sonia Ezgulian; Georgette Farkas; Jenny Gilbert; Jean-Charles Margotten; l'Institut Paul Bocuse, inclusive os ex-alunos Edouard Bernier, Hwei Gan Chern e Willy Johnson; Jonathan Nossiter; Martin Porter; Christophe e Marie-Laure Reymond; Emmanuelle Sysoyev, de Only Lyon; Laura Vidi e Gerald Berthet; e Victor e Sylvie Vitelli.

Entre os primeiros leitores do manuscrito deste livro estão Leslie Levine e Lexy Bloom (que leu todos os rascunhos e é minha heroica coeditora extraoficial), da Alfred A. Knopf; John Bennet, David Remnick e Nick Trautwein, da *The New Yorker*; meu agente literário, Andrew Wylie; e minha talentosa editora aqui de casa, Jessica Green. Os checadores foram Gillian Brassil, Clio Doyle e Michael Lo Piano. Lydia Buechler foi a chefe de revisão.

Fat Man in a White Hat, documentário em duas partes feito para a BBC, baseado em minha chegada a Lyon, foi encomendado por Emma Willis, produzido por Roy Ackerman e dirigido por James Runcie. Annie Arnold foi o produtor assistente e Christophe Foulon, o técnico de som.

O livro foi encomendado e supervisionado por Sonny Mehta — é um privilégio ter um dos maiores *publishers* do mundo como editor e como amigo por cerca de quatro décadas. Ele estava quase sempre disponível, muitas vezes em momentos imprevistos — reuniões de última hora, um telefonema, um almoço, um drinque ou só uma conversa no escritório dele — e me guiou em sentidos sutis e profundos. Ele viveu para ver o livro terminado, e sou grato por isso, mas morreu em 30 de dezembro de 2019, antes de o livro ser impresso. Estou entre as muitas e muitas pessoas que lamentam sua partida e sentem demais a sua falta.

ESTA OBRA FOI COMPOSTA POR MARI TABOADA EM MINION PRO E IMPRESSA
PELA GRÁFICA SANTA MARTA EM OFSETE SOBRE PAPEL PÓLEN SOFT
DA SUZANO S.A. PARA A EDITORA SCHWARCZ EM SETEMBRO DE 2021

A marca FSC® é a garantia de que a madeira utilizada na fabricação do papel deste livro provém de florestas que foram gerenciadas de maneira ambientalmente correta, socialmente justa e economicamente viável, além de outras fontes de origem controlada.